Wilhelm Dietl
Die Agentin des Mossad

Wilhelm Dietl

Die Agentin des Mossad

Operation Roter Prinz

ECON Verlag
Düsseldorf · Wien · New York · Moskau

Bildnachweis:
Sämtliche Fotos stammen, soweit nicht anders angegeben, aus dem Archiv des Autors.

Die Deutsche Bibliothek – CIP-Einheitsaufnahme

Dietl, Wilhelm:
Die Agentin des Mossad: Operation Roter Prinz/Wilhelm Dietl. –
Düsseldorf; Wien; New York; Moskau: ECON Verl., 1992
ISBN 3-430-12105-1

Lektorat: Dieter Wirtz, Mönchengladbach
Gesetzt aus der Aldus und Optima, Linotype
Satz: Lichtsatz Heinrich Fanslau, Düsseldorf
Papier: Papierfabrik Schleipen GmbH, Bad Dürkheim
Druck und Bindearbeiten: Bercker Graphischer Betrieb GmbH, Kevelaer
Printed in Germany
ISBN 3-430-12105-1

Inhalt

Vorwort

Dieses Buch führt in eine dunkle, unheimliche Welt. Es behandelt ausführlicher als jemals zuvor die Geschichte der PLO-Terrortrupps, die unter dem Namen »Schwarzer September« in die blutige Historie des Nahen Ostens eingingen. Es dringt aber auch tiefer denn je in die Geheimnisse der Vergeltungskommandos des israelischen Geheimdienstes Mossad ein. Im Mittelpunkt des Geschehens stehen der Operationschef des »Schwarzen September«, Ali Hassan Salameh, sein Gegenspieler beim Mossad, Mike Harari, und eine junge Agentin namens Erika Maria Chambers. Die Engländerin bekommt den Auftrag, Ali Hassan Salameh zu töten.

Sieben Jahre dauert die Jagd auf den genialen Terrorchef und Mitverantwortlichen des Kommandounternehmens bei den Olympischen Spielen in München. Als er schließlich Erika Chambers zum Opfer fällt, ist die Geschichte noch lange nicht zu Ende. Die PLO schwört blutige Rache und will sie in Deutschland vollstrecken. Daraus entsteht – ein ziemlich unbekanntes Kapitel der deutschen Zeitgeschichte – eine einseitige Sicherheitskooperation zwischen der PLO und dem Bundeskriminalamt. Ein Versuch, Erika Chambers in Zypern zu ermorden, mißlingt: Das PLO-Kommando tötet die falsche Frau. Dies alles ist Teil der unendlichen Tragödie, die im Nahen Osten abläuft – des ewigen Wechselspiels zwischen Rache und Gegenrache, Haß und Leid. Die Konsequenz daraus können nur Friedensgespräche, gegenseitiges Vergessen und weitreichende Kompromisse sein.

Dieses Buch entstand nach mehr als vierjährigen Recherchen an allen Originalschauplätzen. Ferner basiert es auf zahlreichen Gesprächen mit vielen Beteiligten. Zudem standen mir geheime Dokumente sowie die Erkenntnisse von Kollegen zur Verfügung.

Nicht nur einmal sah es so aus, als ob sich die außerordentlich komplizierten Hintergründe nicht mehr rekonstruieren ließen. Der Mossad wies jegliches Ansinnen nach Zusammenarbeit zurück und verweigerte Kontakte zu Erika Chambers – und außerdem, so teilten die Israelis nach einem Jahr Bedenkzeit mit, sei die Akte zu den Münchner Vorgängen unauffindbar. Auch Arafats PLO war nur in Ansätzen kooperativ.

Ähnlich sah es bei den deutschen Behörden aus. Die Staatsanwaltschaft beim Landgericht München hält den »Rekord« mit ihrer Mitteilung, sie könne die Namen der überlebenden Olympia-Terroristen nicht mitteilen, weil gegen das Trio ein Haftbefehl bestünde, jedoch keine Fahndung laufe. Die weiteren Daten seien gleichfalls nicht für die Öffentlichkeit bestimmt, da das Ermittlungsverfahren – nach genau zwanzig Jahren – noch nicht abgeschlossen sei.

Die Realisierung dieses anscheinend allen Seiten unangenehmen Themas drohte mehrfach zu scheitern. Das Buch konnte schließlich erst geschrieben werden, als eine Vertrauensbasis zu vielen Eingeweihten in beiden Lagern entstanden war. Sie haben mich gebeten, ihre Namen zu verschweigen. Also danke ich ihnen an dieser Stelle anonym, aber besonders herzlich. Jeder dieser Freunde und Helfer weiß, daß er gemeint ist.

München, im Januar 1992 Wilhelm Dietl

Teil I

Die Taten

Kapitel 1
Die Saat der Gewalt

Beirut, im Frühjahr 1972. Der Fakhani-Distrikt liegt zwischen dem Zentrum und dem armen Süden der Stadt, unweit der Palästinenserlager Sabra und Schatila. Eigentlich rundet er die Camps zum Norden hin ab, da die Palästinensische Befreiungsorganisation (PLO) ihre Büros im Gewirr der Wohnblöcke um die Arabische Universität eingerichtet hat. Irgendwo, in zahlreichen anonymen Wohnungen, leben auch die Führer der PLO, geschützt von einer eigenen Sicherheitspolizei, die libanesische Gesetze und Behörden absolut ignoriert. Die PLO ist mehr als eine Miliz. Sie ist eine Armee auf fremdem Territorium, und so benimmt sie sich auch. Wer nach Fakhani fährt, wird von Kämpfern der stärksten PLO-Fraktion, der *Al Fatah*, an weiträumig eingerichteten Straßensperren kontrolliert. Die meisten Fremden sind ohnehin Journalisten und wollen sich Informationen beschaffen. Ihnen begegnet man freundlich und diplomatisch.

Fakhani ist ein typisch muslimisches Viertel. Stets herrscht hektisches Treiben. Die Lebensmittelhändler verkaufen ihre Waren auf der belebten Straße. Die Autos, mehrheitlich alte Mercedes-Modelle, stauen sich, wohin man blickt. Ihre Fahrer hupen stoisch um die Wette. Die meisten Wohngebäude haben sechs bis acht Stockwerke. Jedes Appartement besitzt einen zumeist mit Wäsche überladenen Balkon. An den Mauern hängen Poster, die der Sache der Palästinenser huldigen. In großen roten Buchstaben verkündet eine ungelenke Schrift: »Der Kampf des palästinensischen Volkes wird niemals enden.« Anfang der achtziger Jahre soll er hier ein Waterloo erfahren. Die israelische Luftwaffe wird Fakhani unermüdlich zerbomben. Allein bei einem Angriff im Juli 1981 werden 300 Menschen ihr Leben verlieren. Und im Sommer 1982 wird die israelische Artillerie das Viertel von den umliegenden Höhen aus wochenlang angreifen und in Schutt und Asche legen.

1972 – und auch in den folgenden zehn Jahren – ist Fakhani noch Klein-Palästina. Oder auch die Ersatzhauptstadt für ein Land, das es schon Jahrzehnte nicht mehr gibt. Das Sagen hat hier Jassir Arafat, Kriegsname »Abu Ammar«, 42 Jahre alt und – damals – mehr Krieger als Politiker. Er ist klein und rundlich, trägt stets eine dunkle Sonnenbrille, verbirgt den beinahe kahlen Schädel unter dem traditionellen Tuch der Palästinenser, der Keffijah. Er hat Charme und Charisma und sieht sich als der Auserwählte, der seinem Volk das verlorene Land wieder zurückbringen wird.

Der Abkömmling einer führenden Familie des Jerusalemer Establishments mußte 1948, nach dem ersten israelisch-arabischen Krieg, seine Heimat verlassen. Er studierte in Kairo und stand bereits 1952 der palästinensischen Studentenorganisation vor. 1956 kämpfte dann der Ingenieur Jassir Arafat mit der ägyptischen Armee am Suez-Kanal. Anschließend gründete er, zusammen mit einem kuwaitischen Partner, ein Bauunternehmen. Die Firma florierte und machte ihn zum wohlhabenden Mann. Das war dem Aufsteiger nicht genug. Er strebte »die Befreiung des palästinensischen Menschen vom Makel des Individualismus und des Opportunismus« an, den »Kampf gegen die Verbürgerlichung und die sehr arabische Neigung, nur für sich selbst zu leben«. So erklärte er seine frühen Motive.

Jassir Arafat gab 1964 sein bürgerliches Leben auf. Er verließ Kuwait, wie er gekommen war, mit kleinem Gepäck. Am 31. Dezember 1964 befahl er einem vierköpfigen *Fatah*-Kommando, über die libanesische Grenze nach Israel zu gehen und dort die Pumpstation von Beit Netopha in die Luft zu sprengen. Das Unternehmen endete kläglich, weil die Fedajin (»Die Opferbereiten«) vom libanesischen Sicherheitsdienst lange vor der Grenze festgenommen wurden.

Am nächsten Tag bekannte sich der militärische Arm der *Fatah*, genannt *Al-Assifa* (»Der Sturm«), zur nicht begangenen Tat. Arafat selbst, so erzählen es die Alten in der PLO, soll die Presseerklärung mit seinem betagten VW Käfer den Beiruter Redaktionen und Nachrichtenagenturen zugestellt haben. Sofort verurteilten die arabischen Regierungen die Militanz der Palästinenser.

Die Araber waren noch nicht bereit für einen neuen Krieg, wie er dann 1967 kommen sollte. Sie fürchteten, daß eine solche Provokation den Waffengang mit den Israelis zu früh auslösen könnte. Die PLO, damals schon Dachorganisation aller politisch und militärisch engagierten Palästinenser, befand sich ohnehin noch an der langen Leine des Ägypters Gamal Abdel Nasser. Der zweite Einsatz verlief übrigens kaum besser. Das Kommando überquerte am 3. Januar 1965 die Grenze zwischen Israel und Jordanien. Die Fedajin kamen bis zur Pumpstation und brachten dort ihr Dynamit an. Doch die Israelis reagierten schnell und konnten den Zeitzünder wieder abstellen.

Arafats Stunde brach nach der erneuten Niederlage des Jahres 1967 an. Die seit zwei Jahrzehnten in primitiven Lagern lebenden Palästinenser verloren damals den Glauben an die militärische Kraft der nur in pathetischen Reden existierenden »arabischen Nation«. Im Juni 1967 hatten die Israelis erneut arabisches Land besetzt – die Sinaihalbinsel, den Gazastreifen, die Westbank, Ost-Jerusalem und die Golanhöhen. Bis heute gaben die Sieger nur den Sinai zurück, ein Ergebnis des Camp-David-Friedensvertrages mit Ägypten. Die Golanhöhen und Ost-Jerusalem wurden annektiert. Eine Quelle ewigen Zorns – und das Hauptthema der historischen Nahost-Konferenz, die Ende 1991 in Madrid begann.

Seit 1967 stehen die Palästinenser selbst in der vordersten Linie gegen Israel. Jassir Arafat und einige politisch radikalere Führer sammelten damals Tausende von Fedajin um sich. Die PLO setzte sich von den arabischen Staaten ab, da die Palästinenser nicht länger betrogen werden wollten. Wo immer die Dachorganisation sich einrichtete, sie wurde zum Staat im Staate. Al Fatah war nun der »Sachwalter der arabischen Ehre«. Jassir Arafats steile Karriere begann. Im Februar 1969 wurde er zum Vorsitzenden der PLO gewählt. Er formte die spätere Massenorganisation zu seinem persönlichen Instrument.

An Arafats Seite stand von Anfang an ein Mann, der Salah Khalaf hieß und sich Abu Ijad nannte. Er wurde im August 1933 in Jaffa geboren, damals ein arabisches Dorf, heute ein Teil von Tel Aviv. In seinen späteren Memoiren schilderte er ein Erlebnis, das ihn für den Rest des Lebens prägte: »Der 13. Mai 1948 wird unauslöschlich in meiner Erinnerung bleiben. An jenem Tag, weniger als 24 Stunden vor der Proklamation des Staates Israel, floh meine Familie aus Jaffa, um in Gaza Zuflucht zu suchen. Wir waren umzingelt. Die zionistischen Kampfverbände kontrollierten alle nach Süden führenden Straßen, und uns blieb als Rettung nur noch der Seeweg. Unter einem Granatenhagel der israelischen Artillerie, die in den benachbarten Siedlungen, vor allem in Tel Aviv, in Stellung gegangen war, gingen wir an Bord eines Schiffes – meine Eltern, meine vier Geschwister und ich sowie weitere Mitglieder meiner Familie. Hunderttausende von Palästinensern machten sich unter oft tragischen Umständen auf den Weg ins Exil. Für mich, der ich noch nicht einmal fünfzehn war, kam die Flucht einer Apokalypse gleich. Tief erschütterte mich der Anblick der Männer, Frauen, Greise und Kinder, die sich, gebeugt unter der Last ihrer Koffer und Bündel, mühsam zu den Kais von Jaffa drängten. Ihre Klageschreie und ihr Schluchzen wurden von ohrenbetäubenden Explosionen begleitet.«

Salah Khalaf, die spätere Nummer zwei in der Fatah, lebte bis 1967 in Kairo. Er leitete zusammen mit Arafat die palästinensische Studentenvereinigung, wurde sogar der neue Vorsitzende, als Arafat nach Kuwait ging.

Der Mann aus Jaffa schloß sein Studium mit dem Lehrerexamen ab und unterrichtete eine Weile in Gaza. Damals, in den späten fünfziger Jahren, organisierte er bereits erste Untergrundzellen, die israelische Ziele angriffen. 1959 zählte Abu Ijad zu den Gründern der *Fatah*. Bis zum Sechstagekrieg des Jahres 1967 ließ auch er sich in Kuwait nieder. Danach gab er seinen Beruf auf und wurde Revolutionär. Salah Khalaf übernahm die Führung des 1968 gegründeten PLO-Geheimdienstes *Jihaz ar-Rasd*, ein auch heute noch höchst effektiver panarabischer Apparat.

So ist es nur logisch, daß er 1971 zu den Architekten eines noch geheimeren Bundes gehörte – der Terrororganisation der Fatah. Ihr Name: »Schwarzer September«. Abu Ijad dementierte sein Leben lang, Chef des »Schwarzen September« gewesen zu sein. Sowohl er als auch Arafat wußten aber stets, was die höchst gefährliche Killerorganisation im Schilde führte.

Der »Schwarze September« bekam seinen Namen durch den Bruderkrieg zwischen Palästinensern und Truppen des jordanischen

Königs Hussein im September 1970. Die meisten der aus ihrer Heimat westlich des Jordans vertriebenen und geflüchteten Palästinenser hatten sich seit 1948 in Jordanien niedergelassen, auf der Ostbank. 1970 zählten sie bereits mehr als die Hälfte der 2,2 Millionen Einwohner des Haschemitenstaates. In allen Bereichen des öffentlichen Lebens übten sie Einfluß aus. Als die palästinensischen Widerstandsorganisationen immer stärkeren Zulauf erhielten, stand auf einmal die Macht des Königs in Frage. So fuhren die Kämpfer, wie später auch in Beirut, schwer bewaffnet und mit Autos ohne Kennzeichen durch die Straßen. Die radikalen marxistischen Flügel der PLO riefen nach Klassenkampf und hißten rote Fahnen, nicht selten in der Umgebung von Moscheen. Immer wieder gab es blutige Zusammenstöße mit den jordanischen Sicherheitskräften.

Im Februar 1970 gründeten die Organisationen der Palästinenser ein Vereinigtes Oberkommando. Am 20. Februar forderten dann die Beduinenführer ihren König auf, mit eiserner Faust gegen die selbstherrlichen Gäste vorzugehen. Bald standen sich 55 000 gut ausgerüstete jordanische Soldaten und 20 000 Fedajin gegenüber. Es kam zu isolierten Gefechten. Im Juni beschoß die jordanische Armee erstmals Palästinenserlager. Gefangene Fedajin wurden sofort hingerichtet. Arafat handelte noch mal einen Waffenstillstand aus.

Die Lage wurde immer gespannter, und Ende August brachen wieder offene Kämpfe aus. Am 1. September versuchte eine Kommandoeinheit, den jordanischen König zu ermorden, indem sie seine Fahrzeugkolonne überfiel. Das Attentat mißlang. In den folgenden Tagen kam es überall zu Straßenkämpfen. Ein neues Waffenstillstandsabkommen wurde vereinbart und sofort wieder gebrochen. Dieser Mechanismus wiederholte sich mehrere Male.

Inzwischen entführten Fedajin der »Volksfront für die Befreiung Palästinas« (PFLP) – sie steht unter dem Befehl des Arafat-Rivalen Dr. George Habasch – drei westliche Verkehrsflugzeuge zum ehemaligen britischen Militärflughafen Dawson's Field bei Amman. Am 10. September wurden die Maschinen in einer spektakulären Aktion in die Luft gesprengt. Der jordanische Bürgerkrieg eskalierte am 16. September. König Hussein berief eine Militärregierung. Die PLO bezeichnete dies als einen »faschistischen Militärcoup«. Unter Kriegsrecht setzten neue, schwere Kämpfe ein.

Am 17. September bombardierten die loyalen königlichen Truppen die Palästinenserlager um Amman. Inzwischen gab es internationale Verwicklungen mit syrischen und irakischen Truppen. Auch die Amerikaner mobilisierten Einheiten und entsandten sie ins östliche Mittelmeer. Letztlich kam jedoch niemand, um den bedrängten palästinensischen Freischärlern zu helfen. Am 22. September tagte die Arabische Liga in Kairo. Jassir Arafat, der als Beduine verkleidet aus Amman geflüchtet war, stieß hinzu. Einen Tag später unterzeichnete er mit König Hussein ein neues Waffenstillstandsabkommen. Die PLO verpflichtete sich, ihre Fedajin aus Amman abzuziehen und im Norden Jordaniens zu konzentrieren. Ein UN-Komitee bezifferte die Toten des Bruderkrieges auf 500, die Verletzten auf 3500. Die PLO spricht bis heute von 30 000 Toten.

Die *Al Fatah* paßte sich der neuen Situation an, während die marxistischen Gruppierungen der PLO uneinsichtig blieben. ihr Volkskrieg mit König Hussein dauerte an. Im Januar drehte der Monarch die Schrauben weiter an und zwang die Fedajin, ihre Waffen abzuliefern. Noch immer gab es Angriffe gegen das »reaktionäre Regime« in Amman. Daraufhin rückten die Truppen des Königs im Norden vor und zerschlugen die letzten PLO-Einheiten. Am 13. Juli 1971 begann die entscheidende Offensive der jordanischen Armee gegen die Palästinenser. In ihren letzten isolierten Stellungen bei Jerash und Ajlun kam es zu einem gnadenlosen Gemetzel. Am 19. Juli verkündete Jordaniens Premier Wasfi Tell die Liquidierung der letzten palästinensischen Basen. Abu Ijad bescheinigte dem feindseligen Regierungschef, den er gut kannte, in seinen späteren Memoiren »unerbittliche Brutalität« und »ausgesprochene Verschlagenheit«.

Auf viele Jahre war der Haß der Palästinenser gegen König Hussein vorprogrammiert. Sie hatten ihre wichtigste Position gegen Israel verloren und mußten sich in der kosmopolitischen Hauptstadt des Libanon erst einmal neu formieren.

Es war die Stunde der Besinnung und zugleich die Stunde der Rache. Unter strenger Geheimhaltung begannen zehn Männer, die bereits im August 1968 beim ägyptischen Geheimdienst in einem sechswöchigen Schnellkurs die Grundzüge nachrichtendienstlicher Arbeit kennengelernt hatten, im Herbst 1971 den »Schwarzen September« zu organisieren – die Terrorabteilung von *Rasd* und *Fatah*.

Abu Ijad liebte diese Einordnung nicht: »Die Organisation ›Schwarzer September‹ war nie eine terroristische Organisation. Sie agierte als Stütze der Widerstandsbewegung, als diese nicht mehr in der Lage war, ihre militärischen und politischen Aufgaben ganz zu erfüllen. Ihre Mitglieder haben immer wieder betont, daß sie organisatorisch mit der Fatah oder der PLO nicht zusammenhängt. Ich habe viele von ihnen gekannt und kann bestätigen, daß sie zumeist verschiedenen Fedajin-Organisationen angehörten. Damit entsprachen sie dem tiefen Gefühl der Frustration und der Empörung, welches das ganze palästinensische Volk beseelte bei dem Gedanken an das Gemetzel in Jordanien und an die Mitschuld derer, die dieses Gemetzel ermöglicht hatten.«

Die wichtigsten Köpfe bei Arafats Schwenk zum rücksichtslosen Terrorismus waren Ali Hassan Salameh, genannt Abu Hassan, Mohammed Daud Odeh, genannt Abu Daud, und Fakhri al-Umari, genannt Abu Muhammed. In der ursprünglichen Führung befanden sich auch Fuad Shemali, ein palästinensischer Christ, der im August 1972 an Krebs starb, und Yussuf al-Najjar (Abu Yussuf), den die Israelis im April 1973 töteten. Als technischer Experte gehörte Ghazi al-Husseini, ein Verwandter des legendären Großmuftis von Jerusalem und Bruder des friedensbewegten Faisal Husseini, dem Kommandostab des »Schwarzen September« – arabisch *Ailul al-Aswat* – an.

Aus einer ähnlich prominenten Familie stammte Ali Hassan Salameh. Der 29jährige Sohn des berühmten Palästinenserführers Scheich Hassan Salameh – er wurde 1948 von den Israelis getötet – gehörte seit 1967 der *Fatah* an und paßte irgendwie nicht in das Erscheinungsbild der wilden, mit Kalaschnikow bewehrten palästinensischen Freischärler. Er trug feinste italienische Maßanzüge, sah aus wie ein Playboy und benahm sich auch so. Trotzdem liebte ihn Arafat. Im Laufe der Jahre stand Salameh seinem Führer so nahe, als hätte dieser ihn adoptiert. Er befehligte Arafats persönliche Leibwächtertruppe, die »Force 17«, und wurde zu zahlreichen Sondermissionen losgeschickt.

Beim »Schwarzen September« war Ali Hassan Salameh eine Art Operationschef. Er kümmerte sich mit Vorliebe um die europäischen Einsätze. Dabei assistierte ihm Abu Daud. Fakhri al-Umari stand der Abteilung für spezielle Dienstleistungen vor. Er sorgte dafür, daß Waffen und Sprengstoff rechtzeitig an die jeweiligen Einsatzorte gelangten.

In den frühen Tagen bestand der »Schwarze September« aus maximal zwanzig Aktivisten. Auf dem Höhepunkt der Terrorwelle von Abu Ijads und Abu Hassans Leuten zählte die Organisation immerhin 400 Mann. Sie wurden in erster Linie bei der *Fatah* und ihrem Nachrichtendienst rekrutiert, kamen aber auch aus den linksgerichteten Unterorganisationen der PLO. Der »Schwarze September« geriet nach und nach zu einem terroristischen Joint-venture der PLO.

Abu Ijad erklärte die Gründung des »Schwarzen September« in einer Dokumentation des deutschen Fernsehens. Es sei eine Reaktion auf die ungeheure Brutalität der jordanischen Truppen gewesen. Bei den letzten Kämpfen in Nordjordanien seien fünfzig Fedajin sogar über die Grenze nach Israel geflohen und hätten sich dort ergeben. »Dieses Ereignis führte dazu, daß weder Jassir Arafat noch ein anderer palästinensischer Führer in der Lage waren, die Reaktion zu kontrollieren. Es kam zu einer Art Hoffnungslosigkeit. Immer wenn es zu Gewalttaten oder zum sogenannten Terror kommt, ist die Ursache die Hoffnungslosigkeit. Der ›Schwarze September‹ war somit eher eine Epoche als eine Organisation. Als die Arabische Liga und die Vereinten Nationen die PLO anerkannten, verschwand der ›Schwarze September‹.« Bis dahin sollte aber noch ein weiter Weg sein, gepflastert mit unzähligen Toten und Verstümmelten . . .

Die erste spektakuläre Operation des »Schwarzen September« richtete sich logischerweise gegen die Jordanier. Am 28. November 1971 nahm der jordanische Premier Wasfi Tell, ein stattlicher, beeindruckender Politiker, an einer Sitzung des Militärkomitees der Arabischen Liga in Kairo teil. Als er zusammen mit seiner Delegation gegen 13.25 Uhr in das Cairo Sheraton zurückkehrte, löste sich der 23jährige Palästinenser Ezzat Rabah aus einer Gruppe europäischer und amerikanischer Touristen. Mit fünf Schüssen streckte er Tell nieder, verletzte außerdem den jordanischen Außenminister und einen ägyptischen Polizisten. Ein zweiter Täter, der 27jährige Monzer Sulaiman Khalifa, kniete nieder und begann vor den Augen der entsetzten Touristen das Blut des Premierministers aufzulecken.

Der ägyptischen Polizei gelang es, diese beiden und zwei weitere Mitglieder des Killerkommandos innerhalb weniger Minuten festzunehmen. Monzer Khalifa war erleichtert: »Ich bin so stolz. Nun habe ich es getan. Wir waren seit sechs Monaten hinter ihm her. Jetzt haben wir an dem Verräter Rache genommen ...« Der eigentliche Mörder, Ezzat Rabah, fügte laut Polizeiprotokoll hinzu: »Wir wollten ihn zum Frühstück kriegen, nun hatten wir ihn zum Mittagessen.« Die Täter ließen keinen Zweifel daran, wer sie geschickt hatte. Noch in der Hotelhalle hatten sie es laut gerufen: »Wir sind Mitglieder des ›Schwarzen September‹.« Das Motiv, so verrieten sie den Ägyptern, sei Rache für den Tod vieler ihrer Brüder in Amman gewesen.

Khaled el-Hassan, einer von Arafats engsten Beratern und damals »Außenminister« der PLO, verurteilte den Anschlag, um den Verdacht von der Fatah abzulenken. Die Tat sei »ein Akt terroristischer, faschistischer Gesinnung gewesen, konträr zum Denken der Revolution«. Nun traten die Libyer unter dem damals noch wenig bekannten Oberst Muammar Khadafi in Aktion. Sie setzten ihre ägyptischen Nachbarn unter Druck und forderten die Freilassung der Killer. Man fand einen Kompromiß. Die vier Palästinenser wurden gegen Kaution auf freien Fuß gesetzt und nie angeklagt. Ein Jahr später kehrten sie nach Beirut zurück, als Helden der Revolution.

Abu Daud räumte später gegenüber den Jordaniern ein, daß der Mord an ihrem Premierminister von Abu Yussuf, damals offiziell Mitglied der politischen Abteilung der PLO und zuständig für palästinensische Angelegenheiten im Libanon, organisiert worden war.

Beim nächsten großen Kommandounternehmen war Ali Hassan Salameh an der Reihe. Er plante eine Flugzeugentführung, deren Waghalsigkeit sogar die ansonsten hartgesottenen Israelis überraschte. Es ging um den Sabena-Flug 517 vom 8. Mai 1972. Die Boeing 707 war auf dem Weg von Wien nach Tel Aviv, als sie über Zagreb von zwei jungen Pärchen gekapert wurde. Der englische Pilot wunderte sich: Er wurde gezwungen, Kurs auf den Zielflughafen, auf Tel Aviv zu halten. Dort landeten sie wie vorgesehen, hielten allerdings die 87 Passagiere und zehn Besatzungsmitglieder als Geiseln fest. Die vier Terroristen forderten einen Austausch mit 317 palästinensischen Häftlingen, viele von ihnen Mitglieder der Fatah. Im Weigerungsfall würde man das Flugzeug und alle Insassen in die Luft sprengen.

Die Verhandlungen zogen sich 24 Stunden hin und wurden vom damaligen israelischen Verteidigungsminister Mosche Dayan geleitet. Sein Gegenspieler war Ali Shafik Ahmed Taha, in Antiterrorkreisen auch als »Captain Rafat« bekannt. Er gehörte früher der Volksfront von George Habasch an und hatte bereits 1968 eine Maschine der El-Al nach Algerien entführt. Taha wurde wegen eines Anschlags auf das El-Al-Büro in Brüssel und wegen der Flugzeugentführungen nach Jordanien im September 1970 gesucht. 1971 trat er dem »Schwarzen September« bei.

Die drei anderen Terroristen waren der Syrer Abdel Aziz al-Atrash, genannt »Zacharias«, die 21jährige Rima Tannous und die 19jährige Therese Halaseh, beides ausgebildete Krankenschwestern. Sie hatten ihr Waffentraining in einem Lager der Fatah bei Sidon erhalten und waren dann gleich zu dieser Flugzeugentführung abkommandiert worden. Als sich die Verhandlungen hinzogen, reagierten vor allem die beiden Mädchen sehr nervös: Sie verminten die Maschine mit Plastiksprengstoff. Anführer Taha reagierte dagegen souverän und überlegt.

Man einigte sich darauf, daß der Austausch der Gefangenen in Kairo stattfinden sollte. Eine zweite Maschine rollte neben die Sabena-Boeing. Zahlreiche Männer mit Gefängniskleidung und geschorenen Köpfen wurden in einem Flughafenbus herangebracht. Zufrieden verfolgten die Geiselnehmer, wie die vermeintlichen Gefangenen an Bord gingen. Sie merkten nicht, daß es sich in Wirklichkeit um israelische Soldaten handelte. Um das entführte Flugzeug startklar zu machen und die erschöpften Passagiere zu versorgen, traf eine achtzehnköpfige Mannschaft ein, unter ihnen Techniker und Rot-Kreuz-Personal.

Kaum hatten sich die Notausgänge geöffnet, da begann die Antiterroreinheit »269« mit der »Operation Isotope«, dem Sturm auf die Maschine. Nach zehn Sekunden waren die beiden männlichen Entführer tot, Therese Halaseh, drei der Fallschirmjäger und fünf Fluggäste angeschossen. Die beiden weiblichen Terroristen wurden am 14. August 1972 zu lebenslanger Haft verurteilt. Zu diesem Zeitpunkt waren die Vorbereitungen für Ali Hassan Salamehs größte Terroroperation – und wohl auch die spektakulärste aller Zeiten – nahezu abgeschlossen. Auch die Niederlage am Ben-Gurion-Flughafen sollte dabei gerächt und die beiden Mädchen sollten befreit werden.

Abu Ijad erzählt in seinen Memoiren, wie alles begonnen hat: »Anfang 1972 ersuchte die PLO in einem offiziellen Schreiben an das Olympische Komitee um die Zulassung einer palästinensischen Mannschaft zur Teilnahme an den Olympischen Spielen. Da dieser Brief unbeantwortet blieb, folgte ein zweites Schreiben. Doch auch hierauf folgte keine Antwort – nur verächtliches Schweigen. Offensichtlich waren wir für diese achtbare Einrichtung, die vorgibt, unpolitisch zu sein, inexistent. Vielleicht durften wir für sie nicht einmal existieren.«

Diese Erkenntnis führt im Frühjahr 1972 zu mehreren Sitzungen im Beiruter Stadtteil Fakhani. Abu Ijad soll sich dabei für eine Operation der »Schwarzen-September«-Truppe gegen die israelische Mannschaft bei den anstehenden Olympischen Spielen von München eingesetzt haben. Um die moderaten Elemente in der Fatah-Führung zu beruhigen, soll er hinzugefügt haben, wenn das Kommando erfolgreich zurückkehre, dann sei dies die letzte Aktion des »Schwarzen September« gewesen.

Abu Ijad wurde konkreter: Die israelischen Sportler müßten gegen 200 PLO-Aktivisten in israelischen Gefängnissen ausgetauscht werden. Im übrigen würde dieses Kommandounternehmen der palästinensischen Sache weltweite Publicity bringen. Man habe noch nie eine Gelegenheit gehabt, das eigene Anliegen so wirkungsvoll vorzutragen.

Aus der entscheidenden Sitzung wird überliefert, daß einige PLO-Funktionäre dieses Vorgehen als »ungeheuerlich« empfanden. Sport, so sollen sie es formuliert haben, sei eine Religion, im Osten wie im Westen. Also sei es ein Riesenfehler, bei den Olympischen Spielen zuzuschlagen. Die PLO würde mehr verlieren, als es überhaupt zu gewinnen gäbe. Ein Gegenvorschlag riet dazu, die erforderlichen Geiseln in Israel selbst zu entführen. Er ging sogar so weit, das Kidnapping von Amerikanern in Israel zu empfehlen. Da es innerhalb der PLO absolut tabu ist, Arafat mit den Terroraktionen der Vergangenheit in Zusammenhang zu bringen, ist auch nicht überliefert, wie er zum Münchner Vorhaben stand.

Daß er nichts davon wußte, ist absolut unwahrscheinlich. Er war es vielleicht, der den Ausschlag gab, damit sich Abu Ijad letztlich durchsetzen konnte. Bezeichnend ist die beschönigende Erinnerung von Khaled al-Hassan. Dem britischen Nahost-Experten Alan Hart, Autor einer Arafat-Biographie, berichtete er: »Wir mußten uns an das, was geschah, anschließen, um die Situation unter Kontrolle zu behalten. Wegen dieser Art Krisenmanagement werden Arafat, ich und andere in der Führung, die gegen Terrorismus waren, als Terroristen bezeichnet.«

Abu Ijad erinnert sich sehr neutral an die Vorbereitungen für München. »Empörung und Wut« über die PLO-feindliche Haltung des Internationalen Olympischen Komitees sei der Auslöser »bei unseren jungen Anhängern« gewesen. Dann hätten die »führenden Köpfe des ›Schwarzen September‹ beschlossen, die Angelegenheit selbst in die Hand zu nehmen und einen Plan zu entwerfen.« Mit anderen Worten: Er selbst, Abu Ijad, Ali Hassan Salameh und Yussuf al-Najjar gingen in Klausur. Sicherlich wurden auch Vertrauensleute vor Ort konsultiert, also Palästinenser in Deutschland.

Die folgenden Ausführungen von Abu Ijad sind so wichtig, daß man sie unbedingt in vollem Umfang kennen muß.

> Die Operation wurde mit mustergültiger Sorgfalt und Genauigkeit vorbereitet. Die beiden verantwortlichen Männer, die bereits acht Monate vor dem Attentat benannt worden waren, hatten sich bei den Kämpfen in Jordanien – im September 1970 in Amman und im Juli 1971 in Jerash und Ajlun – bestens bewährt. Mussalha, 27 Jahre alt, war als Kind mit seinen Eltern, armen Bauern, aus seiner Heimatstadt Haifa nach Cisjordanien geflüchtet. Er war außerordentlicher Professor für Geologie und beeindruckte durch seine Statur genauso wie durch seine hervorstechende Intelligenz. Als er den Reihen der Fatah beitrat, wurde er mit den Aufgaben eines politischen Kommissars beauftragt. Da er außerdem perfekt Deutsch sprach, war er genau der richtige Mann, um das Kommandounternehmen zu leiten. Dasselbe galt für seinen Partner und Freund ›Che Guevara‹, den militärischen ›Kopf‹ der Gruppe, der trotz sei-

ner 25 Jahre und seines Pariser Jurastudiums vorzüglich mit den Methoden der Guerilla vertraut war.

In Übereinstimmung mit den drei politischen Zielen des Kommandounternehmens [Aufsehen erregen, Publicity in den Medien, Befreiung von Gefangenen aus israelischer Haft] hatten die beiden Männer vier genau umrissene Aufgaben: 1. Ausarbeitung eines detaillierten Plans, nach dem die Operation ablaufen sollte; 2. Auswahl von sechs Fedajin, die sie bei dem Attentat unterstützen sollten; 3. Beschaffung der erforderlichen Waffen und ihre Einschleusung in das olympische Dorf; 4. Ausführung des Plans, der die Verhandlungen zum Austausch der israelischen Geiseln gegen palästinensische Geiseln mit einschloß. Natürlich konnten Mussalha und ›Che‹ über viele Mitarbeiter verfügen, die sie bei der Ausführung des Unternehmens unterstützen würden.

Die Auswahl der Teilnehmer an dem Kommandounternehmen war nicht einfach. Zunächst wurden etwa fünfzig junge Fedajin im Alter von siebzehn bis zwanzig Jahren ausgewählt, die einem intensiven Training unterzogen wurden. Sie stammten ausnahmslos aus Flüchtlingslagern (aus dem Libanon, Syrien und vor allem aus Jordanien) und kamen aus bescheidenen Verhältnissen.

Die meisten waren von dem Wunsch beseelt, die Freilassung von Familienangehörigen zu erreichen, die in israelischen Gefängnissen eingekerkert waren. Über die Aufgabe, die ihnen eventuell anvertraut wurde, wußten sie nichts, aber voller Ungeduld brannten sie darauf, zu den glücklichen Auserwählten zu gehören. Die endgültige Auswahl hatte zum Teil ausgesprochen dramatische Folgen. Ein noch sehr junger Fedajin wurde ausgeschlossen, weil schon zwei seiner Brüder auf dem Feld der Ehre gefallen waren. Doch der junge Mann ist empört, er protestiert, bittet, bricht in Tränen aus. Er droht sogar, sich umzubringen, wenn er nicht in das Kommando übernommen wird. Schließlich geben die Verantwortlichen nach. Er starb in München als einer der ersten unter den Kugeln der deutschen Sicherheitskräfte.

Bevor die sechs ausgewählten Fedajin sich auf mehrere europäische Länder verteilen, um sich mit der westlichen Lebensweise vertraut zu machen, reisen Mussalha und ›Che‹ als Kundschafter nach München. Mussalha, der sein Aussehen verändert und eine Perükke trägt, läßt sich im olympischen Dorf, wo die Vorbereitungen im Hinblick auf das große sportliche Ereignis in vollem Gange sind, als Büfettkellner engagieren. Er nutzt die Gelegenheit, um das Gelände systematisch zu erkunden; hierbei richtet sich sein besonderes Augenmerk auf die räumliche Anordnung in den einzelnen Pavillons, insbesondere in dem der Israelis, sowie auf die vorhandenen Ausgänge. Durch freundschaftliche Beziehungen zu zahlreichen deutschen und ausländischen Angestellten, insbesondere zu einer Asiatin, die sich in ihn verliebt hat, sammelt er eine Fülle an Informationsmaterial, das er an ›Che‹, der sich in einem nahe gelegenen europäischen Land befindet, weiterleitet. Die Erkundigungen ziehen sich über vier Monate hin und führen schließlich zu einem präzisen und kohärenten Aktionsplan.

Am 8. Juli 1972, als die Sommerhitze Damaskus beinahe paralysierte, kam Yussuf al-Najjar in die syrische Hauptstadt. Er traf mit Terrorplanern der Volksfront und der prosyrischen Vereinigung *As-Saiqa* zusammen. Dabei ging es auch um die Operation in München. Beide Organisationen erklärten sich bereit, operative Hilfe zu leisten. Die Hauptarbeit blieb jedoch beim »Schwarzen September«, so auch der Transport der Waffen und die Einschleusung der Täter.

In den ersten Augusttagen befand sich Abu Daud in Sofia, um von den Bulgaren Waffen für die *Fatah* einzukaufen. Abu Ijad und Fakhri al-Umari, die schon damals unzertrennlich waren, kamen aus Genf. Sie informierten Abu Daud über die München-Planung und baten ihn, seinen gefälschten irakischen Paß für die Dauer der Operation Fakhri al-Umari zu überlassen.

Abu Daud erinnerte sich später unter der jordanischen Folter: »Drei Tage nach meiner Rückkehr nach Libyen kontaktierte Abu Ijad den Fakhri al-Umari und bat ihn, nach München zu reisen. Er fuhr in Begleitung von Yussuf Nazzal, der einen algerischen Paß hatte. In München versuchte Fakhri al-Umari in das olympische Dorf zu kommen, um die Örtlichkeiten selbst zu sehen. Es gelang ihm aber nicht. Er mußte eine andere Person zu Hilfe holen. Das war dann Mohammed Massalha aus Libyen, der mehrere Sprachen beherrschte, darunter auch Deutsch. Er hatte während der Bauphase im olympischen Dorf als Architekt gearbeitet.«

Dieser Massalha/Mussalha kam also aus Libyen. Er informierte sich genauestens über die Situation in der Connollystraße, wo die israelischen Sportler später untergebracht wurden. Unter einem Vorwand betrat er das Quartier der Saudis, das gleich gegenüber lag und baugleich war.

Während die Informationen an die Planer in Beirut gehen, treffen die Waffen im diplomatischen Gepäck einer arabischen Botschaft in Bonn ein. Westliche Geheimdienste glauben, Libyen als Transporteur erkannt zu haben. In früheren Hintergrundberichten wurde schon Syrien der Mittäterschaft beschuldigt. Die libysche Spur findet sich aber auch in den Aussagen von Major Omar Maheisy, einem früheren Mitglied des libyschen Revolutionären Kommandorates, der 1975 nach einem mißlungenen Putschversuch gegen Khadafi nach Kairo floh. Im März 1976 beschuldigte er seinen früheren Chef während einer Rundfunksendung von Radio Kairo der Mittäterschaft in München.

Abu Ijads Version zum Transport der Waffen in die Bundesrepublik entbehrt keineswegs einer pikanten Note.

> In letzter Minute tritt ein Problem auf, das den Organisatoren schwer zu schaffen macht. Zu dem Zeitpunkt, der für die Lieferung der Waffen vorgesehen ist, erfahren sie, daß die Polizei in Deutschland verstärkt Kontrollen durchführt; betroffen sind die Grenzübergänge, aber auch die Straßen, Bahnhöfe und vor allem die Flughäfen. Doch die Zeit ist zu knapp, um ein anderes Transportmittel als das Flugzeug zu benutzen.
>
> Es wird beschlossen, alles auf eine Karte zu setzen. Die in einem arabischen Land ohne Wissen der betreffenden Regierung gelagerten Waffen werden in drei Koffer verpackt und einem Mitglied des ›Schwarzen September‹ anvertraut. Unterstützt wird dieser von einem weiblichen Mitglied der Widerstandsbewegung, das zu diesem Zweck durch falsche Papiere mit ihm ›verheiratet‹ wird. Mit zwei zusätzlichen Koffern, die ihre persönlichen Sachen enthalten, reist das ›Ehepaar‹ nach Bonn. Ein von Sicherheitsbeamten umgebener Zöllner fordert sie bei der Zollkontrolle auf, ihre Koffer zu öffnen. Doch merkwürdigerweise weigert sich der Mann und zeigt sich über die Behandlung äußerst empört. Er behauptet, ein weitge-

reister Geschäftsmann zu sein und noch nie derart wie ein Verbrecher behandelt und beleidigt worden zu sein. Kurzum: Was er vorbringt, klingt wenig überzeugend und dient nur dazu, in dieser offensichtlich ausweglosen Situation Zeit zu gewinnen.

Der Zöllner insistiert: Das Gesetz ist für alle da, und eine Ausnahme kann er nicht zulassen. Unser Mann vom ›Schwarzen September‹ zögert. Es bleiben ihm nur zwei Möglichkeiten: Weigert er sich weiterhin, seine Koffer zu öffnen, wäre er – sagen wir – gezwungen, Bonn mit der ersten Maschine wieder zu verlassen; in diesem Fall aber müßte die Münchner Operation abgeblasen werden. Also entscheidet er sich für die zweite Möglichkeit und fragt den Zöllner ›resigniert‹, welchen der fünf Koffer – die alle gleich aussehen – er zu durchsuchen wünsche. Er öffnet den bezeichneten Koffer, und was er daraus hervorholt, ist ... Damenwäsche. Der Zöllner ist leicht verlegen, überschlägt sich förmlich vor Entschuldigungen und heißt sie in der Bundesrepublik Deutschland willkommen.

Um den 25. August ... treffen die Waffen – unter anderem Maschinenpistolen und Handgranaten – an ihrem Bestimmungsort ein. Die Koffer des ›Ehepaares‹, die in Bonn gegen identische, aber leere Koffer ausgetauscht worden waren, werden von einem anderen Mitglied der Organisation nach München gebracht und in mehreren Schließfächern des Münchner Hauptbahnhofs deponiert. Von dort sollten dann die einzelnen Mitglieder des Kommandotrupps nacheinander die Waffen abholen, bevor sie das olympische Gelände betreten.

In diesem Punkt ist Abu Ijad nicht präzise genug: Der Waffenkurier war Fakhri al-Umari.

In Schließfächern des Münchner Hauptbahnhofs waren acht Kalaschnikow-Sturmgewehre mit ausreichend Munition und zehn amerikanische Handgranaten verstaut. Fakhri al-Umari, der Lieferant, wohnte gleich gegenüber, im eleganten Eden Hotel Wolff. Sein bei Abu Daud ausgeliehener irakischer Paß lautete auf den Namen Saadel-Din Wali, ein 37jähriger Journalist. In der olympischen Hektik von München – die »Spiele der Freude« hatten am 26. August bereits begonnen – paßte das voll ins Bild. Es fiel auch nicht weiter auf, als der vermeintliche Iraker am 4. September etwas zu hastig auscheckte und München verließ. Das war 24 Stunden bevor der friedvolle olympische Gedanke wie eine Seifenblase zerplatzte. Abu Ijads enger Vertrauter flog zuerst nach Rom, von dort weiter nach Libyen. Einen Tag später kehrte er nach Beirut zurück, von wo er das Münchner Drama verfolgte. Er verließ Beirut gleich wieder und blieb für eine Weile im sicheren Damaskus.

Nun waren noch acht Fedajin übrig. Mohammed Mussalha, der sich während des Olympia-Einsatzes Issa nannte und durch seinen weißen Hut von weitem zu erkennen war, und sein Vertreter Yussuf Nazzal alias »Che Guevara« alias Toni hatten alles durchorganisiert. Mussalha soll bereits ab Januar 1971 in München gelebt haben, sein Vize seit Februar 1972. Einer der Fedajin, er nannte sich Abu Halla, wurde angeblich erstmals im März 1972 in München gesichtet. Die restlichen fünf Terroristen reisten zwischen dem 15. und 20. Juli aus verschiedenen Ländern zu ihrem Einsatz an.

Drei sollen aus Tripolis gekommen sein. Geheimdienstberichte erwähnen einen Zwischenstopp in Belgrad, wo die drei Männer Fakhri al-Umari getroffen haben sollen. Die beiden anderen Palästinenser flogen angeblich von Beirut über Rom nach München. In der italienischen Metropole haben sie möglicherweise Ali Hassan Salameh gesehen. Um die Ermittlungen zu verwirren, sagten die drei überlebenden Terroristen später aus, sie seien direkt aus Damaskus gekommen. Solche Einzelheiten wurden von den deutschen Behörden nie mit letzter Sicherheit aufgeklärt. Inzwischen sind auch die Münchner Akten spurlos verschwunden. Das ist für die Verantwortlichen auf deutscher Seite zweifelsohne von Vorteil . . .

*

Allem Anschein nach hat man auch die von der Münchner Illustrierten *Quick* publizierte Version über die Endphase der Terrorvorbereitungen nie ordentlich untersucht. In einem dubiosen Interview mit einem angeblichen Vertreter des »Schwarzen September«, irgendwo am Mittelmeer, wurden sehr detaillierte, aber in ihrem Kern zweifelhafte Informationen verbreitet. Demnach sollen die beiden Chefs des Kommandos, Issa und »Guevara«, bereits am 16. Juli von Beirut nach Zürich geflogen und dort bis zum 20. Juli bei Freunden geblieben sein. Dann sollen sie den Zug über Basel und Freiburg nach München genommen haben. *Quick* zitiert: »Sie überquerten die Grenze abends, während des Berufsverkehrs, als viele Pendler unterwegs waren und die Kontrollen nur oberflächlich gehandhabt wurden.«

Und nun kommt der Teil, bei dem deutsche Terrorfahnder davon ausgehen, daß es sich um reine Desinformation handelt.

»In München wurden sie von unserem deutschen Freund Hans vom Bahnhof abgeholt. Hans ist 28 Jahre alt, blond, groß und von Beruf Ingenieur. Im Oktober 1969 hatte er sich auf Einladung palästinensischer Studenten mit einer deutschen Studentengruppe an der Amerikanischen Universität in Beirut aufgehalten ... Hans hat dort ›Guevara‹ kennengelernt und sich mit ihm angefreundet. Er ist kein Antisemit. Aber er will Gerechtigkeit für die Sache Palästinas. Hans besitzt einen Bauernhof, etwa dreißig Kilometer südlich von München gelegen. Das Haus ist sehr einsam. Bis zum nächsten Hof sind es zwei Kilometer. Im Erdgeschoß befindet sich ein großer Raum mit einem langen Holztisch in der Mitte. Im ersten Stock sind vier Zimmer mit je zwei Betten. Dort wurden unsere acht Männer vom ›Schwarzen September‹ untergebracht.«

Nach Darstellung des *Quick*-Gesprächspartners soll der Terrorist Abu Laban als nächster eingetroffen sein – von einem französischen Freund mit einem blauen Mercedes bei Straßburg über die Grenze gebracht. Der Franzose soll angeblich Raymond heißen, Buchhändler sein und in Paris arbeiten, unweit von St. Michel. Er und seine Frau Viviane, eine Apothekerin, würden zu einer Gruppe liberaler Franzosen gehören, die sich mit der Sache der Palästinenser identifizieren könnten.

Nachdem Raymond den ersten Palästinenser auf dem Bauernhof abgeliefert habe, sei er wieder zurückgefahren. Am nächsten Tag sei Viviane mit zwei weiteren Männern gekommen, Afif und Abdel Al Dnawy. Und so ging es weiter. Raymond kam erneut, diesmal mit Abdullah Samer und Ibrahim Badran. Am 29. Juli sei Viviane ein letztes Mal gefahren, mit Abu Said. Selbstverständlich handelte es sich bei allen Fedajin um Decknamen.

Mit Hilfe der *Quick* sollte nun auch die Herkunft der Waffen verschleiert werden: »Hans und seine Freunde besorgten die Waffen für uns: Messer, Pistolen, Gewehre und Handgranaten. Ich weiß nicht, woher diese Waffen kamen. Aber es gibt in Deutschland ein Komitee zur Unterstützung unseres Kampfes gegen Israel. Es wurde vor drei Jahren von Friedrich gegründet. Er ist Professor der Philosophie und dreißig Jahre alt. Das Komitee umfaßt etwa 2000 Personen in Deutschland, die uns und anderen arabischen Organisationen helfen. In allen großen Städten gibt es Kontaktpersonen. Sie helfen auch palästinensischen Studenten, besorgen ihnen zum Beispiel Unterkünfte. Unsere Freunde in Deutschland stehen politisch extrem links, aber es gibt keine Verbindungen zu anarchistischen Organisationen.«

Ausführlich schwelgte der Illustriertenartikel in Revolutionsromantik. Immerhin sollen die acht Terroristen fünf Wochen in der erholsamen Atmosphäre eines oberbayerischen Bauernhofs verbracht haben. Gemeinsam stand man morgens um sechs auf, trank Kaffee mit Milch und trainierte von sieben bis zehn Uhr: Boxen, Ringen, Judo. In der Freizeit lauschten die Fedajin den progressiven Sendern von Algier und Tripolis. Nach dem Mittagessen hielten sie sich wieder fit und gingen, dem Landleben gemäß, bei Sonnenuntergang schlafen. Einer der acht soll aber jeweils für zwei Stunden auf dem Balkon Wache geschoben haben.

Zweimal pro Woche soll der Gastgeber zum Einkaufen gefahren sein. Er brachte dann arabische Zeitungen, Konserven und Säfte. Eine weitere fadenscheinige Bemerkung stellt Hans als geistigen Simpel hin: »Hans war bei unseren Übungen nie dabei. Ich bin überzeugt, daß er keine Ahnung von unseren Plänen hatte. Er stellte auch keine Fragen. In unserer Organisation tut man das nicht, und das wußte er.« Hans zahlte die Lebensmittel, Friedrich die Waffen. So einfach war das.

Am 1. August soll Issa mit dem wirklichen Grund des Aufenthalts herausgerückt sein: »Wir planen eine wichtige Aktion gegen Israel. Wir wollen versuchen, unseren Freunden in den israelischen Gefängnissen zu helfen.« Fortan wurde angeblich die Gruppe geteilt. Die eine Hälfte spielte Israeli, die andere Hälfte Palästinenser. Dabei ging es dann so realistisch zu, daß sich die Terroristen gegenseitig verletzten. Schließlich soll Guevara alle zur Ordnung gerufen und an die Regeln des militärischen Einsatzes erinnert haben.

»Am 5. September, gegen drei Uhr morgens, wurden wir von Guevara und Issa geweckt. Wir versammelten uns im Erdgeschoß. Wir stellten uns rings um den großen Tisch auf. Vor jedem Platz stand ein Teller. Wir legten unsere Pässe darauf und verbrannten sie. Die Asche wurde feierlich über ›Guevaras‹ rechte Hand gestreut. Dann erklärte ›Guevara‹: ›Es ist soweit. Heute im Morgengrauen werden wir in das olympische Dorf eindringen, die israelischen Sportler in ihrer Unterkunft überfallen und gefangennehmen. Es soll nach Möglichkeit vermieden werden, einen Israeli zu töten oder zu verwunden. Wir wollen sie gegen unsere arabischen Brüder in israelischen Gefängnissen austauschen.‹

Er zeigte uns genaue Pläne vom olympischen Dorf. Ein gewisser Rolf hatte sie besorgt. Er ist Mitglied des deutschen Komitees zur Unterstützung Palästinas und hatte als Innenarchitekt im olympischen Dorf gearbeitet. Der günstigste Punkt, von dem aus man in das Dorf eindringen konnte, war auf dem Plan eingezeichnet.«

Eine Stunde später soll der ahnungslose Hans seine Gäste in einem VW-Bus zum Zaun des olympischen Dorfes gefahren und sie dort, ohne eine Frage zu stellen, abgesetzt haben. Der gute Terrorist aus der *Quick*: »Ich bin sicher, daß er noch immer nicht wußte, was wir vorhatten.« Dieses Interview soll am 6. Dezember 1972 aufgezeichnet worden sein. Ein Gespräch mit einem arabischen Terroristen, der seine angeblichen deutschen und französischen Helfer ans Messer liefert . . .

*

Während sich die acht Terroristen bereits in kleinen Münchner Hotels befanden – was sehr viel wahrscheinlicher ist – und auf ihren Einsatz warteten, kursierten in Sicherheitskreisen und bei der Lufthansa sogenannte Warnmeldungen des bundesdeutschen Verfassungsschutzes. Interpol Brüssel wollte erfahren haben, daß sich arabische Terroristen anschickten, Maschinen der Sabena und der El-Al ab Brüssel ins Fadenkreuz zu nehmen. Die Täter, so hieß es, würden tunesische und marokkanische Pässe besitzen. Sogar einige Namen waren der Polizei bekannt. Einer von ihnen hieß Massala – kein sehr häufiger arabische Name.

Eine noch dringendere Warnung traf am 30. August bei allen Büros der Lufthansa ein:

> acc info ministr ministry of transport the wellknown pflp/members leila khaled, zaki abd al hadi, darwiza left bey 29 aug with unknown dest, hijackings of an/or sabotage again a/c must be exp. pls. pay spcl. attn.
>
> Zu deutsch: Dringende Information des Verkehrsministeriums: Die bekannten Mitglieder der Volksfront für die Befreiung Palästinas, Leila Khaled, Abd al Hadi und Darwiza, verließen Beirut am 29. August mit unbekanntem Ziel. Mit Hijackings von/und oder Sabotage gegen Flugzeuge muß gerechnet werden. Erhöhte Aufmerksamkeit erbeten.

Nun handelte es sich hier um andere – und zudem prominentere – Terroristen. Ihre möglichen Kommandounternehmen standen auch nicht gerade im Zusammenhang mit den Olympischen Spielen. Trotzdem hätte es aufgrund dieser Warnungen schärfere Kontrollen auf den Flughäfen und an den Grenzen des Freistaates Bayern geben sollen. Das bayerische Landesamt für Verfassungsschutz will sogar noch zwei oder drei Tage vor dem Anschlag einen »allgemein gehaltenen Hinweis aus dem orientalischen Bereich über bevorstehende Aktivitäten einer arabischen Gruppe an die Münchner Exekutivorgane übermittelt« haben. Das ging allerdings im Sinnenrausch der Olympiade unter. Der damalige Polizeipräsident Dr. Manfred Schreiber soll von solchen Meldungen nicht viel gehalten haben. Schon vor der Eröffnungsfeier seien ihm acht Bombendrohungen zugegangen – »und dann auch nix passiert«.

Irgendwo saß in jenen Tagen ein Mann und ärgerte sich über die Ignoranz der bayerischen Sicherheitsbehörden: der Münchner Psychologe und Konfliktexperte Georg Sieber. Schon lange vor den Spielen, im Februar 1972, hatte er ein Planspiel namens »Lage 21« entworfen, in dem es hieß: »Eine Guerilla-Kommandoeinheit klettert morgens um fünf Uhr über den Zaun des olympischen Dorfes.

Der Wohnblock mit dem israelischen Team wird besetzt. Es laufen Berichte über eine Schießerei ein. Aus dem Haus dringt Rauch ...« Sieber in seiner frühen Analyse für das Münchner Polizeipräsidium: »Ein Angriff auf Mannschaften aus Staaten in Konfliktzonen ist eine attraktive Chance für Guerilla- und Widerstandsorganisationen, auf ihre Existenz hinzuweisen, Lösegeld zu kassieren und die Olympischen Spiele in eine politische Demonstration zu verwandeln.« Ein letztes Sieber-Zitat: »Man muß sich auf Kamikaze-Kommandos einstellen, die zuschlagen, ohne ihr eigenes oder das Leben anderer Menschen zu achten.«

Georg Siebers »Lage 21« fand keine Beachtung. Statt dessen verlangten die Polizeistrategen bei den entsprechenden Diskussionen im Schulungslager München-Heimhausen nach »fünf Lagen für Kleinstörungen«. Man schrieb den März 1972. Kleinstörungen, das sind randalierende Sportfans, Rangeleien unter Zuschauern, Versuche, ohne gültige Eintrittskarten in die Anlagen zu kommen, aber auch Belästigungen durch Exhibitionisten.

Das Nachrichtenmagazin *Der Spiegel* druckte ein Beispiel aus der offiziellen »Schulungs- und Informationsmappe für Führungskräfte des Ordnungsdienstes« ab, an der die 2100 Sicherheitsbeamten trainiert worden waren: »1.30 Uhr: Auf dem kleinen Platz in der Mitte der Bungalowsiedlung des Frauendorfes hat sich eine Gruppe von zehn Athletinnen und zwei Athleten auf mitgebrachten Decken und Kissen niedergelassen. Ein Athlet spielt auf der Gitarre. Die Frauen singen mit und begleiten den Spieler mit rhythmischem Händeklatschen. Weinflaschen machen die Runde. Der zweite Athlet ist offenbar stark angetrunken ... 1.45 Uhr: Bei dem Versuch, die Herren aus dem Frauendorf zu verweisen, wird ein Mitarbeiter durch den angetrunkenen, wild um sich schlagenden Mann erheblich am Kopf verletzt.«

Dies war keineswegs die einfachste unter den vorgelegten Krisensituationen.

An Ali Hassan Salameh und seine Killerbande mochte niemand denken. Dabei waren die durchtrainierten und hochmotivierten Kämpfer aus den Lagern längst inmitten des Münchner Jubelvolkes. Wolfgang Friedmann, einer der Funktionäre der Nationalmannschaft Uruguays, war später absolut sicher, »Guevara« bereits am frühen Morgen des 4. September gesehen zu haben. Er befand sich in einem Raum, der den Bediensteten des olympischen Dorfes zur Verfügung stand, und bettelte, als er überrascht wurde, um Früchte. Friedmann berichtete, er habe dem Mann Äpfel und Birnen gegeben. Mussalha und »Guevara« sollen, nach Darstellung von Abu Ijad, letztmals an Abend des 4. September in das olympische Dorf gekommen sein – »mit zwei Eintrittskarten, die die asiatische Freundin Mussalhas besorgt hatte«. Die anderen folgten morgens kurz nach vier Uhr.

Kapitel 2

Einundzwanzig Stunden in München

Das olympische Dorf ist ein Labyrinth aus Beton und Glas. Die meisten Häuser erreicht man von unten her, durch ein weitverzweigtes System an Stellplätzen und Garagen. Die Appartementblöcke haben zwei Eingänge – auf der Parkebene und im Stockwerk darüber. Dadurch wird die erste Etage praktisch zum Erdgeschoß. Von hier gelangt man auch zu Läden und allerlei anderen Gemeinschaftseinrichtungen, zu großzügigen Grünanlagen und zur U-Bahn-Station. Im Zentrum der gesamten Anlage befindet sich die Connollystraße, benannt nach dem Amerikaner James B. Connolly, einem Goldmedaillengewinner des Jahres 1896 bei der ersten Olympiade moderner Zeit in Athen.

Im Block Connollystraße 31, einem dreistöckigen Gebäude, wohnen israelische Sportler, dazu auch Athleten aus Uruguay und Hongkong. Ihre Unterkunft, von den deutschen Gastgebern Bungalow genannt, ist auffällig gestrichen – in Weiß, Orange und einem satten Blau. Connolly 31 hat 24 Wohnungen. Elf von ihnen, Duplex genannt, bestehen aus zwei Stockwerken. Eine eiserne Wendeltreppe verbindet die beiden Ebenen miteinander. Die Israelis wohnen in Duplex eins bis sechs. Das nächstgelegene Tor zur Außenwelt, präzise zum Kusoczinskidamm, trägt die Nummer 25 a. Es wird jeden Tag um Mitternacht versperrt. Spätheimkehrer unter den Athleten springen regelmäßig über den zwei Meter hohen Zaun.

So wundert sich auch niemand, als am 5. September, kurz nach vier Uhr, fünf dunkle Gestalten in der Nähe von Connollystraße 33 über die Absperrung klettern. Zwei Postbeamte beobachten, wie die vermeintlichen Athleten schwere Sporttaschen und Säcke mit langen Gegenständen über den Zaun reichen. Einer von ihnen meint, es könne sich durchaus um Gewehre handeln. Die Schießwettkämpfe seien nun vorbei, die Ausrüstung würde wohl nicht mehr gebraucht werden.

Beide entfernen sich vom Ort des Geschehens. Die Eindringlinge wechseln ihre Kleidung. Sie entfernen Sweatshirts mit dem Aufdruck der Mannschaften aus dem Libanon, aus Libyen und Saudi-Arabien und maskieren sich. Die Männer holen mehrere Schußwaffen aus den Taschen und überprüfen deren Einsatzbereitschaft. Dann trennen sie sich. Drei von ihnen streben dem Vordereingang der Connollystraße 31 zu, die anderen zwei schlagen einen Bogen nach Süden, zum Hintereingang des Hauses.

Dabei werden sie von Darwin Pineyrua, einem Hammerwerfer aus Uruguay, gesehen. Der 27jährige Südamerikaner hatte am vorherigen Tag eine Niederlage erlitten und konnte deshalb in der Nacht zum 5. September nicht richtig schlafen. Gerade holt er sich ein Glas Wasser, als er drei schwerbewaffnete Maskierte vorbeigehen sieht. Einer von ihnen trägt einen weißen Strandhut. Es ist Issa, der Anführer. Pineyrua überlegt eine Weile. Handelt es sich hier um einen Scherz der vielen Jugendlichen des olympischen Dorfes oder um eine Einbrecherbande? Der Zeuge ist unschlüssig und weiß nicht, was er tun soll. Daß es Terroristen sein könnten, das kommt ihm nicht in den Sinn.

Inzwischen sind also die drei restlichen Terroristen aus den Tiefen des olympischen Dorfes dazugestoßen. Das würde die Aussage von Abu Ijad stützen, die beiden Anführer wären bereits Stunden vorher angekommen. Doch wo haben sie sich so lange aufgehalten? Hatten sie Sympathisanten unter den Athleten aus arabischen Staaten?

Eine Frage, die seit den Tagen des grausamen Geschehens von München unbeantwortet geblieben ist. Nach den vielen neuen Erkenntnissen über die kriminellen Aktivitäten des Ostberliner Ministeriums für Staatssicherheit ist auch nicht mehr auszuschließen, daß von jener Seite zusätzliche Hilfe kam. Die DDR-Olympia-Mannschaft war in absoluter Nähe der Israelis untergebracht. Abu Ijad reiste oft und gerne nach Ostberlin, und Ali Hassan Salameh soll nach westlichen Geheimdiensterkenntnissen die ersten Septembertage des Jahres 1972 jenseits der Mauer verbracht und dort auch die Fernsehübertragung der 21 tragischen Stunden verfolgt haben.

Es kann aber auch, wie so oft, eine ganz einfache Erklärung geben. Issa alias Mussalha, der Anführer, war als Architekt in irgendeiner Phase an der Konstruktion der Olympiaanlagen beteiligt, sein Vertreter »Guevara« in der Küche beschäftigt gewesen. Abu Laban (gelegentlich auch Abu Halla genannt) soll zeitweise den olympischen Rasen gepflegt haben.

Es ist 4.20 Uhr, als sich die Terroristen vor der Connollystraße 31 versammeln. Hier sind 21 der 28 israelischen Delegationsmitglieder untergebracht. Der Judenstaat hat fünfzehn Athleten und dreizehn Funktionäre geschickt. Drei befinden sich in dieser Nacht beim Segelwettbewerb in Kiel. Die beiden Athletinnen wohnen im Frauendorf. Der Präsident des Nationalen Olympischen Komitees Israels und der Generalsekretär sind im Hotel Sheraton abgestiegen. Es gibt vermutlich drei Sicherheitsbeamte. Doch diese bleiben ein Rätsel, weil sie ganz einfach nie in Erscheinung treten.

Die Fedajin betreten die Halle, durch die man in Appartement Nummer eins kommt. Die äußere Haustür ist unverschlossen, dafür aber sind es die Zugänge zu den einzelnen Wohnungen. Im Parterre schläft der vierzigjährige Ringertrainer Yossef Gutfreund, ein Emigrant aus Rumänien. Er wacht auf, als er das leise Geräusch eines Schlüssels hört, der ein Schloß nicht zu öffnen vermag. Gutfreund schleicht sich zur Tür, ohne seinen Zimmergefährten Tuvia Sokolovsky aufzuwecken. Nach mehreren vergeblichen Versuchen funktioniert der Nachschlüssel. Die Tür öffnet sich einen Spalt. Yossef Gutfreund, ein Hüne mit breitem Gesicht und klaren Augen, steht den Terroristen auf kurze Distanz gegenüber. Issa sieht ihn als erster und zischt ein rasches Kommando an seine Begleiter: »Nicht schießen.«

Er will die Aktion nicht durch einen unbedacht abgefeuerten Schuß gefährden. Auch weiß er, daß die Israelis auf das ganze Haus verteilt sind. Ein Feuerstoß aus der Kalaschnikow würde sie sofort warnen. Außerdem möchte Issa seine Opfer lebendig gefangennehmen.

Zu acht werfen sich die Palästinenser gegen die Tür. Yossef Gutfreund, inzwischen hellwach, drückt von innen mit seinen Riesenkräften dagegen. Zwei Gewehrläufe schieben sich durch den sekundenlang entstandenen Spalt und entfalten ihre Hebelwirkung. Der muskelbepackte Ringer weiß, daß er gegen den Angriff der acht Araber nicht lange durchhalten wird. Als seine Kräfte nachlassen, stößt er einen langgezogenen, tiefen Schrei aus: »Terroristen! Hevreh! Skanah!« – »Jungs! Es droht Gefahr!« Noch mal will er seine Kameraden warnen. Da verlassen ihn die Kräfte. Er stolpert – und die Angreifer dringen in die Lobby.

Tuvia Sokolovsky, der Trainer der Gewichtheber, hat die Situation inzwischen erfaßt. Er greift sich einen Stuhl und zerschlägt das Fenster, springt mit einem Satz auf die Straße und läuft – nur mit einer Pyjamahose bekleidet – um sein Leben. Um ihn herum schlagen Schüsse ein. Mit einer Rolle vorwärts landet er im Gras. Nur Zentimeter von ihm entfernt hagelt es weitere Projektile. Er kommt am Quartier der Uruguayer vorbei und trommelt verzweifelt an den Fenstern. Keine Reaktion. Er erreicht Gebäude Nummer 15, wo die Südkoreaner wohnen. Sie sind inzwischen hellwach und öffnen ihre Tür. Sokolovsky ist in Sicherheit. Seine beiden Verfolger stehen fluchend am kaputten Fenster.

Issa ist außer sich, daß die Operation so kläglich begonnen hat. Er befiehlt einem seiner Leute, Gutfreund, und einem anderen, die Zugänge zu bewachen. Zu viert stürmen sie in den ersten Stock. Sie halten vier schlaftrunkenen Sportlern die Mündungen ihrer Kalaschnikows ins Gesicht. Es handelt sich um den Fechtmeister Andre Spitzer, um Schießtrainer Kehat Shorr, den Gewichtheber Yacov Springer und den Lauftrainer der israelischen Leichtathleten, Amitzur Shapira. »Hände hoch! Hands up!« Die Befehle sind unmißverständlich. Rasch werden die Geiseln in ein Zimmer gebracht und sachgerecht verschnürt.

Issa versucht, die israelischen Gefangenen zu verhören. Er will wissen, wo die anderen Athleten sind. Es zeigt sich, daß er die Örtlichkeiten doch nicht gut genug kennt. Er bekommt keine Antwort. Auch Schläge bringen ihn nicht weiter. Unter dem Kommando von »Guevara« machen sich vier Mann auf die Suche. Da entdecken sie plötzlich einen Mann, der in die Uniform der israelischen Sportler – königsblaue Jacke, weinrote Krawatte, ein weißes Hemd und eine beige Hose – gekleidet ist. Er befindet sich augenscheinlich auf dem Heimweg zu seinem Quartier. Es handelt sich um den Trainer der Ringer, Mosche Weinberg, der eine ausgiebige Tour durch Münchens Flaniermeile Schwabing hinter sich hat. Mit dem unerwarteten Befehl »Hands up« wird er aus seiner Selbstzufriedenheit gerissen.

Mosche Weinberg wehrt sich auch dann noch, als er plötzlich die Waffen und die Übermacht an Angreifern sieht. Er schlägt einen der Täter – er nennt sich Abu Laban – zu Boden und nimmt dessen Pistole, zielt damit auf einen zweiten. Dieser hebt sein Sturmgewehr und drückt ab. Weinbergs gellender Hilfeschrei erstickt jäh – die Kugel hat ein Stück seines Gesichts weggerissen. Die Täter ziehen den heftig blutenden Trainer zum Eingang von Appartement Nummer zwei. Dort fragen sie ihn, ob sich darin Israelis befinden. Er schüttelt den Kopf. Als sie ihn weiter bedrängen, antwortet der Schwerverletzte knapp: »Uruguay.« Das rettet fünf seiner Landsleute das Leben.

Mit einem weiteren Nachschlüssel öffnen die Terroristen die Tür zu Appartement drei. Auch hier überraschen sie sechs schlafende israelische Athleten – die Gewichtheber Zeev Friedman, David Marc Berger und Yossef Romano sowie die Ringer Eliezer Halfin, Gad Tsobari und Mark Slavin. Die Augen zu öffnen und in die Mündungen von Waffen zu blicken war ihr erster Schock, den blutüberströmten Mosche Weinberg zu sehen der zweite. Und wieder fragen die Palästinenser: »Wo sind die anderen Israelis? Wo ist der Chef der gesamten Mannschaft?« Wieder keine zufriedenstellende Antwort.

Die ganze Gruppe verläßt Appartement drei und geht in Richtung von Appartement eins, wo sich die anderen Geiseln befinden. Ein seltsamer, schweigender Gänsemarsch. Männer mit kurzen Hosen und ohne Schuhe, andere mit Gewehren und Pistolen. Niemand scheint es zu sehen. Das olympische Dorf und seine 12 000 Bewohner schlafen immer noch. Plötzlich, kurz vor dem Ziel der Terroristen, fängt Tsobari zu laufen an. Er hüpft und schlägt Haken wie ein Hase, um den Salven, die in seine Richtung verschossen werden, zu entgehen. Dann steht er vor einem Zaun, springt und landet im Frauendorf. Noch mal läuft er und stürmt schließlich in ein offenes Appartement. Dort sitzen mehrere Polizisten und brühen sich gerade einen Kaffee auf. Der Ringer ist gerettet. Es ist 4.57 Uhr.

Während drei der Fedajin auf den flüchtenden Tsobari feuern, stürzt sich Mosche Weinberg, der schwerverletzte Trainer, auf den vierten Mann, der sich selbst Ibrahim Messaud Badran nennt. Der gewichtige Israeli zertrümmert ihm mit einem Schlag den Unterkiefer. Der Neunzehnjährige, der Jüngste unter den Terroristen, geht bewußtlos zu Boden. Weinberg ruft seinen fünf verbliebenen Landsleuten zu, sie sollten weglaufen. Fast im selben Augenblick greift der 33jährige Ringertrainer nach dem Gewehr des verletzten Badran. Da wird er schon vom Dauerfeuer der drei Fedajin, die bis jetzt auf Tsobari geschossen haben, und von einem vierten Mann, der sich auf dem Balkon des Appartements Nummer eins befindet, getroffen.

Als die Geiselnehmer ihre Opfer versammeln, versucht noch mal ein Israeli zu flüchten – der Gewichtheber Yossef Romano. Er wird mit drei Schüssen aus »Guevaras« Kalaschnikow im Schlafzimmer gestoppt. Der hinkende Romano wendet sich der Küche zu, versucht, das Fenster zu öffnen. Es gelingt ihm nicht, da die frische Farbe alles verklebt hat. Einer der Terroristen schießt auf ihn. Romano stolpert und greift nach einem scharfen Küchenmesser. Ein Schuß und noch ein Schuß. Romano befindet sich jetzt im Flur. Wie ein gehetztes Tier sucht er nach einem Ausweg. Der erste Stock, das Schlafzimmer . . . Dort befinden sich aber die fünf ursprünglichen Geiseln und zwei Bewacher. Der kleingewachsene Romano stürmt in das Schlafzimmer und läuft direkt in die Salve aus dem halbautomatischen Gewehr eines weiteren Terroristen, der sich Paulo nennt. Nach einer zweiten Salve geht Romano in die Knie. Er klammert sich immer noch an das Messer. Die Kugeln durchschlagen seinen Nacken und den Oberkörper. Der bereits lebensgefährlich verletzte Gewichtheber schafft es, noch mal auf die Beine zu kommen. Er stößt sein Messer mit aller Kraft mitten zwischen die Augen des Schützen Paulo. Dieser brüllt vor Schmerz.

Einer seiner Komplizen läuft herein. Er hat die Situation sofort im Griff und feuert ein ganzes Magazin auf Yossef Romano ab. Der Israeli wird förmlich durchsiebt. Sein Blut und Teile seiner Eingeweide finden sich an allen Wänden und an den Möbeln. Mit einem Brüllen, das den Anwesenden das Blut in den Adern gefrieren läßt, stirbt Romano in weniger als dreißig Sekunden. Am Abend des 5. September, als man seine Leiche endlich abtransportieren kann, bricht der geschundene Körper in der Mitte auseinander. Yossef Romano wurde 1940 in Tripolis/Libyen geboren. Seine Herkunft war deutlich zu erkennen. Das dichte, schwarze Kraushaar und die braune Hautfarbe wiesen ihn als orientalischen Juden aus. Der untersetzte, muskelbepackte Star-Gewichtheber, Dekorateur im Zivilberuf, kämpfte im Sechstagekrieg auf der Westbank und im Golan, später gegen eindringende Fatah-Kommandos entlang der Jordan-Grenze. Er war verheiratet und Vater von drei Töchtern. Nach den Olympischen Spielen von München wollte Yossef Romano seine Sportlerkarriere an den Nagel hängen.

Das grausame Geschehen geht weiter, als der bereits totgeglaubte Mosche Weinberg noch einmal auf die Beine kommt und, anstatt davonzulaufen, in das Appartement mit den Fedajin und seinen gefangenen Kameraden stürmt. Weinbergs Körper, reduziert zu einem blutigen Stück Fleisch, stolpert auf den Palästinenser im Flur zu. Dieser weicht aus, und Weinberg schafft es bis in die Küche. Dort greift auch er nach einem Messer. Drei der Fedajin springen auf ihn. Er verletzt Abu Laban, den er bereits vorher zu Boden geschlagen hatte, am Oberarm. Dieser, außer sich vor Wut, leert das Magazin seiner Pistole auf Weinberg. Die Schüsse reißen die Schädeldecke des Trainers weg. Mosche Weinberg aus Haifa, einer der erfolgreichsten Ringer und Ausbilder seines Landes, stirbt um 4.50 Uhr.

Etwa zur selben Zeit ruft eine Putzfrau bei Grenzschutzmajor Wolfrum vom Ordnungsdienst an und meldet eine Schießerei »auf Höhe Connollystraße 31«. Noch immer merkt niemand, daß der arabisch-israelische Konflikt in seiner absoluten Gnadenlosigkeit das olympische Dorf erreicht hat.

Beamte der Kripowache werden losgeschickt, um die Nachricht zu prüfen. Sie treffen »Guevara«, der eine Gesichtsmaske und Handgranaten trägt. Aus sicherer Entfernung ruft ihm einer der Polizisten zu: »Was soll das heißen?« Als keine Antwort kommt, wiederholt der sichtlich überforderte Beamte seine Frage in Englisch. Der Vize im Terrorkommando wendet sich wortlos ab und verschwindet, rückwärts gehend, im Haus. Vom Balkon im ersten Stock flattert ein Papier herab. Derselbe Mann antwortet nun: »Lassen Sie das sofort der israelischen Regierung zukommen. Hier ist etwas passiert. Sorgen Sie dafür, daß Erste Hilfe kommt.«

Es ist kurz nach fünf Uhr, als der deutsche Sicherheitsapparat in Gang kommt. Und doch ist in den nächsten Stunden jedermann ratlos, weil es noch nie einen Terroranschlag dieser Größenordnung – und vor den Augen von 900 Millionen Fernsehzuschauern – gegeben hat, weder in der Bundesrepublik noch anderswo. Im Tätigkeitsbericht der Polizei wird die weitere Entwicklung so wiedergegeben: »Einem wenige Minuten später [nach fünf Uhr] eintreffenden leitenden Polizeibeamten des Polizeiführungsstabes München, der die ersten polizeilichen Maßnahmen einleitet, übergeben die Araber ein Ultimatum mit der Forderung, 200 in Israel inhaftierte Araber innerhalb von drei Stunden freizulassen, anderenfalls würden die Geiseln erschossen. Eine Liste mit den Namen der Inhaftierten wird übergeben. Im Gespräch fordern die Araber die Entfernung aller Polizeibeamten; sie würden sonst die Geiseln erschießen und das Feuer auf die Polizeibeamten eröffnen.«

Beide Seiten bauen ihre Verteidigungs- und Belagerungslinien auf. Im *Stern* wird diese Situation später so beschrieben: »Die Polizei weiß weder wie stark die Gruppe der Terroristen ist noch wie viele Menschen sich in ihrer Gewalt befinden. Münchens Polizeipräsident Dr. Manfred Schreiber übernimmt die Einsatzleitung. Er tut, was jeder Polizeichef erst einmal tut: Er läßt eine Armee von Polizisten um den Tatort aufmarschieren – und wartet.« Der harte Kern von Schreibers »Armee« besteht aus 36 Mann. Für die Connollystraße 31 gibt es zwölf mögliche Ausgänge. Also bildet die Polizei zwölf Eingreiftrupps mit je drei Mann.

Inzwischen werden die Forderungen der Terroristen analysiert. Eine zweiseitige Liste enthält 236 Namen. Unter ihnen finden sich so gefährliche Terroristen wie der Japaner Kozo Okamoto, einziger Überlebender eines Kommandos, das im Mai 1972 auf dem Flughafen Tel-Aviv 28 Pilger erschossen und 76 schwer verletzt hat. Auch die im Mai bei der Entführung der Sabena-Boeing nach Israel lebend gefangenen Frauen des »Schwarzen September«, Therese Halaseh und Rima Tannous, sind dabei.

Bei zwei Namen stockt den deutschen Experten der Atem: Andreas Baader und Ulrike Meinhof. Die beiden Köpfe des westdeutschen Terrorismus waren nach zahlreichen Bombenanschlägen und Morden im Juni 1972 verhaftet worden. Ein großer Erfolg für die

Terrorfahndung, die damals noch in den Kinderschuhen steckt. Ali Hassan Salameh, der beide persönlich kennt, will sie freipressen, da er dies für einen Akt internationaler Solidarität hält.

Schon bei der ersten Forderung, um 5.08 Uhr, sind klare Anweisungen für das weitere Vorgehen enthalten. Die Fedajin und ihre »zionistischen Geiseln« sollen in drei »Langstreckenflugzeugen« außer Landes gebracht werden. Sobald jeweils eine Maschine am Zielort gelandet ist, soll die nächste starten. Das Ultimatum für diese Aktion wird um neun Uhr verstreichen. Jemand hat die Uhrzeit per Hand eingefügt. Alles andere war bereits in Beirut vorgeschrieben worden. Wenn die deutschen Behörden, so die unverhüllte Drohung, bis zu diesem Zeitpunkt den Forderungen nicht entsprochen haben, dann werden die israelischen Geiseln nach und nach sterben müssen.

Um 5.20 Uhr kommt es zu einem ersten Direktkontakt zwischen der deutschen Polizei und dem Terroristenchef Issa. Der Palästinenser trägt seinen charakteristischen Strandhut, einen hellen Safarianzug, einen weißen Sweater und Schuhe mit hohen Absätzen. Issa macht einen intelligenten Eindruck. Im Kontrast dazu stehen das mit Holzkohle geschwärzte Gesicht, seine Pistole und sein unerfüllbares Anliegen, das er in ausgezeichnetem Deutsch vorträgt. Für einen Moment wird er ausfallend, hat sich aber sofort wieder unter Kontrolle. Der lange Tag von München beginnt erst. Die Nerven aller Beteiligten sind noch ausgeruht.

Um 5.35 Uhr versuchen die Fedajin in der Connollystraße 31 das erste von mehreren bis heute rätselhaften Telefongesprächen zu führen. Sie verlangen eine Verbindung nach Beirut, vermutlich um Vollzug zu melden. Die Leitung kommt nicht zustande.

Um 5.40 Uhr trifft Münchens Polizeipräsident Dr. Manfred Schreiber ein. Schreiber fungiert auch als Sicherheitsbeauftragter des Olympischen Komitees. Der 46jährige Jurist aus dem ostbayerischen Hof steht der Münchner Polizei bereits seit neun Jahren vor. Er ist eine populäre und markante Persönlichkeit. An diesem schwarzen Septembertag wird er die wichtigsten Entscheidungen treffen. Deren polizeiliche Umsetzung übernimmt sein Vize Dr. Georg Wolf. Seit dem Beginn des Terrorüberfalls ist die Funktion des Olympia-Ordnungsdienstes aufgehoben.

In den nächsten beiden Stunden stoßen Bayerns Innenminister Bruno Merk und Bundesinnenminister Hans-Dietrich Genscher dazu. Auch die beiden obersten Sportfunktionäre, IOC-Präsident Avery Brundage und der Präsident des Nationalen Olympischen Komitees, Willi Daume, informieren sich vor Ort. Die Verantwortung ist klar verteilt: Innenminister Merk ist der politische Macher, Polizeichef Schreiber der Stratege. Bonns Innenminister Genscher hält Kontakt zu Bundeskanzler Willy Brandt und seinem Außenminister Walter Scheel, dem späteren Bundespräsidenten.

Dieser läßt den Botschafter Israels in Bonn, Eliashiv Ben Horin, verständigen. Der Diplomat kontaktiert Jerusalem. Alle Kreise schließen sich. Premierministerin Golda Meir gibt sich in ihren Memoiren nicht sehr aussagefreudig über diesen 5. September 1972. Es besteht jedoch kein Zweifel, daß der gesamte Entscheidungsprozeß in Jerusalem in ihren Händen lag. Der zweitwichtigste Mann sollte General Zvi Zamir sein, 47 Jahre alt und Direktor (Memune) des israelischen Geheimdienstes Mossad.

Der hagere, asketisch und auf seine Umgebung farblos wirkende Zamir, Spitzname Zvika, hatte damals schon eine steile Karriere hinter sich. Er kam aus dem Widerstand gegen die Engländer. Während des Unabhängigkeitskrieges kommandierte er das 6. Bataillon und wurde bereits 1951 zum Brigadegeneral befördert. Der gebürtige Pole übernahm die Givati-Brigade, die auch heute noch zur Infanterieelite der mächtigen israelischen Militärmaschinerie zählt.

Abgesehen vom Sinai-Feldzug des Jahres 1956, war Zamir bis 1962 als Chef der Ausbilder eingesetzt. Dann übernahm er den Befehl über das Südkommando der israelischen Territorialverteidigung. Zwischen 1966 und 1968 wurde er kurzzeitig als Militärattaché nach London und in die skandinavischen Staaten entsandt.

Er kehrte nach Israel zurück und übernahm den geheimnisvollen Mossad. Jeder Insider war von dieser Personalentscheidung überrascht. Mit Zamir wurde nämlich ein Mann ohne Geheimdiensterfahrung, jedoch mit guten Beziehungen im Establishment der regierenden Arbeiterpartei in den Sattel gehoben. Seine fünfeinhalbjährige Amtszeit in Israels Elitebehörde sollte ihm wenig dauerhafte Erfolge bescheren, obwohl sie durch spektakuläre Einsätze gegen den palästinensischen Terrorismus geprägt wurde.

Zvi Zamir war ein schwacher Mossad-Chef nach einer Reihe von starken, aber für ihre Regierungschefs viel zu selbstbewußten Männern der Gründerzeitgeneration. Als er 1974 ausschied, war er ein Verlierer, allerdings noch gut genug, um die Raffinerie von Haifa elf Jahre lang als Generaldirektor zu übernehmen. In Israel ziehen sich die Chefs von Militär und Nachrichtendienst nicht aufs Altenteil zurück. Ruhelos suchen sie stets nach weiteren Aufgaben. General Zamir hat bis heute, von einem Interview in der Armeezeitschrift *Bamachane* (»Im Lager«) abgesehen, über seine Erfahrungen am und um den 5. September 1972 geschwiegen. Auch jetzt, zwei Jahrzehnte danach, bekommt er von seinem ehemaligen Arbeitgeber, dem Amt des Premierministers, keine Genehmigung, sich öffentlich zu erinnern. Deshalb handelt es sich bei dem 1987 mit dem israelischen Journalisten Josef Argaman geführten Gespräch um ein einzigartiges Dokument.

Zvi Zamir wird am Morgen des 5. September zur 74jährigen Golda Meir gerufen. In ihrem Büro in der Knesset, dem israelischen Parlament, findet eine Krisensitzung mit den Chefs der Sicherheitsdienste, mehreren Ministern und Abgeordneten statt. Die Diskussion kreist immer wieder um die eine zentrale Frage: Was kann und was darf Israel tun, um das Leben seiner Athleten zu retten? Aus Bonn war bereits die Nachricht gekommen, daß das Problem nur auf deutschem Boden und ausschließlich aus eigener, deutscher Kraft gelöst werden sollte. Das schließt ein israelisches Kommandounternehmen bereits in der ersten Phase des Entscheidungsprozesses aus.

Die hochrangige Gesprächsrunde bekundet ihr Vertrauen in die Fähigkeiten der deutschen Bundeswehr. Vergleiche zur erfolgreichen Stürmung der entführten Sabena-Maschine werden gezogen. Das, so heißt es, müßten die Deutschen doch genausogut beherrschen. Die zweite Entscheidung dieses Morgens ist ein klares Nein zu der vom »Schwarzen September« geforderten Freilassung von 236 Terroristen.

Golda Meir wirft die Frage auf, wer ihre Regierung in München vertreten wird. Sie gibt zu bedenken, daß man es mit einem politischen – die Freilassung der Gefangenen – und einem strategischen Problem zu tun hat. Die Entscheidung fällt auf Verteidigungsminister Mosche Dayan. Er weigert sich. Es könne zu einem Konflikt mit den Deutschen führen. Die Bundeswehr habe die Pflicht, die israelischen Sportler aus den Händen des »Schwarzen September« zu befreien. Sie sei sicherlich effizient genug, diese Aufgabe ohne israelische Militärberater zu erfüllen. Was die politische Seite betreffe, so würde dies bestimmt in Telefongesprächen zwischen Premierministerin Golda Meir und Kanzler Willy Brandt abgewickelt werden.

Jemand schlägt vor, Mossad-Chef Zvi Zamir nach München zu schicken. Der hält dagegen, daß die Sicherheit der Olympia-Mannschaft nicht zu den Aufgaben seines Auslandsnachrichtendienstes zählt, sondern dem Inlandsdienst Shin Bet obliegt. Außerdem, so wirft er ein, seien die Deutschen ja gegen den Einsatz israelischer Antiterroreinheiten und selbst ganz gut in der Lage, mit der Situation fertig zu werden.

Zamir im Rückblick: »Niemand von uns hat die deutsche Armee gut gekannt. Alle wußten aber, daß es eine gute Armee ist. Also dachten wir, da gibt es sicher eine Einheit, die mit einer solchen Situation fertig wird.« Die Gesprächsrunde von Jerusalem weiß nicht, daß die bundesdeutsche Verfassung einen Einsatz der Bundeswehr gegen Terroristen nicht erlaubt. Der falsche Denkansatz ist auf israelischer Seite nur mit Mühe zu beseitigen.

Die Mehrheit ist dafür, daß Israel sich nur politisch engagieren solle. Es sei also erforderlich, daß ein Kabinettsmitglied reise. Die beste Wahl sei natürlich der Verteidigungsminister. Ohne klare Entscheidung vertagt man sich gegen Mittag. Mosche Dayan hat sich inzwischen auch den Vorschlag zu eigen gemacht, die Lösung des Geiselproblems vorläufig den Deutschen zu überlassen. Wenn Israels erfahrenster Kriegsheld gewußt hätte, daß er sie damit hoffnungslos überschätzt, dann hätte er seine Fehlkalkulation sicherlich noch korrigiert. In München läuft die Zeit langsam dahin. Beide Seiten igeln sich eher ein, als daß sie aufeinander zugehen. Als die Frist der Terroristen abzulaufen droht, begeben sich Walter Tröger, für die Zeit der Spiele amtierender Bürgermeister des olympischen Dorfes, und Polizeipräsident Manfred Schreiber zusammen mit einem ägyptischen Mitglied des Internationalen Olympischen Komitees zum Tatort. An der Tür sprechen sie mit Issa, der eine Neun-Millimeter-Pistole locker in der Hand hält. Tröger bietet den

Palästinensern einen Tausch an. Für die Freilassung der Israelis würden sich er, die Minister Merk und Genscher, Schreiber und Münchens Ex-Oberbürgermeister Hans-Jochen Vogel in die Hand des Kommandos begeben.

Der Verhandlungsführer weist den Vorschlag entrüstet zurück: »Nein. Ihr seid nicht unsere Feinde. Das sind die Israelis.« Mit entschiedener Miene fügt er hinzu: »In fünfzehn Minuten werde ich an dieser Stelle mit meinen eigenen Händen eine Geisel töten, wenn wir bis dahin keine positive Antwort auf unser Ultimatum haben.« Der Ägypter geht dazwischen: »Israel hat die Liste gerade erst erhalten. Niemand war bislang in der Lage, Premierministerin Meir zu erreichen. Wenn ihr fair sein wollt, dann müßt ihr euer Ultimatum um mindestens sechs Stunden verlängern.« Darüber kann man sich einigen.

Inzwischen telefoniert Willy Brandt mit der israelischen Premierministerin. Golda Meir verdeutlicht dem deutschen Kollegen, daß es keinen Kompromiß geben kann. Sie betont die deutsche Verantwortung für die Ereignisse von München. Der Mord an Weinberg und die Geiselnahme von zehn Athleten, so sagt sie, seien lokale deutsche Verbrechen. Willy Brandt resigniert: »Ich habe beschlossen, den Fedajin noch vor Mittag mitteilen zu lassen, daß wir die beiden deutschen Gefangenen, um die sie gebeten haben, freilassen werden. Das ist alles, was in meiner Macht steht.«

Um 9.10 Uhr überreichen die Geiselnehmer eine neue Erklärung, die mit Kugelschreiber abgefaßt ist. Darin wiederholen sie die Argumente des ersten Schreibens, werden aber in ihrer Wortwahl noch drastischer. Diese Formulierungen sind typisch für die zynische Denkweise des »Schwarzen September«:

Die arrogante Haltung des israelischen Militärregimes und seine Weigerung, auf unsere Forderungen einzugehen, werden uns nicht dazu verführen, unsere menschliche Haltung aufzugeben und in unseren Bemühungen fortzufahren, um die israelischen Geiseln unter folgenden Bedingungen zu retten:

1. Die Bundesrepublik Deutschland muß ihre Bereitschaft erklären, die israelischen Gefangenen an jeden beliebigen Platz zu brin-

gen, der von unseren revolutionären Kräften im olympischen Dorf bestimmt wird.

2. Die Bundesrepublik Deutschland hat unsere Streitkräfte mit drei Flugzeugen auszustatten, an deren Bord die israelischen Gefangenen zusammen mit unseren bewaffneten Kräften in drei aufeinanderfolgenden Gruppen an einen noch zu bestimmenden Ort gebracht werden.

3. Jede Gruppe wird München verlassen, sobald die vorhergehende Gruppe ihr Ziel erreicht hat.

4. Jeder Versuch, unsere Operation zu stören, wird mit der Liquidierung aller israelischen Gefangenen enden und die Bundesrepublik wird dafür verantwortlich gemacht werden.

5. Dieses Ultimatum läuft in drei Stunden ab. Von dann an wird die Bundesrepublik die volle Verantwortung für alle Konsequenzen tragen.

6. Nach Ablauf des Ultimatums werden unsere revolutionären Kräfte, falls unsere Forderung, das deutsche Gebiet zu verlassen, nicht angenommen wird, Befehl erhalten, revolutionäre und gerechte Gewalt anzuwenden, um den Kriegshäuptern der israelischen Militärmaschine und der Arroganz der Bundesrepublik eine sehr harte Lektion zu erteilen.

REVOLUTIONÄRE DER GANZEN WELT, VEREINIGT EUCH!

I.B.S.O.

Um 9.20 Uhr öffnet sich die Untergrundtür von Block 31. Drei maskierte, schwer bewaffnete Terroristen und vier ihrer Geiseln – verschnürt wie Pakete – erscheinen zu einem Ausflug, der die verborgenen Beobachter heftig irritiert. Immer mit dem Rücken zur Wand, gehen sie bis zur Tür von Nummer 33. Die Kalaschnikows und Pistolen sind stets entsichert auf die Gefangenen gerichtet. Niemand wagt es, auf die Terroristen zu schießen, obwohl es jetzt eine Leichtigkeit wäre. Noch immer geht der Krisenstab von fünf Palästinensern aus. Es herrscht aber auch Unklarheit über die genaue Zahl der noch lebenden Israelis in der Connollystraße 31. Manfred Schreiber und seine Crew kalkulieren mit zehn Sportlern. Nach einigen Streckübungen drehen sich die sieben Fußgänger im Untergeschoß um und verschwinden so rasch, wie sie gekommen sind. War das ein Test für den späteren Abmarsch?

Gegen elf Uhr trifft der israelische Botschafter an Bord einer Maschine der Bundesluftwaffe in München ein. Er wird sofort zum Krisenstab gebracht, der sich im dritten Stockwerk des Verwaltungsgebäudes, im Abschnitt G-1, eingerichtet hat. Eliashiv Ben Horin konferiert mit den beiden Innenministern. Er überbringt eine Nachricht, die ihm seine Premierministerin persönlich am Telefon diktiert hat. Darin heißt es, Israel werde mit Terroristen nicht verhandeln. Sollte die deutsche Regierung die Terroristen verschonen, um dadurch die Geiseln zu retten, dann sei dies für Israel akzeptabel. »Mein ganzes Land ist davon überzeugt, daß Deutschland niemals israelische Bürger, die ihre Gäste sind und die auf ihrem Territorium entführt wurden, an Terroristen ausliefern wird.«

Aus Jerusalem sollte dem nichts mehr hinzugefügt werden. Der Vertreter Israels bleibt auch in München in dauerndem Kontakt mit seiner Regierung, und der Krisenstab ermöglicht ihm eine Standleitung, die bis zum nächsten Morgen um 3.45 Uhr nicht mehr unterbrochen wird. Ein neuer Versuch, mit den Geiselnehmern zu verhandeln, kommt von Münchens Ex-Stadtoberhaupt Vogel. Er bietet wieder den Austausch gegen deutsche Politiker an, schließlich jede erdenkliche Summe sowie freien Abzug. Beide Vorschläge werden entrüstet zurückgewiesen. »Geld«, sagt der wieselige Issa, »bedeutet uns gar nichts. Wir sind bereit, für unser Land zu sterben.«

Inzwischen kommt aus Israel die Forderung, die Olympischen Spiele zu unterbrechen – aus Respekt für die ermordeten und zwangsweise festgehaltenen Athleten. Das belebt die ohnehin schon begonnene Diskussion über ein Aussetzen der Wettbewerbe.

Die Spannung wächst. Eine neue Delegation, mit ihr Polizeipräsident Schreiber, das ägyptische IOC-Mitglied, und Mohammed Khadif, Vertreter der Arabischen Liga in Bonn, eilt zum Vordereingang der Connollystraße 31. Sie sprechen mit Issa, der sein Gesicht frisch geschwärzt hat und demonstrativ zwei Handgranaten mit sich trägt, eine davon ohne Sicherungsstift. Er scheint bester Laune zu sein, gestikuliert mit ausholenden Bewegungen. Die Unterhändler erklären ihm noch einmal, wie schwierig es ist, mit den Israelis zu kommunizieren, und daß in Jerusalem sämtliche Entscheidungen vom gesamten Kabinett getroffen werden müssen. Erst wenn sich die israelische Regierung über die 236 Gefangenen, deren Freilassung gefordert werde, informiert habe, dann sei die endgültige Entscheidung zu erwarten.

Der Vertreter der Arabischen Liga wiederholt noch einmal das bereits vom ehemaligen Münchner Bürgermeister vorgetragene finanzielle Angebot.

Die Fedajin lehnen erneut entrüstet ab. Das Ultimatum wird wieder um eine Stunde verlängert. Fünf Minuten vor Ablauf erscheint eine neue Gruppe, diesmal mit dem Bonner Innenminister Genscher. Und wieder lassen sich die Fedajin überreden, zwei weitere Stunden zu warten. Das neue Ultimatum läuft bis 15 Uhr.

Bei der Einsatzleitung wird unter anderem über »die Verwendung chemischer Mittel zur Ausschaltung der Terroristen« gesprochen. Dazu der Abschlußbericht: »Nach vorsorglicher Anhörung eines Experten des Landeskriminalamtes, eines Chemikers und eines Belüftungstechnikers wird diese Erwägung verworfen. Nach übereinstimmender Ansicht der Experten gibt es kein sofort betäubend wirkendes Gas. Selbst wenn ein solches existieren sollte, wären Terroristen und Geiseln ihm gleichermaßen ausgesetzt. Bei Anwendung eines nicht tödlich wirkenden Gases verbliebe den Terroristen ausreichend Zeit, die Geiseln zu liquidieren.«

Abu Ijad erinnert sich später an diese Phase der Geiselgespräche. »Die Verhandlungen mit den deutschen Behörden, die zwischen den Fedajin und Israel vermitteln, erweisen sich, wie vorauszusehen war, als äußerst schwierig. Die Sturheit der damaligen israelischen Regierungschefin Golda Meir hingegen erscheint weniger begreiflich, weil sie zum Ausdruck bringt, wie wenig ihr daran gelegen ist, das Leben der Geiseln zu retten. Da die Widerstandskämpfer strikte Anweisung haben, ihre Gefangenen nicht zu töten, verlängern sie Stunde um Stunde das Ultimatum, in der Hoffnung, man würde doch noch zu einem Kompromiß gelangen.

Bei der Aufstellung der Liste mit den Namen der freizupressenden Personen waren alle unter den etwa 10 000 in israelischen Gefängnissen einsitzenden Personen vertretenen politischen Richtungen proportional berücksichtigt worden. Doch die Fedajin wissen von vornherein, daß sie die Freilassung der 200 [sic!] Gefangenen nie erreichen werden, und sind daher bereit, ihre neun Geiseln auch gegen fünfzig, zwanzig oder sogar nur neun palästinensische Gefangene einzutauschen. Zu ihrer großen Enttäuschung aber wird ihnen von den israelisch-deutschen Unterhändlern nur ein einziger Gegenvorschlag unterbreitet. Man bietet ihnen – wie gewöhnlichen Banditen – gegen die Freilassung der Geiseln eine unbegrenzte Geldsumme (einen ›Blankoscheck‹) und sicheres Geleit für die sechs Revolutionäre.«

Um ein Uhr mittags veröffentlicht der »Schwarze September« eine Erklärung. Sie wird in Kairo an Medien und Diplomaten verteilt. Darin heißt es in Schachtelsätzen wie dem folgenden unter anderem: »Unsere revolutionären Kräfte haben sich Zutritt zum Quartier der Israelis im olympischen Dorf von München verschafft, um die israelischen Militärbehörden dazu zu bewegen, gegenüber dem palästinensischen Volk – sei es unter israelischer Willkür oder unfreiwillig in die Diaspora gezwungen – eine humanere Haltung zu zeigen.« Der Rest ist ein ideologischer Diskurs, wie man ihn schon lange kennt. Der »Schwarze September« doziert über die »rassische Verfolgung« von drei Millionen Palästinensern, von der Entwurzelung einer ganzen Nation und vom Fremdkörper Israel im Nahen Osten, einem »Ableger des amerikanischen Imperialismus«.

Der Terrorarm der PLO beklagt sich in diesem Papier auch über den Ausschluß des besetzten Palästinas von den Olympischen Spielen: »Der zeitweise Sieg der Israelis bei der Eroberung von Palästina hat niemals die Rechte des palästinensischen Volkes in seinem Heimatland beschneiden können und wird niemals die israelischen Besatzer berechtigen, das besetzte Palästina in internationalen Verhandlungen, wie den Olympischen Spielen, zu repräsentieren.« Erstmals wird der Codename der in München ablaufenden Operation erwähnt: »Berem und Ikrit«. Das waren zwei arabische Dörfer im nördlichen Galilea, deren Bewohner 1948 von den Israelis vertrieben wurden.

Daran denkt Mossad-Chef Zvi Zamir nicht, als er nach der Sitzung in Jerusalem zusammen mit seinem Stabschef im Hubschrauber nach Tel Aviv fliegt. Es nagt an ihm. Ist das Problem wirklich zu lösen, indem wir es den Deutschen überlassen? Müssen wir gar nicht wissen, was sie tun, wie sie es tun und warum sie es tun? Gegen 15 Uhr trifft Zamir im Mossad-Hauptquartier an der King-Saul-Straße ein. Da wartet schon ein dringendes Telefonat auf ihn. Yisrael Lior, der Berater der Premierministerin für militärische Angelegenheiten, ist am anderen Ende der Leitung. »Paß auf, Zvika«, sagt er, »nun wird der Verteidigungsminister doch fliegen. Er stellt allerdings die Bedingung, daß du und noch einer vom Inlandsdienst ihn begleiten.«

Zvi Zamir willigt mit knappen Worten ein und greift reflexartig nach dem kleinen Koffer, der stets fertig gepackt in seinem Büro steht. Er weiß, daß sich Mosche Dayan und der Chef der arabischen Abteilung des Shin Bet, Avraham Shalom – vorher nannte er sich Bendor –, sowie ein Polizeipsychologe bereits auf dem Weg zum Flughafen Ben Gurion befinden.

Als Zamir am Terminal ankommt, sieht er zuerst Scharen von Reportern. Sie sind alle zum Airport gefahren, weil sie das Gerücht erreichte, eine Eliteeinheit werde nach Deutschland fliegen, um die Sportler zu befreien. Eine weitere Überraschung folgt, als ihm Dayan eröffnet: »Ich habe beschlossen, nicht zu fliegen, und ich glaube, du solltest reisen.« Der mächtige Mossad-Chef bringt noch mal seine Einwände vor: »Ich bin nicht der richtige Mann, um den Deutschen gegenüber politische Fragen zu beantworten, zum Beispiel jene, ob wir Terroristen freilassen werden. Wenn es dir nur um einen Verbindungsmann geht – der Botschafter ist ohnehin dort.« Dayans Tonfall wird drängender: »Ich glaube, daß du sowieso fliegen wirst. Einer muß sehen, wie die Situation ist. Aber ich kann dich nicht zwingen. Laß mich mal mit Golda sprechen.«

Dayan zu Golda Meir: »Zvika glaubt, daß seine Reise sinnlos ist.« Die Premierministerin, das personifizierte Symbol für Israels Unbeugsamkeit und eine Art Übermutter der Nation, spricht selbst mit ihrem Geheimdienstchef. Zamir versucht noch mal zu verdeutlichen, wie wichtig Mosche Dayans Anwesenheit in München ist. Sollte es wegen der Presse sein, so sagt er, dann könne man ja von einer Luftwaffenbasis abfliegen. Niemand würde Dayans Abreise merken. Dayan befürchtete nämlich, so Zamirs Einschätzung, daß seine Präsenz in München von den Medien gemeldet würde – und dann wären die Sportler gleich zum Tode verurteilt.

Golda Meir setzt die ihr eigene Gabe der Überredung ein. Sie appelliert an Zamirs Patriotismus, und schließlich lenkt er ein. Der General legt Wert darauf, ohne politischen Auftrag zu reisen. Verteidigungsminister Dayan gibt ihm letzte Ratschläge mit auf den Weg: »Zvika, innerhalb der Anlage kann keine Befreiungsaktion klappen. Es ist unmöglich, da reinzukommen, unmöglich, die Leute zu finden und zu erkennen. Man muß sie da rauskriegen.« Während die Sondermaschine vorbereitet wird, sprechen die Männer darüber, wie sie es machen würden, wenn man sie in München eingreifen ließe. Zvi Zamir hatte sich bei einem seiner früheren Besuche die Baustelle des Olympiageländes zeigen lassen. Zu viert starren sie auf inzwischen beschaffte Fotos. Zamir erklärt die Örtlichkeiten.

In München wird inzwischen der Fortgang der Spiele intensiv diskutiert. Um 14 Uhr erscheint Regierungssprecher Conrad Ahlers auf den deutschen Fernsehschirmen. Die Bundesregierung, so sagt er, sei – aus guten Gründen – für eine Fortsetzung der Spiele. Das war auch der Wunsch von Münchens Polizeipräsident. Wo sollten denn die vielen Menschen hin, denen plötzlich keine Wettkämpfe mehr geboten würden? Sie kämen zur Connollystraße, um die ohnehin schon große Menge an Schaulustigen zu verstärken, oder sie würden gar die Terroristen für das Ende der Olympischen Spiele verantwortlich machen und möglicherweise handgreiflich werden. Auf alle Fälle berge ein Abbruch einen erheblichen Unsicherheitsfaktor in sich.

Während sich Schreiber mit solchen Gefährdungsanalysen auseinandersetzt, brüten er und der Krisenstab gleichzeitig an Befreiungsszenarien. Beim ersten Versuch kommen zwei als Köche verkleidete bewaffnete Polizeibeamte zum Einsatz. In der späteren Chronologie der Ereignisse liest sich das so: »Es werden so viele Kisten mit Speisen bereitgestellt, daß ein Täter allein nicht in der Lage sein kann, sie zugleich in das Haus zu schaffen. Ziel dieses Vorhabens ist es, die Örtlichkeit und die Situation der Geiseln von außen und möglichst auch von innen genauer kennenzulernen. Die Täter sind einverstanden, daß den Geiseln Speisen gebracht werden, erklären aber, selbst davon nichts zu essen. Die Terroristen lassen die Zahl der Geiseln und die Zahl der Attentäter im dunkeln.«

Der Versuch läuft an. Doch Issa ist nicht leicht zu täuschen. Er blickt den Polizisten ins Gesicht, dann auf ihren Chef, der wenige Meter entfernt lauernd Stellung bezieht. Dann geht Issa daran, eine Kiste nach der anderen eigenhändig ins Haus zu tragen. Wieder droht ein Ultimatum abzulaufen. Es ist 14.40 Uhr, und die gewohnte Verhandlungsrunde beginnt. Bayerns Innenminister Merk wendet sich an Issa, den Chef der Terroristen, und schüttelt bedauernd mit dem Kopf: »Wir haben noch keine definitive Antwort. Wenn Sie jetzt die Israelis ermorden wollen, dann können wir auch nichts dagegen tun. Ob Sie nun in fünf Minuten einen oder mehrere erschießen, wir können nichts tun.« Jerusalem, so fügt der schmächtige Minister hinzu, habe die Akten der 236 Häftlinge noch nicht zusammentragen können. Issa tobt und schwenkt seine Kalaschnikow hin und her. Er droht, die erste Geisel eigenhändig zu erschießen.

Mohammed Khadif von der Arabischen Liga und Tunesiens Botschafter in Bonn, Mahmoud Mestiri, kommen auf einen Wink des bayerischen Innenministers hinzu. Sofort ist die Atmosphäre wieder herzlicher. Die Araber reden unter sich. Der Tunesier bittet um weitere zwei Stunden Aufschub. Er versichert, die Deutschen würden bis dahin keinen Versuch unternehmen, die Geiseln zu befreien. Genscher meldet sich zu Wort und kündigt die Freilassung von Andreas Baader und Ulrike Meinhof an. Issa schüttelt den Kopf. Nicht die beiden Deutschen, die arabischen Brüder in israelischen Gefängnissen seien wichtig. Gegen den verhaltenen Widerstand seiner Mitstreiter entscheidet Issa, noch einmal zwei Stunden Frist zu gewähren. Die beiden arabischen Diplomaten sollten aber nicht mehr ohne einen positiven Bescheid zurückkehren.

Zur selben Zeit gibt das Internationale Olympische Komitee die Unterbrechung der Spiele bis zum nächsten Tag bekannt. Originalton: »Der olympische Friede ist durch den Mordanschlag verbrecherischer Terroristen gebrochen worden. Die gesamte zivilisierte Welt verurteilt diese barbarische Untat mit Abscheu. In Ehrfurcht vor dem Opfer und als Zeichen der Anteilnahme am Schicksal der noch festgehaltenen Geiseln werden die Veranstaltungen des heutigen

Nachmittags abgebrochen. Die laufenden Kämpfe werden zu Ende geführt.«

Bundeskanzler Brandt trifft in München ein. Er appelliert an die arabischen Staatschefs, vermittelnd einzugreifen. Das ist genauso sinnlos, wie es auch die späteren Versuche sind, Ägyptens Präsident Anwar el-Sadat anzurufen. Die Araber stehen auf seiten der Fedajin. Ihre Antwort ist eindeutig: Um 15.30 Uhr zieht sich Ägypten aus den Wettkämpfen zurück. Eine Viertelstunde später versucht der tunesische Botschafter, noch einmal mit den Terroristen zu sprechen. Er scheitert. Die Lage wird immer aussichtsloser. Im Fernsehen läuft das Handballmatch zwischen Schweden und der CSSR.

Im Haus Connollystraße 31 wird zwischendurch immer wieder telefoniert. Die Terroristen rufen dreimal bei der Witwe des früheren Vertreters der Arabischen Liga bei den Vereinten Nationen in Genf an. Sein Name: Fuad Shemali. Bis zu seinem natürlichen Tod im August 1972 soll er ein führender Kopf des »Schwarzen September« gewesen sein. Mit ausgesuchter Höflichkeit sprechen die Gewalttäter mit Elissa Shemali und bitten sie, den jeweiligen Stand der Verhandlungen mit dem Münchner Krisenstab an zwei Telefonnummern in Kairo zu übermitteln. Einer der Anschlüsse gehört ganz offiziell der PLO. Die Witwe spricht mehrfach mit Kairo.

Die Terroristen versuchen auch zweimal, eine Nummer in Tunis zu erreichen. Von den Deutschen gebeten, den Inhaber des Anschlusses festzustellen, reagiert der tunesische Botschafter Mestiri ziemlich seltsam. Er sagt, er sehe keine Möglichkeit für seine Regierung, einen tunesischen Bürger davon abzuhalten, ein Fedajin zu sein. Damit ist der Fall für den Botschafter erledigt. Trotzdem geben die Deutschen nicht auf. Ihr Botschafter in Tunis, Heinz Naupert, wird gebeten, die Hintergründe dieser mysteriösen Telefonnummer zu klären. Erst abends erfolgt die Rückmeldung. Naupert hatte mit dem tunesischen Premierminister gesprochen. Die Antwort: »Diese Telefonnummer gehört einer sehr angesehenen Persönlichkeit.« Als der deutsche Diplomat nachfragt, ob diese Persönlichkeit möglicherweise zugunsten einer friedlichen Lösung intervenieren könnte, blocken die Tunesier wieder ab. »Es ist uns unmöglich, der fraglichen Person ein solches Anliegen vorzutragen.« Abu Ijad hat dazu eine spannende Erklärung.

»In dem Augenblick, als die Verhandlungen in einen gefährlichen Engpaß geraten, läßt die Botschaft eines arabischen Landes Mussalha einen Vorschlag übermitteln, der möglicherweise Gegenstand eines geheimen Abkommens werden könnte: Die israelischen Geiseln werden freigelassen und durch deutsche Freiwillige ersetzt, die von den Fedajin in ein arabisches Land gebracht werden; zwei oder drei Monate später läßt Israel dann in aller Stille fünfzig palästinensische Gefangene frei. Mehrere Regierungen würden dafür einstehen, daß sich der israelische Staat an diese Abmachung halten wird. Der Vorschlag ist verlockend. Sein großer Vorteil ist, daß den Forderungen der palästinensischen Seite entsprochen würde, gleichzeitig aber auch die zionistische Führung ihr Gesicht wahren könnte.

Als disziplinierter Kämpfer beschließt Mussalha jedoch, diesen Vorschlag, der in dem Plan nicht vorgesehen war, seinen Vorgesetzten zur Entscheidung vorzulegen. Es war vereinbart, daß er in einem solchen Falle mit einem gewissen Talal (natürlich ein Deckname) in Verbindung treten sollte; dessen Telefonnummer in Tunis war ihm vor Beginn der Operation mitgeteilt worden. Unglücklicherweise wird der besagte Talal auf dem Flughafen von Tunis festgehalten, weil er es versäumt hatte, sich vor seiner Einreise ein Visum zu besorgen.

Der Mann, der Mussalha am Telefon antwortet, heißt auch Talal. Er ist der Sohn des ehemaligen jordanischen Botschafters Farhan Chebeilat, der sich in Tunis niedergelassen hatte, nachdem er wegen seiner Sympathien für die palästinensische Widerstandsbewegung seines Amtes enthoben worden war. Der echte Talal weiß aber nichts von dem bevorstehenden Besuch seines Freundes, des falschen Talal.

Es entspinnt sich somit am Telefon zwischen Mussalha und dem Sohn des Botschafters ein Gespräch, bei dem beide völlig aneinander vorbeireden. Der echte Talal begreift nicht, warum man ihn aus München anruft, um ihm Dinge zu erzählen, die völlig unverständlich sind; ja er weiß nicht einmal, daß sein palästinensischer Freund aus diesem Anlaß den Decknamen Talal angenommen hat. Mussalha seinerseits ist völlig überrascht, auf einen Talal zu stoßen, der nicht identisch ist mit dem, den er kennt, und der nichts von dem Code weiß, der zwischen beiden vereinbart worden war. Da er sicher ist, daß die ihnen von den deutschen Behörden zur Verfügung gestellte Telefonleitung überwacht wird, begnügt er sich schließlich damit, seinem Gesprächspartner mitzuteilen, daß er in einer Stunde noch einmal anrufen werde. Bei seinem zweiten Anruf ist der falsche Talal noch immer nicht im Haus des ehemaligen Botschafters Chebeilat eingetroffen, und Mussalha insistiert nicht länger. Er teilt den Urhebern dieser Kompromißlösung mit, daß er ihren Vorschlag zurückweist.

Mir ist nicht klar, ob Israel einer solchen Lösung zugestimmt hätte oder nicht. Aber nach Aussage des falschen Talal, den ich befragt habe, steht fest, daß die Führung des ›Schwarzen September‹ diesen Vorschlag als annehmbaren Ausweg aus dem Engpaß akzeptiert hätte. Doch das werden wir nie erfahren. Wäre Talal nicht zu spät beim ehemaligen Botschafter eingetroffen, wäre es ihm gelungen, bei einem der vielen Versuche, die er später unternahm, mit Mussalha telefonisch Kontakt aufzunehmen, dann wären die Mitglieder des Kommandos und ihre Geiseln vielleicht heute noch am Leben.«

Auch andere versuchen, die Aufmerksamkeit der Terroristen auf sich zu lenken. Mehrfach strahlt der PLO-Sender »Stimme der palästinensischen Revolution« an diesem Tag verschlüsselte Botschaften für das Kommando in München aus.

Neue Versuche, die Krise friedlich zu lösen: Um 16 Uhr erscheint Major Konrad Müller vom Bundesgrenzschutz im Namen des Bundeskanzlers vor dem Haus in der Connollystraße. Er bietet erneut Geld und freien Abzug an. Issa würdigt ihn kaum einer Antwort. Kurz nach 16.30 Uhr kommt die Politikerrunde. Innenminister Bruno Merk klagt erneut über israelische Langsamkeit und bittet um weiteren Aufschub. Issa tobt: »Ihr werdet uns nicht reinlegen, wie es in Lod geschah!« Ein Hinweis auf das gescheiterte Kommandounternehmen auf dem Flughafen von Tel Aviv. Merk kontert ihm und bietet wieder einmal die deutschen Politiker als Austauschgeiseln an. Die Ablehnung kommt bereits mechanisch.

Nach kurzer Beratung mit seinen Kameraden verkündet Issa einen absoluten Kurswechsel. Die Fedajin fordern zwei Flugzeuge, um damit sich und ihre Geiseln nach Kairo in Sicherheit zu bringen. »Diese Maschinen müssen in einer Stunde startklar sein. Wenn wir in Kairo landen, dann erwarten wir dort jeden Gefangenen, dessen Freilassung wir gefordert haben. Wenn das nicht der Fall sein sollte, dann werden wir alle Geiseln hinrichten, bevor wir das Flugzeug verlassen haben.« In diesen Minuten beziehen Sonderkommandos der Münchner Polizei in der Umgebung Stellung, um bei einem negativen Ausgang des Gesprächs sofort das Haus Nummer 31 stürmen zu können. Sie ziehen sich wieder zurück, als klar wird, daß Täter und Opfer in absehbarer Zeit herauskommen werden.

So lautet eine offizielle Erklärung der deutschen Behörden, die wenige Tage später abgegeben wird: »Ein Stürmen der Unterkunft hätte mit absoluter Sicherheit den Tod aller Geiseln gebracht, die gefesselt von einem einzigen der schwerbewaffneten Terroristen in einem kleinen Raum kurzfristig hätten getötet werden können. Darüber hinaus hätten sich bei der Feuerkraft von mindestens sieben mit Sprengmitteln und Maschinenwaffen ausgerüsteten Terroristen erhebliche Verluste bei der Polizei ergeben, denn die nicht auszuschaltenden Terroristen im Inneren des Hauses hätten wegen der Bauweise des Hauses aus relativ sicherer Deckung heraus auf die stürmenden Polizeibeamten feuern können. Auch Panzerwesten, mit denen die Sturmkommandos ausgerüstet waren, bieten nur einen begrenzten Schutz.«

Die Polizei sieht die gewaltsame Befreiung der Geiseln als »das letzte Mittel« (Abschlußbericht) an. Dazu kommt es nicht, denn die Verhandlungen laufen weiter. Der versammelten Politikerrunde werden nach einigem Insistieren zwei gefesselte Israelis vorgeführt, der Fechttrainer Andre Spitzer und der Ringer Eliezer Halfin. Der 27jährige Spitzer wurde in Rumänien geboren und wanderte nach Holland aus, wo er heiratete. Zwei Jahre vor der Olympiade zog er mit seiner Familie nach Israel. Auch Halfin, 24, stammte aus Rumänien, kam aber erst Anfang 1972 mit seinen Eltern nach Israel. Er war noch Junggeselle.

Die Unterhändler dürfen mit den Sportlern einige Worte wechseln. Das genügt der deutschen Seite aber nicht. Bruno Merk will alle Geiseln sehen – auch um sie zu fragen, ob sie bereit sind, nach Kairo zu fliegen. Issa gibt sich souverän und erlaubt schließlich

Hans-Dietrich Genscher, das Haus zu betreten. Er sieht neun lebende Israelis und die Leiche von Yossef Romano. Yacov Springer, 52 Jahre alt, gebürtiger Pole und Schiedsrichter bei den Gewichthebern, versichert ihm: »Es geht uns gut. Unsere Moral ist hoch. Wir sind Israelis.« Alle anderen nicken zustimmend. Ihre Hände und Füße sind in besonders schmerzhafter Weise verschnürt. In Dreiergruppen wurden sie aneinandergebunden.

Nun fallen die letzten Entscheidungen. Der offizielle Regierungsbericht erklärt es so: »Um 17.45 Uhr wird in Gegenwart des Bundesinnenministers und des bayerischen Innenministers vom Polizeipräsidenten dem Leiter des Einsatzstabes der Auftrag erteilt, einen Einsatz zur Befreiung der Geiseln in Fürstenfeldbruck bis 18.40 Uhr vorzubereiten. An einen leitenden Kriminalbeamten geht der Auftrag, für die Bereitstellung eines Flugzeuges zu sorgen. Eine polizeiliche Einsatzleitung fliegt anschließend zusammen mit fünf Präzisionsschützen in einem Hubschrauber nach Fürstenfeldbruck... Zugleich wird mit den Ministern erwogen, die Geiseln auf dem Weg vom Haus Connollystraße 31 zu den Hubschraubern im Basement zu befreien.« Dies alles geschieht unter höchstem Zeitdruck.

Fürstenfeldbruck ist eine kleine Kreisstadt mit einem Flughafen der Bundesluftwaffe, 25 Kilometer westlich von München. Wenige Stunden später soll sie zu weltweiter, trauriger Berühmtheit gelangen. Den Fedajin wird mitgeteilt, daß ihre Reise nach Kairo dort beginnen wird, da der Flughafen von München überlastet ist und da in München-Riem für ihre Sicherheit nicht garantiert werden kann. In Wirklichkeit will man sie isolieren. Der letzte Zugriff kann nur auf einem Militärflughafen wie Fürstenfeldbruck stattfinden.

In Jerusalem tagt auch während des Nachmittags ein Krisenkabinett unter Premierministerin Golda Meir. Mit am Tisch sitzen Verteidigungsminister Mosche Dayan, Transportminister Shimon Peres, General Aharon Yariv, der Antiterrorberater der Regierungschefin, und Vizepremier Yigal Allon. Es wird über die Mission von Zvi Zamir gesprochen, aber auch über ein für alle Fälle schon abgeflogenes Kommando der sagenumwobenen Einheit »269«, die es nach offiziellen israelischen Angaben gar nicht gibt. »269« steht für Sayeret Hatkal, und das ist eine dem Generalstab direkt unterstellte Elitetruppe – Israels härteste Kämpfer.

Rolf Tophoven, ein intimer Kenner des israelischen Militärs, über die geheime Einheit: »In ihr dienen ausschließlich Offiziere und Unteroffiziere. Alle Soldaten tragen das Springerabzeichen der Fallschirmjäger. Sie sind Spezialisten auf allen Gebieten. Besondere Spezialitäten sind der Nachtkampf, Kommando- und Sabotageaktionen, oft weit im Feindesland. Alle Kämpfer dieser Truppe beherrschen perfekt die Nahkampftechnik . . . Die Ausbildung reicht an die Grenzen menschlicher Belastbarkeit: Trainiert wird ständig, die Gefechtsrealität ist immer gegeben, bei Tag und bei Nacht. Regelmäßiger Schlafentzug gehört zur Ausbildung. Ausgebildet wird nur mit scharfer Munition. Das Profil palästinensischer Kommandos kennen die Männer im Schlaf. Vor jedem Einsatz gegen den schiitischen oder palästinensischen Terrorismus werden sie von Agenten des Mossad aufgeklärt und mit der Situation vor Ort vertraut gemacht.«

So ist es auch an diesem Tag. Dreißig schwerbewaffnete und hochmotivierte Männer des Kommandos »269« befinden sich in einer Maschine, die irgendwo über dem Mittelmeer kreist. Sie wird in der Luft betankt, damit sie nicht zwischenlanden muß. Aus München, wo man landen möchte, kommt eine klare Absage. Es läßt sich heute nicht mehr genau nachvollziehen, wer die Israelis zurückgewiesen hat. Münchens damaliger Vizepräsident der Polizei Dr. Georg Wolf, der Einsatzleiter in den entscheidenden Stunden: »Ich höre zum ersten Mal, daß diese Sondereinheit in München eingreifen sollte. Damals gab es keinen entsprechenden Vorschlag. Wenn ich das seinerzeit gewußt hätte, dann wäre ich auf alle Fälle dafür gewesen. Natürlich hätten die Israelis selbst einen Befreiungsversuch machen dürfen.«

Über den israelischen Botschafter wird dem Krisenstab um 18.15 Uhr eine letzte Erklärung zugeleitet. Die israelische Politik, so heißt es darin, sei unumkehrbar. Man werde nicht einen politischen Gefangenen freilassen. Im Falle des Fluges nach Kairo müsse die ägyptische Regierung die Sicherheit der Geiseln garantieren und sie umgehend wieder ausreisen lassen. Außerdem fordern die Israelis, daß sich an Bord der Maschine – als weitere Sicherheit für die entführten Sportler – eine hohe politische Persönlichkeit aus dem Gastland befinden müsse.

Fünf Minuten vom Ort der Kabinettssitzung lebt ein junges Mädchen aus England, die Studentin Erika Maria Chambers. Sie ist 24 Jahre alt und das Kind einer jüdischen Mutter, die während des letzten Weltkriegs vor den Nazis aus Prag und Wien geflüchtet ist. Erika befindet sich seit genau einem Monat in der heiligen Stadt der Juden, Christen und Muslime. Sie hat sich an der Hebrew University eingeschrieben und studiert dort Geologie.

Wie bei allen Menschen in Israel, so gehen auch an ihr die dramatischen Ereignisse von München nicht spurlos vorbei. Sie hört laufend Nachrichten, was man in Israel auch in Friedenszeiten jede Stunde tut, und sie spricht mit ihren Kommilitonen über das Geschehen. Von ganzem Herzen wünscht sie, daß für die Athleten alles gutgeht und daß die Täter schlimmste Höllenqualen zu erleiden haben. Denn Erika ist eine bewußte Jüdin, der das Wohlergehen Israels, seiner Söhne und Töchter viel bedeutet. Ganz in Inneren glaubt sie, ihre wirkliche Heimat gefunden zu haben. Und diese würde sie ganz bestimmt auch eigenhändig verteidigen. An diesem 5. September gehen ihr so viele Dinge durch den Kopf, daß sie gar nicht richtig zum Arbeiten kommt.

In München verlöscht die Sonne im Westen, als die Maschine aus Tel Aviv aufsetzt. Der Direktor des Mossad und seine beiden Begleiter kommen noch rechtzeitig an, um das blutige Finale hilflos und zugleich angewidert miterleben zu können. Der Bonner Mossad-Resident wartet bereits auf seinen Chef. Zvi Zamir erinnert sich: »Die Deutschen wußten, daß wir kommen. Vielleicht war die Bundesregierung darüber nicht begeistert, aber sie hat zugestimmt. Die bayerische Regierung war gegen unsere Anwesenheit. An diesem Tag haben wir gemerkt, wie empfindlich die deutschen Bundesländer bei ihren Zuständigkeiten sind und wie sehr die Bundesregierung bemüht ist, sich nicht einzumischen. Die Deutschen sind vorsichtig und achten sehr pedantisch auf ihre Gesetze.«

Zamir spricht aus leidvoller Erfahrung. Er hat gesehen, wie sich die Münchner Polizei danach drängte, die Geiselnahme mit eigenen Mitteln zu beenden. Da war kein Platz für andere, schon gar nicht für die Bundeswehr, in die Israel soviel Hoffnung setzte – jene Bundeswehr, die sowieso nicht gegen das Kommando des »Schwarzen September« aktiv werden durfte.

Am Nachmittag des 5. September, also noch rechtzeitig vor dem Einsatz in Fürstenfeldbruck, bietet die Bundeswehr an, ihre Einzelkämpfer aus dem fränkischen Hammelburg einzufliegen – und mit ihnen die neuesten Nachtsichtgeräte. Manfred Schreiber lehnt die Offerte rundweg ab. Auch das Bundeswehrkonzept, sich einzugraben, die Ziele zu verteilen und dann jeweils paarweise einen der Terroristen anzugreifen, behagt ihm nicht, und das bei seiner Polizei nicht vorhandene Spezialgerät lehnt er ebenfalls ab. Das deutsche Grundgesetz würde den Einsatz der Bundeswehrausrüstung nicht verbieten.

Sein damaliger Vize Georg Wolf erinnert sich neunzehn Jahre später: »Man muß immer versuchen, Terroristen geistig zu überwältigen und nicht mit Waffen. Das war unsere Grundeinstellung. Mossad-Chef Zamir bestätigt durch seine Aussagen, daß er hoffnungslos überfordert war. Wer nur auf Militärgewalt setzt, der zieht den kürzeren. Wir waren damals in einem polizeilichen Einsatz. Die Israelis kennen durch ihre Militärideologie in solchen Fällen keinen Unterschied zwischen Militär und Polizei. Ich bin auch heute sicher, daß die Bundeswehr kein günstigeres Ergebnis erzielt hätte. Leider sind Fehler gemacht worden. Wir hätten uns alles anders gewünscht.« Daß die Israelis selbst die verfahrene Situation besser in den Griff gekriegt hätten als jeder andere, wurde bereits damals verdrängt. Jedenfalls hätte Polizeipräsident Schreiber den Einsatz der Sayeret Matkal kraft Amtes erlauben können.

Wieder laufen Verhandlungen, um den Abflug nach Fürstenfeldbruck hinauszuzögern. Issa fordert plötzlich, die Hubschrauber durch Busse zu ersetzen. Merk und Genscher zeichnen die Stimmung der Bevölkerung in schwärzesten Farben. Was würden sie, die Terroristen, tun, wenn die Busse von einer aufgebrachten Menge gestoppt und angegriffen würden? Und wieder geben die Palästinenser nach. Ihre Nerven sind ohnehin schon dünn. Die Anstrengungen des Tages haben Spuren hinterlassen. Das wird spätestens in Fürstenfeldbruck klar, als die Fedajin – in die Enge getrieben – um so rücksichtsloser von der Waffe Gebrauch machen.

Um 19.35 Uhr landet der erste Hubschrauber, mit Genscher, auf dem Militärflughafen. Acht Minuten später folgt eine große Bell UH-1D mit Merk, Schreiber, Zamir und Shalom. Man hat sich nicht viel zu sagen. Zamir: »Wir wollten die weitere Aktion mit den bayerischen Vertretern diskutieren. Ihre Reaktion war aber sehr zurückhaltend.« In Fürstenfeldbruck informiert Georg Wolf seine Vorgesetzten über den Stand der Vorbereitungen. Er fragt noch einmal nach, ob es wirklich sicher sei, daß man es nur mit fünf Terroristen zu tun habe. Schreibers Antwort wird so überliefert: »Ja, neunundneunzigeinhalb Prozent sicher.« Die Aussagen der Zeugen, die sie morgens am Zaun gesehen hatten, seien absolut ernst zu nehmen. Manche Leute gingen sogar nur von vier Tätern aus. Schreiber weiß nicht, daß sich die restlichen Palästinenser schon auf dem Gelände des olympischen Dorfes befunden hatten. Eine verhängnisvolle Informationslücke.

Um 20.30 Uhr diskutieren Genscher, Tröger und Vogel mit den Fedajin die weiteren Modalitäten. Der Abflug nach Fürstenfeldbruck wird um 21 Uhr sein, der Weiterflug nach Kairo um 21.30 Uhr. Die Terroristen versprechen, die Piloten der beiden Helikopter nicht als zusätzliche Geiseln festzuhalten. Issa droht wieder: »Wenn wir nicht um Punkt neun auf dem Weg sind, dann werden die ersten beiden Geiseln exakt vor dieser Tür erschossen.« Die PLO-Leute bestehen darauf, den Weg von der Connollystraße 31 zu den an der Lerchenauer Straße abgestellten Hubschraubern vorab kennenzulernen. Auch dieser Wunsch wird ihnen erfüllt. Merk, Schreiber und Issa treten einen seltsamen Spaziergang an. Der Terroristenchef trägt wie üblich drei Handgranaten bei sich.

Im Polizeibericht heißt es: »Nach dieser Besichtigung fordern die Terroristen gegen 21.30 Uhr, mit einem Omnibus durch das Basement zu den Hubschraubern gefahren zu werden. Damit ändert sich die Situation für die polizeitaktischen Überlegungen schlagartig. Ein polizeiliches Eingreifen im Basement verspricht unter diesen Umständen nur noch Erfolg, wenn die Täter einen gravierenden Fehler machen würden.« Das geschieht jedoch nicht.

Merk, Genscher, Schreiber und die Israelis sind seit 20.30 Uhr wieder im olympischen Dorf. Neue Gesichter tauchen auf: Alfons Goppel, Ministerpräsident von Bayern, sowie Franz Josef Strauß, Vorsitzender der regierenden CSU und machtvollster Politiker im Freistaat. Zusammen mit den anderen Politikern und Sicherheitsleuten sitzen sie in den Arbeitsräumen des Krisenstabs. Die Israelis verfolgen aufmerksam die Diskussion. Sie gewinnen den Eindruck, daß die Deutschen den Ort des Geschehens so rasch wie möglich vom olympischen Dorf weg verlegen wollen. Es ist ihnen sehr unangenehm, daß ihre Spiele des Friedens und der Freude untrennbar mit dem schlimmsten Terrorüberfall aller Zeiten verknüpft werden könnten. Denn Deutschland, so die Israelis, hatte nun unbedingt ein positives Image nötig.

Zamir und Shalom gewinnen den Eindruck, daß ein konkreter Einsatzplan besteht und bereits sämtliche notwendigen Vorbereitungen getroffen wurden. Willy Brandt versichert allen Beteiligten: »Eine ehrenvolle Nation kann nicht zusehen, wie ihre Gäste ermordet werden. Wir müssen eine Rettungsaktion auf deutschem Boden unternehmen, so rasch wie möglich.« Etwas später fügt er hinzu, daß ihn die Angst vor einem möglichen Blutbad nicht losläßt.

Es ist 21 Uhr, als Innenminister Merk erneut mit den Terroristen spricht: »Wir sind dauernd in Kontakt mit Jerusalem. Die israelische Regierung tagt zur Stunde noch und geht durch ihre Unterlagen mit den politischen Häftlingen. Frau Golda Meir und ihre Minister haben noch keine Entscheidung getroffen. Sie sind noch unschlüssig. Es wird eine definitive Antwort kommen. Wir glauben, daß es sich um Gegenvorschläge handeln kann.«

Beide Seiten geraten wieder in einen heftigen Wortwechsel. Issa lehnt es strikt ab, die Nacht in der Connollystraße zu verbringen. Das, so sagt er, würde sich auf die Kampfkraft seines Trupps auswirken. In erregtem Ton fügt er hinzu: »Ich möchte, daß Sie die Israelis daran erinnern, daß wir morgen früh um acht Uhr alle zionistischen Geiseln auf dem Zielflughafen erschießen werden, wenn bis dahin unsere in Israel eingesperrten Brüder nicht zurückgekehrt sind.«

In Fürstenfeldbruck steht eine Maschine der Lufthansa bereit. Die Besatzung hat das Flugzeug verlassen. Zuerst wird die leere Boeing 727 mit acht verkleideten Polizeibeamten besetzt. Je länger sie warten müssen, desto mehr kommen die Ordnungshüter ins Grübeln. Ein Nahkampf in der Maschine, gegen Handgranaten und Kalaschnikows in den Händen von völlig entnervten Arabern, das käme doch wohl einem Himmelfahrtskommando gleich. Die Beamten betreiben ihre Ablösung – und werden in Absprache mit dem

Einsatzleiter zurückgezogen. In der Kürze der Zeit können sie nicht mehr ersetzt werden.

Um 22.06 Uhr ist es soweit. Die Attentäter, inzwischen nicht mehr maskiert, fahren mit ihren Geiseln zu den Hubschraubern an der Lerchenauer Straße. Es ist eine dunkle, warme Nacht. Um die Connollystraße herrscht eine unheimliche Stille. Erschrocken starren Deutsche und Israelis – deren letzter Versuch, mit den Palästinensern zu sprechen, als klare Verzögerungstaktik zurückgewiesen wurde – auf die abrückenden Terroristen. Zvi Zamir berichtet: »Es war schlimm für uns, hilflos zusehen zu müssen. In Deutschland zu sein und zu sehen, wie gefesselte Juden zu Hubschraubern gebracht werden. Ein furchtbarer, ein unvergeßlicher Anblick. Da höre ich plötzlich, wie Strauß zu Genscher sagt, paß auf, die haben sich in der Zahl der Terroristen getäuscht. Das überraschte mich. Es wurde mir schlagartig klar, daß man bis jetzt nicht gewußt hat, um wie viele Terroristen es sich handelte. Ich sah, daß Strauß betroffen war. Ein schwerer Schlag für den deutschen Perfektionismus.«

Nach einer genauen Untersuchung der beiden Grenzschutz-Hubschrauber durch Issa nehmen Geiseln und Täter Platz. Sie starten um 22.20 Uhr in Richtung Fürstenfeldbruck. Dreizehn Flugminuten – und ein kleiner Umweg – liegen vor ihnen, genug für den Krisenstab, um mit einem weiteren Hubschrauber eher dort einzutreffen. Beim Abflug soll es noch ein Gerangel um die beiden Gäste aus Jerusalem und den israelischen Botschafter geben, weil deren Anwesenheit den Bayern lästig ist. Das Trio erkämpft sich seine Plätze und darf schließlich mitfliegen. Als sie landen, sieht man bereits die Suchscheinwerfer der beiden Bell UH 1D mit den Terroristen und ihren Geiseln. Polizeibeamte, die als Flughafenpersonal verkleidet sind, weisen die Helikopter auf dem hell erleuchteten Vorfeld in Fürstenfeldbruck ein.

Die Tragödie nimmt ihren Lauf. Aus dem etwa vierzig Meter entfernt gelegenen Tower beobachten die Männer vom Krisenstab, zahlreiche Polizeibeamte und Soldaten der Bundeswehr, wie die Insassen der dreißig Meter voneinander entfernt stehenden Hubschrauber unter den immer langsamer drehenden Rotorblättern auftauchen. Plötzlich bedrohen die Fedajin, gegen jede Absprache, die vier Piloten des Bundesgrenzschutzes mit ihren Kalaschnikows.

Sie dürfen sich nicht entfernen. Der Anführer, Issa, und einer seiner Komplizen gehen zu der hundert Meter entfernten Lufthansa-Maschine und stellen fest, daß sie völlig verlassen ist.

Auf ihrem Rückweg, nach der Hälfte der Strecke, eröffnen die fünf Scharfschützen der Münchner Polizei das Feuer. Anscheinend will die Einsatzleitung den vier unbewaffneten BGS-Piloten eine Chance geben, in der Dunkelheit abzutauchen. In diesem Moment befinden sich die neun israelischen Geiseln noch in den Hubschraubern. Sie sind mit verbundenen Augen aneinandergefesselt. Die Piloten stehen vor den Helikoptern. Zwei Terroristen bewachen sie. Die anderen vier Fedajin sind nicht zu sehen. Die Palästinenser schießen zurück, treffen einen Piloten, das Flughafengebäude. Issa läuft in einem weiten Zickzack auf die Hubschrauber zu. Sein Begleiter liegt am Boden, lebt allerdings noch.

Die beiden Bewacher der Piloten sind tödlich getroffen. Im offiziellen Bericht von Bundes- und Landesregierung heißt es später: »Ein Pilot vom westlich stehenden Hubschrauber geht zunächst in Deckung, kann sich aber dann in Richtung Feuerwehrunterkunft retten. Der zweite Pilot dieses Hubschraubers flüchtet zum Signalgarten und verbirgt sich hinter der Betonmauer. Dort wird er später getroffen – Lungendurchschuß. Die Piloten des östlich stehenden Hubschraubers machen zunächst kurze Fluchtbewegungen, werfen sich dann aber auf die Rollbahn. Während einer von ihnen beim ganzen Feuergefecht regungslos vor dem Hubschrauber liegen bleibt, robbt der andere Pilot zentimeterweise in Richtung zur Lufthansamaschine. Er kann sich so unter dem Feuerschutz der Präzisionsschützen aus der Gefahrenzone bringen.«

Die Israelis versuchen mit dem Polizeichef zu sprechen, »der keine Absicht zeigt, mit uns zu reden«. Zamir: »Wir haben ihm das Gespräch aufgezwungen. Wir haben gesagt, worauf warten Sie noch? Nehmen Sie Ihre Leute. Wir gehen raus und greifen an.« Seine Antwort: »Nein. Ich bringe gepanzerte Fahrzeuge heran. Wir müssen warten.« Die Deutschen verharren in ihrer Defensive. Vor dem Flughafengebäude herrscht nun totale Finsternis, weil die Palästinenser alle Scheinwerfer getroffen haben. Auch die Funkanlage ist ausgeschaltet.

Issa und sein Begleiter haben wieder die Hubschrauber erreicht.

Der zweite Mann ist mehrfach getroffen und schwer verletzt, kann aber noch schießen. Er wird erst später getötet. Polizeiobermeister Anton Fliegerbauer, 32 Jahre alt, Gruppenleiter der zweiten Hundertschaft und während der Olympiade bei den Personenschützern eingesetzt, wird von seinem Präsidenten in Marsch gesetzt, um die Scharfschützen zu unterstützen. Minuten später ist er tot. Die Salve einer Kalaschnikow hat ihm die Schädeldecke weggerissen.

Über diese Phase werden später traurige Erkenntnisse veröffentlicht: »Die Hoffnung der Polizei, die restlichen Terroristen würden sich angesichts ihrer bereits getöteten Genossen und ihrer aussichtslosen Lage ergeben, erfüllt sich nicht. Eine baldige Beendigung kann somit nur durch Erschöpfung der Munitionsvorräte der Terroristen oder durch gewaltsame Unterbindung eines Ausbruchsversuchs erreicht werden. Allein von der Polizei ausgehende Aktivität war in diesem Stadium schädlich. So verbleibt lediglich der Versuch, diese Phase durch Überredung und Aufforderung zur Aufgabe auszunützen. Gegen 23 Uhr werden nach einem Gespräch mit den beiden israelischen Vertretern die Terroristen in deutscher, englischer und arabischer Sprache über ein Megaphon aufgefordert, die Waffen wegzuwerfen und sich zu ergeben.«

Eine naive Idee, die zeigt, daß die deutschen Strategen keine Ahnung von der Welt des »Schwarzen September« hatten und daß die Israelis in Fürstenfeldbruck nur geduldete Randfiguren waren. Außerdem ist die Ausgangslage denkbar ungünstig. Fünf Polizeischützen für acht Täter, das klingt wie ein schlechter Scherz. Darüber hinaus sind in Fürstenfeldbruck Schützen am Werk, vor deren Streuwirkung die eigenen Leute Angst bekommen. Außerdem hat der Krisenstab weder an zusätzliche Lichtquellen noch an Infrarot-Nachtsichtgeräte gedacht. All das zeigt: Der Einsatzleitung fehlt es zumeist am Überblick. Ein Glück, daß keine verirrte Kugel in die Kesselwagen mit 400 000 Litern Kerosin oder in eine danebenstehende, voll aufgetankte vierstrahlige Düsenmaschine der Finnair schlägt. Der Showdown von Fürstenfeldbruck hätte im absoluten flammenden Inferno enden können.

Der damalige Einsatzleiter Georg Wolf: »Es war uns nicht möglich gewesen, rechtzeitig mehr Scharfschützen nach Fürstenfeldbruck zu bringen. Außerdem hatten die wenigen, die uns zur Verfügung standen, keine geeigneten Schußpositionen. Drei befanden sich auf dem Tower, zwei am Vorfeld. Außerdem gebe ich zu bedenken, daß wir mehr Präzisionsschützen noch weniger hätten steuern können. Für die meisten der Beteiligten war es ein erster Kriegstag.«

Zwischen 23 und 24 Uhr steigt die Spannung in einem unerträglichen Ausmaß. Beide Seiten belauern sich. Die Terroristen liegen unter den beiden Hubschraubern. Die Scharfschützen können kaum etwas erkennen. Im Rundfunk laufen Sondermeldungen. Die Geiseln seien alle befreit, heißt es, und vier der Terroristen gefangen worden. Die anderen seien geflüchtet. Die Bevölkerung wird um Hinweise gebeten, die zur Ergreifung der Täter führen könnten. Zu dieser Zeit sind drei der Freischärler tot und weitere fünf bereit zu neuen, stundenlangen Gefechten. Dazu soll es nicht kommen. Gegen 23.35 Uhr trifft Verstärkung durch 25 Polizeibeamte mit Schutzwesten ein. Sie werden von drei BGS-Hubschraubern gebracht.

Um 23.55 Uhr sind endlich die lange georderten sechs gepanzerten Fahrzeuge, in der Polizeisprache »Sonderwagen« genannt, vor Ort. Sie waren durch den dichten Verkehrsstau um Fürstenfeldbruck aufgehalten worden. Nun sollen sie Verletzte bergen und die restlichen Terroristen ausschalten. Im Schutz der Fahrzeuge soll auch das letzte Aufgebot an BGS und Münchner Stadtpolizei gegen die scheinbar mit unbegrenzten Munitionsvorräten ausgestatteten Terroristen vorrücken. Jetzt geht alles Schlag auf Schlag. Als einer der »Sonderwagen« den Tatort umkreist, um in den Westteil des Flughafens zu gelangen, wird er sofort von den Hubschraubern aus beschossen.

Issa springt aus dem östlich stehenden Helikopter, Kennzeichen D-HAQO, entsichert eine Handgranate und schleudert sie in die Kabine zurück. Der Hubschrauber steht sofort in Flammen. Die Treibstofftanks explodieren und reißen das ganze Cockpit weg. Starke Rauchentwicklung behindert die Sicht auf das Massaker an den israelischen Athleten. Kein Zweifel: Berger, Spitzer, Shapira, Slavin und Shorr sind sofort tot gewesen. Ihre Überreste können kaum mehr zugeordnet werden. Es ist fünf Minuten nach Mitternacht. Den Augenzeugen im Tower gefriert das Blut in den Adern. Drei der Fedajin versuchen nun, in die Dunkelheit zu entkommen. Dabei wird einer durch die Präzisionsschützen tödlich getroffen. Die beiden anderen sind verletzt. Sie bleiben hinter den Hubschraubern liegen und stellen sich tot.

Auch in der Nähe des anderen Hubschraubers detoniert eine Handgranate. In seinem Inneren befinden sich die beiden restlichen Terroristen. Sie richten ihre Waffen auf die noch lebenden israelischen Sportler und erschießen sie aus kürzester Entfernung. Friedman, Gutfreund, Halfin und Springer werden von Kugeln durchsiebt. Diese Schüsse werden zuerst gar nicht wahrgenommen. Im Lärm des brennenden Hubschraubers und der kreisenden Panzerwagen gehen sie akustisch unter. Das Gefecht ist noch nicht zu Ende. Als die Flughafenfeuerwehr den brennenden Helikopter löschen will, wird sie plötzlich von den Terroristen beschossen. Daraufhin gehen auch die Löschmänner in Deckung. Die Polizei antwortet mit Maschinengewehrsalven.

Augenzeuge Zvi Zamir: »Der Hubschrauber brannte einige Minuten lang, und dann war es plötzlich still. Zusammen mit meinem Begleiter verließ ich das Gebäude. Wir rannten zu den Hubschraubern. Wir sahen sofort, daß niemand überlebt hatte.« Die Helikopter treffen ein, um die Mitglieder des Krisenstabs nach München zurückzubringen. Niemand nimmt Notiz von den beiden tief betroffenen Israelis. Erst als Strauß und Genscher nach ihrem Verbleib fragen, werden sie geholt. Zvi Zamir: »Wenn es nach den Bayern gegangen wäre, dann hätten sie uns dort gelassen.«

Im letzten Feuergefecht kommt auch Issa, der Anführer, ums Leben. Drei der Terroristen versuchen sich zu retten, indem sie sich totstellen. Sie werden nacheinander eingesammelt. Issas Stellvertreter, der sich »Che Guevara« nennen läßt, kämpft verbissen weiter. Zuerst verschanzt er sich bei einem Tankwagen, wissend, daß seine Gegner nicht auf ihn feuern werden. Der Palästinenser entkommt noch einmal. Kurze Zeit später entdecken ihn Suchhunde auf einem Parkplatz am Rande des Flughafens, als er sich unter einem Mercedes 200 versteckt hat. Und wieder kommt es zu einem heftigen Schußwechsel. Um 1.32 Uhr wird »Guevara« tödlich getroffen.

Exakt eine Stunde vorher war Regierungssprecher Conrad Ahlers vor die Kameras des deutschen Fernsehens getreten. Mit leicht vibrierender Stimme hatte er den Erfolg der Befreiungsaktion bekanntgegeben:

> Alle Geiseln sind frei und unverletzt. Alle Terroristen wurden außer Gefecht gesetzt. Die Frage, ob Deutschland erlauben würde, Israels olympische Athleten als Geiseln außer Landes zu bringen, hat sich nie gestellt.

Diese Erklärung wurde sofort weltweit verbreitet. Abermillionen von Menschen feierten den Sieg der Gerechtigkeit. In Israel wollte die Festfreude kein Ende nehmen. Golda Meir und die meisten Minister ihres Kabinetts saßen noch zusammen, ungeduldig auf die Nachrichten aus München wartend. Unmittelbar nach Ahlers' Erklärung knallten die Sektkorken. Brandts Vertrauter, so stellte sich am nächsten Tag heraus, war einer Fehlinformation der Polizei aufgesessen. Der peinliche Höhepunkt eines von deutscher Hilflosigkeit geprägten Tages.

Beim »Schwarzen September« reagiert man gelassen und wandelt die Niederlage – eine alte Spezialität der PLO – in einen psychologischen Erfolg um. Dazu Abu Ijad: »Insgesamt gesehen, waren die Opfer der Helden von München nicht umsonst. Zwar hatten sie nicht, wie gehofft, die Freilassung einiger ihrer in Israel gefangengehaltenen Kameraden bewirkt; dafür aber hatten sie die beiden anderen Ziele erreicht: Zum einen hat die Weltöffentlichkeit dank des weltweiten Interesses an der Olympiade von dem palästinensischen Drama erfahren, zum anderen hat das palästinensische Volk gezeigt, daß es sich durchzusetzen weiß und sich von einer internationalen Veranstaltung nicht ausschließen läßt. Für das Blutbad aber, das am Ende dieses Unternehmens stand, müssen die Regierungen der Bundesrepublik Deutschland und Israels allein die schwere und unausweichliche Verantwortung tragen.«

Kapitel 3

Der unsichtbare Krieg

Die jüdischen Olympiateilnehmer werden auf zehn verschiedenen Friedhöfen Israels und auf einem amerikanischen, in Cleveland, beerdigt. Am 7. September 1972 ruht das öffentliche Leben zwischen Haifa und Eilat. Die Menschen sind vor Entsetzen wie gelähmt. Tiefe Trauer hat sie erfaßt. In solchen Momenten ist der Staat der Juden kein pluralistisches System mit vielen gegensätzlichen Meinungen, sondern eine große Familie. Die Läden sind geschlossen, alle öffentlichen Einrichtungen, auch die Hebrew University von Jerusalem, wo sich die Studentin Erika Maria Chambers immer wieder fragt, wie erneut soviel Leid über die Menschen Israels kommen konnte.

Die Streitkräfte befinden sich in erhöhter Alarmbereitschaft. In den nächsten Tagen werden sie erste Vergeltung in die Lager der PLO tragen. Eine Luftflotte von fünfzig bis achtzig Kampfflugzeugen greift zehn Basen der Palästinenser in Syrien und im Libanon an. Mehr als hundert Fedajin sterben oder werden schwer verletzt. Auge um Auge, Zahn um Zahn. Das ewige Gesetz des Nahen Ostens.

Israels oberster Militärrabbiner, General Mordechai Piron, erfleht das Erbarmen Gottes für jedes der Opfer, als ihre zerschundenen Körper mit dem Flugzeug aus München ankommen. Nur Golda Meir kann nicht dabeisein, da sie den Tod der eigenen Schwester betrauert. Ihr Vize Yigal Allon spricht für sie: »Die Elite unseres Sports ist gestorben, und der olympische Geist starb mit ihr.« Aus der Menge hört man immer wieder den Ruf: »Tod den Terroristen! Tod den Terroristen!« Die Pinienholzsärge der ermordeten Athleten sind mit der Flagge Israels bedeckt – blauweiß gestreift und der Stern Davids in der Mitte. Als sie sich unter strahlend blauem Himmel in die Gräber senken, werfen die Angehörigen drei Handvoll Erde darauf. Sie beten das Kaddisch, eine Fürbitte über Gehorsamkeit und Frieden, einst geschrieben in Aramäisch, der Sprache der Bibel: »*Yisgadal v'yiskadash sh'me rabbo, b'olmo deevro chiruseh v'yamlich malchuseh ...*«

Am nächsten Tag ist Rosh Hashanah, das Neujahrsfest. Das Jahr 5732 des jüdischen Kalenders beginnt. Es ist der Tag, an dem die Piloten der Luftwaffe, kalten Haß im Herzen, nach Norden fliegen, um ihre Bomben und Raketen abzuladen. 24 Stunden später ist Sabbat. Erst danach können die wichtigen Entscheidungen getroffen werden. Die offizielle Trauerzeit wird noch weitere fünf Tage dauern.

In München ist die Leichtigkeit der Spiele einer tiefen Depression gewichen. Schemenhaft, aber doch erneut präsent, ist der alte Konflikt der Deutschen und der Juden. Verflogen ist die Propaganda von der Stadt der Freude, die vorher wie ein Parfümhauch über der herausgeputzten bayerischen Metropole gehangen hat. Daß Heide Rosendahl 6,78 Meter weit sprang und wie schnell Mark Spitz war, das wird auch jetzt noch anerkannt. Doch der Rekordschwimmer aus Kalifornien ist kein Athlet wie jeder andere mehr. Nun sprechen die Leute davon, daß auch er mosaischen Glaubens sei und daß er sich verstecken, um sein Leben fürchten werde. Da ist es wieder, dieses Gefühl, das Deutschland längst abgelegt zu haben glaubte. Daran ändert auch nichts, als am Morgen nach Fürstenfeldbruck 80 000 Menschen im Olympiastadion und viele Millionen an den Fernsehschirmen beim Klang von Beethovens »Eroica« um die toten Sportler trauern. Schon Minuten später sind in der Welt des Sports die eigentlichen Interessen wieder zurückgekehrt. Avery Brundage, der greise Hüter der Spiele, leitet dazu über: »Die Spiele müssen fortgesetzt werden. Wir müssen in unseren Bemühungen fortfahren, sie rein und ehrlich zu halten und zu versuchen, die sportliche Haltung der Athleten in alle Bereiche zu tragen.« Worthülsen und Sprechblasen, wie sie alle Offiziellen von sich geben, geboren aus Egoismus und dem Unverständnis gegenüber dem Unfaßbaren der vorherigen Nacht. Hauptsache, die Wettkämpfe beginnen wieder.

Die PLO, noch unter dem Schock der Luftangriffe stehend, weiß, daß sie jetzt nicht öffentlich triumphieren darf. Also leugnet sie und distanziert sich von den Kämpfern des »Schwarzen September« wie von unehelichen Kindern. Das fünfzehnköpfige Exekutivkomitee, höchstes Entscheidungsorgan der PLO, veröffentlicht in Damaskus eine besonders scheinheilige Erklärung: »Das Komitee ist nicht verantwortlich für die Aktionen der Gruppe ›Schwarzer September‹ und möchte die Aufmerksamkeit der Welt auf die Tatsache lenken, daß ihre Mission nur darauf bedacht war, Israel zu zwingen, inhaftierte Guerillas aus seinen Gefängnissen freizulassen.«

Arafat selbst vermeidet jede direkte Kommentierung der Operation München. Er erkennt sehr wohl, daß Israel mit alttestamentarischer Unerbittlichkeit zurückschlagen wird und daß die rituellen ersten Bombardements diesmal nur eine Ouvertüre zu weit schmerzhafterer Rache sind. Die palästinensische Nachrichtenagentur WAFA verbreitet nach einigen Tagen Bedenkzeit ein offensichtlich authentisches »Testament der Fedajin«. Darin heißt es:

> Mit unserer revolutionären Aktion verfolgen wir keineswegs die Absicht, Unschuldige zu töten. Wir kämpfen gegen die Ungerechtigkeit. Wir wollen nicht den Frieden zerstören, sondern der Welt die schmutzige Rolle der zionistischen Okkupanten und die tiefe Tragödie unseres Volkes vor Augen führen. Wir fordern alle freien Menschen der Welt auf, Verständnis für unsere revolutionäre Methode aufzubringen, die das Ziel verfolgt, die imperialistischen Interessen in aller Welt zu treffen, die Beziehungen zwischen dem Imperialismus und den Zionisten aufzudecken und unserem arabischen Volk begreiflich zu machen, wer Israel ist und wer seine Verbündeten.
>
> Wir sind ein integrierender Bestandteil der bewaffneten palästinensischen Revolution, die ihrerseits Teil der arabischen Befreiungsbewegung ist. Wir fordern euch auf, nicht die Waffen niederzulegen, trotz aller Komplotte und Schwierigkeiten des Kampfes. Die Erde wird nur durch Blut befreit. Die Welt achtet nur den Starken. Wir werden stark sein, doch nicht in Worten, sondern dadurch, daß wir unsere Worte in die Tat umsetzen.
>
> Wir entschuldigen uns bei der Sportjugend der Welt, wenn wir mit unserer Aktion ihre Gefühle verletzt haben sollten. Wir wollen aber, daß sie erfährt, daß es ein Volk gibt, dessen Heimat seit 24 Jahren besetzt ist. Dieses Volk wird gefoltert von seinem Feind (Israel), der in euren Reihen steht.

> Es spielt keine Rolle, wo wir begraben werden. Sollen uns unsere Feinde das Herz aus dem Leibe reißen! Doch wir wünschen uns, daß die arabische Jugend lernt, im Dienste ihres Volkes und ihres Landes zu sterben. Und ihr, Fedajin des Schwarzen September und der ganzen palästinensischen Revolution, kämpft unbeirrt weiter! Ihr findet diesem Brief beigefügt die Summe von 500 Dollar und 37 DM, die wir für die Revolution gespart haben, weil wir wissen, daß ihr sie eines Tages brauchen werdet, so gering sie auch ist. Es lebe das palästinensische Volk! Es leben die freien Revolutionäre der Welt!

In Israel ist der Reigen der geheimen Krisensitzungen angelaufen. Zvi Zamir, der sich dem blutigen Geschehen am nächsten befunden hat, muß sofort nach seiner Rückkehr dem Komitee für Sicherheit und auswärtige Angelegenheiten der Regierung berichten: »Ich werde den Eindruck nicht los, daß es den Bayern in erster Linie darum ging, das Ereignis so rasch wie möglich aus dem Rahmen der Olympischen Spiele zu entfernen, um die Olympiade fortsetzen zu können. Aus föderativer Eifersucht benutzten sie dazu ein Instrument, das für eine solche Mission absolut unbrauchbar ist. Es sollte den deutschen Entscheidungsträgern klargewesen sein, daß eine Polizeieinheit und der Mann, der sie führte, in keiner Weise kompetent waren. Ich habe keinen Zweifel, daß alles anders ausgesehen hätte, wenn die Bundeswehr eingesetzt worden wäre. Jede Armee würde es besser vorbereitet haben. Da wäre Beleuchtung gewesen, auch Scheinwerfer. Das ist alles nicht so schwierig. Außerdem gab es keinen Grund, warum nicht fünfzig Scharfschützen an den Ort des Geschehens gebracht wurden. Es gab keinen Grund, warum sie nicht überall im Gelände verteilt waren.«
Der Mossad-Chef überliefert auch die Aussagen aller Beteiligten. Genscher und Strauß, so berichtet er, hätten sich bereits im Hubschrauber auf dem Rückweg von Fürstenfeldbruck nach München seiner Analyse angeschlossen und den gescheiterten Befreiungsversuch als »durch nichts zu rechtfertigende Inkompetenz« bezeichnet. Derselbe Strauß verhilft dem »inkompetenten« Schreiber später dazu, für 15 Jahre Leiter der Polizeiabteilung im Bundesinnenministerium zu werden. Das bedeutet, daß Schreiber auch das Bundes-

kriminalamt und das Bundesamt für Verfassungsschutz beaufsichtigen durfte.

Nach außen – und jedenfalls in der konfliktscheuen Welt der Diplomaten – bedient man sich freundlicherer Formeln. Die israelische Regierung verkündet, an die Adresse der Deutschen gewandt: »Die Ministerpräsidentin nahm mit Anerkennung die Entscheidung der deutschen Bundesregierung zur Kenntnis, sich aktiv um die Befreiung der israelischen Geiseln zu bemühen und zu diesem Zweck Gewalt anzuwenden. Die Ministerpräsidentin drückt ihr Bedauern darüber aus, daß das Ziel nicht erreicht wurde.«

Die Stimmung im Land ist wesentlich aggressiver. »Wir wollen nicht nur Gerechtigkeit, auch nicht allein Rache«, so die Tageszeitung Maariv als Sprachrohr des Volkszorns, »wir wollen ein für allemal den Arm abschlagen, der uns bedroht.« Der aus Dresden stammende Innenminister Josef Burg ruft seinen aufgebrachten Landsleuten zu: »Israels Blut wird nicht mehr ungestraft vergossen werden!« Er vergleicht München mit Dachau, relativiert aber gleich wieder im Gespräch mit dem *Spiegel*: »Ich sprach vom Ort der Grausamkeit, nicht von staatlicher Verantwortung. Ich bin persönlich überzeugt, daß die deutschen Behörden in bester Absicht gehandelt haben.« Auch die religiöse Zeitung *Hamodia* ruft die Erinnerung an die Nazis wach – als ob die Münchner Polizei das israelische Team massakriert hätte. Vor der deutschen Botschaft in Tel-Aviv stehen zumeist jugendliche Demonstranten und fordern auf ihren Transparenten: »Aufhören mit der Olympiade«. »Sport«, heißt es auf einem anderen Plakat, »ist kein Mord.«

Der Spalt geht auch durch Golda Meirs Kabinett. Die eiserne Lady aus dem ukrainischen Kiew muß zwischen Mosche Dayan und Abba Eban schlichten. Der Verteidigungsminister will sofort gegen alle arabischen Nachbarn, die der PLO Unterschlupf gewähren, losschlagen. Der Außenminister warnt vor einem Umschwung der Weltmeinung. Erstmals hätten die Sowjets – und auch König Hussein von Jordanien – die Kommandoaktion von München uneingeschränkt verurteilt. Der Haudegen mit der Augenklappe verläßt den Kabinettssaal unter Protest. Mosche Dayan kündigt wieder einmal seinen Rücktritt an.

Doch er wird im Amt bleiben. Es rollen die Köpfe von drei hohen

Sicherheitsbeamten, unter ihnen der Chef der Personenschützer im israelischen Inlandsdienst, Shin Bet. Sein Vorgesetzter, Yosef Harmelin, will ihn um jeden Preis halten, droht sogar mit dem eigenen Rücktritt. Vergeblich, Golda Meir muß der Öffentlichkeit ein Opfer bringen.

Weltweit wird in diesen Tagen Stimmung gemacht, in Europa gerade auch bei der Linken. Die italienische Zeitung Il Manifesto, ein Organ der Antiimperialisten, stellt einen Tag nach der Beerdigung der toten Sportler fest: »In München wollten die Palästinenser keineswegs einen Terrorakt vollbringen; was sie im Sinn hatten, war nicht ein Massaker von Unbeteiligten, um damit den Feind zu treffen, sondern eine Geiselnahme, um dadurch die Entlassung von Gefangenen zu erzwingen. Die Unterschiede sind wichtig. Das Massaker von München ist von der westdeutschen und der israelischen Regierung – von beiden aus Gründen der Staatsraison – provoziert worden.« Schuldig sind also die Geschädigten, weil sie der Erpressung nicht nachgeben wollten.

Auch die deutsche Terrorszene bleibt von München nicht unbeeindruckt. Im dritten RAF-Grundsatzpapier – *Die Aktion des Schwarzen September in München – Zur Strategie des antiimperialistischen Kampfes* – meldet sich Ulrike Meinhof zu Wort. Durch die Olympia-Operation des »Schwarzen September« sei das Wesen imperialistischer Herrschaft und antiimperialistischen Kampfes so transparent geworden wie zuvor bei keiner revolutionären Aktion in Westdeutschland und Westberlin. Ulrike Meinhof wörtlich: »Sie war gleichzeitig antiimperialistisch, antifaschistisch und internationalistisch.«

Es sei eine Chance für die westdeutsche Linke, ihre politische Identität wiederzufinden. »Wenn sie noch nicht ganz der Springerpresse und dem Opportunismus verfallen ist, wenn Auschwitz, Vietnam und Abstumpfung der Massen hier durch das System sie noch was angeht.« Ein Musterbeispiel, wie man sinnlosen, fanatischen Morden nachträglich einen ideologischen Heiligenschein verleihen kann. Die Mitglieder des Palästinenserkommandos hätten, so Ulrike Meinhof, ihr Leben eingesetzt, um ihre Genossen zu befreien. »Die Aktion des Schwarzen September in München wird aus dem Gedächtnis des antiimperialistischen Kampfes nicht mehr zu verdrängen sein. Der Tod der arabischen Genossen wiegt schwerer als der Tai-Berg.«

Exakt eine Woche nach dem blutigen Dienstag von München sind in Israel die Weichen gestellt. In einer Rede vor der Knesset stellt Premierministerin Golda Meir fest, ihr Land sei sich selbst und dem Frieden etwas schuldig, nämlich die Terroristen zu schlagen, wo immer sie zu finden seien. Israel habe keine andere Chance. Es werde dieser Verpflichtung mit aller Kraft nachkommen. Golda Meir betont, die mangelnde Sicherheit in den olympischen Anlagen und der polizeiliche Einsatz der Deutschen seien zwar kritikwürdig, nicht jedoch der Wille der deutschen Regierung, den Forderungen der Terroristen nicht nachzugeben.

Das israelische Parlament beschließt eine Resolution, die noch am selben Tag den Volksvertretungen aller Länder übermittelt wird:

1. Die blutige Greueltat, begangen von Mördern, die von arabischen Terrororganisationen gesandt wurden und die in der Tötung von elf Mitgliedern der israelischen Olympiamannschaft mündete, wird eine ewige Schande für die Menschheit sein.

2. Die Knesset und die ganze Nation teilen die Trauer mit den betroffenen Familien.

3. Die arabischen Terrororganisationen haben mit ihrem kriminellen Akt bewiesen, daß sie die Feinde der gesamten Menschheit sind und daß sie alle Hoffnungen auf Frieden unterminieren.

4. Die Verantwortung für das Verbrechen in München, wie auch für gleichartige Verbrechen, die von den Terrorgruppen ausgeführt wurden, liegt bei den arabischen Staaten, welche diese Gruppen mit Unterkünften, Geldmitteln, politischer Unterstützung und den Waffen, die sie für ihre Verbrechen benötigen, versorgen.

5. Der Staat Israel wird seine Pflicht erfüllen und das Recht ausüben, seine Repräsentanten und Bürger zu beschützen. Er wird

mit Ausdauer gegen die Terrororganisationen vorgehen, gegen ihre Stützpunkte und ihre Unterstützer, bis ihre kriminelle Aktivität zum Ende kommt.

6. Die Knesset fordert, daß alle Staaten und Regierungen nachhaltig vorgehen, um die Aktivitäten der Terroristen zu stoppen und ihre Basen zu liquidieren.

Kernsätze aus der historischen Rede von Golda Meir zeigen, welchen Kurs Israel gehen wird. Die resolute Mutter der Nation bezeichnet den Kampf gegen Terrorismus als vordringliche Aufgabe. Man werde Ausdauer, Strategien und Ressourcen aufwenden müssen. Es sei Israels Pflicht, diese Terrorgruppen bis zum Ende zu bekämpfen. Terroristen würden ihre Methoden und Strategien immer wieder verändern, und deshalb müsse sich Israel auf diese Art von Krieg noch mehr einstellen, als das bislang der Fall gewesen sei – methodisch, mit Wissen und Nachdruck. Dies müsse mit allem Eifer und aller Selbstaufopferung für die Verteidigung des menschlichen Lebens geschehen und »mit allem Fleiß und Geschick, zu dem unsere Leute überhaupt fähig sind«.

Obwohl Golda Meir mehrfach darauf hinweist, daß sie wegen des sensiblen Themas nicht in Details gehen könne, wird sie einmal konkret: »Es ist ganz gut möglich, daß wir zu völlig neuen Methoden greifen werden, um den kriminellen Aktivitäten der arabischen Terrororganisationen ein Ende zu bereiten . . . Die Pflicht jedes gesetzesfürchtigen Staates, gegen die antiisraelischen Terrororganisationen vorzugehen, wird noch dringlicher aufgrund der Tatsache, daß die Terroristen unverantwortliche Elemente verschiedener Nationalitäten und verschiedener Untergrundbewegungen angeworben haben. Die von diesem Phänomen ausgehende Gefahr ist nicht auf Israel alleine beschränkt . . . Wir haben keine andere Wahl, als gegen die Terrororganisationen zuzuschlagen, wo immer wir können. Das ist unsere Pflicht, uns und dem Frieden gegenüber. Wir werden diese Pflicht mit aller Kraft erfüllen.«

Hinter den Kulissen beginnen emsige Vorbereitungen, Golda Meirs Auftrag in die Tat umzusetzen. Schon bei der streng geheimen Sitzung des Ausschusses für Sicherheit und auswärtige Angelegenheit am 6. September war die Rede davon gewesen, hochmotivierte und bestens ausgebildete Killerkommandos loszuschicken, um alle Verantwortlichen für das Massaker von München zur Strecke zu bringen, Mossad-Chef Zvi Zamir gehörte zu den Befürwortern der Antiterroroperation. Später stimmten die Teilnehmer der Sitzung ab. Im Protokoll wurde vermerkt: »Das Komitee nahm einen Bericht zur Kenntnis und beschloß, die Angelegenheit der Premierministerin zu überlassen.«

Golda Meir entschied sich für die blanke Rache. Ein letztes Gespräch, und die Weichen waren gestellt. General Aharon Yariv, geboren 1920 in Moskau, Haganah-Veteran, von 1964 bis 1972 Chef des Militärgeheimdienstes Aman, Held des 67er Krieges und nach München weniger als ein Jahr lang erster Antiterrorberater der Premierministerin, bekam den Auftrag, das Konzept für die Racheaktion zu liefern. Zvi Zamirs Leute sollten es dann in die Tat umsetzen. Aharon Yariv, heute weltweit anerkannter Direktor des »Jaffee Center for Strategic Studies« an der Universität Tel Aviv, verfaßte ein Papier von zwei, drei Seiten, das auch heute noch als geheim eingestuft ist. Er erinnert sich: »Dann wurde es Golda und den Ministern vorgelegt. Es gab eine Debatte und einige kleine Änderungen.«

Der freundliche alte General spricht von einem neugeschaffenen Geheimkomitee, dem wechselweise Golda Meir und Mosche Dayan vorstanden. Mit dabei frühere und aktuelle Direktoren der israelischen Dienste, ehemalige Minister aus dem Sicherheitsbereich und Vertreter des operativen Sektors. Um die exakte Aufgabe der Runde zu verschleiern, hieß sie nur »Komitee X«. Diese höchste Ebene israelischer Entscheidungsfindung diskutierte jede bevorstehende Operation der Sondereinheiten und entschied über den Tod der Opfer.

Eines war von Anfang an klar: Keiner der Terroristen, die in das Visier von »Komitee X« gerieten, durfte überleben. Dafür mußte Zvi Zamirs Mann für die Feinarbeit sorgen – Mike Harari. Der Karrieregeheimagent gehörte dem Mossad seit seiner Gründung an und war auch von den schwierigsten Operationen mit Erfolg zurückgekehrt. Nun sollte er die Aufgabe seines Lebens übertragen bekommen. Er übernahm eine Abteilung, die sich zeitweise *Kidon* nannte – »Der Speer«. Um Geld brauchte er sich nicht zu sorgen, da das operative Budget des Mossad für die Jagd auf den »Schwarzen September« rasch und unbürokratisch verdoppelt wurde.

In Deutschland treffen bereits am 6. September erste Anfragen aus arabischen Staaten zur späteren Überführung der fünf getöteten Fedajin ein. Zu diesem Zeitpunkt liegen sie im Münchner Leichenschauhaus. Wie bei Gewaltakten üblich, sollen die Leichen einer Autopsie unterzogen werden. Der tunesische Botschafter Mestiri, einer der Unterhändler vom 5. September, übermittelt dem Bonner Außenminister Walter Scheel den Wunsch seiner Regierung, für eine »angemessene Beerdigung der Märtyrer« sorgen zu wollen. Da aber zuvor schon eine gleichartige Bitte aus Libyen eingegangen ist, wird Oberst Khadafi die Zusage erteilt. Die fünf Leichen werden am 11. September nach Tripolis geflogen, dort mit allen militärischen Ehren empfangen und am nächsten Nachmittag beerdigt. Mit dabei sind alle in Libyen akkreditierten arabischen Botschafter und eine große tunesische Delegation, angeführt von Schadli Klibi, damals Minister für kulturelle Angelegenheiten und Information, später Generalsekretär der Arabischen Liga.

Nach der offiziellen Totenfeier in der Bourgiba-Moschee begleiten Zehntausende von Libyern die Särge in einer unübersehbaren Prozession über den Platz der Märtyrer zum Friedhof Sidi Munaidess. Wie immer bei solchen Gelegenheiten droht die allgemeine Begeisterung in eine Massenhysterie umzuschlagen. Hier und in allen arabischen Staaten ist offizielle Trauer angesagt. Die Gebete für die »Märtyrer von München« schallen von den Minaretten. An den Häuserwänden steht mit frischer Farbe geschrieben: »Wir sind alle ein Schwarzer September!« Die Killerorganisation schwimmt auf einer Woge unverhoffter Sympathie. Die Niederlage von München geht als berauschender Sieg in die mit Erfolgen so wenig gesegnete arabische Gegenwartsgeschichte ein.

Die Toten von München sind gerade drei Tage unter der Erde, als der »Schwarze September« erneut zuschlägt. Der israelische Geheimagent Zadok Ophir, stationiert an der Botschaft in Brüssel, nimmt den Anruf eines palästinensischen Gewährsmannes entgegen. Sie verabreden sich in einem Café am De-Brouckere-Platz. Der Araber kommt nicht allein. Ein zweiter Mann zieht eine Maschinenpistole unter seiner Jacke hervor und streckt den Mossad-Mann mit fünf Schüssen nieder. Beide Täter entkommen.

Am 16. September verschicken Aktivisten des »Schwarzen September« von Amsterdam aus 64 Briefbomben. Die Empfänger befinden sich größtenteils in mehreren europäischen Ländern und in den USA. Die meisten der Briefbomben werden noch rechtzeitig abgefangen. Israel antwortet mit einer Militäraktion gegen Fedajin-Positionen im Libanon. Sechzig Palästinenser werden getötet, siebzehn gefangengenommen. Die israelischen Einheiten zerstören 112 Häuser und beschädigen weitere 200. Nach Angaben der Regierung in Beirut sollen dem Angriff auch fünfzehn libanesische Soldaten und 200 Zivilisten zum Opfer gefallen sein.

Am 19. September wird Dr. Ami Schechori, Israels Landwirtschaftsattaché in der Londoner Botschaft, von einer der gefährlichen Sendungen aus Amsterdam getötet. In der israelischen Vertretung finden sich noch acht weitere Briefbomben, zusätzliche vier in einem Londoner Postamt und zwei bei der israelischen Botschaft in Paris. Auch in den folgenden Tagen entdecken israelische Diplomaten und aufmerksame Postbeamte weltweit zahlreiche Briefbomben. Ein Kuvert ist sogar an Shimon Peres, den damaligen israelischen Transportminister, adressiert. Es explodiert in einem Jerusalemer Postamt. Am 23. September tauchen vier der Bomben bei jordanischen Politikern auf. Weitere acht Briefe mit Plastiksprengstoff werden im Oktober 1972 in Malaysia zur Post gegeben. Sie sind für jüdische Organisationen in den USA bestimmt.

Ali Hassan Salamehs heimtückische Operationen haben eine gefährliche Dynamik erhalten. Nun sind die Israelis an der Reihe. Der erste Einsatz von Mike Hararis Todeskommandos findet am 16. Oktober in Rom statt. Das Opfer heißt Abdel Wael Zuaiter und arbeitet offiziell als Übersetzer des libyschen Volksbüros. Der 38jährige Zuaiter ist ein eifriger Propagandist für die palästinensische Sache. Er schreibt Artikel für eine Solidaritätszeitschrift, leitet Versammlungen und Seminare und sammelt Geld für ein Krankenhaus in einem der Ausbildungslager.

Die Israelis glauben, daß es sich bei dem in Nablus geborenen jordanischen Staatsbürger um den italienischen Statthalter des »Schwarzen September« handelt. Sie bringen ihn mit einer Flugzeugentführung nach Algerien und einem Bombenanschlag auf eine Boeing 707 der El-Al in Verbindung. Nach dem Münchner Massaker hat Zuaiter den Fehler begangen, sich öffentlich zu Wort zu melden. Die Israelis, so sagte er, hätten den Tod der Geiseln absichtlich provoziert, um anschließend die Sympathie der Welt zu ernten.

An diesem Abend des 16. Oktober, gegen 22.30 Uhr, kommt Abdel Wael Zuaiter nach Hause. Er wohnt in einem großen Appartementhaus. Als er auf den Lift wartet, treten zwei Männer neben ihn. Sie ziehen kleine, handliche Pistolen des Kalibers 22, zielen auf Zuaiter und drücken aus nächster Nähe zwölfmal ab. Die Täter flüchten in einem Fiat 125, der mit laufendem Motor vor dem Haus wartet.

Einige hundert Meter entfernt wechseln sie das Auto. Der erste Wagen gehört einem Autoverleih. Tage vorher war er von einem Mann, der sich mit seinem kanadischen Führerschein als Anthony Hutton vorstellte, abgeholt worden. Weitere Spuren gibt es nicht. Später wird bekannt, daß sich auch Mike Harari, seine ständige Begleiterin Tamar, eine auffallend hübsche Mossad-Agentin marokkanischer Abstammung, und General Zvi Zamir am Tatort befunden haben.

Am 26. und 27. September bekommen die drei Überlebenden des Münchner Terrorkommandos Besuch aus dem fernen Algerien. Ammar Bentoumi, der Präsident der algerischen Anwaltskammer und ehemalige Justizminister seines Landes, erkundigt sich fürsorglich nach dem Befinden der voneinander isolierten und schwer bewachten Killer. Erst jetzt erfährt jeder einzelne, daß außer ihm noch zwei Mitglieder der Gruppe am Leben sind. Es werden Namen genannt, und wieder sind es die falschen.

Der langhaarige Abdel Kader Denawy (auch Abdel Al Dnawy) behauptet plötzlich, Mohammed Mahmud el-Safadi zu heißen. Er ist angeblich ein 21jähriger Student. Der großgewachsene, relativ gutaussehende Samir Mohammed Abdullah will 1950 in Ost-Jerusalem geboren sein. In Amman, so sagt er, habe er eine höhere Schule und die Universität besucht. Ibrahim Masud ist der dritte, ein 19jähriger Student aus Bourka in Jordanien.

Im übrigen kommt bei den Gesprächen nicht viel heraus, da die Terroristen nur sehr unpräzise über die Tat sprechen und genausowenig über die Vorbereitungsphase. Die spärlichen, von der Staatsanwaltschaft eifrig notierten Informationen dienen der allgemeinen Täuschung und dem Versuch, die deutschen Behörden auf die moralische Anklagebank zu zerren: »Wir waren immer davon überzeugt, daß wir uns auf das Wort des Krisenstabes und des deutschen Innenministers verlassen konnten. Unsere israelischen Geiseln glaubten auch daran. Wir waren sicher, daß wir mit ihnen in ein arabisches Land ausfliegen dürften, um dort die Sportler gegen unsere gefangenen Brüder auszutauschen.«

In jenen Tagen treffen in Beirut ein Reporter der Illustrierten *Quick* und ein Sprecher des »Schwarzen September« zusammen. Eine der Fragen an den redseligen Palästinenser lautet: »In München sind drei Ihrer Leute festgenommen worden. Was werden Sie tun?« Die Antwort läßt weltweit aufhorchen: »Der Himmel ist voll von deutschen Flugzeugen ... Diesmal werden wir uns auf ein deutsches Ehrenwort nicht mehr verlassen. Sobald unsere Leute gesund sind, werden wir sie herausholen. Das wird bald sein – noch in diesen Wochen.«

Diese präzise Vorhersage trifft am 29. Oktober 1972 ein, genau 55 Tage nach dem Massaker von München. Es ist Sonntag morgen, 5.53 Uhr, als die dreistrahlige Boeing 727 der Lufthansa mit der Flugnummer 615 die syrische Hauptstadt Damaskus verläßt. An Bord befinden sich lediglich sieben Besatzungsmitglieder. Nach etwa einer halben Stunde landet sie in Beirut. Es steigen dreizehn Passagiere zu, unter ihnen nur ein Deutscher, dafür aber fünf Libanesen. Der nächste Stopp soll Ankara sein. Die Maschine startet wieder um 7.01 Uhr. Nach einer Weile zücken zwei Araber, die in der First-Class-Kabine sitzen, zwei Revolver und zwei Handgranaten und teilen Kapitän Walter Claussen mit, daß sie sein Flugzeug in die Luft sprengen würden, wenn man in Deutschland die drei überlebenden Olympiatäter nicht freiließe.

Später werden die beiden Entführer als Samir Arif el Shahed und Mahmoud Saleh identifiziert. Sie hatten einen jemenitischen und einen libanesischen Paß. In jedem Fall waren wohl Namen wie Reisedokumente falsch. Der Lufthansa-Jet nimmt Kurs auf Nikosia. Dort landet er um 7.58 Uhr. In Zypern wird er neu aufgetankt und startet wieder um 9.01 Uhr. Der irreguläre Flug LH 615 steuert um 10.45 Uhr Zagreb an. Es wird erneut Kerosin – zehn Tonnen – in die

Tanks gefüllt. Kapitän Claussen bekommt als nächstes Ziel München genannt. Mittags um zwölf Uhr kreist die Lufthansa-Maschine schon über dem Voralpenland.

Auf dem Boden hat sich inzwischen ein Krisenstab gebildet, dem unter anderem der bayerische Innenminister Bruno Merk angehört. Wie bei der Olympiade, so bekommt auch hier Münchens Polizeipräsident Dr. Manfred Schreiber die Gesamtleitung übertragen. Sein Vize Dr. Georg Wolf kümmert sich um den Einsatz auf dem Flughafen Riem. Die Fedajin an Bord der gekidnappten Maschine fordern über Funk, daß ihre Kampfgefährten aus den Gefängniszellen geholt und zur Abholung auf dem Riemer Vorfeld bereitgehalten werden sollen.

Der Tower antwortet, es werde bis zu zwei Stunden dauern, um die drei Terroristen zu holen. Die Entführer erkennen, daß ihnen dafür der Sprit nicht reichen wird. Sie wollen in Salzburg landen. Dort, so sagen sie, sollten ihnen auch die drei Häftlinge übergeben werden. Das wird von den bayerischen Behörden abgelehnt. Die Hubschrauber des Bundesgrenzschutzes dürften nicht nach Österreich fliegen. Außerdem sei das Wetter in Salzburg deutlich schlechter als in München.

Auch die Idee, Kurs auf Nürnberg zu nehmen, wird ihnen ausgeredet. Diesmal gehen die Leute von Ali Hassan Salameh auf keine langen Verhandlungen ein. Sie fliegen zurück nach Zagreb. Um Sprit zu sparen, lassen sie die Maschine in 7500 Meter Höhe mit nur einem Triebwerk kreisen. Über Funk geben die beiden Entführer bekannt, sie ließen erst landen, wenn ihre drei »Brüder« angekommen seien. Die drei Täter von München werden inzwischen mit Helikoptern des BGS in den Haftanstalten Straubing, Bernau und Landsberg abgeholt. Um 14.30 Uhr treffen sie in München-Riem ein. Sie steigen um in einen zehnsitzigen Geschäftsjet der Lufthansa-Tochter Condor.

Da noch keine Erlaubnis der jugoslawischen Behörden zum Austausch der drei Terroristen gegen Passagiere und Besatzung von LH 615 vorliegt, verzögert sich alles noch einmal. Schließlich ist auch das geregelt, und das Flugzeug aus München kann um 17.10 Uhr in Zagreb landen. An Bord befindet sich unter anderem Herbert Culmann, der Vorstandsvorsitzende der Lufthansa. Kurz nach 18 Uhr steigen die drei freigepreßten Fedajin in die Boeing 727 um. Die Maschine wird erneut aufgetankt und startet fünfzig Minuten später mit Ziel Libyen. In Tripolis werden nun auch die Lebenden von München als Helden der arabischen Nation empfangen und euphorisch gefeiert. Am nächsten Tag dürfen die Geiseln nach Frankfurt zurückreisen.

Wieder einmal ist ein Coup des libyschen Revolutionsführers Khadafi geglückt. Der israelische Mossad ermittelte 1972, daß die Libyer pro Monat drei bis vier Millionen Mark in die Kriegskasse der *Fatah* steckten und dazu noch Extraprämien für erfolgreiche Terroranschläge zahlten. Einen dreifachen Betrag soll der »Schwarze September« für seine Münchner Operation erhalten haben.

Nach der Befreiung der drei Terroristen richtet sich erneut die öffentliche Meinung Israels gegen die »deutschen Versager«. Eine Welle antideutscher Emotionen belastet die außerordentlich sensiblen Beziehungen zwischen den beiden Staaten. Golda Meir bezeichnet das Nachgeben von München als »eine Beleidigung für den menschlichen Geist«. Ihr Vertreter Yigal Allon spricht von einer »schändlichen Handlungsweise, die an Feigheit grenzt und einer aufgeklärten, zivilisierten Gesellschaft unwürdig ist«.

Und wieder der unselige Vergleich mit der Nazizeit. »Hitler ermordete Juden, Brandt schützt Judenmörder«, steht auf einem Protestplakat. Die Zeitung *Maariv,* deren scharfe Attacken schon Wochen vorher für Mißstimmung gesorgt haben: »Zum Deutschland über alles der Nazi-Welteroberer sind die Anführer des neuen Deutschland noch nicht vorgestoßen. Sie befinden sich jetzt erst beim Lufthansa über alles.«

Schnell ist man mit absurden Verschwörungstheorien bei der Hand. Viele Israelis und ihre weltweiten Lobbyisten glauben, daß sie Zeugen einer zwischen Bonn und dem »Schwarzen September« abgekarteten Aktion waren. Da wird das deutsche Interesse an libyschem Erdöl ins Spiel gebracht, der Wunsch nach verbesserten Beziehungen zu den arabischen Staaten und der Verdruß der Bayern mit den drei unbequemen palästinensischen Häftlingen.

Der *Spiegel* berichtete damals: »Nach einer Version verabredete die deutsche Regierung mit dem Planer der Terrororganisation ›Schwarzer September‹, Hassan Salameh, den Geiselaustausch im araberfreundlichen Jugoslawien vorzunehmen, um Komplikationen zu vermeiden. Als Beleg dient, daß die Entführer sich mit der Freigabe ihrer drei Genossen zufriedengaben und nicht auch noch Lösegeld oder Freilassung der Baader-Meinhof-Gruppe forderten.«

Kurze Zeit später verschwinden die drei freigepreßten Terroristen aus ihrem libyschen Luxusexil. Westliche Geheimdienste beobachten sie in Beirut und finden auch ihre vermutlich richtigen Namen heraus: Adnan al-Jeschi, Jamal al-Jeschi und Abu al-Is. Zwei von ihnen werden bald wieder unter den zahlreichen Leibwächtern von Abu Ijad gesichtet, der dritte als Laborant an der Amerikanischen Universität von Beirut. Er stirbt schließlich im Mai 1984 im Golf-Scheichtum Abu Dhabi an einem Herzschlag. Einer der beiden Bodyguards soll in Kuwait mit dem Auto zu Tode gekommen sein, der dritte möglicherweise noch leben. Die PLO versichert heute treuherzig, man habe die drei Fedajin leider aus den Augen verloren.

Teil II

Die Personen

Kapitel 4
Mike Harari: Topagent des Mossad

Er ist großgewachsen und bullig. Trotzdem erscheint er eher schlank, was bei seinen 65 Jahren auf schweißtreibende Übungen hindeutet. Wer ihn sieht, der weiß, daß dieser breitschultrige Mann mit einer betont aufrechten Körperhaltung an militärische Werte glaubt, an Disziplin und an Befehlsstrukturen. Auf den ersten Blick würde man ihn für einen reich gewordenen Unternehmer halten, auf den zweiten Blick für einen durchtriebenen Mafioso, dessen Sinn für Scherze nur sehr gering entwickelt ist. Das wird besonders dann unterstrichen, wenn er einen schwarzen Anzug trägt und dazu eine schwarze Sonnenbrille. Der stets braungebrannte Südländer ist ein Mann, der Angst einflößen, der aber auch eine Aura des Verbindlichen um sich aufbauen kann. Er könnte aus Spanien kommen, vielleicht aus Italien, könnte auch einer jener undefinierbar reich gewordenen Südamerikaner mit feinster Wohnadresse und mindestens einem Dutzend Privatpolizisten sein.

Michael (Spitzname »Mike«) Harari heißt dieser Mann, und das ist wohl auch sein richtiger Name. Das Kind mosaischer Emigranten aus dem syrischen Aleppo – ursprünglich kam die Familie aus Osteuropa – wurde 1927 in eine Zeit hineingeboren, in der es um das Überleben des jüdischen Volkes ging. Die Zukunft des britischen Mandatsgebietes Palästina war noch sehr vage formuliert, und an einen richtigen Staat Israel mochten nur die größten Optimisten denken. Immerhin hatte der Völkerbund sechs Jahre zuvor festgelegt: »Die Mandatsmacht soll die Errichtung einer jüdischen nationalen Heimstätte sichern.« Das war die Bestätigung der sogenannten Balfour-Deklaration, die eigentlich nur aus einem Brief bestand, den der britische Außenminister James Balfour im Jahre 1917 an den Vertreter der zionistischen Bewegung, Lord Rothschild, schickte.

Der Weg zur Staatsgründung war jedoch noch sehr steinig. Die heutige Millionenstadt Tel Aviv, 1909 gegründet, zählte Ende der zwanziger Jahre gerade 40 000 Einwohner. In Wellen kamen die Einwanderer ins Land, zuerst die Russen, dann die Polen. Die arabische Seite erkannte rasch, daß diese Entwicklung nichts Gutes verhieß und daß die Engländer im Prinzip auf der Seite der Juden standen. Die Grundlage für den aktuellen arabisch-israelischen Konflikt war gelegt.

Zu blutigen Ausschreitungen war es schon seit der ersten Einwanderungswelle im letzten Jahrhundert gekommen. 1928 und 1929 sollte der Zwist aber erst richtig eskalieren. Angeführt von Amin al-Husseini, Großmufti von Jerusalem, massakrierten die palästinensischen Freischärler zahlreiche Juden. Die wiederum organisierten ihre Verteidigung und bauten vor allem auf die 1921 gegründete Untergrundarmee Haganah. Die Haganah war ein illegaler Kampfbund, da die Engländer keine Konkurrenzarmee auf dem von ihnen beherrschten Territorium dulden wollten.

Nach den Kämpfen des Jahres 1929 entwickelte die Haganah eine landesweite Verteidigungsplanung. Die jüdischen Siedlungen wurden befestigt. Ihre Bewohner sollten jederzeit in der Lage sein, arabische Angriffe zurückzuschlagen. Die Haganah sandte ihre Emissäre zum Waffenkauf nach Europa. Wien und Antwerpen waren bald die wichtigsten Umschlagplätze für diese lebenswichtige Ware. Zu Hause, in Palästina, entstand im Untergrund eine primitive Rüstungsindustrie. Handgranaten, Bomben, Patronen wurden mit einfachsten Mitteln hergestellt. Auch von 1936 bis 1939, während einer neuen Welle palästinensischen Widerstands – vergleichbar der heutigen Intifada –, war die Haganah stark gefordert. Damals starben 520 Juden, wurden weitere 2500 verwundet. 1943 rückte die Haganah in ihrer Verfassung vom Konzept einer Volksmiliz ab und bereitete sich auf die künftige Funktion als reguläre Armee vor.

Daß sie vorher zusammen mit zwei rechtszionistischen terroristischen Vereinigungen, Etzel und Lechi, eine »Jüdische Widerstandsbewegung« bilden würde, gehört zu den unrühmlichen historischen Tatbeständen. Die Allianz war kurzlebig, da die Moralisten innerhalb der Haganah überwogen. Etzel, auch »Nationale Militärorganisation« genannt, und Lechi alias »Stern-Bande« waren in der

Wahl ihrer Mittel nicht zimperlich und mordeten die Palästinenser zu Dutzenden.

Schon damals wuchsen innerhalb der Haganah künftige militärische und politische Führer des Landes, wie Mosche Dayan oder Yigal Allon, heran. Mike Harari gehörte kurz vor der Gründung des Staates Israel zu einer Eliteeinheit der Haganah. Sie nannte sich *Sherut Jediot* oder ganz einfach »Geheimdienst«. Ihre Aufgabe war es, möglichst viele Informationen sowohl über die feindlichen Araber als auch über die englische Mandatsmacht zu sammeln und natürlich die Spionage der Gegenseite abzuwehren. Dadurch wurde *Sherut Jedioth*, kurz SHAI, die Vorläuferorganisation des späteren Militärgeheimdienstes Aman. Das SHAI-Hauptquartier befand sich in Tel Avivs Ben-Yehuda-Straße Nummer 85, erster Stock, über einem Blumenladen und gleich neben »Moschensons Apotheke«. An der Tür wies ein Schild den Weg zum »Beratungsdienst für Veteranen«.

1939 spitzte sich die Situation zwischen den Juden und den Engländern zu. Um die Araber von Hitler fernzuhalten, ließen sich die Briten zu weitreichenden Zugeständnissen hinreißen. In einer Art Regierungsprogramm skizzierten sie Palästina als künftigen unabhängigen arabischen Staat. In diesem sogenannten »Weißbuch« wurde auch die Einwanderung der Juden drastisch eingeschränkt. Von 1939 bis 1945 sollte die Quote nur 75 000 Personen umfassen. Zitat aus dem »Weißbuch« von 1939: »Die Regierung Seiner Majestät verkündet jetzt unzweideutig, daß es nicht ihre Politik ist, aus Palästina einen jüdischen Staat werden zu lassen.« Die Juden schäumten vor Wut, und die Palästinenser triumphierten. Frische Nahrung für den alten Konflikt.

Schließlich wurde Mike Harari von seinem Kommandeur mit einem besonders heiklen Auftrag nach Europa geschickt. Er sollte die illegale Einwanderung der Juden beschleunigen. Harari kümmerte sich um die Überlebenden des Holocaust, um Menschen ohne Staatsangehörigkeit und Perspektive. Auf alten Seelenverkäufern durchbrachen die Neubürger die Blockade der königlichen Marine und erreichten so das Gelobte Land. Allein zwischen dem Ende des Zweiten Weltkriegs und der Gründung des Staates Israel im Mai 1948 trafen 66 Schiffe mit Einwanderern ein.

Der Menschenschmuggel befand sich schon seit 1937 in der Hand einer speziellen Organisation, die sich »Institut für illegale Einwanderung« nannte, *Mossad Le-Aliyah Bet*. Der spätere legendäre israelische Geheimdienst, eine immerwährende Quelle von Mythen und Hysterien, warf seine Schatten voraus. Und Mike Harari sollte zu den Männern der ersten Stunde zählen.

1947 bildete die Haganah ihre ersten Geheimdienstoffiziere aus. Die meisten von ihnen kamen aus der Eliteeinheit Palmach. Als erstes legten sie Dossiers über die arabischen Dörfer an. Diese Abteilung expandierte rasch und entsandte ihre Agenten bald auch zur Aufklärung der feindseligen Nachbarstaaten. Diese Operationen gingen von Oberstleutnant Isser Beeri aus. Im Untergrund bewährt, wurde er auch zum ersten Direktor von Israels militärischem Geheimdienst ernannt.

Beeri hätte sich seinen Posten lange bewahren können, wenn er und seine Leute die Gesetze nicht so flexibel ausgelegt hätten. Da kam es schon mal vor, daß Unschuldige gefoltert und angebliche Verräter hingerichtet wurden. Beeri mußte im November 1947 abtreten und wurde sogar noch vor Gericht gestellt. Sein Nachfolger war der heutige Staatspräsident Chaim Herzog. Ein aufgebrachter Ben Gurion bat seinen engen Vertrauten Reuven Shiloah, ebenfalls Veteran des alten SHAI, sich der Dienste anzunehmen. Der unscheinbare Einzelgänger, den man leicht für einen durchgeistigten Bibliothekar oder Studienrat halten konnte, wurde 1909 in Jerusalem geboren. Sein Vater war Rabbiner. Die Familie lebte nach den strikten Regeln der Orthodoxie. Aufgewachsen als Reuven Zaslanski, nahm der schweigsame Aktivist bei der Haganah den Codenamen »Shiloah« an. Dann gewöhnte er sich so sehr daran, daß er ihn behielt.

Seine erste Aktion für die geheimen Dienste fand in Bagdad statt. Er trat als Lehrer und Gelegenheitsjournalist auf. Es paßte zu ihm. Shiloah war gerade 22 Jahre alt. Der »geborene Geheimagent«, wie ihn seine Freunde nannten, sollte nun zum Architekten des Mossad werden. Zuerst gründete er ein Koordinationskomitee, das »Komitee der Geheimdienstchefs«, genannt *Va'adat Rashei ha-Sherutim*. Diese Einrichtung gibt es seit Mitte 1949, und auch heute tagen die Direktoren der Dienste regelmäßig einmal pro Woche.

Dann splitteten Ben Gurion und Shiloah den Nachrichtendienst SHAI in vier neue Organisationen auf – den Militärgeheimdienst Aman (übersetzt *Agaf ha-Modi'in*), den Staatssicherheitsdienst Shin Bet (hebräisch *Sherut ha-Bitachon ha-Klali*), den Auslandsnachrichtendienst, später Mossad genannt, und das Einwanderungsinstitut.

Der bewährte SHAI-Stratege Isser Harel übernahm den Inlandsdienst, der Direktor der politischen Abteilung im Außenministerium, Boris Guriel, den Auslandsdienst. Mike Hararis neuer Chef wurde Shaul Avigur, ein 49jähriger Exillette. 1934 hatte er schon zu den Gründern von SHAI gehört, und 1948 war er vorübergehend stellvertretender Verteidigungsminister gewesen. Avigur wußte, was er an Mike Harari hatte, und so ließ er ihm viel Spielraum.

Der gerade Zwanzigjährige reiste oft und gerne in das vom Krieg verwüstete Europa. Hier hatte er die einmalige Chance, seine Talente für das geheime Geschäft zu entfalten. Er benutzte falsche Pässe, im Geheimdienstjargon Deckpapiere genannt, prägte sich mit Begeisterung die vielen Details erfundener oder übernommener Identitäten ein und wußte sich den wachsamen Augen konkurrierender Dienste zu entziehen. Für einige Jahre war der Gegner beim britischen CID und bei der Auslandsaufklärung der Engländer zu finden. Später sollten es die arabischen Dienste werden, speziell natürlich der geheime Arm der PLO, genannt *Rasd*.

Der frühere Palmachnik Mike Harari hielt sich meistens in Rom auf und hörte dort auf den Decknamen Alex. Er hatte alle Hände voll zu tun. Der Sohn eines Zollbeamten baute ein Netz von Zuträgern und Informanten auf, bestach wichtige Offizielle, wies Flüchtlingen den Weg nach Israel – die Einwanderung war jetzt legal – und engagierte sich auch im neu aufblühenden Waffenhandel. Gerade Israel, das schon am Tag seiner Geburt – 1948 wurde zum Jahr des ersten Arabisch-Israelischen Krieges – angegriffen wurde, benötigte große Mengen an Waffen.

Nach diesem Muster arbeiteten die Agenten aus dem Heiligen Land: Da war zum Beispiel ein gewisser Ehud Avriel. Er sollte in Europa 450 Maschinengewehre und 10 000 Gewehre kaufen. Mit Hilfe eines getarnten Pariser Büros begann er Angebote einzuholen. Die interessantesten Offerten kamen aus Prag. Also reiste Avriel –

durch einen gefälschten Schweizer Paß zu einem Herrn namens Überall geworden – an die Moldau. Zusammen mit seinen dortigen Haganah-Residenten Uriel Doron und Pino Ginsburg nahm er die Verhandlungen mit dem Verteidigungsministerium auf. Das Trio stieß auf Gegenliebe – jedoch keineswegs nur aus politischer Sympathie (die Sowjets unterstützten dieses Waffengeschäft und die Gründung des Staates Israel), sondern auch, weil die Tschechen dringend Dollars brauchten. Die Abgesandten der Haganah verfügten über die nötigen Mittel. Ehud Avriel ließ sich die Gelder von der New Yorker Chase Manhattan Bank auf ein Konto bei der Prager Zivnostenska-Bank überweisen. Damit kaufte er im Dezember 1947 und im Januar 1948 exakt 25 000 Gewehre, 5000 Bren-Maschinenpistolen, 300 Maschinengewehre und 50 Millionen Patronen.

Von Genf aus wurden die ersten Waffenlieferungen in das sich auflösende britische Mandatsgebiet organisiert. Munya Mardor nannte sich der Mann, der die geheimen Kanäle bediente. Er schaffte die Ware durch die amerikanische Besatzungszone in Deutschland nach Belgien. Dort wartete bereits ein Schiff, das die heiße Ware unter der altbekannten Tarnbezeichnung »Maschinenteile« an ihr Ziel brachte. Ende März 1948 trafen die ersten tschechischen Waffen in Palästina ein. Es war beinahe zu spät, da die arabischen Untergrundkämpfer – sie hörten unter anderem auf das Kommando von Ali Hassan Salameh, dem Vater des späteren Topterroristen – bereits die Umgebung Jerusalems kontrollierten.

Die Lage spitzte sich zu. Ben Gurion war über den langsamen und weiten Lieferweg entsetzt. Am 29. März 1948 sandte er einen telegrafischen Hilferuf nach Prag. Ehud Avriel handelte sofort. Zwei Tage später startete eine – in den USA gecharterte – viermotorige Douglas DC-4 mit voller Waffenladung vom Flugplatz Zatek bei Prag. Ihr Treibstoff reichte knapp bis Palästina.

Avriel saß bereits in Verhandlungen, die weit über die ursprünglich eingekauften Gewehre der deutschen Weltkrieg-II-Marke Mauser 98 hinausreichten. Er wollte Jagdflugzeuge des tschechischen Typs Avia C.210 haben, die in Cadovice bei Prag aus Messerschmitt-Beständen, die den Krieg überdauert hatten, zusammengebaut wurden. Man einigte sich auf eine erste Lieferung von elf Stück. Im Mai 1948 gründeten die Israelis dann ein eigenes geheimes Lufttransportkommando, Tarnbezeichnung »Ocean Trade Airways«. Drei altersschwache Maschinen standen de facto zur Verfügung. Mit Flugzeugbauteilen, Bomben und MG-Munition traten die beiden ersten israelischen Kampfpiloten Mordechai Hod und Ezer Weizmann den Jungfernflug an.

Währenddessen verhandelten Ehud Avriel und seine Leute bereits mit den Tschechen über die zusätzliche Lieferung von fünfzig ausgemusterten Jagdflugzeugen des Typs Spitfire MK 9. Die Einigung kam rasch. Dann drohte der Deal jedoch an der geringen Reichweite der Maschinen (2250 Kilometer) zu scheitern. Von den ersten fünf Spitfires erreichten nur drei Israel. Die beiden anderen mußten auf Rhodos landen. Dort wurden sie beschlagnahmt, die Piloten verhaftet. Am 15. Juli erlaubten schließlich, nach langen Verhandlungen, die jugoslawischen Behörden, die Zwischenlandung auf einem stillgelegten Flugfeld an der Adria. Mitte August befanden sich bereits dreißig Spitfires in Israel. Tag und Nacht wurde nun der jüdische Nachschub in den Nahen Osten befördert. Für junge, begabte Geheimagenten wie Mike Harari herrschte Hochbetrieb.

In Europa hatten sie ihre Anlaufstellen bei den diplomatischen Vertretungen Israels in der Schweiz, in Deutschland, Italien, England, Frankreich und Österreich. Wenn es notwendig sein sollte, wurden sie dort auch unter den diplomatischen Schutzschirm genommen. Das eigentliche Hauptquartier der europäischen Aktivitäten war – bis in die jüngste Zeit sogar – Paris. Dort hatte Asher Ben-Natan, geboren 1921 in Wien und später vor den Nazis nach Palästina geflüchtet, das Sagen. Zuerst arbeitete Ben-Natan für das Einwanderungsinstitut, dem auch Harari angehörte, später für die politische Abteilung des Außenministeriums. Darin brachte er es bis zum Operationschef. Die in Europa agierenden Israelis hatten es trotz ihrer geheimdienstlichen Tätigkeiten gut angetroffen: Gegenüber ihren an vorderster Front kämpfenden Gesinnungsgenossen lebten sie wie die Maden im Speck.

Diese Idylle dauerte an, bis immer mehr Agenten durch ihren ausschweifenden Lebenswandel, durch hohe Ausgaben und bescheidene Ergebnisse auffielen. Als Shiloah einen Großteil seiner in Europa stationierten Luxusspäher feuern wollte, antworteten diese mit einem Streik. An ihrer Spitze stand Asher Ben-Natan. In Tel

Aviv wurde nicht lange gefackelt. Alle mußten sie gehen, und die politische Abteilung des Außenministeriums durfte sich wieder auf ihre eigentlichen Aufgaben besinnen.

Der Auslandsnachrichtendienst war ab sofort dem Amt des Premierministers unterstellt. Das Datum 1. April 1951 gilt als Geburtstag des *ha Mossad le-Modiin ule Tafkidim Meyuhadim*, beziehungsweise »Instituts für Aufklärung und Spezialaufgaben«. Zahlreiche Mitarbeiter der anderen Dienste erkannten ihre Chance und wechselten zum Mossad über. Auch Mike Harari gehörte dazu. Sein neuer Chef wurde der bisherige Koordinator Reuven Shiloah. Doch er sollte ebenfalls an den hohen Anforderungen seines Amtes – und verhängnisvollen Pannen der ersten Jahre – scheitern. 1952 trat er zugunsten des ehrgeizigen Asketen Isser Harel zurück, eines Mannes, der den Dienst zu Weltruhm führen sollte. Mit Shiloah ging ein Freund der geheimen Konzepte, der vollendeten diplomatischen Intrigen, ein Gentleman britischen Zuschnitts. Mit Harel kam ein sozialistisch angehauchter Gründervater.

Erich Follath charakterisiert ihn besonders treffend in seinem Mossad-Buch *Das Auge Davids*: »Politiker fürchten seine Macht, Agenten seine erbarmungslose Härte. Premierminister Sharett nannte den 1,55 Meter großen Mann mit dem Spitznamen ›Isser der Kleine‹ einen ›Teufel in Zwergengestalt‹. Einer seiner engsten Mitarbeiter sagte einmal: ›Er sieht dich an, als könnte er deine geheimsten Gedanken nach außen kehren. Du weißt nicht warum, aber du fühlst dich ihm gegenüber immer schuldig.‹ Und seine Agenten hatten Angst vor jedem Rapport beim Chef. ›Nur Hunde und Kinder haben keine Angst vor seinen harten, blauen Augen‹, pflegten sie zu sagen.«

Der 1912 im russischen Witebsk geborene Isser kam mit seiner Familie schon in jungen Jahren nach Palästina. Ein Kibbuz bei Herzliya wurde seine neue Heimat. Harel arbeitete bei der Obsternte und schloß sich bald der Haganah an. Auch er fand seine wahre Berufung beim geheimen Flügel SHAI. Der wortkarge, überaus vorsichtige Mitdreißiger zählte rasch zur Elite. 1948, als es ihm gelang, den jordanischen Aufmarschplan zu beschaffen, stieg er zum Oberstleutnant auf. Danach wurde Isser Harel von Ben Gurion zum Direktor des Shin Beth ernannt, nach dem Ausscheiden von Reuven Shiloah schließlich zum Chef des Mossad. Harel hatte sein Lebensziel erreicht. Das Amt auszufüllen, bereitete ihm keine Probleme

Die Erfolge des Spionagechefs waren spektakulär. So ließ er den untergetauchten Nazimörder Adolf Eichmann auf der ganzen Welt suchen und holte ihn sich schließlich aus seinem Haus in der Garibaldistraße von Buenos Aires. Eichmann wurde von den Israelis entführt und in Jerusalem vor Gericht gestellt. Harel bewährte sich auch während des zweiten Arabisch-Israelischen Krieges, beim Suez-Feldzug von 1956. Und aufgrund ausgezeichneter Kontakte in den Ostblock gelang es ihm, Chruschtschows Geheimrede von 1956, die Abrechnung mit Stalin, zu beschaffen.

In seine Amtszeit fielen auch Bombenanschläge auf deutsche Raketentechniker in Ägypten. Isser Harel ist einer jener legendären Geheimdienstchefs, wie es sie höchstens ein halbes Dutzend gibt – die deutschen Gegenspieler Reinhard Gehlen (West) und Markus Wolf (Ost) gehören mit Sicherheit dazu. Doch auch ein Harel machte Fehler. Er scheiterte schließlich, weil er seine Aufgabe zu sehr ausfüllte und sich zu weit von den Richtlinien der Politik entfernte. Er war zu ehrgeizig und zu selbstbewußt. Deshalb mußte er 1963 gehen. Heute lebt er als gut informierter Rentner in einem Vorort von Tel Aviv.

Mike Harari stieg unter Isser Harel immer weiter auf. Er arbeitete – leise, effektiv und erfolgreich – im feindlichen Nahen Osten, aber auch im eleganten Europa, das sich mehr und mehr von den Folgen des großen Krieges und von seiner unseligen Vergangenheit erholte. Der gutaussehende Harari baute sich einen weitverzweigten Freundeskreis auf, zu dem nicht wenige attraktive Frauen zählten. Er gehörte von Anfang an zur streng geheimen Operationsabteilung des Mossad und war stets ein Mr. Perfect. Niemals wurde er enttarnt oder gar festgenommen, und kaum jemand wußte, mit wem er es wirklich zu tun hatte, wenn Harari auftauchte. Nach dem Sechstagekrieg von 1967 hatte auch Mike Harari sein berufliches Ziel erreicht. Meir Amit, an der Spitze des Mossad seit 1963, ebenfalls Sohn russischer Einwanderer und durch das Militär aufgestiegen, ernannte ihn zum Chef des sogenannten »Covert Service«. Ein Job, den nur die Härtesten bewältigen können.

Unter Meir Amit war der Mossad zur Ruhe gekommen. Israels

geheime Elite konzentrierte sich mehr denn je auf die arabischen Nachbarn und legte große Datensammlungen an. Der Chef funktionierte wie ein amerikanischer Manager. Die Tatsache, daß er ein US-Magisterdiplom in Handelswissenschaften erworben hatte, mag eine Rolle gespielt haben. Er orderte stets die neuesten Computer und informierte sich über die aktuelle Technologie der Partnerdienste. Amit war ein weiterer Vertreter der osteuropäischen Emigration, genauer gesagt der russischen, und auch er war seinen Weg über die Haganah gegangen. Seine erste Aufgabe war es, die britische Hilfspolizei auszuspähen. Es ist erstaunlich, wie sehr sich die israelischen Geheimdienstbiographien decken. Eine ganze Generation stieg auf diese Weise in höchste Ämter auf, und jeder kennt – damals wie heute – jeden seiner Kollegen.

Meir Amit stand für eine Weile dem Militärgeheimdienst Aman vor, um dann den Chefsessel beim Mossad zu erklimmen. Auch Amit mußte Rückschläge einstecken. Während seiner Amtszeit wurden Israels Superspione, Eli Cohen in Damaskus und Wolfgang Lotz in Kairo, aufgedeckt (Cohen starb am Galgen). Doch Amit konnte auch eine erfolgreiche Habenseite vorzeigen. So entführte der Mossad eine MiG-21 in Bagdad, trug darüber hinaus viel zum Sieg der Israelis im Sechstagekrieg bei.

In dieser Zeit tauchte eine neue Bedrohung am Horizont auf: der gegen Israel gerichtete arabische Terrorismus. Nach dem 67er Krieg gewann die PLO an Macht und Einfluß. Wegen ihrer Niederlage in Amman mußte die Führung den »Schwarzen September« schaffen, um die radikalen, rastlosen Elemente innerhalb der Untergrundorganisation zu bändigen.

Gleichzeitig waren Arafat und seine Umgebung mit der blutigen Entwicklung ganz zufrieden, weil ihnen die Kommandoaktionen im Anti-Vietnam- und Anti-Imperialismus-Klima jener Jahre viele Sympathien brachten. Mike Harari, dessen Agenten normalerweise tief hinter den arabischen Linien – in Syrien, Jordanien, Ägypten, im Irak sowie im Libanon – operierten, mußte ein möglichst wirkungsvolles Konzept zur Terrorabwehr finden. Seine Spione bekamen jetzt auch den dringlichen Auftrag, die PLO – und vor allem die Fatah – zu unterwandern. Harari begann, sich sehr intensiv auf die Situation in Amman und Beirut zu konzentrieren.

Er wußte sehr wohl, daß er mit Agenten, die eine Vita vorzuweisen hatten wie er, in diesem speziellen Fall nicht sehr weit kam. Er konnte sich aber auch auf arabische V-Männer nur sehr beschränkt verlassen. Neue Wege mußten gefunden werden. Es galt, unverdächtige Leute anzuwerben, die man selbst bei der chronisch mißtrauischen PLO nicht gleich mit Israel in Verbindung bringen würde. Außerdem hieße das, den Feind mit seinen eigenen Waffen zu schlagen. Bei mehreren Gruppierungen der PLO, vor allem bei der Volksfront, waren bereits militante Freiwillige aus Europa und Ostasien aufgetaucht. Was die können, dachte sich Harari, das werden wir auch in Kürze beherrschen. Also ging er daran, eine Truppe von unverdächtigen Nichtisraelis aufzubauen. Eine einzige Bedingung war daran geknüpft: Die neuen Mossad-Agenten mußten einen Bezug zum Judentum haben. Sie durften nicht einfach Leihkiller oder Söldner vom freien Markt sein.

Da gab es zwei »Prototypen«, die voll in Hararis Konzept paßten: Dan Aerbel und Sylvia Rafael. Aerbel alias Daniel Ert wurde 1937 als Sohn wohlhabender dänischer Juden geboren. Seine Familie flüchtete vor den Nazis zuerst nach Schweden und dann in die USA. 1963 kam er nach Israel und baute sich dort eine Existenz auf. Er heiratete und stieg ins Geschäftsleben ein. Als begabter Verkäufer brachte er es bald zum Exportleiter der OSEM, Israels größter Nahrungsmittelfabrik. Dan Aerbel, ein rauher, aber sehr herzlicher Mensch, hatte nie ein Problem, mit Fremden in Kontakt zu kommen. Er war nach wie vor dänischer Staatsbürger und besaß zwei gültige Pässe seiner alten Heimat. So war es ihm gut möglich, dem Mossad in schwierigen Situationen auszuhelfen.

Als das von allen Seiten bedrohte Israel beschloß, im einsam gelegenen Dimona seine eigene Atombombe zu bauen, mußte es plötzlich feststellen, daß der bisherige Partner Frankreich ein Handelsembargo verhängt hatte. Das dringend benötigte hochwertige Uranoxyd war auch auf dem übrigen Weltmarkt nicht erhältlich. Wieder mußte der Mossad ran. Der Geheimdienst entdeckte die erforderliche Menge an Uranoxyd bei einer Firma in Brüssel. Dan Aerbel wurde in die Operation mit eingebunden und lieferte den passenden Käufer: Herbert Schulzen, Teilhaber der Wiesbadener »Asmara Chemie GmbH«.

Ob wissentlich oder nicht, Schulzen ließ sich in einen ausgeklügelten Mossad-Plan einbauen. Am 21. März 1968 kaufte er 200 Tonnen Uran und bezahlte dafür 8,5 Millionen Mark. Der Mossad gründete daraufhin nur für diesen Zweck eine Reederei, um die Ware, gut abgesichert, nach Italien transportieren zu können, wo sie angeblich im Auftrag von »Asmara« bearbeitet werden sollte. Die Firma hieß »Biscayne Traders Shipping Corporation«, und einer ihrer beiden Präsidenten war – Dan Aerbel.

Im September desselben Jahres erstand die Firma in Hamburg den 78 Meter langen Frachter »Scheersburg A«. Der Mossad ersetzte die komplette Mannschaft durch eigene Leute. Als die Ausfuhrgenehmigung eingetroffen war, konnte die restliche Operation endlich abgewickelt werden. Am 16. November 1968 verließ die »Scheersburg A« mit ihrer wertvollen Ware den Hafen Antwerpen und nahm Kurs auf Genua. Das Schiff stoppte jedoch erst unweit von Zypern, wo die 560 Uranfässer auf einen israelischen Frachter umgeladen wurden. In Haifa warteten bereits schwere Lastzüge, um den Atombombengrundstoff zum Reaktor in Dimona zu bringen. Im März 1969 war Israels erste Atombombe einsatzbereit.

Der Codename dieser Operation lautete übrigens *Plumbat*, eine typische Mossad-Kreation, die in keinem Wörterbuch zu finden ist. Man wollte Uran gewinnen. Blei steht am Ende der Abbaukette des Uran, und Uran wird beim Transport mit Blei umgeben. In der lateinischen Sprache des Mittelalters hieß Blei »Plumba«. Die zweite Möglichkeit erinnert eher an einen Scherz: Im historischen Englisch stehen die Wörter »plumb« und »bat« für Täuschung, und das wiederum ist eine der grundlegenden Aufgaben des Mossad.

Noch einmal wurde die »Scheersburg A« gebraucht. Zu Weihnachten 1969 entführte der Mossad fünf – im Auftrag Israels gebaute – Raketen-Schnellboote, die wegen eines Waffenembargos der Franzosen im Hafen von Cherbourg festlagen. Mit Hilfe des Frachters wurden die Schiffe auf hoher See betankt und mußten auf ihrem Weg nach Israel keinen Hafen anlaufen. Dan Aerbels Firma hatte ihren Zweck erfüllt und konnte wieder aufgelöst werden.

Etwas weniger sensationell verlief die Geheimdienstkarriere der gleichfalls 1937 geborenen Sylvia Rafael. Die bildhübsche Südafrikanerin entstammt natürlich einer jüdischen Familie. Mitte der sechziger Jahre kam sie nach Israel, um ihrem Glauben und ihrem Volk näher zu sein. Ihr Motiv, den »Talentsuchern« von Mike Harari ihr Ja zu geben, ist rein idealistisch. Sylvia Rafael hat viel über den Holocaust gelesen und kann sich sehr realistisch in das Grauen der Nazizeit hineindenken. Für sie sind die Palästinenser keineswegs besser als die Nationalsozialisten. »Das nächste Mal dürfen es keine sechs Millionen Toten mehr sein«, lautet ein Satz, den sie oft wiederholt. Und sie glaubt fest daran.

Wegen dieser Überzeugung wurde aus der neugierigen jungen Frau eine Mossad-Agentin. Ihr Deckname war Leslie Patricia Roxburgh, und sie gab vor, als Journalistin zu arbeiten. Der falsche Paß des Mossad – Nummer FK 200201 – bescheinigte ihr, am 17. September 1936 in Montreal geboren zu sein. Die attraktive, langhaarige Leslie Roxburgh hatte großen Erfolg bei den Palästinensern. Deshalb ließ Mike Harari sie meistens nach Jordanien und in den Libanon reisen. Einmal durfte sie sogar zusammen mit Dan Aerbel eine Yacht mieten und von Monte Carlo aus ins östliche Mittelmeer segeln. In syrischen und libanesischen Häfen nahmen sie dann Marineeinheiten, auch der PLO, unter die Lupe. Mit viel Charme und einer gehörigen Portion Mut konnte sie im Laufe der Zeit unzählige wertvolle Informationen zusammentragen. Offiziell lebte die Mittdreißigerin am Pariser Quai de Louis Bleriot 3–5, im begehrten 16. Arrondissement. Von dort startete sie auch ihre Reisen als Kundschafterin. Für mehrere Jahre wurde Paris zu ihrem Lebensmittelpunkt.

In der französischen Metropole wohnten ihre besten Freunde, zumeist britische und amerikanische Journalisten. Dort in Paris, wo der Mossad für viele Jahre seine europäische Zentrale unterhielt, mieteten sich auch einige andere Eliteagenten ein. Mike Harari, der Chef, hatte eine Wohnung in der Nähe des Montparnasse (seine Telefonnummer: 520-8010); Jonathan Ingleby alias Jonathan Isaac Englesberg war häufig in der Avenue Wagram 124 zu finden, nicht weit vom Arc de Triomphe; Zvi Steinberg alias Henrique Waldemar Steinberg, ein geborener Brasilianer, arbeitete zur Tarnung von 1968 bis 1971 als Chauffeur der israelischen Botschaft – in Wirklichkeit war er vollwertiges Mitglied von Hararis Mannschaft und bewahrte für jede Wohnung einen Ersatzschlüssel auf; Avraham Gehmer, später eine Art Stabschef der »Hit Teams«, gehörte von 1965 bis 1969 gleichfalls der israelischen Vertretung in Paris an.

Schon aus Sicherheitsgründen verkehrten die Mossad-Leute nur selten miteinander. Jeder hatte sein eigenes ziviles Umfeld. Patricia Roxburgh beispielsweise spielte gerne Bridge und führte gescheite Gespräche. Sie war eine kluge Frau, die man bewunderte und schätzte. Es schien ihr an nichts zu fehlen – ein Zeichen von Erfolg. Gerade in ihrer überschaubaren Pariser Welt hätte niemand in ihr das Mitglied eines Killerkommandos vermutet. Bis ihr Foto eines Tages in der Zeitung abgedruckt wurde. Dann hieß sie auch wieder Sylvia Rafael . . .

Der unsichtbare Krieg zwischen Mike Hararis »Hit Teams« und den Terrorkommandos der PLO begann am 22. Juli 1968. An diesem Tag wurde eine Boeing 707 der El-Al auf dem Weg von Rom nach Tel Aviv von drei Mitgliedern der Volksfront des Kinderarztes Dr. George Habasch nach Algier entführt. An Bord befanden sich 38 Passagiere und eine zehnköpfige Mannschaft (einer der beiden Luftpiraten sollte später das Kommando der Sabena-Entführung nach Tel Aviv anführen – und von den Israelis erschossen werden). Die Terroristen entließen sofort die 23 nichtjüdischen Passagiere. Trotzdem zogen sich die Verhandlungen tagelang hin.

Die PLO forderte die Freilassung von 1200 arabischen Gefangenen. Israel, so führte einer ihrer Sprecher an, habe bereits einmal den Wert seiner Bürger auf 1 zu 100 festgesetzt: ein Israeli für hundert Palästinenser. Rasch stellten auch die arabischen Staaten zusätzliche und völlig unannehmbare Forderungen. Ägypten wollte den besetzten Sinai und Jordanien die Altstadt von Jerusalem – und dem Irak ging es nur um die Rückgabe einer MiG-21, die 1965 von einem Piloten seiner Luftwaffe nach Israel geflogen worden war. Alle pokerten sie zu hoch. Der verhaßte Judenstaat ließ schließlich nicht mehr als siebzehn seiner arabischen Häftlinge frei. Und das, so hieß es offiziell, sei lediglich als humanitäre Geste gedacht. Am 26. Dezember 1968 griffen zwei weitere Mitglieder der Volksfront eine Maschine der El-Al an, die sich auf dem Weg von Tel Aviv nach New York befand. Bei einer Zwischenlandung in Athen tauchten sie plötzlich auf, feuerten mit einem Maschinengewehr und warfen Brandgranaten. Ein israelischer Passagier wurde getötet, die anderen 41 Fluggäste konnten entkommen. Im März 1970 wurden die Attentäter zu hohen Gefängnisstrafen verurteilt, allerdings vier Monate später durch die Entführung einer Maschine der Olympic Airways wieder freigepreßt.

Israels Rache folgte 48 Stunden nach der Attacke von Athen. Ausgestattet mit den neuesten Geheimdienstinformationen, flogen acht israelische Hubschrauber zum Beiruter Flughafen. Es war 21.15 Uhr. Innerhalb von 29 Minuten zerstörten die Kommandoeinheiten dreizehn Verkehrsflugzeuge aus drei arabischen Staaten. In allen Fällen hatten sie Sprengladungen an besonders geeigneten Stellen der Flugzeuge angebracht. Danach war der Flughafen von dreizehn starken Explosionen erschüttert worden. Bereits um 23 Uhr landeten die Helikopter wieder in Israel – Operation *Tshura* konnte als Erfolg gefeiert werden. Ein Regierungssprecher sagte, die Athener Terroristen seien aus Beirut gekommen, und dies habe man bestraft. Die Welt war anderer Auffassung. Frankreichs erzürnter Charles de Gaulle sperrte den Israelis sogar lange zugesagte Waffenlieferungen.

Am 18. Februar 1969 folgte die nächste Gegenattacke. El-Al-Flug 432 rollte gerade die Startbahn in Zürich-Kloten entlang, als vier Fedajin der PFLP 200 Schüsse auf die Maschine abgaben und drei Granaten in ihre Richtung schleuderten. Dabei wurde der Pilot getötet. Drei Mitglieder seiner Mannschaft und ebenso viele Passagiere erlitten Verletzungen. Ein Sicherheitsmann der El-Al erschoß einen der Terroristen und schlug die anderen in die Flucht. Sie wurden von der Schweizer Polizei gefaßt und vor Gericht gestellt. Die PFLP erklärte in einem ihrer Statements, sie habe Maschinen der El-Al als militärische Ziele eingestuft. Auch diese Terroristen wurden zu hohen Strafen verurteilt, im September 1970 bei der Entführung einer Maschine der Swissair jedoch wieder befreit.

Flug 840 von Trans World Airways befand sich am 29. August 1969 auf dem Weg von Los Angeles über Rom und Athen nach Tel Aviv. Gleich nach dem Weiterflug von Rom sprangen ein Mann und eine Frau von ihren bequemen Sesseln in der Firstclass hoch und hielten die 101 Passagiere und 12 Besatzungsmitglieder mit Pistolen in Schach. Die Luftpiratin hieß Leila Khaled und war gerade 25 Jahre alt. Sie, die erstmals einem Kommando angehörte, sollte später die berühmteste Flugzeugentführerin aller Zeiten werden. Ein Poster zeigte die Aktivistin der Volksfront mit dem Kopftuch der Palästinenser und einer Kalaschnikow. Das Bild hing nicht nur in den PLO-Büros der arabischen Welt, sondern auch in den Studentenbuden des Westens. Die exotische und zugleich aparte Leila Khaled war zum attraktiven Pin-up der Revolution geworden.

An jenem 29. August entführte sie die amerikanische Maschine nach Damaskus, nicht ohne vorher demonstrativ den israelischen Luftraum überflogen zu haben. Sie und ihr Partner gaben sich überaus romantisch als »Che-Guevara-Kommandoeinheit der PFLP« zu erkennen. In Syrien wurden fast alle Passagiere wieder freigelassen. Die beiden Terroristen durften allerdings das Cockpit der Boeing 707 in die Luft jagen. Nach tagelangen Verhandlungen kamen auch die restlichen sechs israelischen Passagiere frei. Durch Vermittlung des Roten Kreuzes erfolgte ein Häftlingsaustausch. Israel gab 52 Zivilisten, fünf Soldaten und einen Piloten der Luftwaffe an Ägypten zurück, dreizehn weitere Gefangene an Syrien. Im Gegenzug bekam es sogar noch zwei seiner eigenen Piloten, die in einem ägyptischen Gefängnis saßen.

Am 21. Dezember 1969 sollte ein weiteres Flugzeug der TWA nach seinem Start von Athen durch ein Kommando der PFLP entführt werden. Die Griechen konnten es gerade noch verhindern. Vorher wurden das El-Al-Büro in Brüssel und Israels diplomatische Vertretungen in Den Haag und Bonn mit Handgranaten angegriffen. Die PFLP gab bekannt, hier sei der Nachwuchs am Werk gewesen, die »Jungen Tiger« der »Ho-Tschi-Minh-Sektion«. Eine weitere Granate galt der Londoner Filiale von Israels Schiffahrtsgesellschaft Zim.

Tote und Verletzte gab es dann bei einer Attacke auf das El-Al-Büro in Athen. Und am 10. Februar 1970 schlug die PFLP in München zu. Drei junge Palästinenser töteten einen Israeli und verletzten elf weitere Personen, als sie Handgranaten gegen wartende Fluggäste der El-Al schleuderten. Eine Standard-Erklärung bedauerte, Menschen seien leider zu Schaden gekommen bei dem Versuch, Israelis nur als Geiseln zu nehmen und gegen eigene Leute austauschen zu wollen.

Der unsichtbare Krieg wurde immer rücksichtsloser ausgetragen.

Am 21. Februar 1970 explodierte eine Bombe im Frachtraum einer Swissair-Maschine, die von Zürich nach Tel Aviv fliegen sollte. Der Pilot wurde von schwarzem Rauch eingenebelt, das Flugzeug stürzte ab. 47 Menschen starben in den Trümmern. Die Gruppierung »Volksfront für die Befreiung Palästinas – Generalkommando« (PFLP- GC) des ehemaligen syrischen Offiziers Ahmed Jibril steht im Verdacht, den Anschlag verübt zu haben.

Am 4. Mai 1970 überfiel ein weiteres Kommando die israelische Botschaft in Asuncion. Dabei töteten sie die Frau des ersten Sekretärs. Der Botschafter, das eigentliche Ziel, entkam. Exakt sechs Wochen später, am 22. Juli 1970, wurde eine griechische Verkehrsmaschine zwischen Rhodos und Athen entführt. Die Täter erreichten damit die Freilassung von sieben inhaftierten Gesinnungsgenossen. Im September folgte dann die Entführung von vier Verkehrsmaschinen nach Jordanien und Ägypten. Als Beiwerk zum Bürgerkrieg wurden sie später in die Luft gesprengt. Die Übernahme einer weiteren El-Al-Maschine scheiterte zwischen Amsterdam und London. Dabei wurde Leila Khaled verletzt, ihr Kampfgefährte getötet. Die Täterin kam in englische Haft. Tage später war wieder ein großer Austausch fällig, da die Fedajin genügend Geiseln hielten, um Druck auf westliche Regierungen auszuüben: Flugpassagiere gegen Terroristen, unter ihnen auch Leila Khaled, deren Ruhm immer mehr zunahm.

Die Schraube des palästinensischen Terrorismus wurde durch die Gründung des »Schwarzen September« noch mal angedreht. Ein Lufthansa-Jumbo geriet am 21. Februar 1972 zwischen Neu-Delhi und Athen in die Hand von fünf Palästinensern. Der Kapitän mußte im südjemenitischen Aden landen. Nach der Zahlung von fünf Millionen Dollar war der Spuk schnell wieder vorbei. Auch diese Aktion war auf die PFLP zurückzuführen. Im Anschluß an die spektakuläre Entführung einer Linienmaschine der Sabena nach Israel – und der geglückten Befreiungsaktion – kam es am 30. Mai 1972 zu einem schlimmen Massaker.

Drei Mitglieder der Japanischen Roten Armee, einer Terroristentruppe, die der Volksfront nahestand, trafen zusammen mit 116 anderen Passagieren, zumeist Pilgern, aus Paris und Rom kommend in Tel Aviv ein. Als sie ihr Gepäck erhalten hatten, öffneten sie es, griffen nach Schußwaffen und Handgranaten. Die Japaner feuerten blindlings auf 300 Fluggäste. Sie töteten 24 und verletzten sieben. Nur einer der Japaner überlebte den Angriff. Auch er wurde dreizehn Jahre später gegen gefangene Israelis ausgetauscht.

Nun waren Mike Hararis Leute wieder an der Reihe. Am 8. Juli 1972 jagten sie den Sprecher der PFLP, Ghassan Kanafani, in die Luft, als er in Beirut mit seinem Auto losfahren wollte. Neben dem 36jährigen Kanafani starb auch seine 17jährige Nichte. Die israelische Polizei bemerkte lapidar, eine Bombe der PFLP, die für ein Ziel in Israel bestimmt war, sei wohl versehentlich explodiert.

Die Vorbereitungen für das Kommandounternehmen bei der Olympiade in München liefen längst auf Hochtouren, da schlug die PLO noch mal zu. Am 19. August explodierte ein Gepäckstück in einer Maschine der El-Al, die gerade in Rom gestartet war. Die Bombe hatte sich in einem Plattenspieler befunden, der zwei 18jährigen ahnungslosen Engländerinnen von ihren arabischen Verehrern mit auf die Reise gegeben worden war. Eine altbewährte Methode. Das Flugzeug konnte unversehrt wieder landen. Die Italiener griffen sich die beiden Terroristen.

Dann kam der 5. September 1972. Dieser Tag veränderte Israels ohnehin schon entschiedene Terrorabwehr. Mike Hararis »Covert Service« wurde danach ausgebaut. Er durfte über beinahe unbegrenzte Mittel verfügen. Harari sollte nach einiger Zeit, auf dem Höhepunkt seiner weltweiten Terroristenjagd, vier bestens trainierte und ausgestattete Killerkommandos im Einsatz haben. Sie trugen den unsichtbaren Krieg in die Wohnungen und Verstecke der Täter. Israel hatte keine andere Wahl. Es mußte siegen – um jeden Preis.

Kapitel 5
Erika Chambers: Studentin und Agentin

Das Jahr 1948 war eine harte und traurige Zeit für die Mehrheit der Engländer. Die Untertanen Seiner Majestät froren und hungerten. Sie hatten zwar einen großen Krieg gegen den Größenwahnsinnigen aus dem Führerhauptquartier gewonnen, aber danach waren sie absolut erschöpft. Das britische Imperium lag in Trümmern, und die Inselbewohner erfuhren, was Armut bedeutet. 1947 und 1948 marschierten die Kolonien zwischen Pakistan und Burma in die Freiheit. Ersatzweise entstand das Commonwealth, ein Bund von achtzig Staaten – und doch nur eine schmerzhafte Erinnerung an die glorreiche alte Zeit. Ein Glück, daß so viele mit dem täglichen Überleben beschäftigt waren. Da merkten sie nicht, wie sehr sie von der Geschichte mißhandelt wurden. Das englische Volk hatte während des Krieges ein erstaunliches Durchhaltevermögen gezeigt. Doch nun war es am Ende.

Das Land konnte die ersten Jahre nach 1945 nur überleben, weil seine Menschen so diszipliniert den Gürtel enger schnallten und weil die reichen amerikanischen Vettern einen Kredit von 3,75 Milliarden Dollar und eine Anleihe von 622 Millionen Dollar schickten. Anfang 1947 raste dann ein verheerender Sturm über die Insel und richtete ungeheuren Schaden an. Das ließ nicht wenige verzweifeln. Die Regierung, Labour in der zweiten Amtsperiode, versagte bei den Aufräumarbeiten. Auch die Kohle- und Energielücke war lange nicht zu beseitigen. Das Volk reagierte unwillig und verständnislos. Die Regierung drehte die Schraube nochmals an und verstaatlichte Industrie wie auch Wohlfahrtssystem. Der Sozialismus sollte das Allheilmittel sein, doch der goß nur Öl ins Feuer.

Während der kalten, unfreundlichen Wintermonate zu Beginn des Jahres 1948 sah es so aus: Die meisten Produkte waren rationiert und nur gegen Bezugsscheine zu erhalten; die Zuteilung von Textilien beispielsweise wurde im ersten Halbjahr auf zwanzig Coupons beschränkt: ein Anzug »kostete« 26 Punkte, ein Kleid sieben bis elf Punkte, ein Paar Schuhe sechs bis neun Punkte; für einen Punkt konnte man bereits Damenstrümpfe erstehen; Wolldecken, Handschuhe, Hüte und Kurzwaren wurden von der Rationierung nicht erfaßt; in beinahe jedem Ort gab es eine Surplus-Verkaufsstelle, wo überschüssige Militärkleidung ohne Coupons zu haben war; Zigaretten waren teuer, hochprozentige Getränke kaum zu bezahlen.

In London standen die Käufer, ungeachtet der Witterung, jeden Morgen vor den großen Kaufhäusern Schlange. Sie hofften stets auf neu eintreffende Lieferungen. Gleich daneben duckten sich zerlumpte Gestalten in den windgeschützten Eingängen und unter Vordächern. Rudolf Augstein, damals Chefredakteur des *Spiegel*, nach einer Englandreise: »Es gibt in der Oxford Street Gestalten, die das heulende Elend in Person sind. Die Bettleroper des Bert Brecht müßte noch heute unter dem Mond von Soho spielen.«

Immer noch waren die Briten Moralisten und standen dem Schwarzmarkt mit Mißtrauen gegenüber. Es gab ihn aber, und wer kaufkräftig genug war, drei Schilling und sechs Pence pro Coupon draufzulegen, der konnte alles erstehen, was ihm in den Sinn kam.

Was gab es noch? In zwei Nächten der Woche wurde der Trafalgar Square im Herzen Londons bonbonfarben illuminiert. Lord Nelson, der dort auf ewig steht, bemerkte es mit Staunen. Dieser umstrittenen Entscheidung waren ausdauernde Proteste und heftige Wortduelle im Unterhaus vorausgegangen.

Seit 1936 regierte König George VI., keine besonders imposante Figur. Er war immer etwas kränklich, stotterte und galt als leicht reizbar. Das lag wohl an seinem mangelnden Selbstvertrauen. In der Schule und bei der Marine war der König ein absoluter Versager gewesen. Danach fragte ihn niemand mehr nach seiner Qualifikation. Mut und Pflichtgefühl müssen ihm allerdings auf der Habenseite bescheinigt werden. Und das war wichtig während der harten Kriegsjahre. Außerdem hatte er eine Königin zur Seite, die vieles, was man an ihm vermißte, ausgleichend beisteuerte.

1948 erkrankte der König an Lungenkrebs und erholte sich nie mehr richtig. Schon stand Prinzessin Elizabeth, seine Tochter, bereit. Die damals 25jährige wußte, was sie wollte. Seit einem Jahr war sie mit dem früheren Prinzen Philip von Griechenland verheiratet. 1948 wurde ihr erster Sohn geboren: Charles. Die Voraussetzungen zur Thronübernahme im Jahre 1952 waren gegeben.

Und dann gab es da noch Winston Churchill, der seinen Landsleuten zwischen 1940 und 1945 »Blut, Mühsal, Tränen, Schweiß« abverlangt hatte. In diesen Jahren war der bedeutendste britische Staatsmann des 20. Jahrhunderts Premier und Verteidigungsminister gewesen. Abgewählt, stand er nun der Opposition vor. Der bereits 73jährige schrieb emsig an seinen Memoiren – 1953 sollte er den Nobelpreis für Literatur erhalten –, kümmerte sich um den Karpfenteich, deckte die Hühnerställe eigenhändig mit Pappe ein, produzierte ansehnliche Ölgemälde und hielt kluge, staatsmännische Reden, die weltweit Gehör fanden. Ein Phänomen seiner Zeit. Übrigens durfte er 1951 noch mal eine Regierung bilden.

In dieser wenig erbaulichen Zeit wurde Erika Maria Chambers geboren. Ganz genau passierte es am 10. Februar 1948, einem Dienstag. Das Kind war die erste und einzige Tochter von Marcus Chambers und seiner Frau Lona. Erika rundete die Familienplanung ab. Ihr Bruder Nicolas war auf den Monat genau vier Jahre vorher zur Welt gekommen und freute sich über den Zuwachs. Nun hatte er eine zusätzliche Aufgabe: Er durfte über das Wohl der kleinen Schwester wachen, was seine Position in der Familie noch verstärkte. Eigentlich schien es sich um eine harmonische Bilderbuchfamilie zu handeln. Die Nachbarn beobachteten das junge Glück mit ehrlicher Freude. Es gab ja sowenig Positives in jener Zeit.

Der stolze Vater, heute ein jovialer, freundlicher, alter Herr, der immer noch technische Bücher verfaßt, erblickte im August 1910 das Licht der Welt. Seine Eltern, die in der südenglischen Hafenstadt Portsmouth lebten, tauften ihn Marcus Mordant Bertram. Schon in jungen Jahren beobachtete er fasziniert die ersten Automodelle und verfolgte mit großem Interesse die zunehmende Motorisierung. Die Kraftfahrzeugtechnik war für ihn Berufung und Leidenschaft. Marcus Chambers wurde Ingenieur. Die meiste Zeit seines bewußten Lebens konnte man ihn auf allen Rennstrecken der Erde antreffen. Er betreute hochgezüchtete Rennwagen. Seine Welt ließ sich in

Motorwerten und aerodynamischen Daten ausdrücken. Ein aufgeschlossener, lebhafter Kosmopolit.

Die Mutter muß etwas ausführlicher erklärt werden. Im März 1914 wurde sie der vermögenden Prager Familie Groß geboren. Man sprach Deutsch, gehörte seinerzeit auch noch für einige Kriegsjahre zur österreichisch-ungarischen Doppelmonarchie. Die jüdische Familie Groß hatte viele Verwandte. Manche wohnten in Berlin, andere in Wien. Deshalb durfte Lona Margit, die Tochter, schon in frühen Jahren durch Mitteleuropa reisen, um hier und dort einen Besuch abzustatten. In ihrer Kindheit litt die Alte Welt unter Inflation und Arbeitslosigkeit, war aber – wenn man allein die Berliner Szene betrachtet – ganz schön überdreht. Im relativ beschaulichen Prag formierten sich die Kommunisten auf der einen, die rechtsgerichteten Minderheiten auf der anderen Seite. Doch die Lage der deutschen Landsmannschaften barg großen Zündstoff in sich. Durch das Münchner Abkommen von 1938, mit dem die deutschsprachigen Gebiete dem Reich zugeschlagen wurden, verschärfte sich die Situation immens. Der Einmarsch der Nazis stand bevor.

Lona Margit war inzwischen nicht nur zu einer hübschen, sondern zu einer schönen Frau herangewachsen. Sie hatte ihre Talente im künstlerischen Bereich erkannt und suchte den Erfolg auf der Bühne. Deshalb besuchte sie in Wien eine Schauspielschule. Ihre engere Familie war ebenfalls an die Donau übergesiedelt. Voller Stolz erlebte sie die Erfolge der Tochter als Schauspielerin und Sängerin. Dann begann der Naziterror. Die »Endlösung der Judenfrage« wurde am Berliner Wannsee beschlossen. In der Folgezeit kam ein Teil der Familie Groß in Konzentrationslagern um. Für Lona Groß muß es ein erheblicher Schock gewesen sein. Gegenüber Marcus Chambers sprach sie allerdings nie darüber. Er sagt heute: »Dieses Thema lag im Raum. Es wurde aber niemals erörtert.«

Lona Groß flüchtete aus Wien und ging nach London. Dort bekam sie schon nach kurzer Zeit ein Engagement am »Windmill Theatre«. Sie trat in einem Varieté auf, und einmal saß auch Marcus Chambers unten im Publikum. Der junge Ingenieur wollte für einige Stunden den Krieg vergessen, und dabei verliebte er sich. Der Rest ist schnell erzählt: Marcus Chambers heiratete die schöne Tschechin, Sohn Nicolas wurde geboren und vier Jahre später Erika –

sie erhielt ihren Namen durch die gleichnamige Frau eines engen Freundes der Familie.

Die Chambers lebten in einem Traumhaus am exklusiven Holland Park. Dies ist auch heute noch eine der teuersten und feinsten Wohnlagen der britischen Metropole. Am Holland Park fügen sich die zweistöckigen weißen, viktorianischen Häuser auf beiden Seiten der Straße zu einer langen Kette zusammen. Alle haben sie schmiedeeiserne Vordächer, die mit dunklem Glas abgedeckt sind. Die schmalen Vorgärten werden von einheitlichen Metallgitterzäunen und einer niedrigen weißen Mauer begrenzt.

Die Atmosphäre der Straße wird auch von zahlreichen alten Laubbäumen bestimmt. Unter ihnen parken Limousinen der Oberklasse. Wer hier wohnt, der gehört zum britischen Establishment. Dieses Prädikat gilt ganz besonders für den übernächsten Nachbarn der Familie Chambers. Er heißt Anthony Wedgwood Benn und zählt zu den bekanntesten Politikern Englands. Seit 1943 gehört er der Labour Party an, bekleidete in ihren verschiedenen Regierungsperioden immer wieder ein Ministeramt, zumeist eines im technischen Ressort. Tony Benns Vater saß ebenfalls im britischen Parlament, und auch seine beiden Großväter waren »MP's«. Der heute 67jährige Radikalsozialist führt die Tradition im Wahlkreis Chesterfield fort, hat sich allerdings durch seine Rivalität mit Labour-Führer Neil Kinnock innerhalb der Partei isoliert.

Für einige Jahre lebten die Familien Benn und Chambers nebeneinander. Tony Benn heiratete 1949 seine Verlobte Caroline. Sie gebar ihm nacheinander drei Söhne und eine Tochter. Erika Chambers war ihnen altersmäßig einige Jahre voraus, und so konnte sie die Gelegenheit wahrnehmen, ihr Taschengeld beim Babysitten aufzubessern. Damit erschöpfte sich auch der Kontakt zwischen den Nachbarn. Die beiden Familienoberhäupter waren ja selten zu Hause. Außerdem pflegt man am Holland Park diskrete britische Zurückhaltung.

Erika Chambers wuchs also in einer wohlhabenden und behüteten Umgebung auf. Es fehlte ihr nicht an materiellen Werten. Da das Hauptinteresse der Engländer in den ersten kargen Nachkriegsjahren nicht unbedingt dem Automobilsport galt, nutzte Marcus Chambers seine technischen Fertigkeiten auch auf anderen Gebieten. Ab 1949 arbeitete er bei einem Landwirtschaftsprojekt in Mauretanien. 1950 ging er mit Lona und den beiden Kindern vorübergehend nach Tanganjika, dem ehemaligen Deutsch-Ostafrika und späteren Tansania. Das Land war damals UN-Treuhandgebiet und stand unter britischer Verwaltung. Das unstete Leben und die langen Trennungszeiten wirkten sich allerdings negativ auf die Ehe von Lona und Marcus aus. Niemand war daher überrascht, als sie sich 1953 scheiden ließen.

Inzwischen verbesserte sich die wirtschaftliche Lage auf der Britischen Insel zusehends. Aus Anlaß der Krönung von Königin Elizabeth II. beschloß die Regierung eine Sonderzuteilung von 500 Gramm Zucker und 250 Gramm Margarine. Das verkündete der Parlamentssekretär des britischen Ernährungsministeriums, Charles Hill, im Unterhaus. Die Sondergabe solle »den Leuten helfen, die Krönung in einer traditionell-festlichen Stimmung zu feiern«. Die Konservativen waren wieder an der Regierung und hatten alle Hände voll zu tun, die Verstaatlichungsaktionen der Sozialisten rückgängig zu machen. Der wirtschaftliche Aufschwung erfolgte nicht zuletzt durch eine gewaltige Zunahme der Exporte und durch die Lockerung der Kreditbestimmungen. Es war zwar noch ein weiter Weg bis zum »Swinging London«, aber immerhin warben großflächige Plakate schon für höheren Milchverbrauch. Die Talsohle war überwunden.

Zu dieser Zeit wurde Erika eingeschult. Bruder Nicolas befand sich bereits im Internat, und da blieb er auch. Sein Schuldasein schloß mit dem Jurastudium ab. Erika lebte bei Lona, die sie zeitlebens abgöttisch verehrte. Den Vater sah sie nur noch in den Ferien – und auch da ausgesprochen widerwillig. In den ersten Jahren nach der Scheidung und bis sie sich selbständig gegen den Vater entscheiden konnte, verbrachte sie ihre Ferien jeweils zur Hälfte bei einem Elternteil. Marcus Chambers traf seine Tochter, die sich inzwischen zu einem ziemlich eigensinnigen, ja trotzigen Wesen entwickelt hatte, meistens an Ostern und im Sommer. Doch auch in dieser kurzen Zeit verstanden sie sich nicht besonders. Häufig herrschte zwischen ihnen Sprachlosigkeit. Marcus Chambers hatte inzwischen wieder geheiratet und war mit seiner neuen Familie in die Nähe von Oxford gezogen – Sohn Nicolas war ihm dort geographisch und vor allem geistig näher. Das hatte sich während der Zeit ergeben, auch wenn Erikas Bruder eine gleichfalls enge Beziehung zur Mutter unterhielt. In seinem Denken war er jedoch unabhängiger und wollte sich nicht einseitig der Mutter oder dem Vater verschreiben.

»Erika«, so definiert es Vater Chambers heute überaus vorsichtig, »war immer sehr selbständig und eigenwillig, Nicolas dagegen ein traditioneller englischer Junge.« Und sie stand in jeder Hinsicht auf seiten der geschiedenen Mutter, konnte und wollte wohl auch nie die Trennung ihrer Eltern akzeptieren. Der Vater war für sie der Schuldige, und den wollte sie stets für die Zerstörung der anfangs so glücklichen Familie bestrafen.

Unter den Fittichen der Mutter besuchte die kleine, runde Erika zuerst die nächstgelegene Grundschule und dann eine der traditionsreichen Londoner Tagesschulen, »Godolphin and Latymer« im Stadtteil Hammersmith. Es handelte sich um eine kleine Oase inmitten des hektischen Londoner Alltags. Jeden Morgen, von 1959 bis 1966, fuhr sie mit Bus oder auch U-Bahn, in eine altmodische britische Schuluniform mit Krawatte und Hütchen gekleidet, zur etwa dreißig Minuten entfernten Iffley Road. Abends kehrte sie zurück in die beschützende Zweisamkeit mit Lona Chambers, die inzwischen an den St. Olaves Court, eine ruhige Nebenstraße im Stadtteil Bayswater, gezogen war. Gleich gegenüber der Wohnung befand sich die New Westend Synagogue, ein zentraler Platz, falls Lona Chambers das Leben einer gläubigen Jüdin führte. Dann, im Sommer 1966, errang Erika, die nur durchschnittlich begabte Schülerin, mit Ach und Krach ihre Hochschulreife.

Es ist eine Zeit des Umbruchs, doch noch nicht der Höhepunkt der sechziger Jahre. Der Krieg in Vietnam geht mit schweren Bombenangriffen auf den Norden weiter. Die Amerikaner haben 389 000 Mann vor Ort und müssen dafür in diesem Jahr 21 Milliarden Dollar ausgeben. Auch Kambodscha wird in den Krieg hineingezogen. In Europa gibt es Umweltkatastrophen, in Afrika Buschkonflikte. Mao startet die Kulturrevolution, und Indira Gandhi wird Premierministerin Indiens.

Im Kino laufen das Edelrührstück »Dr. Schiwago« und die Kriegsaufarbeitung »Fahrenheit 451«. Die Ohrwürmer des Jahres sind Lieder wie »Eleanor Rigby« von den Beatles und »Strangers in the

Night« von Frank Sinatra. Das Pop-Duo Simon und Garfunkel, die kalifornischen Beach Boys, das Vokalquartett Mamas and Papas und das walisische Sexsymbol Tom Jones sind ungemein populär. Darüber hinaus bilden sich endlose Menschenschlangen vor Theatern, in denen Musicals wie »Cabaret« oder »Sweet Charity« gegeben werden. Unter den Buchbestsellern des Jahres: »Kaltblütig« von Antistar Truman Capote, »Mit Kennedy« vom ehemaligen Präsidentensprecher Pierre Salinger und »Das Tal der Puppen« von der Erotikautorin Jacqueline Susann.

Die jungen Mädchen zeigen viel Haut, hüllen sie manchmal sogar in Miniröcke aus Papier. Minis der anderen Art werden aus transparentem Vinyl hergestellt. Eine begrenzte Zeit sind Kellnerinnen in, die oben ohne servieren. Der gefährliche Siegeszug der Chemiedroge LSD hat gerade begonnen. London wird zunehmend zum Mittelpunkt der globalen Jugendkultur.

Wie weit Erika Chambers daran Anteil nahm, ist nicht überliefert. Es kann nicht spurlos an ihr vorübergegangen sein. Es wird sie aber auch nicht besonders intensiv beschäftigt haben, da die gerade Achtzehnjährige noch immer ein Mauerblümchen war und der damals recht freizügigen Konkurrenz nicht viel entgegenzusetzen vermochte. So blieb sie eine absolut auf ihre Mutter fixierte Einzelgängerin, deren Energie im Sommer 1966 dem noch unsicheren Studienplatz galt. Eigentlich wollte sie im nordwalisischen Bangor ihre höheren akademischen Weihen erhalten. Meeresbiologie faszinierte sie. Das klappte jedoch nicht, und deshalb entschied sie sich für die zweite Möglichkeit, die Universität von Southampton an der englischen Südküste, 120 Kilometer von London. Ein Stipendium vom »Major County Award« sicherte die Studienzeit ab.

Im Oktober packte sie ihre Habseligkeiten aus dem Jungmädchenzimmer am St. Olaves Court und ließ die so lange genossene Nestwärme hinter sich. Es war eine Trennung für immer, die nur durch ausgedehnte Besuche in London gemildert wurde. In der ersten Zeit, als sie im Studentenheim »Chamberlain Hall« unweit der Universität lebte, war Erika traurig und verspürte so etwas wie Heimweh. Dieses Gefühl betäubte sie mit Arbeit. Später, als sie dann in eine Wohngemeinschaft im Stadtteil Swaythling umzog, entwickelte sie allmählich stärkere Bindungen an ihre Kommilitonen und gewann Freunde. Trotzdem umgab sie sich weiterhin mit einer Schutzschicht und bewahrte innerhalb der 4000 Studenten ihre relative Anonymität.

Das hielt sie allerdings nicht davon ab, ihre Umgebung zu entdekken, den großen Seehafen an der Mündung des Itchen. Ob sie auch auf den Spuren ihres ungeliebten Vaters wandelte und das benachbarte Portsmouth besuchte, weiß nur sie.

Erika Chambers studierte Botanik und Geographie. Ihr wichtigster akademischer Partner war dabei Professor Malcolm Wagstaff. Der Studiengang lief über drei akademische Jahre und endete mit einer Abschlußprüfung als »Bachelor of Science«. Einigen Professoren, unter ihnen auch Wagstaff, ist Erika Chambers noch gut in Erinnerung. »Sie fiel immer durch ihre burschikose Art auf. Ihr Benehmen war etwas heftig und zügellos. Deshalb haben die Leute auch über sie geredet. In den Vorlesungen zeichnete sie sich durch gute Mitarbeit aus. Sie stellte viele Fragen, bat immer wieder um Einzelgespräche und um zusätzliche Hilfe. Für keinen von uns war sie zu übersehen.«

Die junge Dame verfügte über einen handfesten Dickkopf und wollte prinzipiell nur tun, was ihr auch behagte. Das machte den Umgang mit Erika reichlich kompliziert. Ihr Studium behandelte Umwelt- und Entwicklungsfragen aus allen Bereichen der Erde. Sie mußte Historische Geographie lernen, aber auch die Entwicklung im tropischen Afrika und in der kanadischen Provinz verstehen. In den Bereichen Geomorphologie und Hydrologie ging es um Bewässerungsfragen und um seltene Gesteinsformen, um den Umgang mit Flüssen und Trockengebieten. Der Lehrplan des dritten Jahres zeigt, daß auch der Nahe Osten intensiv behandelt wurde. Diese Weltgegend war ihr bestimmt nicht fremd. In Southampton liefen viele Fäden zusammen: Da gab es Dozenten wie Dr. Taverner, dessen Standardwerk den vielsagenden Titel *Die Wiedergeburt von Israel* trägt, und in der Parkes-Bücherei der Universität Southampton steht eine der größten Materialsammlungen zur jüdischen Geschichte bereit.

Erika mußte damals lange Wege zurücklegen, weil die Büros der Geographie-Abteilung überall verstreut waren. Professor John Small, ihr Tutor, war im Erdgeschoß des Hauptgebäudes zu finden, direkt an der University Road. Die Vorlesungsräume und die Bücherei befanden sich auf der gegenüberliegenden Seite. 1967 zog die gesamte Geographie in ein neues, sechsstöckiges Gebäude. Die Vorlesungen fanden dann im Keller statt. Erikas Betreuer John Small war dann im dritten Stock zu finden, an der Westseite. Durch enge, dunkle Korridore kam man zu ihm, und die mußte man auch gehen, um zum Kartenstudio und zum Sekretariat zu gelangen. Wer sich mit den Sekretärinnen gut stellte, der durfte sich beim allzeit bereitstehenden Kaffee neben dem Fotokopierer bedienen. Eine Etage darüber arbeiteten die Studenten an langfristigen Projekten.

John Small, der heute seinen Ruhestand genießt, kann sich gut an Erika Chambers erinnern: »Sie war eine sehr durchschnittliche Studentin, ziemlich neugierig, aber ohne erkennbare politische Interessen. Sie bemühte sich, etwas zu schaffen, und doch steckte nicht der richtige Antrieb dahinter. Sie war Jüdin und ging deshalb später nach Israel. Ich habe auch ihre Mutter einmal gesehen, als sie Erika besuchte. Das Mädchen umgab sich mit vielen Freunden und war sehr aktiv, auch im Komitee der Geographischen Gesellschaft.« Das ist eine Studentenvereinigung, die akademische, soziale und sportliche Veranstaltungen organisiert. Da gab es Vorträge von auswärtigen Referenten, Grillparties, Disko-Abende, Kegelrunden, Ausflüge in Southampton und Umgebung und ein beliebtes mittelalterliches Bankett.

Erika Chambers erwachte und begann ein sehr bewußtes Leben zu führen. Ihr besonderes Interesse galt dem Motorsport. Das verband sie immerhin symbolisch mit ihrem Vater, den sie über die Jahle hinweg nur sehr selten sehen wollte. Erikas wichtigste Freizeitbeschäftigung war ihr Auto, ein Mini Cooper. Sie liebte ihren Drei-Meter-Floh und holte aus dem britischen »Trabi« alles heraus, was seine 41 Pferdestärken bieten konnten. Wendig und mit hervorragender Straßenlage, wurde Erikas Mini Cooper zum Schrecken der Fußgänger von Southampton, immerhin einer Stadt mit 200 000 Einwohnern. John Cooper hatte sein Kultauto ursprünglich für den Rallyeeinsatz gebaut, und das testete Erika Chambers, wo immer sie sich befand.

Auch ihrem Professor John Small vermittelte sie einmal das unnachahmliche Gefühl, alle Bodenwellen und Kanaldeckel zwischen der Universität und dem Bahnhof von Southampton überlebt zu haben. »Erika fuhr dauernd mit überhöhter Geschwindigkeit. Im Stadtzentrum von Southampton beschleunigte sie auf siebzig Meilen. Das war für sie nicht ungewöhnlich. Ich bekam es aber mit der Angst zu tun.« Es war damals für Professoren nicht selbstverständlich, daß sie ein Auto besaßen, und für Studenten noch weniger. Auch damit fiel Erika Chambers auf.

Alles, was sie tat, war erfolgreicher als ihr Studium. Das zeigte sich bei den Prüfungsergebnissen. Nach dem ersten akademischen Jahr mußte sie ein Examen ablegen. Sie kam gerade durch. Das wurde nicht besser, als im Juni 1968 Teil I ihres Examens fällig war. Von 100 möglichen Punkten erhielt sie 49. Ab 70 Punkten wird das Ergebnis als ausgezeichnet angesehen. Erika Chambers lag also deutlich unter dem Durchschnitt. 1969 mußte sie ihre Diplomarbeit abliefern. Sie bearbeitete das Thema »Die Hauptfaktoren für die Form der Kreuzprofile der zwei Ströme im New Forest«. Der New Forest ist ein Erholungsgebiet mit 38 000 Hektar Wald und Heideland südlich von Southampton. Erika Chambers erforschte also seine Wasserläufe. Das gerade fünfzigseitige Ergebnis reichte für den Titel eines »Bachelor of Science«, wenn auch knapp. Die offiziellen Universitätsakten vermerken ein durchschnittliches Ergebnis: »Second Class Honours, Lower Division«. Das entspricht umgerechnet dem deutschen Befriedigend.

Immerhin, am 2. Juli 1969 hatte sie es geschafft. An diesem Tag fand die traditionelle Abschlußzeremonie in der Guild Hall statt. Erika Chambers kam im eleganten akademischen Talar der Universität. Zu weißer Bluse und schwarzem Rock, dem sogenannten »subfusc clothing«, trug sie einen knielangen, schwarzen Umhang mit separater Kapuze und blauem, nach außen gedrehtem Futter. Zwei Goldschnüre verzieren diese »Uniform« der Abschlußstudenten. Erikas Haare waren hochtoupiert. Auf einem Foto dieses Tages blickt sie mit krampfhaftem Lächeln durch ihre schwarzumrandete Brille. Jeder sieht, das Bild ist gestellt, und das Objekt läßt sich eigentlich nur ablichten, weil sich das bei einer Abschlußfeier nun einmal gehört. Marcus Chambers drückte damals auf den Auslöser. Erika und er hatten sich lange nicht gesehen. Sie konnten sich einander trotzdem nicht mitteilen. Was muß passiert sein, daß Marcus

Chambers kompromißlos mit seiner Tochter brach und sie heute nur noch als »eine zerstörerische junge Dame« in Erinnerung hat? 1973 sollte er sie zum letzten Mal sehen.

Nun tat die burschikose, immer selbstbewußtere Erika etwas, was niemand von ihr erwartete. Sie vertauschte das zumeist naßkalte England für einige Jahre mit dem heißen Australien. Auf dem fünften Kontinent lebte ein Mann, der sie wesentlich mehr faszinierte als ihr Vater: John Goddard, ein Mineningenieur. Der inzwischen verstorbene Goddard war ein Uraltfreund der Familie und auch noch Erikas Pate. Er und die junge Dame hatten sich nie aus den Augen verloren, und so wußte sie ihn auch zu finden. Nicht, daß er sie als Mann angezogen hätte – es war die Summe vieler gemeinsamer Interessen und Gefühle.

John Goddard war zwar nicht verheiratet, hatte jedoch seine Haushälterin Nelly, mit der er fast zwanzig Jahre lang in eheähnlicher Gemeinschaft lebte. Zwischen ihnen stimmte die »Chemie«. Erika liebte beide und war gerne mit ihnen zusammen. Sie pflegten dieselbe Sprache und teilten sich dieselbe Philosophie. Der Ingenieur war zudem ein enthusiastischer Rallyepilot. Auch dieses Vergnügen hatte er mit Erika gemeinsam. Zu dritt erlebten sie in Newport Beach, New South Wales, einige zwanglose Monate.

Und noch eine überraschende Entwicklung: Erika Chambers trat in den australischen Staatsdienst ein. Ihre Bewerbung kam aus Newport Beach. Als dort auch die Zusage eintraf, ließ sie sich im grünen Canberra nieder, jener Reißbrett-Hauptstadt (mit damals 200 000 Einwohnern), die es nur gibt, weil sich Sidney und Melbourne gegenseitig diesen Status nicht gönnten. Seit 1927 wird Australien von hier regiert. Canberra ist eine Gartenstadt mit acht Millionen Bäumen und Sträuchern, die meist entlang von schier endlosen Alleen stehen. Den Mittelpunkt der Parklandschaft bildet ein künstlicher See, der sich 1964 beim Aufstauen des Molonglo Rivers in einer Senke bildete und nach dem Architekten von Canberra getauft wurde: Lake Burley Griffin. Die zweitgrößte Wasserfontäne der Welt sprudelt aus ihm 140 Meter empor. Nördlich dieser natürlichen Barriere wohnen und leben, südlich von ihr arbeiten Australiens Bundesbeamte und die ausländischen Diplomaten mit ihren Angehörigen.

Erika Chambers muß diese ländliche Idylle, im Vergleich zum

Moloch London, als beruhigend empfunden haben. Am 16. Februar 1970 bezog sie ihr kleines Büro südlich des großen Sees. Sie arbeitete am Hobart Place, in der Forschungsabteilung des Ministeriums für nationale Entwicklung. Dort konnte sie ihr Wissen über Geologie und Botanik sinnvoll anwenden. Das besondere Interesse der 22jährigen galt den weiten Trockengebieten im Inneren Australiens und deren Erschließung. In den ersten Wochen wohnte Erika Chambers im Civic Hotel. Dann fand sie im Narellan House ein kleines Appartement. Ihr Einstiegsgehalt waren ansehnliche 6321 australische Dollar. Innerhalb von zwei Jahren stieg es um 600 Dollar.

Trotzdem war Erika Chambers unzufrieden. Sie wollte mehr erreichen, noch einen Doktortitel erwerben. Dazu mußte sie weiterstudieren. Sparsam war sie gewesen, hatte Geld auf die hohe Kante gelegt. Ein Jahr und mehr würde sie sicherlich ohne Einkommen überstehen können. Mit diesen Argumenten verabschiedete sie sich von den australischen Freunden. Sie gab ihren Posten zum 29. Juni 1972 auf. Zuvor hatte sie schon eine positive Antwort auf ihre Bewerbung bei der Hebrew University in Jerusalem bekommen. Als Jüdin war es für sie kein Problem, in Israel akzeptiert zu werden. Auch die klimatischen Umstände Australiens und Israels waren vergleichbar. Die Negev-Wüste und der Sinai wiesen ähnliche Werte auf wie Erikas bisheriges Arbeitsgebiet.

Sie erzählte den Kollegen, in zwölf Monaten werde sie wieder zurückkommen – als »Master of Science« in Hydrologie. Trotzdem mußten alle bürokratischen Rituale eingehalten werden. Beim Ausscheiden aus dem Ministerium wurden ihre angesparten Gelder aus der Pensionskasse errechnet und an die neue Adresse in Jerusalem geschickt. Zurück blieb eine Beurteilung in der Personalakte: »Erika Chambers ist intelligent, vertrauenswürdig, von schneller Auffassung, in vernünftigen Grenzen begeisterungsfähig. Sie hatte stets ein gutes Verhältnis zu ihren Arbeitskollegen.«

Noch hatte Erika einige Wochen Zeit, um sich von Australien und ihren Freunden zu trennen. Dann kam der 3. August 1972, der Tag des Abschieds. Die Welt sprach bereits sehr viel von den bevorstehenden heiteren Spielen, die im bayerischen München bevorstanden. Vier Wochen später sollte das Unfaßbare passieren – der Terrorüberfall auf die israelischen Athleten.

Erika Maria Chambers verließ Australien mit Flug 982 der Thai International und nutzte die Gelegenheit zu einem kurzen Zwischenstopp in Bangkok. Auf dem nach David Ben Gurion getauften Flughafen von Tel Aviv reiste sie mit ihrem neuen, einige Wochen vorher von der British High Commission in Canberra ausgestellten Paß mit der Nummer C 131020 ein. Ein weiterer, völlig andersartiger Lebensabschnitt sollte beginnen.

In der ersten Zeit – bevor sie in die geheime Welt des Mike Harari abtauchte – lebte Erika Chambers wieder im Studentenheim. Ihr Studienplatz war an der Hebrew University, Fakultät für Botanik und Geographie, Campus Givat Ram. Unter der Anleitung des international renommierten Professors Asher Shik, Fachgebiete Geomorphologie und Hydrologie, begann sie, für ihren Magistertitel zu arbeiten. Über einen längeren Zeitraum gehörte sie einem Team an, das Feldforschung im Sinai betrieb. Die Studenten arbeiteten im südöstlich gelegenen Wadi Muhaibila und erforschten dabei die Historie der Fluten, die etwa alle zehn Jahre eintreten und dabei. den ohnehin kargen Baumbestand schädigen.

Wer sich für die Sinai-Feldgruppe meldete, hatte einen wahren Knochenjob vor sich. Bei vierzig Grad im Schatten – soweit es einen gab – mußten die Studenten Bäume und Geröllfelder vermessen. Viele dieser Bäume sind mit scharfen Dornen bestückt. Einmal blieb ein solcher Dorn bei Erika Chambers im Auge stecken. Die Verletzung war ernst, und deshalb mußte sie im Krankenhaus von Eilat rasch behandelt werden. Erika konnte dieses Leben auf Dauer nicht ertragen. Sie bewarb sich bei der Fakultät für Geographie an der Clark University in Worcester, US-Bundesstaat Massachusetts.

Völlig überraschend und mit einer ungewöhnlichen Begründung verabschiedete sie sich in Jerusalem. »Ich komme mit der hebräischen Sprache nicht zurecht, und auch die Pflichtarithmetik werde ich wohl nie kapieren.« An der Hebrew University hat man nie mehr von ihr gehört. Auch das ist auffallend, da sich so gut wie alle ehemaligen Studenten gelegentlich wieder sehen lassen oder wenigstens einen losen Kontakt zu ihrem früheren Professor halten.

Irgendwann im Jahr 1973 traf Erika Chambers auf einen »Talentsucher« des Mossad, im angelsächsischen Geheimdienstjargon »Spotter« genannt. »Spotters« agieren fast überall in Israel, vor allem auch dort, wo sich regelmäßig Ausländer befinden und aufhalten. Diese Späher bleiben strikt im Hintergrund, beobachten und registrieren. Sie interessieren sich für alle Besucher – mit einer Ausnahme: Amerikaner dürfen sie nicht anwerben. Das ist Gegenstand eines der 29 streng geheimen Abkommen zwischen der CIA und dem Mossad, festgehalten in der 1976 geschlossenen 27. Vereinbarung.

Die »Spotters« wissen ganz genau, welcher Typ gesucht wird. Eine sehr extravagante, farbenprächtige Erscheinung kommt nicht in Frage, ebensowenig das graue, introvertierte Gegenteil. Der Dienst sucht einen normalen Menschen, und dessen Eigenschaften sind ungeheuer schwierig zu beschreiben. Die »Spotters« können sie nur erfühlen. Normalerweise entdecken die Späher pro Monat zehn bis dreißig mögliche Kandidaten. Kommen sie in die engere Auswahl, dann wird erst einmal der gesamte Hintergrund bis ins letzte Detail gecheckt. Der Agentenführer will wissen, wie sehr sich die Familie der Zielperson in Israel assimiliert, ob sie quer durch die Generationen ein jüdisches Leben geführt hat, wie überlebensfähig sie war und ist.

So wurde auch Erika zunächst einmal nach allen Regeln der Kunst untersucht. Mußte sie sich schon einmal vor einem Gericht verantworten, möglicherweise sogar eine Strafe hinnehmen? Betrügt sie bei Tests und Examen in der Uni? Belügt sie ihre Kommilitonen? Unterhält sie Beziehungen zu verdächtigen Personen? Gibt es in ihrem bisherigen Leben irgendeinen Punkt, der nicht zu klären ist? Fährt sie gerne zu schnell? Eine Frage, die ihr sicherlich Probleme bereitet hat. Worüber spricht sie mit Freunden, mit unbekannten Anrufern am Telefon? Wie sieht ihr politisches Weltbild aus? Ist sie loyal zum Judentum? Schläft sie mit häufig wechselnden Partnern? Neigt sie in einer Streßsituation zur Panik? Wie reagiert sie auf Vorwürfe, auf psychischen Druck? Die Aufzählung ließe sich beliebig fortsetzen. Die Abklärung von möglichen Bewerbern für den Mossad-Dienst dauert gewöhnlich Monate, und der Aspirant bekommt gar nichts davon mit. Das Ergebnis ist ein gläserner Mensch, der in Tausende von Segmenten zerlegt werden kann.

Im Mossad-Hauptquartier, damals noch im Zentrum von Tel Aviv, heute am nördlichen Stadtrand, wird dann aus allen Informationen ein neuer Fragenkatalog gefertigt. Die angehende Agentin, in unserem Fall Erika, bekommt eine harmlos wirkende Vorladung. Der Vorsitzende der Studentenverwaltung möchte sie sprechen, die Ausländerbehörde, die Registratur der Universität, eine Jobvermittlung, die israelisch-britische Freundschaftsgesellschaft, wer auch immer.

Sie kommt arglos zur angegebenen, offiziell existierenden Adresse. Es erwarten sie sehr freundliche Menschen, die zuerst weit um das eigentliche Thema herumreden. Sie sind ungemein geschickt und behalten bis zum Schluß alle Karten in der Hand. Erika versteht lange nicht, worum es geht. Sie reagiert unsicher, isoliert sich selbst, fühlt sich umzingelt, weiß nicht, was noch kommen wird.

Im positiven Fall wird ihr eine Stellung angeboten. Nun kommt handfeste Ideologie mit ins Spiel, der Appell an die patriotische und auch an die religiöse Gesinnung der erwünschten Agentin. »Wir haben einen internationalen Job zu vergeben, der für das Überleben und die Sicherheit des jüdischen Volkes von großer Bedeutung ist.«

Wenn die Zielperson starkes Interesse zeigt, dann kann es trotzdem noch mal Monate dauern, bis die andere Seite konkret wird. Der Mossad, in der Insidersprache »Das Büro« genannt – nicht zu verwechseln mit der CIA, die »Agentur« heißt – bietet einen Fünfjahresvertrag an. Das schließt ein Jahr Grundausbildung ein, ein Jahr Spezialtraining und drei Jahre aktiven Dienst. Fünf Jahre beim Mossad wird in Israel wie zwanzig Jahre in den Streitkräften bewertet. Acht Jahre Geheimdienst stehen für 25 Jahre Wehrdienst. Zur Pensionsberechnung ist das ganz wichtig.

Bei einem offensiven Geheimdienst, wie dem Mossad, kommt es schon vor, daß der Mitarbeiter – und sei er noch so geheim und zehnfach abgeschirmt – keines natürlichen Todes und lange vor der Pensionsberechtigung stirbt. Irgendwann, als Erika Chambers längst von der Studentin zur Agentin geworden war, sagte man ihr, daß 39 ihrer Kollegen seit Gründung des Mossad spurlos verschwunden sind. Sie sind bei gefährlichen Operationen »abhanden gekommen« – und niemand weiß, wo ihre Leichen begraben liegen. Gerne zeigen die Ausbilder auch eine Tafel neben dem Eingang zur Mossad-Akademie. Darauf sind die Namen aller Agenten verzeichnet, die für die Sache Israels ihr Leben ließen. Das soll den Übermut ihrer Nachfolger dämpfen. Erika Chambers hat dies schweigend verinnerlicht. Ihre Entscheidung war gefallen und auch durch keinen Hinweis auf die Gefahren des neuen Berufes mehr rückgängig zu machen.

Kapitel 6
Der Befehl: Tötet Ali Hassan Salameh!

Wenn Leben und Tod eines Mannes jemals vorbestimmt waren, dann bei Ali Hassan Salameh. Er wurde mit einem Namen geboren, der ihm nur die Wahl ließ, entweder in die Fußstapfen seines legendären Vaters zu treten oder das Schicksal seines Volkes zu ignorieren und sich am anderen Ende der Erde niederzulassen. Nach einigem Zögern entschied er sich für die Familie – und für die PLO. Mit seinen speziellen Talenten und durch die Umstände seiner Zeit mußte er zwangsläufig zum gefährlichsten und meistgesuchten palästinensischen Terroristen werden. Ali Hassan Salameh lebte mit dem Schwert, und er starb durch das Schwert. Ein Leben wie seines fordert einen hohen Preis.

Die Salamehs kamen aus Kulleh, einem kleinen Dorf unweit des heutigen Flughafens von Tel Aviv. Der Weiler wurde während der heftigen Kämpfe des Unabhängigkeitskrieges zerstört. Solange es Kulleh gab, wurde es eigentlich nur einmal von der Weltgeschichte gestreift – 1918, als sich die Truppen des letzten osmanischen Sultans vor den siegreichen britischen Soldaten zurückzogen. 400 Jahre Herrschaft der Ottomanen über Palästina ging zu Ende.

Eine neue, eine dramatische Zeit kündigte sich an. Und mit ihr kamen immer mehr jüdische Einwanderer. Das Land, so behaupteten sie gegenüber seinen Bewohnern, sei ihnen von den Engländern versprochen worden. Denn sie seien auf der Suche nach einer Heimat. Das gab Ali Salameh, dem Familienoberhaupt, zu denken. Bislang hatte er mit Politik nichts zu tun gehabt. Es war mühselig genug, dem kargen Boden ein Minimum an Ertrag abzuringen. Ali Salameh war ein einfacher Tagelöhner, und sein Wissen über die Welt endete am Ortsrand von Kulleh. Er gehörte zur ärmsten Schicht und hatte weder Lesen noch Schreiben gelernt. Wenn ihm jemand vom Leben seines Enkels Ali Hassan, sechzig Jahre später, erzählt hätte, er hätte es nicht begriffen.

Sein Sohn Hassan, geboren 1912, lauschte den Geschichten von draußen mit wachsender Faszination. Er und die anderen Dorfjungen bekamen mit, wie aufgebrachte Palästinenser jüdische Viertel in Jerusalem und Jaffa stürmten und die Läden dieser absonderlichen Männer mit den schwarzen Schläfenlocken, mit ihren Gehröcken und großen Hüten in Brand setzten, diese Leute sogar töteten. Sie erkannten: Dies waren Verteidigungsaktionen. Der Imam der lokalen Moschee hatte sogar von einem bevorstehenden »Heiligen Krieg« gesprochen. Instinktiv ahnten Hassan und seine Freunde: Hier mußte noch mehr dahinterstecken. Ab sofort spielten sie auf den schmutzigen Dorfstraßen Jude und Palästinenser. Natürlich gewannen die Araber immer. Wir schreiben das Jahr 1921.

Die Situation beruhigte sich noch mal, und Hassan Salameh wuchs zum jungen Mann heran. Er war gerade siebzehn Jahre alt, als der nächste Aufstand gegen die Juden begann. 1929 stachelte Mufti Amin al-Husseini, das dynamische Oberhaupt der palästinensischen Muslime, seine Landsleute an, die Eindringlinge aus dem Heiligen Land zu vertreiben. Das Wort des hochgewachsenen Klerikers mit der langen schwarzen Robe, dem roten Bart und dem gleichfalls roten Fes, der mit einem weißen Turban umwickelt war, kam ungeschriebenem Gesetz gleich. Er war der bekannteste Palästinenser seiner Zeit, eine Institution schlechthin. Wieder wurden die Menschen dahingemetzelt. Allein in Hebron und Safed zählte man 133 tote und mehr als 300 schwerverletzte Juden.

Der ehemalige General Yoseph Avidar, einst stellvertretender Stabschef der Haganah, erinnerte sich in einem Gespräch mit dem deutschen Fernsehen an die Situation in Jerusalem: »Ich war damals neunzehn Jahre alt. Während der Unruhen kommandierte ich die Verteidiger des jüdischen Viertels in der Jerusalemer Altstadt. Wir haben den arabischen Angriff, der aus drei Richtungen kam, gut zurückgeschlagen. Dabei hatten wir keine Toten zu beklagen. Einige Plätze, die im arabischen Viertel waren, mußten wir evakuieren. Die arabischen Angreifer versuchten, in das jüdische Viertel einzudringen. Sie hatten hier das gleiche vor wie in Hebron. Sie wollten ein Massaker veranstalten. Die schlimmsten Greueltaten ereigneten sich in Hebron und Safed ... In Hebron wollten die muslimischen Fanatiker die Juden aus der Grabeshöhle vertreiben, die Moslems und Juden gleichermaßen heilig ist. Hier liegen nämlich die Stammväter Abraham, Isaak und Jakob begraben ...«

Natürlich schlugen die Engländer und die Einheiten der jüdischen Haganah zurück. Auch auf palästinensischer Seite gab es viele Tote zu beklagen. Trotzdem – und das ist eine besondere Eigenheit der Araber – wurden die Auseinandersetzungen als Sieg verbucht. Die Regel ist einfach: Ein arabischer Sieg ist immer dann gegeben, wenn dem Feind Schaden zugefügt wurde. Die eigenen Verluste spielen keine Rolle. Das aktuellste Beispiel hat der irakische Despot Saddam Hussein geliefert.

Hassan Salameh lebte von Gelegenheitsarbeiten. Er verdingte sich als Erntehelfer oder kümmerte sich um das Vieh in den umliegenden Bauernhöfen. Der junge Mann war anders als seine Freunde. Er hatte nämlich eine Perspektive. Das elende Dasein des Vaters widerte ihn an. Er wollte sich von ihm und allen unterscheiden, indem er über sie hinauswuchs. Und er wollte die Juden bekämpfen, die sich, wie er es sah, auf fremdem Boden breitmachten. Anders, das wurde er schon, wenn er sein ganzes hart verdientes Geld für elegante Kleidung ausgab. Nur der feinste Stoff aus Damaskus war für ihn gut genug. Er sorgte sich um sein gutes Aussehen, weil er ein Führer werden wollte. Gleichzeitig entwickelte er sich zu einer Art lokalem Mafiapaten. Die Leute waren sicher, daß er hinter manchen ungeklärten Morden und Diebstählen steckte. Wer ihn reizte, hatte seine brutale Rache zu erwarten. Bald war Hassan Salameh ein gefürchteter Mann. Das brachte ihm, wie sollte es anders sein, Gefolgsleute.

Dann kam das Jahr 1936 – und mit ihm der nächste palästinensische Aufstand. Der friedliche Auftakt bestand aus einer Forderung der politischen arabischen Parteien. Sie verlangten vom britischen Hochkommissar, eine demokratische Regierung zu erlauben, die jüdische Einwanderung zu beenden und Landverkauf an Juden zu verbieten. Zwischen 1932 und 1936 waren 200 000 Juden legal nach Palästina gekommen und stellten nun schon dreißig Prozent der Bevölkerung. Nach lokalen Streitigkeiten und einzelnen Morden eskalierte der Konflikt.

Mufti Amin al-Husseini rief wieder einmal auf zum »Heiligen Krieg um das Heilige Land«, und die rechtlose Masse der Palästinenser folgte ihm. Es kam zu zahlreichen Streik- und Sabotageaktionen, worauf die Engländer den Belagerungszustand ausriefen. Eine britische Untersuchungskommission empfahl schließlich, Palästina zu teilen. Es solle ein arabischer und ein jüdischer Staat entstehen. Die Städte Bethlehem, Jerusalem und Nazareth würden ewiges britisches Mandat bleiben. Ein Kernsatz aus dem Bericht der damals zuständigen Peel-Kommission: »Die internationale Anerkennung des Rechts der Juden, in ihre alte Heimat zurückzukehren, schließt nicht die Anerkennung eines jüdischen Anrechts ein, Araber gegen deren Willen zu beherrschen.«

Sowohl der Völkerbund als auch die Araber legten ihr Veto ein. Der Konflikt eskalierte. In ganz Palästina griff man erneut zu den Waffen. Allein zwischen dem 1. Juli und dem 30. September 1938 kamen 640 Araber, 160 Juden und 28 Engländer ums Leben. In Judäa kämpfte eine Guerilla-Organisation unter Abdel Kader Husseini, einem populären Verwandten des Muftis. Im Norden griffen bewaffnete Banden britische Positionen, jüdische Siedlungen und das Verkehrssystem an.

In der zweiten Hälfte von 1938 wurde der Aufstand zum Volkskrieg. In den Bergen sprengten die Aufständischen Eisenbahnlinien und Brücken. Die Engländer waren gezwungen, sich aus vielen wichtigen Orten zurückzuziehen. Derart in Bedrängnis geraten, griffen sie nun rigoros durch, verhängten Kollektivstrafen über rebellenfreundliche Dörfer und richteten hundert Aktivisten hin.

An der politischen Front stellte sich die britische Regierung gegen den Teilungsplan und lud statt dessen die Vertreter der Araber und der Juden zur Palästina-Konferenz nach London ein. Auch dabei kam nichts heraus. Die Palästinenser forderten unter anderem die vollständige Unabhängigkeit ihres Landes und den sofortigen Stopp der jüdischen Einwanderung. Die Gegenseite verlangte gleichfalls einen souveränen Staat, und die Engländer schlugen Kompromisse vor, unter anderem die Teilung Palästinas in drei Zonen.

Schließlich kam es im Mai 1939 zum berühmten »Weißbuch«. Die wichtigsten Punkte daraus: Ein unabhängiger Staat soll entstehen und die jüdische Einwanderung gestoppt werden, wenn die Juden ein

Drittel der Bevölkerung Palästinas ausmachen. Der Landverkauf an Juden soll eingeschränkt oder verboten werden, wenn den Arabern dadurch die Lebensgrundlage entzogen wird.

Nun beschleunigten die Juden ihre illegale Einwanderung in der bekannten Weise. Schon 1939 kamen auf zehn legal eingereiste Juden acht weitere, die illegal landeten. Juden wie Palästinenser lehnten unisono alle Verhandlungslösungen ab. Das Resultat waren wieder bürgerkriegsähnliche Kämpfe. Mit dem Ausbruch des Zweiten Weltkriegs rückte das Palästina-Problem jedoch in den Hintergrund.

Zeitgleich mit dem Beginn des Aufstands startete der steile Aufstieg von Hassan Salameh. Zuerst kämpfte er in dem desperaten Haufen eines Bandenchefs namens Abu Najim. Das war ihm aber bald nicht mehr gut genug. Er besorgte sich Sprengstoff und rekrutierte drei seiner Cousins. Ein erster Versuch, die Bahnlinie von Kairo nach Haifa in die Luft zu jagen, gelang. Seine Mitstreiter bezahlten die Aktion jedoch mit dem Leben. Er selbst tauchte schwerverletzt unter und flüchtete unter Mühen nach Damaskus. Hassan Salameh hatte nun – im Zentrum der arabischen Revolte – Zeit zum Nachdenken. Er erkannte, daß er auf die Araber in den Städten nicht bauen konnte. Sie wurden von den Engländern und der Haganah in Schach gehalten. Wenn er etwas bewirken wollte, dann mußte er die bislang lethargische Landbevölkerung aufrütteln.

An der Spitze von dreißig Bewaffneten kehrte er heimlich nach Kulleh zurück. Hassan Salameh wurde wie ein Held empfangen. Die Menschen zeigten ihm ihre Verehrung. Sie nannten ihn sogar »Scheich Hassan«, eine besondere Auszeichnung. Salameh verbündete sich mit dem stärksten Bandenchef der Küstenebene, Aref Abdel Razek, einem erklärten Hitler-Verehrer. Er durfte den Distrikt Lydda, wo sein Dorf Kulleh lag, eigenverantwortlich übernehmen. Als dies geklärt war, setzte ein reger Zulauf ein.

Hassan Salameh scharte viele neue Anhänger um sich und organisierte zuerst einmal einen schlagkräftigen Trupp von Leibwächtern. Keiner von ihnen kam aus Kulleh, denn »Scheich Hassan« war zwar noch jung, aber schon sehr vorsichtig. Er mußte es sein, denn nach und nach entfaltete er eine Terrorherrschaft, die selbst vor seinen eigenen Landsleuten nicht haltmachte.

Die blutrünstigen Banden plünderten Banken und Postämter, forderten Schutz- und Lösegelder. Eine Zeitlang zwangen sie die Stadtbewohner, die Keffijah, das schwarz-weiße oder rot-weiße Kopftuch der Palästinenser, zu tragen. Das hatte keine praktische Ursache. Es sollte nur die Macht der Freischärler zeigen. Hassan Salameh, die anderen Bandenchefs und ihre Kämpfer sorgten dafür, daß von Gaza bis zum See Genezareth ein gesetzloser Raum entstand. Das erreichte seinen Höhepunkt, als der britische Gouverneur von Galiläa, Lewis Andrews, nach dem Besuch einer Messe in Nazareth auf offener Straße ermordet wurde. Die Engländer setzten einen hohen Preis auf den Kopf von Hassan Salameh aus, und auch der Geheimdienst der Haganah unternahm alles, um ihn zu ergreifen. Hassan Salameh setzte sich nicht einmal ab. Er führte sein Werk weiter und nahm sich als nächstes die Stadt Ramleh vor. Seine Leute plünderten sie systematisch aus. Sie stahlen sogar die Pferde der lokalen Polizei und benutzten sie für eine Art Siegesparade.

Nun sprachen Salameh und seine Leute auch Recht. Es war die pure Willkür der Straße. Die Verurteilten wurden in der Regel gleich umgebracht. Manche hatten die Wahl, ungeschoren davonzukommen, indem sie einen Juden töteten. Bald gab es niemanden mehr, der den Namen Hassan Salameh nicht kannte. Vor allem die Besitzenden fürchteten ihn. Allein in Jaffa soll er sechzig gutsituierte Palästinenser um ihr Geld gebracht und getötet haben. Historiker behaupten, daß während der Revolte in den späten dreißiger Jahren nur 1500 tote Araber auf das Konto der Engländer und der Haganah gingen. Weitere 4500 sollen internen Aktionen zum Opfer gefallen sein. Auf alle Fälle wurde aus dem Habenichts Salameh über Nacht ein reicher und mächtiger Mann. Er hatte sein Ziel erreicht, und die Engländer konnten ihm wegen seiner starken Gefolgschaft nichts anhaben. Bis auf weiteres scheiterten alle Versuche, ihn zur Strecke zu bringen.

Kurz bevor die Engländer neue, schwerbewaffnete Einheiten nach Palästina entsandten und schließlich die Rebellion niederschlugen, war die Situation katastrophal. Viele Städter hatten alles verloren, und die Reichen waren nach Zypern oder in den Libanon ausgewandert. Armut und Hunger erfaßten nun die Dörfer. Scheich Hassan Salameh, seine frisch angetraute Frau und eine Handvoll Leibwächter entkamen über die Grenze nach Syrien. Der Bandenführer reiste zu seinem Idol, dem Mufti von Jerusalem, der inzwischen auch geflüchtet war.

Die nächsten Jahre sollte Salameh zumeist in Damaskus verbringen, dem überquellenden Sammelplatz für gescheiterte arabische Revolutionäre. Er sollte in den Cafés sitzen und Pläne für die Rückeroberung Palästinas schmieden. Zu seinem Kummer gaben sich die arabischen Regierungen sehr sparsam, was die Unterstützung solcher Ideen betraf. Sie schöpften neue Hoffnung auf eine diplomatische Lösung, seit sie das Weißbuch kannten. Auch der Mufti kam zeitweise nach Damaskus, fühlte sich aber dort nicht sicher. Als Wohnsitz bevorzugte er Bagdad. Sein glühender Verehrer Hassan Salameh folgte ihm. Das war 1941. Im selben Jahr wurde ihm ein Sohn geboren. Er nannte ihn Ali Hassan. Da die Engländer auch im Irak einmarschierten, waren die Salamehs wieder gefährdet. Sie flohen zurück nach Damaskus. Der Mufti setzte sich vorübergehend nach Teheran ab. Mit der falschen Identität eines italienischen Diplomaten gelangte er nach Europa. Auf dem Höhepunkt seiner triumphalen Flucht traf er Mussolini und Hitler. Der deutsche Gesinnungsgenosse versprach dem islamisch-nationalistischen Agitator seine Hilfe bei der Befreiung Palästinas von Juden und Engländern.

Mufti Husseini schwamm auf einer Welle der Solidarität und rief seine zuverlässigsten Anhänger zu sich. Als einer der ersten wurde Hassan Salameh nach Berlin eingeflogen. Im Schloß Bellevue, wo der Mufti residierte, war die Befreiung Palästinas längst eine beschlossene Sache. Man diskutierte bereits die Einzelheiten einer Volksarmee von 10 000 Arabern. Wenn diese Truppen gegen die englische Palästina-Armee in die Schlacht zögen, so die Kalkulation von Husseini, dann würden sich die Araber im Irak, in Aden und Bahrain gegen ihre Kolonialherren aus London erheben. Der Mufti beschrieb während einer der zahlreichen Planungssitzungen, wie er, angetan mit einer Generalsuniform, in Jerusalem einziehen würde. Ein Berliner Schneider stichelte schon an dem Kleidungsstück.

Hassan Salameh blieb monatelang in Deutschland. In dieser Zeit verflogen nach und nach die Illusionen der Gastgeber, da der Mufti augenscheinlich nicht in der Lage war, seine imaginären Krieger zu sammeln. Er wurde weiterhin freundlich behandelt, aber nicht mehr so richtig ernstgenommen. Als sich auch das deutsche Kriegsglück drehte und die noch verbleibende Zeit immer knapper wurde, kam Mufti Husseini mit einer heimtückischen Idee: »Wir sollten die Wasserquellen von Tel Aviv vergiften. Das würden die Juden niemals verkraften.« Außerdem, so fügte er hinzu, würde dies die endgültige arabische Revolte auslösen.

Dem Oberkommando der Wehrmacht gefiel die Idee. Man beschloß, ein erstes Vorkommando an den Jordan zu schicken. Hassan Salameh und andere Palästinenser erhielten einen Schnellkurs als Fallschirmjäger. Die kleine Mannschaft übte den Umgang mit neuen, handlichen Waffen und mit deutschen Funkgeräten. Als es um die endgültige Auswahl ging, blieben jedoch nur zwei Aktivisten übrig: Hassan Salameh und sein Freund Abdul Latif, der aus Jerusalem stammte. Zusammen mit drei deutschen Agenten, die selbst in Palästina geboren waren und sich bestens auskannten, flogen sie im November 1944 von Norditalien aus in den Einsatz.

Das Terrorteam sprang aus einer deutschen Transportmaschine über Jericho ab. Es hatte Geld, Gold, Waffen und Funkgeräte dabei sowie zehn Kanister mit Gift, das sich in Wasser rasch auflösen sollte. Der Inhalt jeder Box, so hatten die Deutschen erklärt, würde 25 000 Menschen töten können. Zu ihrem Pech verloren die Boten des Todes beim Absprung einen Teil der Ausrüstung. Als das Gold schon Stunden später auf dem Markt von Jericho auftauchte, wurde der britische Geheimdienst schnell hellhörig. Beduinen sagten aus, sie hätten ein deutsches Flugzeug und drei Fallschirmspringer gesehen. Sofort wurde die Jagd nach den Saboteuren eingeleitet. Ein großes Truppenaufgebot beteiligte sich daran. Radio Jerusalem rief die Bevölkerung zur Mithilfe auf.

Erst nach Tagen gelang es den Briten, drei der fünf Eindringlinge zu fassen. Der Mufti-Vertraute Abdul Latif und zwei der Nazis hatten sich in einer Höhle versteckt. Bei ihnen befand sich auch ein Großteil der mitgebrachten Gerätschaften. Im Verhör gaben die Deutschen schließlich zu, um wen es sich bei ihren untergetauchten Kameraden handelte – um Hassan Salameh und um einen notorischen Nazi aus der deutschen Palästina-Kolonie Waldheim. Nun wußten die Behörden, wen sie zu suchen hatten.

Hassan Salameh war schlau genug, für eine Weile völlig unterzutauchen. Niemand – auch nicht die besten V-Männer der Polizei – kannte seinen Aufenthaltsort. Da er sich beim Sprung aus dem Flugzeug am Fuß verletzt hatte, mußte er einen befreundeten Arzt zur Behandlung kommen lassen. Es dauerte eine Weile, bis die Wunde verheilt war. Dann schlug sich Salameh in den Libanon durch. Er holte seine Familie nach und tauchte erneut unter. Der kleine Ali Hassan war inzwischen vier Jahre alt. Alt genug, um sich später an alles zu erinnern.

Inzwischen war der Krieg für die Freunde in Europa verloren, die Entwicklung in Palästina nicht mehr aufzuhalten. Der Mufti mußte wieder einmal um sein Leben fürchten. Er und seine Leute verließen Deutschland auf verschlungenen Wegen. Die Schweiz wollte ihn nicht haben, und so ging er für eine Weile nach Frankreich. Als es ihm dort zu heiß wurde, setzte sich Amin al-Husseini nach Kairo ab, als Gast von König Faruk. Die nächste Station war Beirut. Der Palästinenserführer bezog eine Villa in Aley an der Straße nach Damaskus. Sein treuer Hassan Salameh wartete bereits auf ihn. Niemand wollte Zeit verlieren, und deshalb ordnete der Mufti wieder einmal die Gründung einer palästinensischen Befreiungsarmee an. Als Kommandeur setzte er seinen Neffen Abdel Kader al-Husseini, als dessen Stellvertreter Hassan Salameh ein. Dieser überquerte sofort die Grenze nach Palästina, um die ersten Kämpfer zu rekrutieren. Ein Kontingent von 400 Mann war rasch angeworben.

Das Jahr 1947 diente dem Aufbau neuer Untergrundstrukturen. Um seine Leute auszubilden, holte sich Salameh sogar deutsche Offiziere. Dann kam der Tag der größtmöglichen Provokation, der 29. November 1947. Die Generalversammlung der Vereinten Nationen erlaubte die Gründung Israels. Am 15. Mai 1948 sollte es soweit sein. Alle Juden waren am nächsten Tag in Feststimmung – auch die Passagiere des Busses 2094, der von der Küstenstadt Netanya nach Jerusalem verkehren sollte. Plötzlich, am Eingang zum arabischen Dorf Feja, wurde das Fahrzeug mit seinen 22 Insassen von einem einzelnen Mann, der in Robin-Hood-Manier breitbeinig mitten auf der Straße stand, angehalten. Sekunden später eröffnete er das Feuer aus einer Maschinenpistole. Von zwei Seiten stürmten weitere Männer heran und schossen auf den Bus. Sechs Fahrgäste blieben tot liegen, die anderen liefen in die Felder. Nun waren die Geheimdienstexperten der Haganah an der Reihe. Ihre Informanten nannten unabhängig voneinander denselben Namen: Hassan Salameh.

Wieder begann die Jagd auf den meistgesuchten Mann Palästinas. Das stachelte Salameh immer mehr an. Er wurde jeden Tag frecher, spazierte einmal sogar mit seinen Leibwächtern, in Militärlook und Schaftstiefeln, eine kurze Peitsche in der Hand, durch das Zentrum von Jaffa. Bei dieser Gelegenheit drohte er: »Palästina wird zu einem Blutbad werden!« Für die arabische Jugend zwischen Jordan und Mittelmeer war er ein Idol, beinahe schon ein Mythos. Es folgte eine neue Mordserie. Jüdische Geschäfte und Häuser brannten über Nacht. Innerhalb von zwei Wochen wurden 48 Juden getötet und 155 schwer verletzt. Palästina geriet in einen bürgerkriegsähnlichen Zustand.

Hassan Salameh erkannte, daß er immer noch zu schwach war, um die gut geschützten jüdischen Siedlungen einzunehmen. Also schlug er einen neuen Weg ein: Er ließ die Versorgungskonvois angreifen, und damit traf er den Lebensnerv der weit verstreut lebenden Juden. Als Rache für einen dieser Angriffe, im Dorf Yazoor geschehen, schlug die Haganah gegen Salamehs Hauptquartier zurück. Unter dem Kommando des stellvertretenden Kommandeurs der Palmach, Jitzhak Rabin, griffen die Juden mit den schwersten Waffen an, die sie zur Verfügung hatten. Salamehs Leute und ihre deutschen Militärberater wurden im Schlaf überrascht. Sie hatten keine Chance. Am Ende des Gefechts flogen auch noch die Gebäude in die Luft. Einer Sondereinheit war es gelungen, große Mengen an Sprengstoff zu zünden. Doch Hassan Salameh war wieder entkommen. Er hatte diese Nacht woanders verbracht.

Nun konzentrierte sich alles auf Jerusalem. Die Guerillas von Abdel Kader Husseini feierten einen Erfolg nach dem anderen. Sie griffen nicht nur Versorgungstransporte, sondern auch Ziele innerhalb der Stadt an – sogar die schwerbewachten Quartiere der Haganah. Das Ziel Husseinis war, die Heilige Stadt von der Außenwelt abzuschneiden und dann einzunehmen. In nur zehn Tagen starben mehr als hundert jüdische Kämpfer. Hunderte von Fahrzeugen wurden von den Palästinensern erobert oder zerstört.

Jetzt ging es bereits um das Überleben der Juden. Die Verluste konnten nicht mehr hingenommen werden. Das machte David Ben Gurion den Kommandeuren der Haganah in eindringlichen Worten klar. Er forderte sie auf, 2000 Mann zur Schlacht um den Zugang nach Jerusalem bereitzustellen. Diese Zahl war bereits utopisch. Schließlich mobilisierten die Juden ein letztes Aufgebot von 1500 Mann. Die Strategie war klar: Zuerst mußten Hassan Salamehs Kommandos eliminiert werden. Erst dann konnte man in die Berge um Jerusalem vorstoßen und Abdul Kader Husseini angreifen.

Salameh hatte inzwischen ein neues Hauptquartier eingerichtet, diesmal in der ehemaligen britischen Offiziersschule von Beer Yakov. Zusammen mit mehr als hundert Kämpfern war er dort untergekommen. Bei ihm befanden sich außerdem deutsche Berater, britische Deserteure und einige irakische Freiwillige. Jüdische Agenten fanden rasch heraus, wie stark die Position befestigt war. Es gab Zäune und Stacheldraht, Scheinwerfer und Wachtürme. Nachdem sich ihre Angriffstaktik beim letzten Mal bewährt hatte, rückten die Einheiten der Haganah wieder während der Nacht und mit viel Sprengstoff vor.

Am 4. April erfolgte der Angriff. Mitten im heftigsten Feuergefecht gelang es den Sondereinheiten erneut, in das Innere des Hauses vorzudringen und 400 Kilogramm Dynamit an strategisch wichtigen Stellen anzubringen. Während sich die Palästinenser im ersten Stock noch verbissen wehrten, zündeten die Juden das Dynamit. Der Boden bebte und alles lag in Schutt und Asche. Wieder war Salameh nicht am Ort des Geschehens gewesen. Die Haganah hatte nicht gewußt, daß er sich in jener Nacht bei seiner Familie in Damaskus befand.

Am nächsten Tag, während einer Planungssitzung mit dem Mufti, trafen die schlechten Nachrichten gleich im Dutzend ein. Salameh erfuhr vom vernichtenden Angriff auf sein neues Hauptquartier. Gleichzeitig berichteten die Boten über heftige Gefechte zwischen der Haganah und den Einheiten von Abdul Kader Husseini. Die Schlacht um Mount Castel unweit von Jerusalem hatte begonnen.

Husseini, neben seinem Verwandten, dem Mufti, der populärste Palästinenser, führte die Attacke gegen die Haganah-Bastion Mount

Castel selbst an. Es sollte seine letzte Aktion sein. Durch einen Zufall lief er in dunkler Nacht einem Soldaten der Haganah direkt vor die Waffe – er war sofort tot. Husseini hinterließ unter anderem einen achtjährigen Sohn. Sein Name ist Faisal. Er und seine Geschwister wuchsen in Kairo auf. Heute gilt er als wichtigster Vertreter der Palästinenser in den besetzten Gebieten und als ein entscheidender Mann bei den Friedensgesprächen.

Die Nachricht von Abdul Kader Husseinis Ableben ging wie ein Lauffeuer durch die Städte und Dörfer Palästinas. Die Menschen weinten und demonstrierten. Bei der Besprechung in Damaskus nahm der Mufti die Information mit steinernem Gesicht auf. Er hatte sich sofort wieder unter Kontrolle und fixierte Hassan Salamehs Gesicht: »Ich ernenne dich, Scheich Hassan, zu seinem Nachfolger. Du mußt sofort nach Palästina zurückkehren.« Der Angesprochene ließ sich nicht lange bitten. Abgesehen von dem traurigen Anlaß, hatte er Grund zum Feiern. Sein Lebensziel war greifbar nahe. Er befehligte alle palästinensischen Kämpfer.

Hassan Salameh nahm Abschied von seiner Familie. Lange blickte er auf seinen Sohn Ali Hassan. »Wenn ich getötet werde, dann will ich, daß mein Sohn den Kampf weiterführt.« Seine Frau weinte hemmungslos. Sie ahnte, daß sie ihn nie wiedersehen würde.

Der Kampf war verloren, da die Juden auf breiter Front vorrückten. Einige Wochen später verkündete David Ben Gurion die Unabhängigkeit und die Gründung des Staates Israel. Aus der Haganah wurde die Zahal, hebräisch für »Israelische Verteidigungsstreitkräfte«. Schon Stunden nach dem Festakt im Tel-Aviv-Museum mußten sie die Existenz ihres Staates schützen. Die regulären Armeen von fünf arabischen Nachbarn marschierten in Palästina ein. Aber wie immer, wenn die Israelis angegriffen wurden, übernahmen sie rasch die Initiative. Sie waren besser motiviert und auch die besseren Soldaten.

Am 30. Mai rückte eine Einheit von Menachem Begins Terrororganisation Irgun, auch Etzel genannt, gegen das arabische Dorf Ras al Ein vor. Da es sich hier um eine strategische Position und um die Quelle für Jerusalems Trinkwasser handelte, lag den Juden daran, den Ort zu beherrschen. Die Irgun-Kämpfer trafen auf irakische Truppen. Nach einigen Stunden heftiger Schießereien hatten sie die

Soldaten aus dem Zweistromland in die Flucht geschlagen. Als Hassan Salameh davon hörte, erkannte er seine Chance, mittlerweile verlorenen Ruhm und Einfluß wieder zurückzugewinnen. Er ließ Ras al Ein mit 300 Mann und sieben gepanzerten Fahrzeugen angreifen und kämpfte selbst in vorderster Linie.

Die Anhänger des fanatischen Etzel-Kommandanten mußten das wichtige Dorf wieder räumen. Eine ihrer letzten Granaten traf mehrere Palästinenser an der Spitze der Guerillas, unter ihnen Salamehs Neffe und auch seinen Cousinen. Der Cousin war sofort tot. Hassan Salameh selbst wurde von Granatsplittern an der Lunge verletzt. Eine Notoperation im Krankenhaus von Ramleh half ihm nicht mehr. Der Palästinenserführer starb zwei Tage später. Und mit ihm wurde der Widerstand seines Volkes für beinahe zwei Jahrzehnte zu Grabe getragen. So lange sollte es dauern, bis Jassir Arafats PLO stark genug war, den mächtigen Judenstaat anzugreifen.

*

Schon zu Lebzeiten von Hassan Salameh hatte die Massenflucht der Palästinenser begonnen. Rund 750 000 verließen nach dem 1. Dezember 1947 ihre Heimat, die meisten von ihnen nach der Gründung Israels. Die Ursache lag auf beiden Seiten: Zum einen waren ihre militärischen Strukturen zerschlagen, und auch politisch hatten sie den Juden nichts entgegenzusetzen; zum anderen wurden sie von den Israelis ganz einfach vertrieben. Innerhalb weniger Wochen verschwanden etwa neunzig arabische Dörfer von der Landkarte. Die Terrorbanden Etzel und Lechi befanden sich im absoluten Blutrausch. Der Höhepunkt des Schreckens war das Massaker im arabischen Dorf Deir Jassin. Jüdische Terroristen metzelten 254 Araber nieder, die meisten von ihnen alte Leute, Frauen und Kinder. Dieser Massenmord bekam einen festen Platz in der Geschichte, gleich neben ähnlich schlimmen Massakern, deren Orte Synonyme für den Rückfall in die Barbarei sind: Lidice, Oradour, My Lai, Sabra und Schatila. In Palästina sorgte allein die Kunde vom grausigen Geschehen in Deir Jassin für eine weitere Massenflucht der Araber.

Menachem Begin, der spätere Ministerpräsident und damalige Irgun-Kommandeur: »Auch in den übrigen Teilen des Landes begannen die Araber aus Schrecken zu fliehen – selbst vor einem Zusammenstoß mit jüdischen Streitkräften. Nicht was in Deir Jassin geschah, sondern was über Deir Jassin erfunden wurde, half uns, den Weg zu unseren entscheidenden Siegen auf dem Schlachtfeld freizumachen. Die Legende von Deir Jassin half uns insbesondere bei der Rettung von Tiberias und der Eroberung von Haifa.« In der verharmlosenden Sprache der Sieger klang alles ganz einfach.

Zu den restlos zerstörten arabischen Dörfern gehörte auch Kulleh, der Heimatort von Hassan Salameh. Wochenlang hatten sich hier die arabischen Armeen und die Israelis bekriegt. Die wenigen Überlebenden waren geflüchtet. Auch Hassan Salamehs Familie hatte das Land verlassen. Seine Witwe, der Sohn Ali und die kurz vor dem Tod ihres Vaters geborene Tochter Dschihad waren nach Beirut gezogen.

Ali Hassan wuchs als reicher Flüchtling auf, da die Salamehs ihre eroberten Besitztümer gerettet hatten. Jeder Wunsch wurde dem Sohn des großen Hassan Salameh von den Augen abgelesen. Die Familie lebte im feinen Aschrafieh, weit ab von den Flüchtlingslagern der Palästinenser, wo die Elenden hausten. Er kam mit seinen besitzlosen Landsleuten gar nicht in Kontakt und konnte sich deshalb deren bitteres Schicksal lange nicht vorstellen. Ali Hassan besuchte das renommierte Makassad-Internat. Mit vierzehn Jahren betrat er auf der Westbank erstmals palästinensischen Boden. Er wurde in Bir Zeit eingeschult.

Anfangs hatte Ali Hassan Salameh viel mit den Sprößlingen des westlichen Establishments gemeinsam. Er wehrte sich gegen seinen Familiennamen, weil dieser mit so starken Emotionen verbunden war. Gegenüber Fremden verleugnete er gerne seine Herkunft, machte oft falsche Angaben. »Der Einfluß meines Vaters wurde für mich zum persönlichen Problem. Ich bin in einer Familie aufgewachsen, die den Kampf als Erbe betrachtete, das von Generation zu Generation weitergetragen werden sollte, bin in einer politisierten Weise großgezogen worden, habe die palästinensische Sache gelebt. Als mein Vater als Märtyrer fiel, wurde Palästina praktisch an mich übergeben. Meine Mutter wollte, daß ich ein neuer Hassan Salameh würde, gerade als der größte Vorzug für einen Palästinenser ein normales Leben war.«

Auch hier spielte die Mutter, ähnlich wie bei Erika Chambers, eine absolut dominierende Rolle. Doch geschah das in ganz anderer Weise: Sie erzählte pausenlos vom Leben und den Heldentaten ihres toten Hassan. Im nachhinein wurde alles verklärt und ins Übermenschliche erhoben. Hassan Salameh, der Straßenräuber und Bandenführer aus Kulleh, erhielt einen Glorienschein, hinter dem er schier verschwand. Dem Kind Ali Hassan fiel es schwer, dem Vorbild des Vaters gerecht zu werden. Er konnte sich auch nicht vorstellen, daß er einmal so werden und die palästinensische Revolution fortsetzen würde. Die ihn umgebende Gesellschaft von Racheengeln war ihm zeitweise absolut zuwider. Manchmal meinte er, die Existenz des Staates Israel hinnehmen und sein Dasein nach anderen Kriterien bestreiten zu müssen.

»Ich wollte anfangs nur ich selbst sein. Die Tatsache, daß ich dem Vorbild meines Vaters nahekommen sollte, bereitete mir ein Problem. Sogar als Kind hatte ich bestimmten Verhaltensmustern zu folgen. Ich hatte eigentlich keine Kindheit. Pausenlos wurde ich daran erinnert, daß ich der Sohn von Hassan Salameh war und daß ich mich danach zu richten hatte, obwohl mir niemand sagte, wie der Sohn von Hassan Salameh leben sollte.«

1958 kehrte die Familie aus Bir Zeit nach Beirut zurück, wo inzwischen auch der Mufti von Jerusalem wieder im Exil lebte. Doch bereits der erste, relativ unspektakuläre libanesische Bürgerkrieg vertrieb die Salamehs. Ali Hassan studierte zuerst in Ägypten und anschließend in Deutschland. Er wechselte die Universitäten wie andere ihre Hemden. Eigentlich wollte er Ingenieur werden. Da er aber bei den Mädchen wegen seines guten Aussehens und seiner gepflegten Manieren hervorragend ankam, blieb für das Studium nie viel Zeit.

Der junge Palästinenser kleidete sich stets nach der neuesten Mode. Er liebte schnelle Autos und teure Restaurants. Um gutes Aussehen und Kondition zu erhalten, verbrachte er viele Stunden in Fitneßstudios. Er stählte seinen Körper, übte bis zum Extrem den Kampfsport Karate. Als die künftigen Führer der neuen palästinensischen Revolution an den arabischen Universitäten Basisarbeit betrieben oder in irgendeiner Weise bereits gegen Israel kämpften, führte Ali Hassan Salameh ein grenzenloses Luxusleben. Palästina war für ihn weit und eigentlich nur eine historische oder vielmehr eine familiäre Erinnerung.

Dann nahm ihn die Familie wieder an eine kürzere Leine – und verheiratete ihn. Ein schweigsames, sogar schüchternes Mädchen aus dem Clan des Muftis hatte man für ihn ausgesucht. Der verzogene Student fügte sich für einen Moment der orientalischen Disziplin und akzeptierte die Ehre, daß ein Salameh mit einer Husseini getraut wurde. Als alles vorbei war, machte er auf dem hohen Absatz kehrt und kümmerte sich wieder intensiv um seine zahlreichen anderen Frauen. Bis in die Morgenstunden wurde der stattliche Ali Hassan Salameh in den Nachtclubs am Nil gesehen. Das änderte sich auch nicht, als sein erster Sohn zur Welt kam: Hassan. Aber immerhin, die Familientradition konnte fortgesetzt werden.

Mitte der sechziger Jahre, als die palästinensische Sache zu neuem Leben erweckt wurde, übte der Salameh-Clan kollektiven Druck auf seinen Ali Hassan aus. Nun, so bekam er zu hören, sei es Zeit für ihn, in die Fußstapfen des großen Vaters zu treten. Der Playboy reagierte nur sehr unwillig darauf. Er hielt diese palästinensische Befreiungsorganisation für eine reine Utopie. Damals stand noch der von Ägypten gegängelte Apparatschik Ahmed Shukeiry an der Spitze der PLO – die Stunde Arafats sollte erst noch kommen. Widerwillig meldete sich Salamehs Sohn in einem Rekrutierungsbüro und wurde schließlich in Kuwait stationiert. Das war ihm ganz recht. Es gab nicht viel zu tun, und abends hatte er jede Menge Zeit für das andere Geschlecht.

Dann kam Gamal Abd el Nassers letzter, verzweifelter Versuch, das »zionistische Gebilde« von der Landkarte des Nahen Ostens zu löschen. Der Ägypter zettelte 1967 einen neuen Krieg an, wurde aber schon am ersten Tag von der feindlichen Luftwaffe gestoppt: Israelische Flugzeuge zerstörten in einem Überraschungsangriff 280 ägyptische Jets auf den Militärflughäfen im Sinai. Der Rest ist bekannt. Nach sechs Tagen standen Israels Panzerspitzen am Suez-Kanal, kurz vor Damaskus und Amman.

Jerusalem war nicht länger geteilt. Es gehörte wieder den Juden. Psychologisch wichtig war die Rückeroberung der Klagemauer. Israel annektierte Ostjerusalem und später auch den Golan. Bis heute hält es zudem die Westbank und den Gazastreifen besetzt. Der jüdische Staat liefert so die Grundlage für den schwelenden Konflikt.

Nach dem offenkundigen permanenten Versagen der arabischen Staaten war jetzt die PLO an der Reihe. In Ali Hassan Salameh ging eine Veränderung vor, die niemand vorausgesehen hatte. Auslöser waren dabei entweder der Schock über die erneute Schande, möglicherweise aber auch der Ruf der Familie – und des Husseini-Clans –, dem er nichts mehr entgegenzusetzen wußte. Plötzlich war die innere Sperre weg, und Ali Hassan meldete sich bei Arafat. Der neue Führer des palästinensischen Widerstands war begeistert. Er selbst hatte in seinen jungen Jahren mit Abdel Kader Husseini gekämpft und schon damals die militärischen Leistungen von Hassan Salameh bewundert. Nichts war ihm lieber, als den 26jährigen Sohn, praktisch die Verkörperung des Volkshelden Hassan Salameh, in seine Mannschaft aufzunehmen.

Der schlanke, gutaussehende Salameh trug damals seine Haare nackenlang. Seine Kleidung kam aus der Schweiz und orientierte sich stets an der neuesten Mode. Meistens trug er Schwarz, seine Lieblingsfarbe. Ali Hassan Salameh wirkte wie eine nahöstliche Version des Sängers Neil Diamond. In einer Umgebung, die vor allem aus olivgrün verkleideten Rambos bestand, hatte dieser gestylte Dandy zuerst einmal einen schweren Stand. Er mußte das Vertrauen der gesamten PLO-Führung gewinnen. Das sollte jedoch auf die Dauer kein Problem sein.

Die Stimmung der Palästinenser wechselte damals von Tag zu Tag. Während der Wochen des Juni-Konflikts befanden sie sich in überaus euphorischer Siegeslaune. Es war dasselbe kurzsichtige Denken, das man später unter anderem vor und während des Golfkrieges des Jahres 1991 beobachten durfte. Die grenzenlose Trauer über die Niederlage wurde sofort wieder von den ersten auch übertriebenen Siegesmeldungen an der Guerillafront abgelöst. Jeder getötete Jude zählte, auch Frauen und Kinder, jeder war ein Pflasterstein auf der Straße zum erträumten Endsieg.

Die sofort mit Petrodollar-Millionen aufgebaute palästinensische Truppe konnte anfangs auch viele erfolgreiche Kommandooperationen im Bereich Israels und der besetzten Gebiete durchführen. Das nutzte sie kräftig, um die Propagandamaschinerie zu schmieren. Als die Israelis sich darauf eingestellt hatten, nahm die wahre Zahl der Erfolge rapide ab.

Ali Hassan Salameh wurde nicht mit einer Kalaschnikow und einigen Handgranaten über den Jordan geschickt. Er bekam eine elegantere Arbeit übertragen. Abu Ijad nahm ihn unter seine Fittiche. Salameh wurde ein Mann des *Rasd*, des Geheimdienstes der PLO. Seine erste Aufgabe bestand darin, die Infiltration der israelischen Dienste in den Reihen der PLO aufzuklären. Der junge Aktivist mußte die Akten aller *Fatah*-Kämpfer studieren und nach Schwachstellen untersuchen. Wer dann als israelischer Agent enttarnt wurde, durfte sich freiwillig zu den gefährlichsten Kommandoaktionen melden. Weigerte er sich, wurde er sofort als Verräter bloßgestellt und hingerichtet. Im ersten Jahr von Ali Hassans Tätigkeit soll es zwei Dutzend Exekutionen gegeben haben.

Am 23. Juli 1968 begann eine neue Ära. Drei Fedajin der Volksfront entführten eine Maschine der El-Al nach Algier und zwangen die Israelis dazu, gefangene Araber freizulassen. Der Publicityeffekt war riesig. Arafat und Abu Ijad beobachteten staunend den Erfolg der marxistischen Konkurrenten. George Habasch setzte auf weltweiten, gnadenlosen Terrorismus. In der Folgezeit entführten seine Leute ein Flugzeug nach dem anderen, bombten 14 El-Al-Büros und töteten Israelis, während die Trupps Arafats immer wieder im glühendheißen Jordan-Tal aufgerieben wurden.

Irgendwie, so schien es, waren diese aufsehenerregenden Aktionen in der Ferne ergiebiger. Um gewappnet zu sein, falls sich die neue Taktik durchsetzen würde, sollte der geheime Apparat der *Fatah* ausgebaut werden. In Absprache mit dem ägyptischen Geheimdienst schickte Arafat zehn seiner besten Leute zu einem Spezialkurs an den Nil. Ali Hassan Salameh, Abu Daud und Fakhri al-Umari waren mit dabei. Während der folgenden Monate lernten sie alle Arbeitsmethoden und schmutzigen Tricks der geheimen Dienste. Die zehn Männer wurden zu engen Freunden. Niemand wußte es zu diesem Zeitpunkt – aber die Grundlage zum »Schwarzen September« war gelegt.

Nach der Rückkehr in die Lager von Amman, wo die PLO bereits wie ein Staat im Staate herrschte, teilte ihnen Arafat ein üppiges Budget zu, um überall in Europa Agenten anwerben zu können. Der

Jihaz ar-Razd knüpfte sein Netz vor allem unter den palästinensischen Studenten. Die vorgeschobene Zentrale für auswärtige Operationen wurde in Rom eingerichtet. Damit hatte man auch bessere Kommunikationsmöglichkeiten mit einem der wichtigsten Sponsoren der geheimen PLO-Arbeit, mit Libyens Revolutionsführer Muammar al-Khadafi.

Während Ali Hassan Salameh – inzwischen von allen »Abu Hassan« genannt, der Vater des Hassan – die europäischen Verbindungen organisierte, passierte zu Hause der größtmögliche Rückschlag. In Amman begann ein Bürgerkrieg, der dazu führte, daß die PLO alles verlor und nach Beirut flüchten mußte. Dieser September, ein schwarzer September, löste eine Entwicklung aus, die niemand vorhersehen konnte.

Ali Hassan Salameh klagte an: »Wir wurden die Opfer einer internationalen Verschwörung, in die Israel, die USA und Jordanien verwickelt waren. Damals waren wir ganz einfach weg vom Fenster. Wir mußten diesen Zustand wieder beenden, und wir taten es. Nun können wir der Welt sagen: Wir sind immer noch da, auch wenn man uns vorübergehend aus Jordanien vertrieben hat.«

Eigentlich war die PLO nicht mehr da. Sie mußte wieder bei Null anfangen, aus primitiven Unterkünften in fünfzehn Flüchtlingslagern. Gleichzeitig stand sie unter erheblichem Druck aus den eigenen Reihen. George Habasch und seine Volksfront waren wesentlich erfolgreicher und kümmerten sich nicht um die Weltmeinung. Die PFLP schlug immer härter zu, wurde zur aktivsten internationalen Terrororganisation – und die palästinensischen Massen jubelten.

So kam es zur Gründung des »Schwarzen September«. Es mußte eine total geheime Organisation sein, die keine Adresse und keine Ansprechpartner hatte. Die *Fatah* sollte immer in der Lage sein, die Verwandtschaft zum »Schwarzen September« leugnen zu können. Darüber bestand bei der Sitzung des Revolutionsrates in Damaskus im September 1971 schnell Übereinstimmung. Der »Schwarze September« sollte allen Interessen der PLO dienen: Rache an Jordanien, ein verdeckter Krieg gegen Israel und neue Imagebildung für die Führung.

Rasch war man sich einig. Abu Ijad wurde zum geistigen Anführer der neuen Terrororganisation bestimmt, Yussuf al-Najjar, ein Kampfgefährte aus frühesten Tagen, zum Verantwortlichen für alle Aktivitäten und Ali Hassan Salameh zum Chef der Operationen. Gerade er hatte schon mehr von der Welt gesehen als seine Mitverschwörer. Er beherrschte Sprachen und sah nicht gerade wie ein Bombenleger aus. Das heißt, er konnte sich unauffällig bewegen. Außerdem schien ihm die neue Aufgabe Spaß zu machen. Denn bei Salameh entwickelte sich zunehmend ein Sinn für rücksichtslose Gewalt. Arafat und Abu Ijad bemerkten es als erste, und sie waren zufrieden damit.

Seine »Weltpremiere« hatte der »Schwarze September« mit dem Mordanschlag auf Jordaniens Premierminister Wasfi Tell in Kairo. Dann ging es Schlag auf Schlag. In London wurde der jordanische Botschafter Zaid Rifai von einem Unbekannten beschossen – der »Schwarze September« übernahm öffentlich die Verantwortung. Es folgten weltweit Angriffe auf jordanische Botschaften, auf die Fluglinie und andere Vertretungen des Hussein-Staates. In Deutschland schlug der »Schwarze September« erstmals am 5. Februar 1972 zu. In Brühl bei Köln ermordete ein Kommando unter dem Befehl von Abu Tayeb, dem heutigen Chef von Arafats Leibgarde »Force 17«, fünf Jordanier – Salamehs Organisation warf ihnen vor, für die Israelis zu arbeiten. Und es ging weiter: Eine Bombe galt der Motorenfabrik Strüver in Hamburg, ein weiterer Anschlag der Esso-Pipeline bei Hamburg – der Fabrikant soll elektrische Generatoren für Israel hergestellt haben, die Ölgesellschaft ebenfalls mit dem Judenstaat verbunden gewesen sein.

Die israelischen Dienste beobachteten die Aktionen des »Schwarzen September«, waren aber nicht weiter beunruhigt, weil er fast ausschließlich gegen jordanische Ziele ins Feld zog. Also begnügte man sich, alles zu registrieren. Zu jener Zeit, Anfang 1972, hatten die Israelis noch keine Ahnung, wer hinter der Organisation steckte. Die israelische Lethargie war schlagartig verschwunden, als Ali Hassan Salameh sein erstes Meisterstück lieferte: die Entführung der Sabena-Verkehrsmaschine nach Tel Aviv. Bei den überlebenden Terroristinnen soll erstmals Salamehs Name gefallen sein. Nun begann man intensiv, alle Hinweise auf den »Schwarzen September« zu sammeln. Da war es längst zu spät: Die Vorbereitungen für den

Überfall auf die israelische Olympiamannschaft liefen auf vollen Touren.

Es war auch zu spät, um die Terrorkonferenz von Baddawi zu überwachen. Im Mai 1972 luden George Habasch und seine Volksfront Vertreter der gefährlichsten Terrorgruppierungen in das Flüchtlingslager im nördlichen Libanon ein. Es kamen Vertreter der deutschen Revolutionären Zellen, der irischen IRA, der Japanischen Roten Armee, einer sogenannten Volksbefreiungsfront der Türkei und deren iranische Gesinnungsbrüder. Für den »Schwarzen September« traten Abu Ijad, Ali Hassan Salameh und der todkranke Fuad Shemali an. In Baddawi wurde die Freundschaft zwischen dem »Schwarzen September« und der PFLP bekräftigt. Einzelheiten der mörderischen Zusammenarbeit waren längst von Abu Ijad und dem Chef der PFLP-Spezialkommandos, Wadi Haddad, besprochen worden. Darüber hinaus wollten die Palästinenser ihre weltweiten Verbindungen ausbauen und mit den anderen Organisationen eine Arbeitsbasis finden.

Es war die Idee von George Habasch, stärker mit Leuten aus dem Westen und mit Asiaten zusammenzuarbeiten. Japanische oder deutsche Terroristen würden in manchen Operationen weniger auffallen und nicht sofort einen Verdacht auf die Palästinenser lenken. Man könnte sich, so wird aus der Argumentation von Habasch überliefert, in vielen Fällen auch gegenseitig vertreten. Diese Idee fand allgemeine Anerkennung. Die Teilnehmer der Tagung verschwanden so konspirativ und leise, wie sie gekommen waren. Schon wenige Tage später setzten sie ihre Beschlüsse in die Tat um. Drei Japaner, Aktivisten der dortigen Terrorszene, richteten auf dem Flughafen von Tel Aviv ein Massaker unter eintreffenden Fluggästen an.

Wieder fragten die israelischen Dienste bei ihren Informanten nach, und noch mal fiel der Name Ali Hassan Salameh. Dieser Mann war den israelischen Auswertern ein wandelndes Rätsel, da er noch nie zuvor im Zusammenhang mit der Fatah aufgefallen war. Seinen Vater kannte man. Viele altgediente israelische Sicherheitsleute erinnerten sich an Hassan Salameh. Doch das, so sagten sie, ohne einen Moment zu überlegen, könne er ja wohl nicht sein. Hassan Salameh sei ganz sicher tot.

Als der »Schwarze September« Wochen später in München das Leben der israelischen Sportler und den Geist der Spiele zerstörte, da war die Schonzeit für Ali Hassan Salameh zu Ende. Findet dieses Monster, befahl Golda Meir, findet ihn und tötet ihn! Die größte und teuerste Menschenjagd in der Geschichte Israels hatte begonnen . . .

Teil III

Die siebziger Jahre

Kapitel 7

Tödlicher Irrtum in Lillehammer

Ali Hassan Salameh ist zufrieden. Die Operation in München hat zwar nicht den gewünschten Verlauf genommen, ein Erfolg ist es jedoch allemal. Denn noch nie konnte sich die PLO einem derart großen Publikum mitteilen. In den Tagen nach dem 5. September befindet sich der Terrorstratege kurz in der Bundesrepublik. Er benutzt dabei einen seiner sechs falschen Pässe. Er hat drei verschiedene libanesische Identitäten zur Auswahl. Er kann aber auch unter zwei italienischen und einem französischen Reisepapier wählen. Mal heißt er Abdel Kadir Madani, dann wieder Ahmed Belkacem. Schon als er von Ostberlin aus in den Westen wechselt, merkt Salameh, daß die Atmosphäre außerordentlich gespannt ist.

Palästinenser haben keine guten Karten. Hundert von ihnen, zumeist Mitglieder des Studentenverbandes, werden aus der Bundesrepublik verwiesen. Ali Hassan Salameh entzieht sich der antiarabischen Stimmung, indem er nach Beirut zurückkehrt. Eine der ersten Meldungen, die er dort erhält, handelt vom Tod des israelischen Agenten Zadok Ophir. Der in Brüssel stationierte Mossad-Mann wird am 10. September von Salamehs Leuten erschossen.

Nun zieht der Operationschef des »Schwarzen September« sein nächstes Register. Von Amsterdam aus gehen Briefbomben an zahlreiche Israelis. Einer dieser dick gefütterten Umschläge tötet am 19. September Dr. Ami Shechori, den Landwirtschaftsattaché in der Londoner Botschaft. Hararis Geduld ist zu Ende: Ein überaus blutiger Schlagabtausch zwischen seiner Sonderabteilung und Salamehs Killern beginnt.

Die Israelis sind bereit. Ihnen ist es endlich gelungen, die Umrisse ihrer Gegner unter der von Abu Ijad produzierten Tarnung wahrzunehmen. Zum Beweis lancieren sie ein Jugendfoto von Ali Hassan

Salameh und die ersten Hintergründe zu seiner Existenz in der deutschen Illustrierten *Quick*. Originalton: »Er liebt das gute Leben, er trägt nur Maßanzüge, er trinkt in den besten Bars der Welt mit hübschen Mädchen teuren Champagner – doch hinter der Maske des Lebemanns verbirgt sich einer der brutalsten und zynischsten Schreibtischmörder unserer Zeit.«

Salamehs Akte beim Mossad erhält einen Codenamen. Ab sofort ist nur noch die Rede vom »Roten Prinz«. Rot, weil er soviel Blut an den Händen hat, und Prinz, weil sein Verhältnis zu Arafat als das eines Kronprinzen erkannt wird. Golda Meirs Befehl, die Verantwortlichen für den Münchner Anschlag zur Strecke zu bringen, gilt der ganzen Führungsmannschaft des »Schwarzen September«, in erster Linie aber dem Roten Prinzen. Daß es ernst wird, weiß er spätestens am 16. Oktober 1972. An diesem Abend wird Salamehs erster europäischer Resident hingerichtet: Abdel Wael Zuaiter, 38 Jahre alt und seit 1956 in Italien. Der hagere Palästinenser hatte nicht rechtzeitig bemerkt, daß er tagelang von einem Team der Israelis beobachtet wurde, daß eine attraktive Frau mit einer blonden Perücke die Nachbarn an der römischen Piazza Annibaliano nach ihm befragte. Er war ahnungslos in die Falle getappt und von zwei gutaussehenden Männern, die im dunklen Flur seines Appartementhauses auf ihn lauerten, direkt vor dem Aufzug erschossen worden.

Mike Harari konnte erstmals seine Einsatzstruktur am todgeweihten Objekt erproben. Das Kommandounternehmen lief wie ein Uhrwerk ab. Die Strategie bewährte sich und wurde beibehalten. Hararis Teams, die später von den Medien den furchterregenden Namen »Der Zorn Gottes« bekommen sollten, gehörten zur ultrageheimen Mossad-Abteilung *Metsada*, die wiederum direkt dem Leitungsstab unterstellt ist. Das heißt: Nur der Direktor des Mossad, sein Stellvertreter und die ihnen zugeordnete Koordinationsstelle aller Aktivitäten des Geheimdienstes wissen über *Metsada* Bescheid. Victor Ostrovsky, ein früherer Mossad-Eleve, erwähnt in einem Buch über den Dienst einen Vorfall, der bezeichnend ist für das konsequente Vorgehen des israelischen Geheimdienstes: Als 1984 das Codebuch der Londoner Mossad-Station verlorenging, mußten daraufhin die Namen aller Abteilungen geändert werden.

Aus *Metsada* wurde damals *Komemiute*, was soviel bedeutet wie »Unabhängigkeit mit erhobenem Haupt«.

Wie auch immer, *Metsada* war ein Mossad im Mossad. Diese Abteilung war nur nach oben hin angebunden und hatte mit der Routinearbeit eines Nachrichtendienstes nicht das geringste zu tun. Hier wurden Agenten eingewiesen, die sich an die vorderste Linie in den arabischen Staaten begeben mußten. Hier koordinierte man die geheimsten Operationen des Mossad. Bei *Metsada* war sicherzustellen, daß die geringstmögliche Zahl an Mitwissern existierte. Genau betrachtet, war *Metsada* eine Doppelabteilung. Die zweite Hälfte operierte, wenn dies überhaupt möglich war, noch geheimer und noch verwinkelter als Metsada. Es handelte sich um die spektakulären »Hit Teams«, Hararis Sendboten alttestamentarischer Rache – die Unterabteilung des Mossad, für die Erika Maria Chambers angeworben wurde. Der Name dieser Gruppe ist als *Kidon* wiedergegeben, was übersetzt »Der Speer« bedeutet. Es war ein treffsicherer Speer, der nach und nach die gesamte Führungsriege des »Schwarzen September« auslöschen sollte.

Die Killerkommandos der siebziger Jahre bedeuteten auch für einen relativ reichen Geheimdienst wie den Mossad – der 1200 Festangestellte besolden muß und ein Budget von schätzungsweise 150 Millionen US-Dollar hat – eine echte Belastung. In der Phase nach München wurden die Killerkommandos zu einer Prestigeangelegenheit, die auch innerhalb des Dienstes von niemandem in Frage gestellt werden durfte. Auf dem Höhepunkt der Rache gab es fünf »Hit Teams«, die alle von Mike Harari gesteuert wurden. Einer seiner engsten Berater war die graue Mossad-Eminenz Rafi Eitan.

Ihre Mitglieder kannten einander nicht, und wenn, dann nur unter der einzelnen Legende. Sie wußten bis zum letzten Moment nichts über den jeweiligen Auftrag und über den Ort des Geschehens. Ostrovsky über die heutige Situation dieses »langen Arms der israelischen Justiz«: »Normalerweise trainieren zwei dieser Teams in Israel, und eines befindet sich bei einer Operation außerhalb des Landes. Sie wissen nichts über den restlichen Mossad.« Daß es sie jetzt noch gibt, ist spätestens seit dem Kommandounternehmen gegen Arafat-Vize Abu Jihad – eine Teamarbeit von Mossad und *Sayeret Matkal* – am 16. April 1988 in Tunis zweifelsfrei erwiesen.

Israels Fähigkeit, rasch und mit chirurgischer Präzision gegen Terroristen zurückzuschlagen, wurde auch nach tiefgreifenden Veränderungen in der politischen Großwetterlage nie aufgegeben.

Jedem *Kidon*-Team gehören zwölf bis sechzehn hochqualifizierte Agenten an. Im Prinzip darf keiner von ihnen israelisch wirken oder irgend etwas besitzen, dessen Herkunft auf Israel zurückgeführt werden kann. Dabei ist vor allem an die Etiketten in Kleidung oder Gepäckanhänger oder Briefe gedacht – Dinge, die man normalerweise im Alltag gar nicht mehr bewußt wahrnimmt und deshalb auch nicht entfernt. *Kidon*-Agenten beherrschen Fremdsprachen. Zumeist handelt es sich ohnehin um ihre Muttersprache. Bei Dan Aerbel klangen die englischen Betonungen immer skandinavisch, da er in Dänemark geboren wurde. Sylvia Rafael konnte ihren südafrikanischen Akzent nie ablegen, und das galt auch für Erika Chambers und ihr Londoner Englisch. Das war eine Grundidee von Hararis Konzept, und meistens funktionierte es.

Der ehemalige Time-Korrespondent David B. Tinnin veröffentlichte 1976 eine Struktur der Hinrichtungskommandos. Dem Wissen über die fünf operativen Gruppen eines Teams ist auch ans heutiger Sicht nichts Neues hinzuzufügen . . .

Aleph (der erste Buchstabe des hebräischen Alphabets) bestand aus zwei Killern, die entweder aus den Reihen des Mossad oder einer militärischen Eliteeinheit rekrutiert wurden, deren Ausbildung diese des lautlosen Tötens einschloß. Im Gegensatz zu Soldaten in modernen Feldzügen, die ihre Gegner nur selten zu Gesicht bekommen, mußten die Alephs sie mit Handfeuerwaffen aus nächster Nähe erledigen. Es konnte geschehen, daß sie ihnen von Angesicht gegenüberstanden und ihre Todesschreie hörten, während sie unter ihren Kugeln verbluteten. Unter so direktem persönlichen Einsatz ist Mord ein entsetzliches Erlebnis; die Alephs mußten also stark motiviert oder sehr gefühllos oder besser noch beides sein.

Beth (der zweite Buchstabe) bestand aus zwei Leibwächtern, die mit den Alephs direkt zusammenarbeiteten. Während die Killer ihren Auftrag erledigten, sorgten die Beths für einen Fluchtweg. Im Fall von Schwierigkeiten eilten die Beths den Alephs zu Hilfe. Beide Beths mußten hervorragend schießen können und Maschinenpistolen haben. Wenigstens ein Beth war ein erstklassiger Autofahrer (der Mossad hält spezielle Kurse ab, in denen schnelles Fahren und Ausweichen gelehrt werden). Es war den Beths und Alephs streng untersagt, mit den anderen Mitgliedern des Kommandos in Kontakt zu treten. Falls nämlich die Killer oder Leibwächter verhaftet wurden, sollten die anderen sie nicht identifizieren können, sofern es auch sie erwischte.

Heth (der achte Buchstabe) organisierte den Deckmantel, unter dessen Schutz die restlichen Teammitglieder ihre Aufträge ausführen konnten. Heth bestand aus zwei Leuten, meistens einem Mann und einer Frau, da ein Paar weniger Aufmerksamkeit erregt als zwei Männer. Heth mietete Wohnungen, bestellte Hotelzimmer und Mietwagen und versorgte die ganze Gruppe mit dem Nötigen. Da die Heths am meisten an die Öffentlichkeit traten, mußten sie nicht nur aussehen wie Bürger eines beliebigen Landes, sondern auch einen besonders sorgfältig ausgearbeiteten Alltagshintergrund haben, der keinen Verdacht auf Beziehungen zu Israel aufkommen ließ.

Ayin (der sechzehnte Buchstabe) bestand aus sechs bis acht Personen und spielte eine wichtige Rolle. Sie mußten das Opfer ausmachen und beschatten, um den richtigen Ort und Zeitpunkt für die Ermordung auszukundschaften, und sie mußten den Fluchtweg abschirmen, auf dem die Alephs und Beths am schnellsten das Land verließen.

Qoph (der neunzehnte Buchstabe) sorgte für den Nachrichtenaustausch und bestand im allgemeinen aus zwei Männern. Der eine hielt von einem Geheimversteck in der Nähe des Schauplatzes die Verbindung zur Gruppe aufrecht. Der andere, vorübergehend einer israelischen Botschaft zugeteilt, war der Mittelsmann zwischen dem ersten Qoph und der Mossad-Zentrale in Mitteleuropa, die einen direkten Kontakt zum Hauptquartier in Tel Aviv herstellte.

Harari wußte, wie schwierig es ist, alle diese Funktionen zu besetzen. Die idealen Kandidaten für *Heth* und *Ayin* sind Agenten mit einer guten Legende, exzellenten Sprachkenntnissen und Weltläufigkeit. Um den anfänglichen Personalnotstand zu beheben, holt der

Mossad ein Dutzend seiner Agenten nach Hause zurück. Sie werden sofort zu einem Lehrgang in ein Trainingszentrum am alten Hafen von Caesarea entsandt. Dort erfahren sie, daß das *Heth*-Team immer als Vorhut anreist, dicht gefolgt von den *Ayin*-Leuten. Agenten der Kategorie *Aleph* und *Beth* kommen als letzte an. Wenn der Auftrag erfüllt ist, verschwinden sie als erste. Dann zieht sich der *Ayin*-Trupp zurück. Die *Heths* müssen bis zum Ende ausharren. Ein geordneter Rückzug sichert das Überleben des ganzen Kommandos.

In Rom hinterlassen die israelischen Agenten nur eine einzige »Visitenkarte«. Sie verwenden eine kleine, handliche Beretta-Pistole vom Kaliber 0,22. Jeder der beiden *Aleph*-Killer feuert sechs Schuß auf Zuaiter ab. Es ist eine Spezialmunition mit leichter Pulvermischung und geringer Explosivladung. Das dämpft den Knall. Ein Projektil durchschlägt die von Zuaiter ins Italienische übersetzte Ausgabe der orientalischen Märchen aus Tausendundeiner Nacht in einer Innentasche seiner Jacke. So wird es auch künftig sein: Die Israelis töten aus absoluter Nähe und relativ unauffällig.

Als *Beth*-Team warten Mike Harari und seine damalige Gespielin Tamar vor dem Eingang C des Wohnblocks. Ihre Tarnung ist überzeugend: Sie sitzen in einem grünen Fiat 125 und küssen sich leidenschaftlich. Als sich die beiden großgewachsenen Täter auf die Rückbank gezwängt haben, fährt Mike Harari mit Vollgas los. Aus einem in der Nähe geparkten zweiten Leihwagen beobachtet ein hagerer, sehr ernst wirkender Mann die Szene: General Zvi Zamir. Er wollte bewußt bei der Truppe sein und die Premiere selbst miterleben. Außerdem weiß er, daß dies die Moral hebt und die Verbundenheit zwischen den Agenten und der Führung fördert.

Mike Harari stoppt bereits nach 320 Meter und steigt mit seinen Leuten in einen anderen Wagen um. Der zurückgelassene Fiat weist keine Fingerabdrücke auf. Einer aus dem *Aleph*-Team verliert jedoch eine Patrone, die später die Polizei findet. Da sitzen aber die Vollstrecker von Israels Rache längst in einem Flugzeug und haben Italien verlassen. Ihr Besuch in der Ewigen Stadt hat nicht länger als fünf Stunden gedauert. Mike Harari, der als 47jähriger Kanadier aus Toronto unter dem Namen Anthony Hutton aufgetreten ist, feiert mit ihnen den ersten Erfolg.

Am 13. November passiert eine neue Aktion, deren Hintergrund bis heute nicht geklärt ist. Drei arabische Killer dringen in das Pariser Appartement des syrischen Journalisten Khodr Kannou ein und feuern auf ihn. Das Trio entkommt in einem Peugeot 304. Die Ermittlungen der französischen Polizei ergeben, daß Kannou auf den Spuren des »Schwarzen September« gewandelt war, weil er über den Terrorflügel der PLO schreiben wollte. Unglücklicherweise müssen ihn seine Mörder für einen Mossad-Agenten gehalten haben. Eine andere, weniger überzeugende Version lautet, daß der Syrer zu den Gefolgsleuten des Salameh-Vertrauten Mohammed Boudia gehörte und daß ihn deshalb die Israelis heimsuchten. Irgendwie paßt das aber nicht ins Bild.

Der Schein trügt dagegen nicht beim Tod von Dr. Mahmud Hamshari, dem Repräsentanten von PLO und *Fatah* an der Seine. Er ist am 8. Dezember 1972 an der Reihe. Hararis Team hat in seinen Akten stehen, der PLO-Vertreter soll in einen geplanten Anschlag auf David Ben Gurion in Dänemark sowie in einen Bombenanschlag auf eine Maschine der Swiss Air – mit 47 Toten – verwickelt gewesen sein. Die Operation beginnt mit der intensiven Beobachtung von Hamsharis Lebensgewohnheiten durch Agenten der Kategorie *Ayin*. Dann rufen die Israelis bei dem PLO-Statthalter an. Ein Mann gibt sich als italienischer Journalist aus und wünscht Hamshari zu sprechen. Beide verabreden sich für den nächsten Tag in einem Bistro. Während des Treffens ist die Wohnung des Palästinensers in der Rue d'Alesia 175 verwaist, da auch Ehefrau und Tochter etwas zu erledigen haben. Das nutzt ein technisches Team aus Hararis *Kidon*. Leise und sehr präzise erledigt es seine Aufgabe. Die Agenten verstecken eine Bombe, befestigen ihren Zünder mit einem neu entwikkelten Kästchen und dieses mit dem Telefon. Vor dem Haus stehen ein halbes Dutzend Leute des *Beth*-Teams Wache.

Noch einmal vergehen 24 Stunden. Hamshari befindet sich wieder alleine in seiner Wohnung. Das Telefon läutet. Der Palästinenser erkennt am anderen Ende der Leitung den Journalisten vom Vortag. »Sind Sie wirklich Doktor Hamshari?« fragt dieser in einem seltsam eindringlichen Tonfall. »Aber natürlich, ich bin es«, lautet die verwunderte Antwort des PLO-Funktionärs. Eine Sekunde später hört er ein hohes, langgezogenes Pfeifen. Die versteckte Bombe detoniert und verletzt den Mann am Telefon lebensgefährlich. Er stirbt, nachdem er die Geschichte vom falschen italienischen Journalisten erzählt hat. Ali Hassan Salameh tobt, als er die neueste Hiobsbotschaft aus Paris auf den Tisch bekommt. Nun will er erst recht die bevorstehende große Aktion des »Schwarzen September« durchziehen. Eine neue palästinensische Rache gegen eine israelische Rache.

Die Revanche kommt dort, wo es keiner erwartet – in Bangkok. Der israelische Botschafter Rehavam Amir und seine Frau veranstalten am 28. Dezember 1972 eine Party. Unter den Gästen befindet sich auch der israelische Botschafter in Kambodscha, Simon Avimor. Plötzlich mischen sich zwei elegant gekleidete, aber dennoch fremdartige Männer unter die Feiernden. Sie öffnen das Tor für zwei weitere Männer, die Maschinenpistolen mitbringen. Damit bedrohen sie die diplomatische Gesellschaft. Sie nehmen die Israelis als Geiseln und schicken die Thais nach Hause. Schließlich verschanzen sie sich mit ihren sechs Gefangenen im zweiten Stock des Hauses. Die Terroristen bekennen sich zum »Schwarzen September« und fordern die Freilassung von 36 ihrer Gesinnungsgenossen, unter ihnen die Überlebenden der Sabena-Entführung – zwei Frauen – und des Massakers am Flughafen Lod – das ist der Japaner Kozo Okamoto.

Ihr Anführer erklärt, das Kommando würde die Botschaft in die Luft jagen, wenn ihre Freunde nicht freikämen oder die Thai-Polizei versuchen würde, die Botschaft zu stürmen. Das alte Ritual der stundenlangen Verhandlungen beginnt. Daran beteiligen sich unter anderem der Stabschef des thailändischen Heeres, der stellvertretende Außenminister und Ägyptens Botschafter in Bangkok. Es heißt, sie hätten den Terroristen erklärt, ihre Operation störe Thailands heiligstes Fest. Der Kronprinz werde in diesen Tagen auf sein künftiges Amt als Herrscher Thailands vorbereitet. Die Geiselnahme in der Botschaft sei eine grobe Beleidigung des thailändischen Volkes.

Neunzehn Stunden später geben die Terroristen unter mysteriösen Umständen auf. Sie sind bereit, ihre Geiseln freizulassen, wenn sie im Gegenzug ungehindert ausreisen dürfen. So geschieht es dann auch. Die drei Unterhändler begleiten die Kämpfer des »Schwarzen September« bis nach Kairo. Als Israel dann noch am

5. Januar 1973 verkündet, daß es die Leichen von zwei getöteten Fedajin freigeben wird, drehen Hassan Salameh und seine Mitstreiter in der Führung des »Schwarzen September« beinahe durch. Sie werfen ihren Leuten vor, total versagt zu haben. Die Fedajin hätten nie nachgeben dürfen. Nun habe die Befreiungsorganisation ihr Gesicht verloren.

Im selben Monat verliert sie auch noch ihren direkten Draht zum sowjetischen Geheimdienst KGB. Die Israelis haben längst in Erfahrung gebracht, daß die PLO und das KGB enge Kontakte pflegen. Da geht es um den Austausch von Informationen über den Nahen Osten, aber auch um die Ausbildung palästinensischer Kämpfer in der Sowjetunion und um die Lieferung von Waffen. Dies alles wird im Hauptquartier der sowjetischen Dienste, auf der Insel Zypern, besprochen. Der Verbindungsmann der PLO heißt Hussein Abad al-Shir. Kaum haben ihn Hararis Leute identifiziert, wird er nicht mehr aus den Augen gelassen.

Ein Team von Hararis Agenten untersucht die Lebensgewohnheiten des Mittelsmannes – und sein Zimmer im Hotel Olympic von Nikosia. Dann reisen Mike Harari und sein Mitarbeiter Jonathan Ingleby an. Sie mieten sich ebenfalls im Olympic ein. Spätabends am 24. Januar kehrt al-Shir zurück. Er ist müde von langen Verhandlungen mit dem in Nikosia residierenden KGB-General. Deshalb legt er sich sofort schlafen. Der Palästinenser löscht das Licht – und fliegt im selben Moment mit seiner Matratze an die Decke. Einer von Hararis Leuten hatte das Zimmer von al-Shir beobachtet und dann die Sprengladung unter seinem Bett per Funk gezündet.

Nun beschleunigt Salameh die nächste Aktion. Ein Mossad-Agent namens Baruch Cohen ist das Ziel. Cohen fliegt nach Spanien, um palästinensische Studenten als Informanten zu gewinnen. Er will dabei auch neue Hintergründe zum Netz des »Schwarzen September« erfahren. Einer seiner Ansprechpartner verabredet sich mit ihm in einem Café an der Grand Via. Als er den Mann sieht, befällt Cohen ein ungutes Gefühl. Ahnung und Griff in seine Manteltasche sind eins. Doch der Israeli schafft es nicht mehr, seine Pistole zu ziehen – der Palästinenser ist schneller: Er zückt seine eigene Waffe und drückt ab. Baruch Cohen ist tot. Der »Schwarze

September« wirft ihm in einer späteren Erklärung vor, für die Morde an Zuaiter und Hamshari verantwortlich gewesen zu sein. Baruch Cohens Tod löst Schockwellen unter seinen Kollegen bei *Metsada* und *Kidon* aus. Wieder wird ihnen eindringlich bewußt: Sie können nicht vorsichtig genug sein.

Am 15. Februar platzt eine Bombe ganz anderer Art. In Amman werden Abu Daud, einer der Führer des »Schwarzen September« und Mitverantwortlicher für den Münchner Überfall, und sechzehn andere Terroristen festgenommen. Die bereits von einem lokalen Mitarbeiter des »Schwarzen September« informierten jordanischen Behörden inszenierten einen »Zufall«: Abu Daud, der eigentlich Mohammed Daud Odeh heißt, wird in der Tracht eines saudischen Scheichs und in Begleitung einer Fünfzehnjährigen angetroffen. Das Mädchen behauptet, seine rechtmäßig angetraute Ehefrau zu sein. Beide sind gerade dabei, die Lage von Regierungsgebäuden auszuspähen. Bei der Kontrolle von Abu Dauds omanischem Paß stellt die Polizei fest, daß in dem Papier gleich sechs Kinder registriert sind. Angesichts des Alters der »Ehefrau« fällt das ungünstig auf. Das Mädchen erblaßt und läßt die Waffen fallen, die es unter seinen weiten Kleidern trägt.

Dazu die Version von Abu Ijad: »Zwei Gruppen bewährter Kämpfer sollten nach Amman geschickt werden. Die erste Gruppe hatte den Auftrag, die Botschaft der USA zu besetzen und den amerikanischen Botschafter und seine Mitarbeiter als Geiseln festzusetzen; diese sollten dann gegen die palästinensischen Gefangenen ausgetauscht werden. Sollte diese Mission scheitern, so würde die zweite Gruppe den Sitz des Ministerpräsidenten besetzen und die Regierungsmitglieder entführen, um dasselbe Ziel zu erreichen. Der Mann, der für diese besonders heikle Mission ausgewählt wurde, war mein Freund Abu Daud, der in der Widerstandsbewegung für sein bedingungsloses Engagement und seinen Mut bekannt ist. Er hatte unsere Milizen in Jordanien befehligt, bevor die Fedajin vertrieben wurden, und er hatte sich besonders in der ›Schlacht um Amman‹ im September 1970 große Verdienste erworben. Er besitzt ein phänomenales Gedächtnis und ist in der Lage, die Namen aller Märtyrer zu nennen und alles über ihre Herkunft und ihre Vergangenheit zu erzählen. Da er in der jordanischen Hauptstadt sowohl bei der Bevölkerung als auch bei den Sicherheitsbehörden gut bekannt war, ging er ein hohes Risiko ein, als er sich bereit erklärte, heimlich dorthin zurückzukehren. Mehrere Monate bereitete er sich auf seine Mission vor: Er ließ sich einen Bart wachsen und führte in Beirut und Damaskus, wo er sich gewöhnlich aufhielt, ein sehr zurückgezogenes Leben.«

Der für seine rauhen Methoden bekannte jordanische Sicherheitsdienst nimmt sich Abu Dauds an. Unter der Folter gibt der Palästinenser schließlich alles zu. Er gesteht, warum er und seine Leute gekommen waren. Auch berichtet er, daß er von Abu Ijad geschickt wurde. Besonders interessant finden die Jordanier sämtliche Informationen über die Struktur und die geheimen Verbindungen des »Schwarzen September«.

Abu Daud weist sich auch als Mitglied des Revolutionsrats der Fatah aus und berichtet, daß er in dieser Eigenschaft im März 1972 Nordkorea und China besuchen durfte. Die Jordanier reden ihm ein, daß er von Abu Ijad ganz bewußt mit einem Himmelfahrtskommando betraut wurde. Schließlich ist Abu Daud auch bereit, in einer Sendung des jordanischen Fernsehens über den »Schwarzen September« auszupacken. Trotz alledem wird er zum Tode verurteilt. In den geheimen Wohnungen im Beiruter Stadtteil Fakhani kehrt erhebliche Unruhe ein. Sofort werden Pläne geschmiedet, den Verräter Abu Daud aus den Händen der Jordanier zu befreien, damit er nicht noch mehr ausplaudern kann. Letzten Endes scheitern aber zwei Erpressungsversuche.

Erstaunliche Initiativen wirken nun auf die Jordanier ein. Mit großer Dringlichkeit meldet sich niemand Geringerer als Ägyptens Anwar el-Sadat bei König Hussein und bittet um das Leben von Abu Daud und seinen Komplizen. Er schaltet sogar Syrien und Libyen ein. Als das Präsidium des Obersten Sowjet in Moskau dasselbe Anliegen vorbringt, können es die Jordanier gar nicht fassen. Ein deutliches Zeichen, daß die Sowjets stärkeren Anteil am internationalen – und vor allem palästinensischen – Terrorismus hatten, als sie je zugaben. Abu Daud verläßt das jordanische Gefängnis erst wieder im September 1973, als er mit 753 anderen Gefangenen durch eine Generalamnestie begnadigt wird. Und bis dahin fließt noch viel Wasser den Jordan hinunter.

Der Drang des »Schwarzen September«, die Pleite von Bangkok und das Sicherheitsfiasko von Amman auszugleichen, ist dermaßen groß, daß auch der mit allen Wassern gewaschene Ali Hassan Salameh unvermittelt einen Fehler begeht. Für den 1. März 1973 organisiert er eine besonders spektakuläre Operation, bei der letztlich unbeabsichtigt die enge Verwandtschaft zwischen seiner Terrororganisation und der *Fatah* offen zutage tritt. Es ist ein warmer Frühlingsabend in der sudanesischen Hauptstadt Khartum. Der saudische Botschafter hat zu einem Empfang für den scheidenden amerikanischen Chargé d'affaires, George C. Moore, geladen. Ein Großteil des diplomatischen Korps ist gekommen, um sich von dem beliebten Kollegen zu verabschieden.

Plötzlich, um 19 Uhr, durchbricht ein Landrover mit den diplomatischen Kennzeichen der PLO das Gartentor. Am Steuer sitzt der dritte Mann in der PLO-Vertretung. Er, sein nächster Vorgesetzter in der Botschaft und sieben wildgewordene Fedajin springen aus dem Fahrzeug und schießen ohne Vorwarnung aus allen Rohren. Dabei machen sie sich nicht unbedingt die Mühe des Zielens, treffen aber beispielsweise den Chargé der belgischen Botschaft, Guy Eid, in den Fuß. Unter den zahlreichen Gästen bricht Panik aus. Einigen gelingt es, über die Mauer zu springen und im allgemeinen Durcheinander davonzulaufen. Die anderen, unter ihnen auch die Familie des saudischen Botschafters, werden nun streng bewacht und zum Teil auch gefesselt. Die Terroristen binden Moore und seinen Botschafter, Cleo A. Noel jr., aneinander – und mißhandeln die beiden. Nach einer Weile entlassen sie sowohl arabische als auch osteuropäische Diplomaten, Frauen und Kinder.

Abu Ijad berichtet in seinen Memoiren, daß die Führung des »Schwarzen September« wußte, wie wenig König Hussein bereit war, einer Erpressung nachzugeben, selbst »wenn die Hälfte des jordanischen Volkes zugrunde gehen müßte«. So beschloß man, »über die Vereinigten Staaten von Amerika Druck auf ihn auszuüben«. Abu Ijad zur Wahl der Geiseln durch das Kommando von Khartum: »Ihre Zielscheibe war der amerikanische Geschäftsträger, der früher einmal in Amman akkreditiert und für die Vorbereitungen des Krieges von 1970 mitverantwortlich gewesen war.« Ein Motiv, an das seinerzeit niemand dachte.

Nun kommt die Forderung: Innerhalb der nächsten 24 Stunden sollen zahlreiche Gefangene freigelassen werden, unter ihnen der Robert-Kennedy-Mörder Sirhan Sirhan, alle weiblichen Gefangenen in Israel – mit ihnen wieder einmal die beiden Überlebenden der Sabena-Entführung –, Mitglieder der deutschen Baader-Meinhof-Bande und natürlich aus jordanischen Gefängnissen Abu Daud und seine sechzehn Komplizen sowie ein Offizier, der an einer Verschwörung gegen die Regierung in Amman beteiligt gewesen war.

Die Angehörigen des Kommandos von Khartum geben sich besonders martialisch. Sie brüllen herum, drohen mit ihren Waffen und jonglieren mit Handgranaten. Gleichzeitig sind sie aber an der langen Leine und stehen in dauerndem Telefonkontakt mit dem PLO-Hauptquartier in Fakhani, hören mit Hilfe eines Kurzwellenempfängers codierte Nachrichten ab. Vor jedem weiteren Schritt müssen sie bei Abu Ijad, Ali Hassan Salameh und Yussuf al-Najjar um Erlaubnis nachfragen.

Das alte Katz-und-Maus-Spiel beginnt, an dessen Ende die Terroristen meistens mit leeren Händen abziehen. Der sudanesische Innenminister leitet die Verhandlungen. Von seinen Gesprächspartnern in Amman kann er gleich ein kategorisches Nein übermitteln. Mit Israel zu sprechen, so sagt er, käme gar nicht in Frage, weil der Sudan den zionistischen Feind nicht kontaktieren könne. Auch die Frage nach den deutschen Terroristen erübrigt sich, da der bundesdeutsche Botschafter das Fest vor 19 Uhr verlassen hatte und deshalb nicht gefangengenommen werden konnte. Da sie aber die amerikanischen Diplomaten haben, bleiben die Täter bei der Forderung an die Regierung in Washington. Sie bekräftigen auch, die Botschaft und ihre Geiseln nicht aufzugeben, »bevor die palästinensischen Gefangenen in den Gefängnissen des reaktionären Regimes von Jordanien frei sind«.

US-Präsident Richard Nixon weist die Forderung des »Schwarzen September« mit harschen Worten zurück. Trotzdem fliegt eine amerikanische Verhandlungsdelegation in den Nahen Osten. Diesmal will Ali Hassan Salameh jedoch einen extrem harten Kurs steuern. Er läßt seinen Leuten in Khartum eine Nachricht übermitteln: »Die Organisation befiehlt euch, Operation Nahr al-Bared an Nummer eins, zwei und drei durchzuführen!« Nahr al-Bared ist der Name eines Palästinenserlagers im nördlichen Libanon, das damals unter anderem als Ausbildungszentrum für Leute des »Schwarzen September« und der PFLP genutzt wurde. Israelische Elitetruppen hatten ihm zehn Tage vor der Khartum-Operation einen Besuch abgestattet und sich für Aktionen der Gegenseite gerächt.

Am 2. März, abends um 21.30 Uhr, werden der amerikanische Botschafter, sein Vertreter und der Belgier in den Keller gebracht. Alle drei dürfen noch ein Testament abfassen und sich vom saudischen Gastgeber mit bewegenden Worten verabschieden. US-Botschafter Noel an den Hausherrn: »Es tut mir sehr leid, daß es so gekommen ist, aber lassen Sie mich Ihnen versichern, es war nicht Ihre Schuld ...« Dann werden sie mit vierzig Schüssen hingerichtet. Um ihre Todesqualen zu verlängern, feuern die Terroristen von unten nach oben. Zuerst in die Beine, und dann in die Körper. Inzwischen kommt der Befehl zum Töten der drei Geiseln noch einmal per Kurier an. Ali Hassan Salameh hatte die codierte Nachricht bei der sudanesischen Botschaft in Beirut abgeben und dabei erklären lassen, dies sei eine Aufforderung, die Operation abzubrechen.

Plötzlich ist Jassir Arafat persönlich am Telefon. Er fragt den Chef der Terroristen, ob er alles richtig verstanden hätte. Dann erkundigt er sich nach dem Schicksal der saudischen und jordanischen Geiseln. Ihnen, so sagt er, solle nichts geschehen. Sie und die restlichen Gefangenen sollten gegen freies Geleit zur Ausreise nach Libyen bzw. Ägypten entlassen werden. »Ergebt euch dann den sudanesischen Behörden, um eure gerechte Sache den großartigen sudanesischen Massen und der Weltmeinung zu erklären.« Nun schalten die geschockten Sudanesen auf stur und versichern den Tätern, daß sie niemals die Erlaubnis bekommen werden, das Land zu verlassen. Etwas später kapitulieren die Terroristen nach sechzig Stunden nutzloser Verhandlungen.

Abu Ijad rechtfertigt das menschenverachtende Geschehen: »Die Urheber des Attentats hatten keineswegs die Absicht, ihre Geiseln hinzurichten. Nachdem Hussein sich geweigert hatte, ihren Forderungen nachzukommen – was übrigens auf ausdrückliche Empfehlung von Präsident Nixon hin geschah –, verlangten sie ein Flugzeug, um ihre Geiseln nach Washington zu bringen, wo sie von neuem verhandeln und ihre Sache vor die amerikanische Öffentlichkeit bringen wollten.« Egal, wie viele Geiseln auf der Strecke bleiben – Motive und Umstände werden im nachhinein immer veredelt.

Die sudanesischen Ermittlungen zeigen weitere interessante Verbindungen auf: Der Überfall auf die Party war vom Leiter des PLO-Büros vor Ort, Fawaz Yassin (Abu Marwan), selbst organisiert worden. Er hatte die sechs aus Beirut anreisenden Täter und ihre Waffen durch die Zollkontrolle geschleust und sich dann nach Libyen abgesetzt. Wie eine Durchsuchung des PLO-Büros ergab, hatte Yassin auch Anweisungen zur Ermordung des deutschen und britischen Botschafters und des äthiopischen Kaisers Haile Selassie hinterlassen. Selbstverständlich weigerte sich der Gönner des »Schwarzen September«, Libyens Khadafi, den flüchtigen Yassin an die Sudanesen auszuliefern. Er vermittelte ihm lieber vorübergehendes Asyl im befreundeten Südjemen.

Aus Beirut kam ein Statement des »Schwarzen September«. Darin forderte die ideologisch völlig verrannte Truppe zum endlosen Kampf gegen den »zionistischen und amerikanischen Imperialismus und seine Agenten in der arabischen Welt« auf. Und wie immer sollte die Operation in Khartum »nicht im geringsten zu Blutvergießen führen, sondern allein unsere gefangenen Helden befreien«. Wegen »der Arroganz und der Verstocktheit des amerikanischen Imperialismus ... haben unsere Revolutionäre die Todesstrafen gegen drei Geiseln vollstreckt ... Die Vereinigten Staaten hatten Anteil an der Verschwörung, die zum Massaker an unserem Volk führte, an der Konspiration gegen unsere arabische Nation und unseren nationalen Kampf. Wir wollen der Welt versichern, daß die Militanten des ›Schwarzen September‹ niemals Furcht kannten und niemals kennen werden ...« Die US-Regierung wird für das blutige Ende der Geiselnahme verantwortlich gemacht. Weitere Anschuldigungen gegen Amerikaner, Israelis und ihre arabischen Freunde folgen.

Das arabische Syndrom: Auch das Debakel von Khartum wird als Erfolg über die Feinde der palästinensischen Sache gefeiert. Man weiß längst, daß die arabische Solidarität am Ende doch stärker ist und daß die Terroristen deshalb keine nennenswerte Strafe befürchten müssen. Im Oktober 1973 beginnt der Prozeß gegen die acht

Fedajin. Zwei von ihnen werden gleich aus Mangel an Beweisen freigelassen. Am 24. Juni 1974 verkündet das Gericht sechs Todesurteile, die Sudans Präsident augenblicklich in Siebenjahresstrafen umwandelt. Gleichzeitig verkündet er, die Täter würden an die PLO übergeben. Am nächsten Tag dürfen sie den Sudan verlassen. Gerechtigkeit auf arabisch.

Nach den Erfahrungen von München und Khartum installieren die Amerikaner eine übergeordnete Arbeitsgruppe, deren Aufgabe es ist, den internationalen Terrorismus zu beobachten und Modelle zu seiner Abwehr zu formulieren. Diese Abteilung wird im Außenministerium untergebracht. An ihrer Spitze steht der erfahrene Diplomat Armin Meyer, der sein Land unter anderem als Botschafter in Beirut vertreten hat. Meyer, der perfekt Arabisch spricht, koordiniert seine Aktivitäten mit dem amtierenden Außenminister William Rogers, ferner mit Henry Kissinger, CIA-Direktor William Colby und FBI-Chef Clarence Kelley sowie dem US-Botschafter bei den Vereinten Nationen. Nun stellen sich auch die USA endlich der latenten Bedrohung.

In den ersten Apriltagen schlagen erneut Palästinenser und Israelis zu. Zunächst werden in Rom Kombattanten der PFLP abgefangen, bevor sie die Warteschlange am Schalter der El-Al niedermetzeln können. Vier Koffer mit Sprengstoff und Waffen finden sich in der Abflugzone. Dann hält sich am selben Tag Dr. Bassel Rauf al-Kubaisy in Paris auf. Der vom »Schwarzen September« bestellte Verantwortliche für die Waffendepots in den arabischen Botschaften europäischer Hauptstädte ist im Zivilberuf Rechtsprofessor an der Amerikanischen Universität Beirut. In Frankreichs Hauptstadt fühlt er sich jedoch beobachtet. Er weiß nicht, wie er zwei junge Männer, die ihn anscheinend verfolgen, abschütteln soll. Es ist bereits kurz nach Mitternacht, als der im Irak geborene Kubaisy zu seinem kleinen Hotel in der Nähe des Place de la Concorde zurückkehrt. Die beiden Schatten sind immer noch hinter ihm. Besorgt dreht er sich um, als er merkt, daß sie ihre Schritte beschleunigen. Instinktiv geht auch er schneller. Es nützt ihm gar nichts. Nun kommen sie näher und sprechen ihn an. Er antwortet in französisch. Seine Stimme ist laut und erregt: »Nein, nein, tun Sie das nicht.« Die beiden Männer richten ihre Berettas, Kaliber 6,35 mm, auf den

Vierzigjährigen und drücken zehnmal ab. Am nächsten Tag veröffentlicht die PFLP in Beirut eine Erklärung. Kubaisy, heißt es darin, sei in operativer Mission unterwegs gewesen. Aus nahöstlichen Geheimdienstkreisen wird bekannt, daß er mit Mohammed Boudia, einem von Salamehs besten Leuten, sowjetische Juden auf ihrem Zwischenstopp in Österreich ermorden wollte.

Noch einmal greifen beide Seiten am selben Tag an, am 9. April 1973. Gut zwei Monate zuvor hatten Hararis Killer den Verbindungsmann zwischen der PLO und dem KGB in seinem zypriotischen Hotel in die Luft gejagt. Nun ist sein Nachfolger an der Reihe. Ziad Muchasi hat diese Funktion übernommen. Er scheint nicht daran zu glauben, daß die Israelis zweimal hintereinander dasselbe Drehbuch benutzen. Auch er kommt von einem Treffen mit dem KGB-Residenten zurück und betritt sein Hotelzimmer in Nikosia. Als er den Lichtschalter betätigt, wird der Stromkreis zu einer Bombe geschlossen. Ziad Muchasi dürfte nur noch ein grelles, weißes Licht gesehen haben. Der Sprengkörper reißt ihn in Stücke.

Am selben Tag versuchen vier Mitglieder des »Schwarzen September«, das Appartementhaus, in dem der israelische Botschafter in Nikosia lebt, in die Luft zu sprengen. Da sie aber den Umgang mit zwanzig Kilogramm Dynamit nicht ordentlich gelernt haben, mißlingt der Anschlag. Der Sprengkörper explodiert und reißt ein Loch ins Gebäude. Das Auto der Terroristen ist schrottreif. Nachdem sie auch noch einen zypriotischen Polizisten in den Rücken geschossen haben, müssen sie ganz schnell verschwinden. Drei der vier Palästinenser werden jedoch erwischt, verurteilt und gleich darauf begnadigt. Das alte Spiel.

Eine halbe Stunde nach dem Anschlag auf den Wohnsitz des Botschafters versucht ein zweites Kommando, eine israelische Maschine auf dem Flughafen von Nikosia zu kapern. Neun Terroristen durchbrechen mit zwei Fahrzeugen das Eingangstor. Es kommt zu einer wilden Schießerei. Dabei tötet ein israelischer Sicherheitsmann zwei der Angreifer. Drei weitere werden verletzt, auch zwei zypriotische Polizisten. In einem der beiden Fahrzeuge findet die Polizei diese vorbereitete Erklärung: »Wir sind die neuen Piloten und Kommandanten dieses Flugzeugs. Bitte zwingen Sie uns nicht, Gewalt anzuwenden. Bleiben Sie in Ihren Sitzen. Wir sind Vertreter

Eine der seltenen Aufnahmen von Ali Hassan Salameh: Der Rote Prinz eine Woche nach dem Attentat auf die israelische Olympiamannschaft *(Foto: Middle East News)*

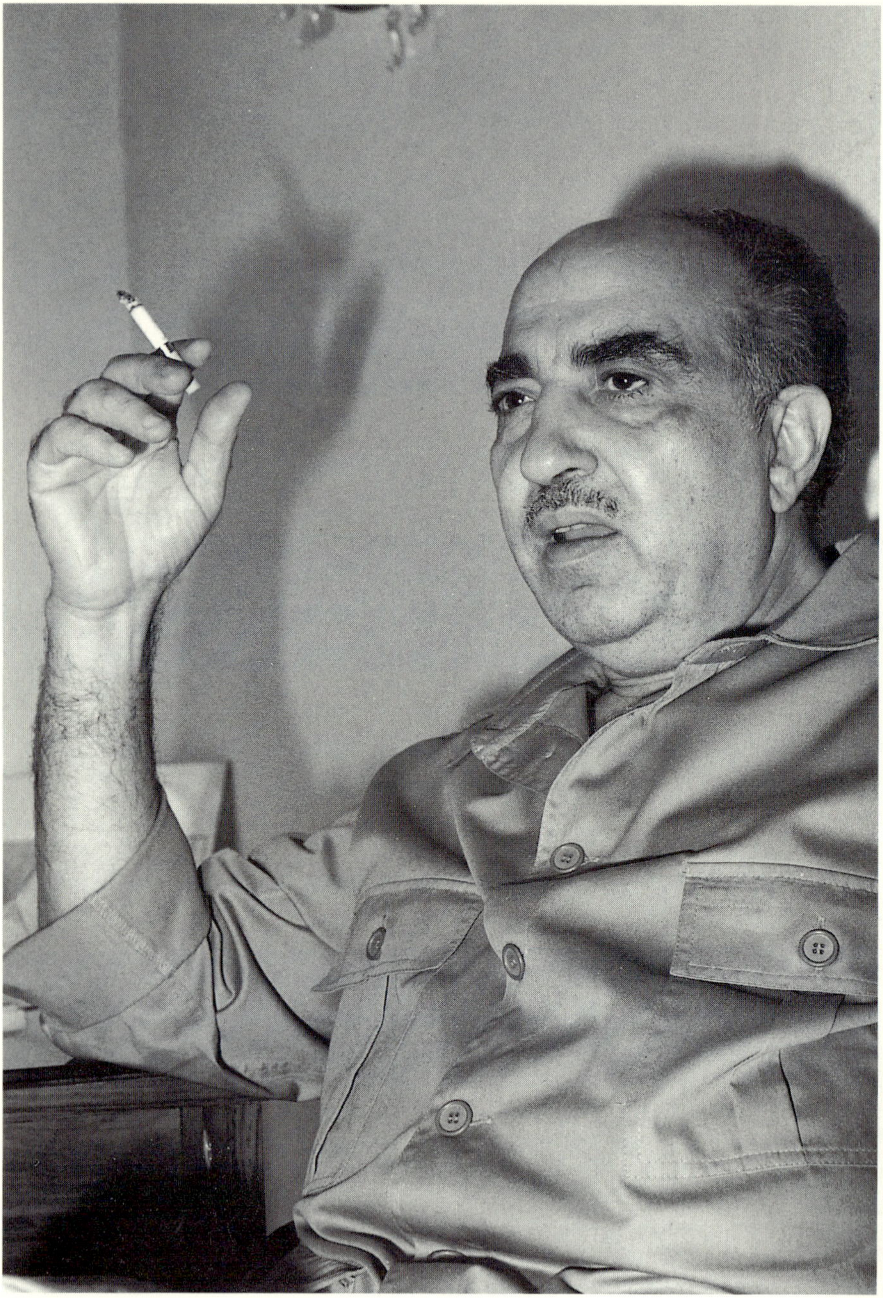

Einer der Drahtzieher im Hintergrund: Abu Ijad, der Chef der palästinensischen Terrororganisation Schwarzer September *(Foto: Middle East News)*

Sichtbares Zeichen des Massakers, das im olympischen Dorf (oben) seinen Anfang nahm, sind die in Brand gesetzten und zerstörten Hubschrauber in Fürstenfeldbruck *(Fotos: sven simon* und *ap)*

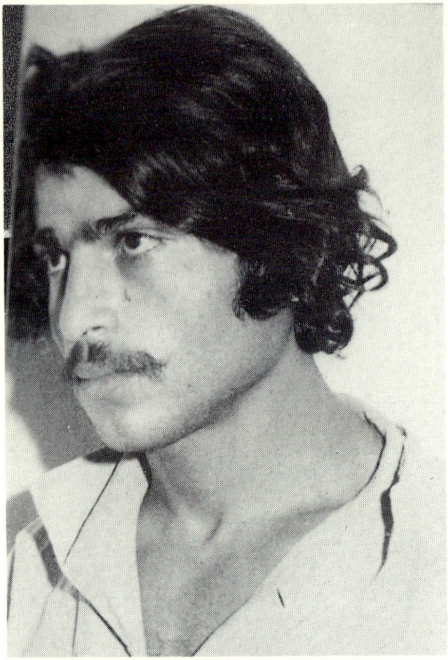

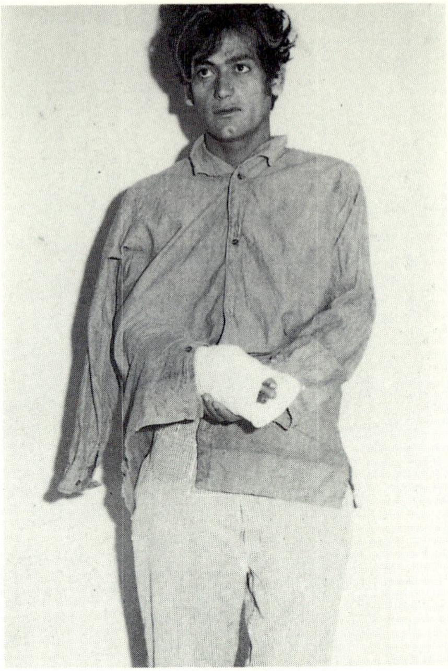

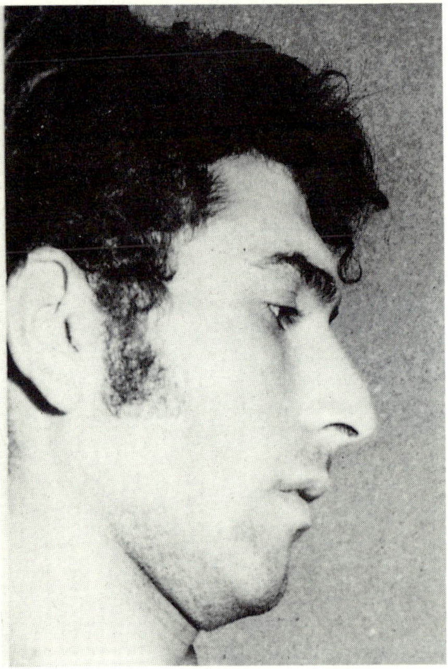

Abdel Kader Denawy (links oben), Samir Mohammed Abdullah (rechts oben) und Ibrahim Masud (links unten) – die drei überlebenden Attentäter von München *(Fotos: Middle East News)*

Der Mossad unter seinem damaligen Chef Zvi Zamir trat auf den Plan – und die Jagd auf den Roten Prinzen begann *(Foto: Zvi Zamir)*

Harari entschied sich für die Britin Erika Maria Chambers (oben bei der Abschluß-feier nach bestandenem Examen), die fortan nur das Ziel Salameh im Auge hatte. Nur gelegentlich (unten) besuchte sie in dieser Zeit ihre Mutter
(Fotos: Middle East News)

Links oben das Elternhaus der späteren Mossad-Agentin. Während sie auf Salameh angesetzt war, baute sie sich eine perfekte Legende auf, zu der unter anderem ein häufiger Wohnungswechsel gehörte: Rechts oben der Wohnkomplex in Wiesbaden, links der in Köln – beides Quartiere für kurze Zeit *(Fotos: Middle East News)*

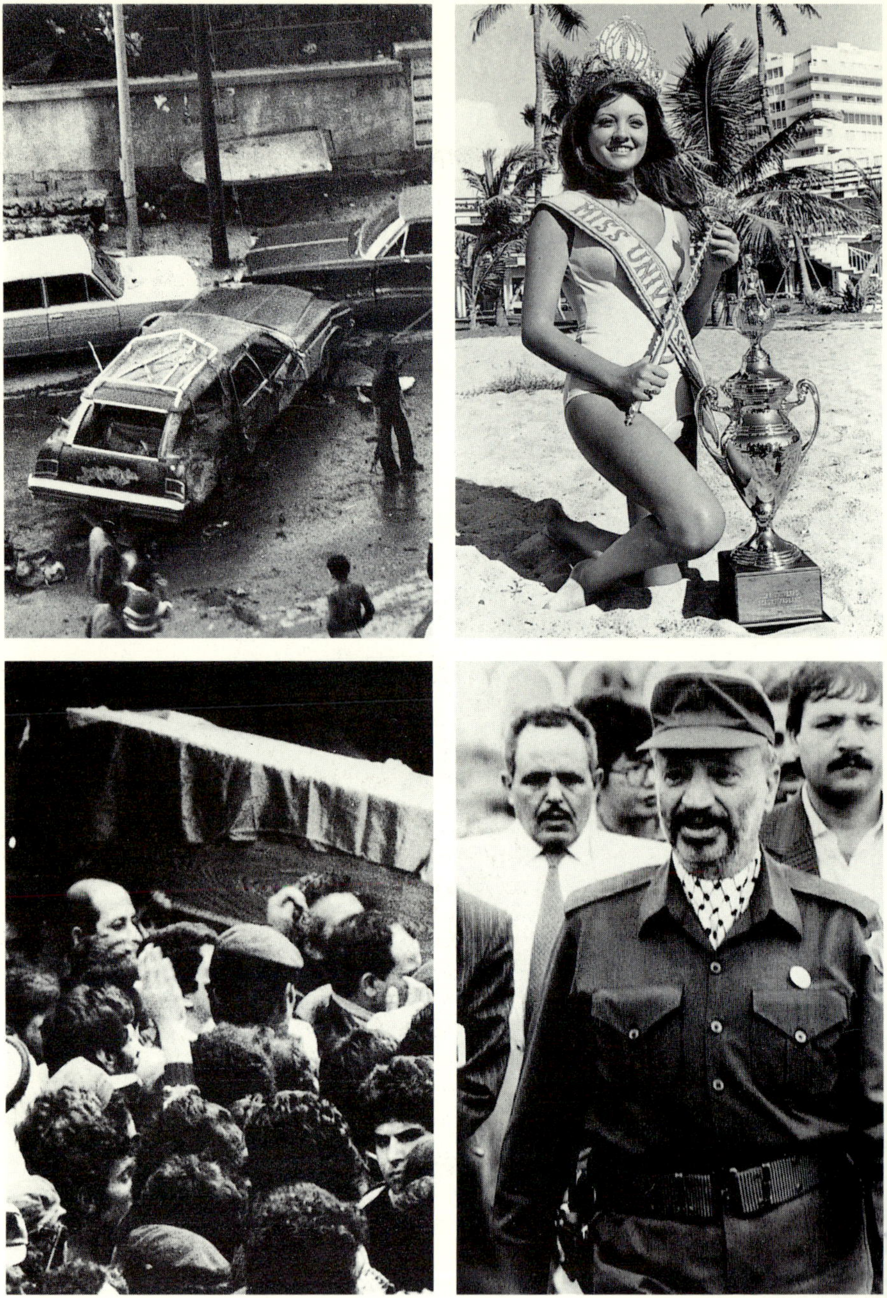

Das Ende des Roten Prinzen: Sein Wagen nach dem Attentat in Beirut *(Foto: Middle East News)*. Ein Bild aus glücklicheren Tagen: Georgina Rizak, Salamehs spätere Ehefrau, ehemals Miß Universe *Foto: Stern)*. Zum Schluß herrscht nur noch Trauer: Der Sohn Salamehs und der »Vater« des Roten Prinzen, Jassir Arafat, während der Beerdigung *(Fotos: dpa)*

der ›Arabischen Nationalistischen Jugendorganisation für die Befreiung von Palästina‹. An die liebenswerten Menschen von Zypern: Wir bedauern diesen Kampf auf Ihrer schönen Insel. Wir haben ihn nicht begonnen. Wir kämpfen nur darum, unser Land und unsere Häuser zurückzubekommen.« Die Terroristen werden verurteilt – und begnadigt. Das alte Spiel.

Nach Khartum und Zypern ist die Atmosphäre ideal, einen kühnen Plan umzusetzen, der schon lange in israelischen Amtsstuben bereitliegt. Die Palästinenser haben wieder einmal die Sympathien der Weltöffentlichkeit verspielt. Israel kann also nur gewinnen. Es ist ein purer Zufall, daß zwischen den Ereignissen in Zypern und dem großen Schlag gegen den »Schwarzen September« nur wenige Stunden liegen. Das zeigt aber auch, daß Zypern nicht der Auslöser der Operation *Aviv Ne'urim* (»Frühling der Jugend«) war. Schon Monate vorher war in den höchsten Gremien diskutiert worden, eine neu entstandene Waffenfabrik der PLO in der Nähe des Flüchtlingslagers Sabra anzugreifen und zu zerstören. Bei den Sondereinheiten prügelte man sich förmlich um diese Aufgabe. Es entwickelte sich ein Wettbewerb zwischen der *Sayeret Matkal* und den Marineeinsatzkommandos unter Oberst Shaul Ziv.

Schließlich beauftragte der Generalstab die israelischen »Naval Commandos«, alle notwendigen Vorbereitungen zu treffen. Für Oberst Ziv war es eine Prestigeangelegenheit, und deshalb drillte er seine Leute so hart wie noch nie für diese Aufgabe. Auf seiner Marinebasis ließ er das feindliche Objekt in Originalgröße nachbauen. Jeden Freitag, bevor der Sabbat begann, wurde noch einmal die Waffenfabrik der PLO gestürmt. Dann kam Mosche Dayan, der Verteidigungsminister, und sagte die Aktion aus heiterem Himmel ab. Für ihn war diese Operation nur eine Racheaktion von vielen. Er wollte einen Einsatz in Beirut, über den man im Nahen Osten Jahre später noch sprechen würde. Also wurde die Gesamtstrategie Israels überdacht. Die Planer faßten mehrere Ziele zusammen und beschlossen, dem »Schwarzen September« den Kopf abzuschlagen.

An dieser Stelle mußten Mike Harari und seine Leute hinzugezogen werden. Nur sie hatten genügend Informationen über die Wohnungen der Terrorchefs, über deren Gewohnheiten und über ihren aktuellen Aufenthaltsort. Ab sofort diskutierten Mossad und

Streitkräfte über die Operation, trainierten Sondereinheiten und Leute der »Hit Teams« zusammen. Die Feinabstimmung klappte perfekt. Also orderte Harari in den ersten Apriltagen sechs seiner besten Männer nach Beirut ab. Sie gaben sich als europäische Touristen aus, trugen Hippiekleidung und lange Haare, mieteten sechs Leihwagen und kurvten damit in der libanesischen Hauptstadt herum.

Am 1. April traf ein 35jähriger Belgier namens Gilbert Rimbaud ein. Er bezog ein Zimmer im Sands Hotel. Der deutsche »Tourist« Dieter Altnuder folgte ihm. Beide taten so, als ob sie sich nicht kennen würden. Sie unternahmen lange Fußmärsche in der Stadt und am Strand. Altnuder frönte seinem Hobby, dem nächtlichen Angeln an Beiruts Taubenstrand. Am 6. April kamen drei neue Gäste hinzu – zwei Engländer namens Andrew Whichelaw und George Elder sowie der Belgier Charles Boussard. Am selben Tag traf der letzte ein, der Engländer Andrew Macy. Er stieg im Hotel Atlantic ab. Hararis Sextett unternahm nun noch längere Märsche und Aufklärungsfahrten. Sie mieteten sich Leihwagen mit viel Innenraum. Bald fielen sie im fröhlichen Treiben des Vorkriegs-Beirut nicht mehr auf. Die Stadt hatte sie akzeptiert, und so gehörten sie ganz einfach mit dazu.

Am Morgen des 9. April verließen neun Raketenboote der israelischen Marine und zwei Patrouillenboote den Hafen von Haifa. Sie nahmen Kurs auf Beirut. Um 21 Uhr lag die Flotte vor der herrlich beleuchteten Skyline der Weltstadt des östlichen Mittelmeers. Alle Motoren, das Radar und der normale Funkverkehr waren abgeschaltet. Die ersten Beiboote wurden zu Wasser gelassen. Nach Mitternacht sollte die Operation beginnen. Den exakt aufeinander abgestimmten Einheiten waren fünf Ziele vorgegeben. Dafür hatte der Computer auch – wie üblich – fünf verschiedene Codenamen ausgegeben. Der wichtigste Auftrag lautete, die anwesenden Führer des »Schwarzen September«, Yussuf el-Najjar, Kamal Adwan und Kamal Nasser zu liquidieren. Zum Bedauern der Israelis war Ali Hassan Salameh verreist. Für die Hinrichtung der Führer lautete der Deckname *Avivah*.

Darüber hinaus galt es, den Appartementkomplex der Demokratischen Front für die Befreiung Palästinas (DFLP) an der Rue Khartum, das für die besetzten Gebiete zuständige Hauptquartier der

Fatah und die Waffenfabrik zu zerstören. Ein Marinesonderkommando wurde zum Angriff auf ein riesiges Munitionsdepot der *Fatah*, unweit des Hafens von Beirut, eingeteilt. Zur Ablenkung sollte auch eine Attacke gegen ein Munitionslager der *Fatah* nördlich von Sidon stattfinden.

Pünktlich um Mitternacht landen zwölf Zodiac-Boote mit den von Oberstleutnant Ehud Barak, dem heutigen Generalstabschef, kommandierten Einheiten der *Sayeret Matkal* am Taubenstrand, mitten in Beirut. Bei ihnen befinden sich auch die für das DFLP-Hauptquartier eingeteilten Fallschirmjäger. (Einer von Baraks besten Offizieren, Major Yoni Netanjahu, sollte 1976, bei der Befreiung von Geiseln im ugandischen Entebbe, Weltruhm erlangen.)

Hararis »Touristen« stehen mit ihren Leihwagen bereit und nehmen die in sportlicher Freizeitkleidung den Booten entsteigenden Elitesoldaten auf. In Beirut ist das lockere, südliche Leben noch im vollen Gange, und auf der Küstenstraße Rausche stauen sich die Autos der Nachtschwärmer. Gerade in den arabischen Staaten des Vorderen Orients ist es nicht selten, daß man erst um 22 Uhr mit einem opulenten Abendessen beginnt. Niemand achtet weiter auf die sechs Autos. Drei von ihnen steuern die Rue Verdun an, die anderen drei die Rue Khartum.

Um 1.29 Uhr ist Baraks kühne Truppe einsatzbereit. Die Männer tragen ausnahmslos Waffen mit Schalldämpfern – Uzi-Maschinenpistolen, die kleinen Beretta-Pistolen der Todeskommandos, amerikanische Mini-MPs vom Typ MAC-10. Niemand sieht die Ausrüstung, weil sie unter Jacken in Übergröße verborgen ist. Jedes Team trägt auch kofferweise Sprengstoff mit sich. Man benötigt ihn, um Hindernisse zu beseitigen. Wenn die Koffer leer sind, sollen sie mit Dokumenten der PLO gefüllt werden. Eine besondere Tarnung leistet sich Ehud Barak, der Kommandeur der Einheit. Er trägt Frauenkleider, eine blonde Perücke und ansehnliche falsche Brüste. Später wird er von Augenzeugen in orientalischer Übertreibung als atemberaubend hübsch beschrieben werden. Arm in Arm betreten Barak und Major Muki Botzer das Wohnhaus der PLO-Führer. Alles ist ruhig, und erstaunlicherweise sind nirgendwo Leibwächter zu sehen. Einige Darstellungen der Operation sprechen von zwei Bodyguards, die aber sofort ausgeschaltet werden.

Im sechsten Stock dieses Hauses wohnt Yussuf al-Najjar, der offizielle Chef des »Schwarzen September«. Er ist ein Fatah-Mann der ersten Stunde. Geboren in Jibna, flüchtete er 1948 nach Gaza und leitete von dort sieben Jahre lang den militärischen Widerstand. Der einfache Handwerker stand damals in Opposition zum großen Nasser und ging deshalb nicht nach Kairo, wo alle anderen Führer der späteren PLO saßen. Ihn zog es nach Kuwait und in weitere Golfstaaten, wo er dann Abu Ijad traf und zum harten Kern um Arafat stieß. Bis 1967 wirkte Yussuf al-Najjar im Untergrund. Dann konnte er seine Führungsämter auch offiziell einnehmen. Wegen seiner absoluten Härte setzten ihn Arafat und Abu Ijad wohl an die Spitze des »Schwarzen September«. Seine Persönlichkeit war so stark, daß für Ali Hassan Salameh zu Lebzeiten al-Najjars immer nur die Rolle des Zweiten blieb. Dieses Problem sollte sich am 10. April 1973 lösen.

Vier israelische Offiziere laufen die Treppen hoch und sprengen die Tür zu al-Najjars Fünfzimmerwohnung auf. Im Schlafzimmer versucht der aus tiefem Schlaf aufgeschreckte Meisterterrorist nach seiner Kalaschnikow zu greifen. Das ist nicht so einfach, da ihm eine Hand fehlt. Seine Frau Maha wirft sich schützend vor ihn. Zwanzig Schuß aus Yoni Netanyahus Uzi töten ihn auf der Stelle. Die Angreifer raffen alle Dokumente zusammen, deren sie habhaft werden können, und verlassen das Appartement so rasch wie sie gekommen waren. Plötzlich öffnet sich die Tür einer benachbarten Wohnung. Hier lebt eine siebzigjährige Italienerin. Bevor sie noch etwas sagen kann, treffen sie die tödlichen Schüsse aus den Waffen der ebenso überraschten Israelis.

Etagen tiefer sind bereits die anderen beiden Teams in den Wohnungen ihrer Opfer angekommen. Kamal Adwan lebt im zweiten Stock. Der ehemalige Architekt stammt auch aus Jibna und wirkte lange Jahre im Gazastreifen. Er ist einer der wichtigsten Organisatoren der Fatah und kümmert sich stark um den Widerstand in den besetzten Gebieten. Und er gehört der Führung des »Schwarzen September« an. In jener Nacht versteckt er sich zuerst hinter einem Vorhang. Dann feuert er mit einer Kalaschnikow auf die eindringenden Israelis. Vergebens. Zahlreiche Kugeln aus den Waffen der Sondereinheiten treffen ihn am Kopf und in der Brust. Seine Frau und die beiden Kinder stehen fassungslos daneben, als die Israelis drei Koffer mit Unterlagen der PLO füllen.

Kamal Nasser, die dritte Zielperson, ist der Sprecher der PLO. Er war besonders eifrig, als es darum ging, den Überfall von München zu loben. Als das Kommando bei ihm eindringt, sitzt er noch am Schreibtisch und brütet über dem Manuskript einer Rede, die er am nächsten Tag halten soll. Zwei Mann leeren je ein Magazin in den Körper von Nasser. Dann durchsuchen sie das Appartement nach interessanten Dokumenten.

Inzwischen sind die israelischen Posten vor den Wohnblöcken mit einer libanesischen Polizeistreife aneinandergeraten. Die drei Ordnungshüter wissen nicht, mit wem sie sich einlassen, und werden auf der Stelle getötet. Dasselbe passiert mit einem zweiten Polizeifahrzeug, das unmittelbar danach auftaucht.

Noch mehr Polizeiautos eilen zur Rue Verdun, als das Kommando bereits wieder den Strand erreicht. Sechs Zodiac-Boote tauchen aus der Dunkelheit auf und transportieren Barak und seine Männer wieder zu ihrem Raketenboot. Die gesamte Teiloperation hat 29 Minuten gedauert. Wenn die Israelis gewußt hätten, daß sich die drei freigepreßten Täter von München nur wenige hundert Meter entfernt befanden . . . Abu Ijad erinnert sich:

> Etwa zehn Tage vor dem israelischen Überfall, der Kamal Nasser, Yussuf al-Najjar und Kamal Adwan das Leben kosten sollte, waren wir mit mehreren Leuten – unter ihnen auch diese drei sowie Jassir Arafat – in Kamals Wohnung verabredet. Die drei Männer, die schon bald den Märtyrertod sterben sollten, wohnten in demselben Haus: Kamal Adwan in der zweiten Etage, Kamal Nasser in der dritten und Yussuf al-Najjar in der sechsten. Ahnte ich etwas von dem tragischen Ende, das ihnen bevorstand? Jedenfalls fiel mir sofort bei meiner Ankunft auf, daß es weder Leibwächter noch irgendeine andere Sicherheitsvorkehrung gab, und ich meinte deshalb halb im Scherz, halb im Ernst: ›Ihr seid wirklich sehr unvorsichtig! Demnächst kommt ein israelischer Hubschrauber, landet auf dem unbebauten Gelände vor eurem Haus und entführt euch!‹ Der Scherz wurde allgemein belacht, aber auch Arafat ermahnte sie noch einmal sehr ernsthaft, mehr für ihre Sicherheit zu tun. Sie antworteten

nur, daß sie aus Rücksicht auf ihre Nachbarn das Haus nicht allzu auffällig unter Bewachung stellen wollten.

Der Zufall ergab, daß der Zentralrat der PLO, dem wir alle fünf angehörten, beschlossen hatte, am 9. und 10. April ausnahmsweise in Beirut zu tagen und nicht – wie üblich – in Damaskus. Die Sitzung vom 9. endete erst sehr spät, und ich übernachtete, wie ich es häufig tat, bei Kamal Nasser. Nach der Vormittagssitzung am nächsten Tag schlagen Najjar, Adwan und Nasser mir vor, in einem Restaurant am Strand mit ihnen zusammen Mittag zu essen. Im allgemeinen vermeide ich es aus Sicherheitsgründen, Lokale zu betreten. Ich weiß nicht, was mich an diesem Tag dazu veranlaßt hat, die Einladung anzunehmen; ich verspürte zumindest das Bedürfnis, mich nicht von meinen drei Kameraden zu trennen, selbst für zwei Stunden nicht. Nach einer besonders angenehm verlaufenen Mahlzeit, die wir in ausgelassener Stimmung einnehmen, kehren wir zusammen zum Zentralrat der PLO zurück; erst gegen neun Uhr abends sind die Beratungen beendet.

Yussuf el-Najjar und Kamal Adwan gehen anschließend nach Hause; ich schlage Kamal Nasser vor, den Abend in seiner Wohnung zu verbringen. Zu meiner großen Überraschung aber antwortet er mir in scherzhaftem Ton: ›Lieber sterbe ich, als daß ich dich bei mir reinlasse.‹ Dann erklärt er mir, daß er auf den gerade verstorbenen Dichter Issa Nakhla eine Elegie verfassen müsse und meine Gegenwart ihn sicherlich von der Arbeit abhalten würde. Also trenne ich mich von ihm, so leid es mir auch tut, und da mir einfällt, daß ich noch die drei Überlebenden von München besuchen müßte, beschließe ich, zu ihnen zu gehen, um mir den Bericht ihrer Odyssee anzuhören.

Am Ziel angelangt, bemerke ich rund um das Gebäude, in dem die von Nayef Hawatmeh angeführte ›Demokratische Front zur Befreiung Palästinas‹ (DFLP) ihr Hauptquartier hat und das nur etwa zehn Meter von dem Haus, in dem die drei Fedajin wohnen, entfernt ist, geschäftiges Treiben. Es hört sich an, als ob hier zum Kampf gerüstet wird. Auf meine Fragen erklären mir einige Fedajin der DFLP, daß ihre Leute in Alarmbereitschaft sind und einen Angriff der von George Habasch angeführten ›Volksfront zur Befreiung Palästinas‹ befürchten. Ich werde ausgesprochen wütend und sage ihnen klar und deutlich, was ich von diesem unsinnigen Zwist zwischen zwei Organisationen der Widerstandsbewegung halte, die ihre Kräfte besser für den Kampf gegen den gemeinsamen Feind aufsparen sollten.

Natürlich wußte ich in diesem Augenblick nicht, wie sehr mir die Ereignisse recht geben sollten. Es war 9.30 Uhr abends, und niemand wäre auch nur im entferntesten auf den Gedanken gekommen, daß drei Stunden später israelische Kommandos – und nicht die des Dr. Habasch – das Gebäude der DFLP stürmen würden. Entgegen den elementarsten Regeln der Vorsicht hatten die Leute von Nayef Hawatmeh in dem neunstöckigen Gebäude ihre sämtlichen Abteilungen untergebracht: die Verwaltung, die Finanzabteilung, die Presse und einen Teil des Archivs.

Das Gespräch, das ich kurz darauf mit den drei Überlebenden von München führe, lenkt mich von meinen augenblicklichen Sorgen ab. Ihr detaillierter Bericht über den Verlauf der Operation fasziniert mich, doch die Schilderung der Folter, die sie in deutschen Gefängnissen erlitten haben, erschüttert mich zutiefst. Die Mißhandlungen, denen einer von ihnen ausgesetzt war, hat im Bereich der Geschlechtsorgane zu dauerhaften Schäden geführt. Dann stellen sie mir Fragen zur augenblicklichen politischen Lage. Plötzlich hören wir Schüsse. Ich sehe auf die Uhr: Es ist 0.30 Uhr.

Von neuem gerate ich in Wut und erkläre meinen Gesprächspartnern, daß sich hier wahrscheinlich die Anhänger von Habasch mit den Anhängern von Hawatmeh bekriegen. Doch der Schußwechsel wird immer heftiger, und schließlich hört man schwere Detonationen. Mir kommen die ersten Zweifel. Ein Granatenhagel geht auf das Gebäude der Demokratischen Front nieder. Es ist unwahrscheinlich, ja sogar völlig ausgeschlossen, daß die angreifende Partei über Mörser verfügt. Langsam beginne ich zu ahnen, was sich hier abspielt, als der Hausmeister des Hauses, in dem ich mich befinde, in die Wohnung stürzt und mit erstickender Stimme schreit: ›Die Juden! Die Juden sind da!‹ Er zittert am ganzen Körper und ist unfähig, noch ein weiteres Wort hervorzubringen.

Meine Prophezeiung, die ich zehn Tage zuvor ausgesprochen hatte, ohne selbst allzusehr daran zu glauben, ist somit eingetreten. Die Israelis befinden sich buchstäblich vor unserer Haustür. Wenn es ihnen gelungen war, den Sitz der DFLP ausfindig zu machen, mußten sie dann nicht auch wissen, daß drei Mitglieder des Kommandos von München im Nachbarhaus lebten? Und daß auch Jassir Arafat ganz in der Nähe wohnte? Da wir nur mit einfachen Revolvern bewaffnet sind, können meine drei Begleiter und ich nicht viel tun; wir verstecken uns daher im Treppenhaus auf der Höhe der vierten Etage. Einer holt den Fahrstuhl in den fünften Stock, wo er ihn außer Betrieb setzt, indem er die Tür blockiert. Die Angreifer wären somit gezwungen, zu Fuß heraufzukommen. Sie würden auf unseren bewaffneten Widerstand stoßen; denn wir waren entschlossen, uns bis auf die letzte Kugel zu verteidigen.

Plötzlich hören wir eine schwere Explosion, gefolgt von heftigem Krachen und Prasseln: Wir vermuten, daß das Gebäude der DFLP mit Dynamit gesprengt wurde. Nach und nach werden die Schüsse seltener. Meine Freunde gehen auf die Straße und belauern die israelischen Kommandos, die sich zurückziehen und dabei zur Deckung von Kameraden noch vereinzelte Schüsse abgeben. Unsere Feinde tragen die Drillichanzüge der Fedajin, sprechen aber untereinander hebräisch. Auch ich gehe auf die Straße und finde die leblosen Körper der drei Fedajin, denen ich drei Stunden zuvor Vorwürfe gemacht hatte, weil sie für den Kampf gegen die Volksfront rüsteten. Ihre Kameraden, die sich zur Zeit des Überfalls in dem Gebäude befanden, waren größtenteils unverletzt, da sie vor der Sprengung das Haus verlassen hatten, um den Angreifern Widerstand zu leisten.

Ich überquere die Straße und gehe zu Arafats Wohnung; auch ihm ist nichts passiert. Er erzählt mir, daß die Israelis das Haus, in dem er wohnt, unter Beschuß genommen haben; das Feuer war jedoch schon bald wieder eingestellt worden; ganz offensichtlich wußten die Angreifer nicht, daß er dort wohnte. Außerdem hätten seine Leibwächter erbitterten Widerstand geleistet. Einige Fedajin, die wegen geringfügiger Vergehen im Keller des Hauses eingesperrt und bei Beginn der Kämpfe freigelassen und bewaffnet worden waren, hatten entscheidend dazu beigetragen, die israelischen Soldaten zurückzuschlagen. Arafat hatte den Kampf vom Dach des Gebäudes aus verfolgt und seinen Männern von dort aus Anweisungen erteilt.

Er hatte erfahren, daß ich mich während des Kampfes in einem benachbarten Haus aufgehalten hatte, und war überzeugt, daß ich getötet worden sei. Als er mich nun vor sich sah, war er zutiefst bewegt und hielt mich lange in seinen Armen. Sichtbar erregt teilte er mir dann mit, was er bisher in Erfahrung gebracht hatte; die im Süden in der Nähe von Sidon und in Beirut eingedrungenen israelischen Kommandos hatten gleichzeitig mehrere palästinensische Schaltstellen angegriffen. Das schlimmste aber war, daß sie in die Wohnungen von Yussuf al-Najjar, Kamal Adwan und Kamal Nasser eingedrungen waren. Doch zu diesem Zeitpunkt weiß Arafat noch nicht, ob diese entführt oder getötet sind. Einige Minuten später erhalten wir die niederschmetternde Nachricht: Unsere drei Kameraden sind ermordet.

Ich fasse sofort den Entschluß, in die Rue Verdun zu fahren, wo die Wohnungen der Opfer liegen. Angesichts des großen Risikos, das hiermit verbunden ist, versucht Arafat, mich von meinem Vorhaben abzubringen – doch vergebens. Beim Anblick, der sich mir in Kamal Nassers Wohnung bietet, packt mich das Grauen. In dem dichten Rauch – hervorgerufen durch eine Rakete, die die Israelis kurz vor ihrem Angriff abgeschossen hatten – entdecke ich meinen Freund in der Stellung des Gekreuzigten am Boden liegen. Die Konturen seines Mundes sind wie gezackt: Mehr als fünfzehn Kugeln haben das Fleisch durchlöchert. Bei ihrer grauenvollen Arbeit hatten die Mörder nicht vergessen, Symbole zu setzen: Kamal war Christ gewesen und zugleich Wortführer der PLO. Sein Bett sowie das Bett im Wohnzimmer, in dem ich meistens schlief, sind völlig durchlöchert, zweifellos um jeden aufzustöbern, der darunter Zuflucht gesucht hätte.

Kamal trug einen Pyjama, was darauf hindeutet, daß der Überfall ihn wahrscheinlich im Schlaf überrascht hat oder aber in dem Augenblick, als er ins Bett gehen wollte. Das Fenster seines Zimmers war geöffnet und die Jalousie heruntergerissen, so als ob er zunächst versucht hätte zu fliehen. Danach hatte er sich mit seinem Revolver verteidigt, den wir neben ihm fanden. Aber sein Widerstand hatte nur kurze Zeit gedauert, denn es fehlten nur zwei Kugeln. Da erinnerte ich mich, wie ich oft scherzhaft zu ihm gesagt hatte: ›Du bist nur ein Dichter und wirst nie in deinem Leben deine

Waffe benutzen!‹ Ich hatte gar nicht so unrecht gehabt. Ist er nicht in dem Augenblick gestorben, als er eine Elegie verfaßte?

Die Umstände, die zum Tod unserer beiden anderen Kameraden geführt haben, sind uns aufgrund der Aussagen ihrer Familienangehörigen besser bekannt. Mit einer Pistole, die mit einem Schalldämpfer versehen ist, schießen die israelischen Kommandos als erstes den Fedajin nieder, der vor dem Eingang des Gebäudes Wache steht. Dann fahren sie mit dem Fahrstuhl in den sechsten Stock. Mit einem Sprengsatz öffnen sie gewaltsam die Eingangstür zu Najjars Wohnung. Dieser schläft schon, da er gewöhnlich früh ins Bett geht. Seine Kinder aber – der sechzehnjährige Yussef und seine vier Töchter – sind noch wach; sie sitzen in ihrem Zimmer bei den Schularbeiten. Der junge Yussef läuft als erster zur Wohnungstür und steht plötzlich den israelischen Kommandos gegenüber, die ihn auf arabisch anschreien: ›Wo ist dein Vater?‹ Von Panik gepackt, rennt der Junge in sein Zimmer zurück und klettert aus dem Fenster, um sich dann an einer Kanalisationsleitung bis in die darunterliegende Wohnung hinabgleiten zu lassen; hier sucht er Zuflucht.

Najjar, der inzwischen von dem Lärm wach geworden ist, schließt sich in seinem Wohnzimmer ein, das zwischen seinem Schlafzimmer und dem Flur liegt. Und während die Israelis versuchen, die Tür einzuschlagen, bittet er seine Frau, ihm seinen Revolver zu holen. Doch plötzlich knallen Schüsse hinter der Tür, die gleich darauf aufgestoßen wird. Najjar schwankt, schwer getroffen. ›Feiglinge! Verräter!‹ brüllt er seinen Angreifern zu. Seine Frau versucht ihn zu schützen, indem sie sich zwischen ihren Mann und die Israelis stellt. Doch eiskalt schießen sie weiter und töten beide.

Zur selben Zeit versuchen andere Israelis in die im zweiten Stock gelegene Wohnung Kamal Adwans einzudringen. Adwan, der noch gearbeitet hat, ist durch verdächtige Geräusche im Treppenhaus vorgewarnt. Kaum hat er sein Maschinengewehr ergriffen, als die Angreifer auch schon die Eingangstür aufbrechen. Bevor er überhaupt den Finger am Abzug bewegen kann, bricht er, von mehreren Schüssen getroffen, zusammen. Eine zweite Gruppe von Israelis, die außen am Fenster an einer Rohrleitung emporgeklettert und durch das Küchenfenster gestiegen war, hatte ihn in den Rükken geschossen. Seine Frau und sein Kind, die hilflos dieser grausamen Tat zusehen mußten, bleiben von den Israelis verschont, die dann in die dritte Etage steigen, um ihr drittes Opfer niederzumetzeln, Kamal Nasser.

Nach exakt neunzig Minuten sind alle vier Teiloperationen erfolgreich beendet. Die Israelis haben nur zwei Tote zu beklagen. Auf der Gegenseite sind es Dutzende.

Generalstabschef David Elazar begrüßt die zurückkehrenden Helden am nächsten Morgen in Haifa: »Israel wird sich jetzt nicht mehr an die Regeln einer beschränkten Kriegsführung halten. Man kann einen Krieg nicht durch Verteidigung allein gewinnen. Und da wir den Krieg nicht verhindern können, werden wir einen schnellen und entscheidenden Sieg anstreben, genauso wie in der Vergangenheit.« Golda Meir triumphiert vor der Knesset: »Es war großartig. Wir töteten die Mörder, ehe sie erneut morden konnten.« Auch sie weiß nicht, daß Israel die Chance gehabt hat, die Killer von München zu fassen. Eine Chance, die niemals wiederkehrt.

Der »Schwarze September« ist in seinen Grundfesten erschüttert. In den nächsten Monaten gerät er nur mit unwichtigen Aktionen in die Schlagzeilen. Die Organisation verlegt ihre wichtigeren Büros nach Damaskus. Ihre Führer wechseln die Wohnungen. Einige kehren zurück in die Sicherheit der Flüchtlingslager. Sie umgeben sich mit noch mehr Leibwächtern und bevorzugen jetzt zivile Autos, die man nicht auf den ersten Blick der PLO zurechnen kann. Die Familien wichtiger Aktivisten ziehen nach Kairo oder an den Golf.

Dann sind Israels Hinrichtungskommandos schon wieder an der Reihe. Am 17. Juni explodiert ein mit Sprengstoff beladenes Auto in der Ewigen Stadt. Zu ihrem Pech sitzen zwei Mitglieder des »Schwarzen September«, Abdel Hamid Shibli und Abdel Hadi Nakaa, just in diesem Moment in dem Fahrzeug. Sie tragen schwere Verletzungen davon. Es stellt sich heraus, daß die beiden Männer ihren mit einer Spezialbombe präparierten Mercedes zum Durchgangslager für jüdische Auswanderer aus der Sowjetunion in Österreich schaffen sollten. Mike Hararis Leute sind rechtzeitig zur Stelle und sorgen dafür, daß die geballte Ladung lange vor ihrem Ziel in die Luft fliegt.

Nun folgt ein großer Fisch. Aus den wertvollen Beuteunterlagen der Verdun-Operation lesen die Israelis das europäische Netz des »Schwarzen September« heraus. Viele Dokumente werden übersetzt oder auch dechiffriert. Hararis Abteilung stößt immer wieder auf den Namen Mohammed Boudia. Der Algerier mit Wohnsitz in Paris ist längst kein Unbekannter mehr. Nach außen hin arbeitet er als Geschäftsführer des avantgardistischen »Theatre de l'Ouest«, in Wirklichkeit aber vollwertig für den »Schwarzen September«. Boudia ist verantwortlich für die Außenkontakte der Terrororganisation. Er unterhält intensive Verbindungen mit internationalen Terrorgruppen, wie der Japanischen Roten Armee, der Baader-Meinhof-Bande und der IRA. Da werden Informationen und Waffen ausgetauscht. Man versteckt sich gegenseitig und hat viel Verständnis füreinander.

Boudia, ein ähnlich umtriebiger Frauenheld wie sein Chef Ali Hassan Salameh, liebt es auch, junge Mädchen auf Terrortour zu schikken. Schon 1971 sandte er drei von ihnen nach Israel, um dort Anschläge zu verüben. Sie wurden gefaßt und packten über ihren Auftraggeber aus. Eine von ihnen, mit Namen Evelyne Barges, soll laut David Tinnin zu Protokoll gegeben haben: »So gut war er nicht, aber er hielt sich für phantastisch, daß niemand es übers Herz brachte, ihm die Wahrheit zu sagen.« Er findet es selbst nicht mehr heraus.

Nach einer Nacht bei einer seiner vielen Freundinnen, in der Rue Boinod, steigt Mohammed Boudia am Morgen des 28. Juni in seinen weißen Renault 16 und besucht noch eine weitere Mätresse in der Rue de Fosses-St.-Bernard. Inzwischen versteckt einer von Mike Hararis Technikern in Boudias Wagen eine Bombe. Ihr Zündmechanismus ist durch eine kleine Schnur mit der Fahrertür verbunden. Victor Ostrovsky berichtet in seinen Erinnerungen über die Operation gegen Boudia. Der Algerier habe – bevor er losgefahren sei – stets die Motorhaube geöffnet, unter den Wagen geblickt und den Auspuff kontrolliert.

Ostrovsky: »Deshalb beschlossen die *Metsada*-Leute, in seinen Sitz eine Druckmine einzubauen. Aber weil sie vermeiden wollten, daß die Franzosen den Mossad verdächtigten, wurde die Bombe so gebaut, als sei sie selbstgemacht, und mit scharfen Eisensplittern und Muttern gefüllt. Unter der Bombe wurde eine schwere Metallplatte befestigt, damit sie bei Druckausübung nach oben explodierte und nicht nach unten.«

Als Boudia wieder einsteigt, hat er noch zehn Sekunden zu leben. So lange dauert die Verzögerung. Der Mossad-Kadett Ostrovsky schreibt: »Er war sofort tot. Die Sprengkraft war so groß, daß viele der Muttern und Bolzen durch seinen Körper hindurchgingen und noch das Wagendach durchschlugen. Die französische Polizei, die von seiner Verbindung zu terroristischen Gruppen wußte, glaubte, daß er durch die unbeabsichtigte Explosion von Sprengsätzen, die er selbst transportiert hatte, umkam.« Die Leiche des schönen Algeriers ist kaum noch zu identifizieren. Angeblich sollen auch in diesem Fall Mike Harari und Zvi Zamir als Augenzeugen der Hinrichtung anwesend gewesen sein.

Nun hat der »Schwarze September« schon seinen zweiten Mann in Paris verloren. Mit zur Trauergemeinde zählt auch das sowjetische KGB. Mohammed Boudia arbeitete für die Russen in einer Art Jointventure. Als er durch Israels langen Arm ums Leben kommt, schikken die Russen sofort einen Nachfolger der ganz besonderen Art: Illich Ramirez Sanchez, Deckname Carlos. Für ein Jahrzehnt wird er Europa mit blutigem Terror überziehen und dabei vor allem die französischen Sicherheitsbehörden in Atem halten. Der kleine Venezolaner mit dem starken Trieb zum Töten und Zerstören schafft es nach einigen Jahren des Aufbaus, Ali Hassan Salameh in seiner Position als weltweit gefährlichster Terrorist abzulösen. Arafats rechte Hand tritt allerdings von selbst ab, da er sich nach einer Neuordnung der PLO-Strategie einer anderen Schattenwelt, der Diplomatie, zuwendet.

Seine Partner werden dabei ausgerechnet die Amerikaner sein, denen er nicht nur in Khartum, sondern am 1. Juli 1973 sogar in ihrer eigenen Hauptstadt Verdruß bereitet. Als der israelische Militärattaché, Oberst Yosef Alon, einer der bekanntesten Piloten seines Landes, von einer Party zu seinem Haus im feinen Vorort Chevy Chase zurückkehrt und gerade sein Auto parkt, treten die Killer des »Schwarzen September« heran und töten ihn mit fünf Schüssen. DerRundfunksender »Stimme Palästinas« bezeichnet den Anschlag als Rache für den Tod von Mohammed Boudia. Eine Beiruter Zeitung triumphiert: »Die Tatsache, daß der Arm der Palästinenser das amerikanische Zentrum in Washington erreicht hat, ist ein neuer Beweis, daß das palästinensische Volk durch nichts – absolut nichts – abzuhalten ist, den Krieg gegen seine Feinde auszuweiten.«

Solche markigen Worte und freche Taten – wie etwa der Mord an Alon – reizen die Israelis natürlich mehr, als sie bereit sind zuzugeben. Nachdem sie sich einige Tage im Glanz des Erfolgs von Beirut gesonnt haben, hat sie die rauhe Wirklichkeit wieder eingeholt. Noch immer ist es ihnen nicht gelungen, ihr wichtigstes Ziel zu erreichen, den genialen Terrorplaner des »Schwarzen September«, Ali Hassan Salameh zu erwischen. Abu Hassan, wie ihn seine Freunde nennen, ist ein Phantom. In manchen Quellenmeldungen des Mossad taucht er zur selben Zeit an verschiedenen Orten auf. Keiner kann exakt sagen, wo der wirkliche Abu Hassan ist. In seiner Mobilität und durch seine Begabung, in viele Rollen zu schlüpfen, ist er den Israelis ebenbürtig – und das ärgert sie noch mehr. Seit dem Tod seiner drei engsten Mitstreiter ist Abu Hassan der eigentliche Macher des »Schwarzen September«. Er und Abu Ijad haben das Sagen. Doch der Sicherheitschef der PLO hat noch viele andere Aufgaben zu erledigen. Der »Schwarze September« ist nur eine der Abteilungen, die ihm unterstehen. Also läßt er Abu Hassan freie Hand.

Die Leute von *Kidon* haben sich nun völlig auf ihn konzentriert. Sie versuchen, seine Telefongespräche abzuhören – was nicht viel bringt, da er wichtige Nachrichten nur mit Kurieren schickt – und jede seiner Bewegungen rechtzeitig zu erkennen. Meistens ist er jedoch viel zu schnell. So besucht er beispielsweise eine Freundin in Ulm, an der er sehr hängt. Von dort reist er nach Stuttgart, eventuell auch nach Frankfurt, um Aktivisten aus seinem europäischen Netz zu treffen. Angeblich unterhält er auch freundliche Kontakte mit der Baader-Meinhof-Bande, deren Führung schon 1970 in jordanischen Lagern der PLO ausgebildet wurde. Israelische Spitzel wollen ihn immer wieder einmal im Frankfurter Bahnhofsviertel gesehen haben. Anfang Juli geht dann im Büro von Mike Harari eine dringende Warnmeldung aus Paris ein. Abu Hassan hat Deutschland wieder verlassen und ist in Paris eingetroffen.

Jeden Tag schläft er nun woanders. Einmal ist es ein Fünfsternehotel, dann wieder eine Absteige. An manchen Tagen taucht er ganz unter. Der Mossad glaubt, daß er dann bei Frauen wohnt, die er am selben Tag kennengelernt hat. Schließlich gelingt es seinen Verfolgern, Abu Hassan für einige Stunden abzuhören. Der clevere Macher telefoniert mit einem seiner Vertrauten. Allem Anschein nach geht es um eine geplante Flugzeugentführung. Bevor noch genaue Weisung aus Tel Aviv kommt, wie mit Abu Hassan zu verfahren ist, haben ihn die Jäger schon wieder verloren. Der Palästinenser besitzt einen ausgeprägten Instinkt für Gefahren und läßt sich von ihm leiten, gleich einem gehetzten Wild. Salameh taucht erst wieder in Lille auf. Als das »Hit Team« eintrifft, ist er längst weg.

Die Spur führt nach Hamburg und von dort weiter nach Norden. Harari und sein Stab sind in höchstem Maße aufgeregt. Immer wieder haben sie Meldungen bekommen, daß der »Schwarze September« in einem der skandinavischen Länder zuschlagen wird. Eine israelische Botschaft oder die Residenz eines Botschafters, so stellt man sich vor, könnte das Ziel sein.

Erst an Weihnachten 1972 war ein junger Palästinenser mit vielen Waffen im Gepäck auf dem Londoner Flughafen Heathrow verhaftet worden. Sein Arsenal, so sagte er später aus, sei für einen Überfall auf ein israelisches Ziel in Skandinavien bestimmt gewesen. In Tel Aviv klingeln jetzt, als Ali Hassan Salameh nach Norden fliegt, alle Alarmglocken. Die nordeuropäischen Mossad-Stationen werden in höchste Alarmbereitschaft versetzt. »Tageslicht«, heißt dieser Zustand im Jargon der Geheimdienstler.

Am 10. Juli 1973 werden drei Agenten nach Stockholm in Marsch gesetzt: Dan Aerbel, ein Österreicher namens Gustav Pistauer – er ist in Polen geboren und verbrachte Jahre seines Lebens in Nazi-Konzentrationslagern – und ein Franzose aus Nordafrika mit dem falschen Namen Jean-Luc Sevenier. Sie sollen in der schwedischen Hauptstadt, die damals ein Tummelplatz für Untergrundaktivisten aller Art ist, gezielt nach Salameh suchen und ein großes Appartement für das später eintreffende »Hit Team« anmieten. Mike Harari bestellt vorsorglich fünfzehn identische Wohnungsschlüssel.

Zur selben Zeit in Genf: Mossad-Agenten der lokalen Büros haben den Auftrag, das algerische Konsulat und seine Mitarbeiter nicht aus den Augen zu lassen. Hier verkehrt immer wieder Ali Hassan Salameh, gehen seine Kuriere ein und aus. Den Israelis fällt ein Nordafrikaner namens Kemal Benamane besonders auf.

Sie halten ihn für einen Mann des »Schwarzen September«. Also beobachten sie mit Interesse, wie er am 14. Juli ein Flugzeug nach Kopenhagen besteigt. Harari liest die Meldung wieder und wieder. Dann teilt er seiner Führung mit, daß dies ein gutes Omen sein könnte. Benamane sei möglicherweise auf dem Weg zu Salameh. Man müsse ihm unbedingt auf den Fersen bleiben. Drei Tage später folgt die nächste Information. Der Algerier befindet sich in Oslo. Sofort wird das Agententrio aus Stockholm umgeleitet.

Die politische Führung, jenes mysteriöse »Komitee X«, das nach dem Münchner Massaker gegründet wurde, und General Zvi Zamir geben den Einsatzbefehl. Mike Harari stellt ein Hinrichtungskommando zusammen. Er selbst will es anführen. Sein Stellvertreter, Avraham Gehmer, 36 Jahre alt, eine Art Stabschef der »Hit Teams«, kommt ebenfalls auf die Liste. Gehmer reist mit dem falschen britischen Paß Nummer 604285, ausgestellt auf Leslie Orbaum. Es gibt auch einen wirklichen Leslie Orbaum, doch der arbeitet ahnungslos als Lehrer in Leeds. Gehmer stammt aus Palästina, wurde dort in Rehovot geboren. Hararis beste Leute sind gerade entweder im Urlaub oder von monatelangen Einsätzen erschöpft. Also muß er, von Ausnahmen wie Sylvia Rafael abgesehen, auf die zweite Ebene zurückgreifen.

Das beste Beispiel ist ein harmlos-naives Mädchen, das erst vor wenigen Monaten angeworben wurde: Marianne Gladnikoff, Arzttochter aus Stockholm. Die kleine Schwedin, eine 25jährige, etwas pummelige Computertechnikerin, die nach dem 67er Krieg aus jüdischer Solidarität nach Israel ausgewandert ist, befindet sich noch am Beginn ihrer Ausbildung und sollte eigentlich den Ernstfall bis auf weiteres nur im Unterricht erfahren. In einem Ausnahmezustand wie diesem gelten jedoch solche sachlichen Überlegungen nicht. Natürlich will Harari das Angenehme mit dem Nützlichen verbinden und nimmt seine bildhübsche rothaarige Freundin Tamar in das Team auf.

Die Sonne klettert gerade aus dem Mittelmeer hoch, als ein Kleinbus des Mossad am 18. Juli die in Israel anwesenden Agenten einsammelt. Man könnte die kleine Gruppe junger Männer und Frauen ohnehin für die Besatzung eines Flugzeugs halten. Deshalb fallen sie bei der Ankunft am Flughafen nicht weiter auf. Während des frühmorgendlichen Check-ins auf dem Airport hat jeder mit sich selbst zu tun und kämpft gegen das Schlafbedürfnis. In der reservierten VIP-Lounge wartet Mike Harari, elegant angezogen, braungebrannt und durchtrainiert wie immer. Er verteilt Streicheleinheiten, Bordkarten und letzte Informationen. Diszipliniert begeben sich die Mossad-Agenten zu zwei verschiedenen Ausgängen. Beide Maschinen mit dem Davidstern am Heck fliegen nach Europa. Mike Harari reist als französischer Staatsbürger Edouard Stanislas Laskier, seine Begleiterin als Ehefrau Marie.

Marianne Gladnikoff, Sylvia Rafael, Abraham Gehmer und ein gewisser Jonathan Ingleby fliegen über Zürich, die anderen über Amsterdam nach Oslo. Jeder von ihnen hat einen Umschlag mit 1000 US-Dollar, 1000 deutschen Mark und 1000 französischen Franc bekommen. Einen Teil davon dürfen sie gleich wieder ausgeben, da sie auf den Umsteigeflughäfen aus Gründen der Tarnung neue Tickets für den zweiten Teil der Reisestrecke kaufen müssen.

Zvi Steinberg erwartet sie in Oslo. Er hat Zimmer im Panorama Sommer Hotel reserviert, einem ziemlich bescheidenen Quartier. Unter demselben Dach wohnt Kemal Benamane aus Genf. Am nächsten Morgen müssen die Agenten allerdings feststellen, daß der Araber schon wieder ausgezogen ist. Doch Mike Harari und seine Teamhälfte haben die Spur nicht verloren. Gustav Pistauer beobachtete, wie Benamane am Bahnhof eine Fahrkarte zum 170 Kilometer entfernten Wintersport-Mekka Lillehammer kaufte und dann in den Zug einstieg.

Sofort versammelt Harari seine Agenten Dan Aerbel, Gustav Pistauer, Sylvia Rafael und die neu dazugestoßene Nora Heffner, eine Österreicherin, die mit gefälschtem deutschen Paß reist. Er schickt sie nach Lillehammer. Später folgen er und Tamar in einem eigenen Auto. Die dritte Gruppe von Mossad-Agenten besteht aus Marianne Gladnikoff, Avraham Gehmer, Jean-Luc Sevenier und einem weiteren Franzosen, der allerdings bisher noch nicht in Erscheinung getreten ist: Raoul Cousin. »Wir sind Danny und François«, stellen sie sich vor. In Wirklichkeit stammt Cousin aus Argentinien. Die Schwedin mag beide nicht. Vor allem Jean-Luc kann sie nicht riechen. Das hat aber vor allem mit seinem penetranten Rasierwasser zu tun. Jonathan Ingleby und Zvi Steinberg bleiben in Oslo zurück. Steinberg schiebt Telefondienst.

Die zehn israelischen Rächer kommen in einen Ort – malerisch am oberen Ende des Mjøsensees gelegen –, der so gar nichts mit ihrer üblichen Welt zu tun hat. Lillehammer mit seinen 200 000 Einwohnern gibt ein dermaßen harmonisches Bild ab, daß man sich an den raren Moment einer Gewalttat noch auf Jahrzehnte hinaus erinnert. Die Stadt am Eingang zum Gudbrandsdal lebt von der Industrie, aber auch der Tourismus ist hier eine feste Größe. In dem beschaulichen Ort ist für Kurzweil gesorgt. Viele Besucher kommen, um die Sammlung des Dentisten Anders Sandvig zu erleben: das größte Freiluftmuseum Skandinaviens mit 120 alten Gebäuden und 30 000 bäuerlichen Gegenständen; die Kunstliebhaber finden in Lillehammer eine der größten Galerien des Landes; und für Wintersportler stehen 400 Kilometer Langlaufloipen, zwölf Skilifte und eine beeindruckende Slalomstrecke zur Verfügung, ideale Voraussetzung also, um 1994 die Olympischen Winterspiele auszurichten. Spätestens dann wird die Erinnerung an jenen Tag im Sommer 1973, als zehn israelische Pistolenhelden in Lillehammer Wildwest spielten, durch neue, positive Nachrichten verdrängt werden.

Hararis Mannschaft trifft sich am Bahnhof. Die Profis fühlen sich unwohl. In Lillehammer fallen Fremde auf, vor allem solche, die normalerweise unter südlicher Sonne leben. Der Ortskern ist einige hundert Meter lang. Durch ihn ziehen sich ziemlich diagonale Straßen, die im Prinzip an San Francisco erinnern. Einbahnig führen sie entweder den Berg hoch oder zum See hinunter. Die Hauptstraße Storgaten verläuft im rechten Winkel dazu durch den Ferienort. Im Zentrum stehen typische norwegische Holzhäuser, die einige Läden, einige Cafés und wenige Hotels beherbergen. Am nördlichen Rand von Lillehammer lebt ein Großteil der Einwohner in einförmigen Appartementhäusern, die 1973 schon gebaut waren. Hier ist es schwierig, sich zu verstecken, und genauso kompliziert, jemanden unbemerkt zu ermorden. Mike Harari hält die Tour nach Lillehammer für eine besondere Heimtücke seines Gegenspielers Salameh und kann es gar nicht erwarten, die Araber zu entdecken.

Aerbel und Pistauer haben kein Problem, Benamane zu finden. Er wohnt in der Pension Skotte, unweit vom Bahnhof. Marianne Gladnikoff und Raoul Cousin mieten sich dort ebenfalls ein. Sie beobachten ihn. Am nächsten Tag schwärmt die ganze Mannschaft aus, um Benamane bei seinem Spaziergang zu überwachen. Zeitweise verlieren sie ihn. Dann, gegen Mittag, sitzt er plötzlich im Café »Caroline«, gleich beim Rathaus. Und, sensationell, er spricht mit einem anderen, gutaussehenden Araber.

Gustav Pistauer starrt minutenlang auf den zweiten Mann, vergleicht sein Gesicht immer wieder mit einem kleinen Farbfoto, das er bei sich trägt. »Er ist es, das ist der Mann, gar kein Zweifel.« Die Erregung des Jägers angesichts einer besonders schönen Trophäe breitet sich aus. Pistauer läßt keine Einwände seiner Begleiter gelten und befindet schließlich, es handele sich hier eindeutig um Ali Hassan Salameh, seines Zeichens der Welt gefährlichster Terrorist. Das »Hit Team« hat den meistgesuchten Gegner des Mossad endlich gefunden.

Nach einer Weile trennen sich die beiden. Salameh entfernt sich mit einem Fahrrad. Der Mann aus Genf verläßt Lillehammer am frühen Nachmittag. Sylvia Rafael, Avraham Gehmer und Dan Aerbel beschatten ihn wieder in Oslo. Am Abend werden sie von Harari nach Lillehammer zurückbeordert.

Nach Darstellung von Reporter David Tinnin soll Harari in derselben Nacht mit Benamane zusammengetroffen sein. Bereits in Genf, so Tinnin, sei der Algerier von den Israelis mit üblen Drohungen als Doppelagent rekrutiert worden. Nun quetscht ihn Harari selbst aus. Der Agentenführer hatte berechtigte Zweifel an der Identität von Ali Hassan Salameh. Denn der Araber schien sich in Lillehammer auszukennen, und niemand behandelte ihn als Fremden. Kemal Benamane, darauf angesprochen, antwortet sofort und betont jedes Wort einzeln: »Es ist Ali Hassan Salameh!« Die Blicke der beiden Männer treffen sich sekundenlang.

Der 21. Juli 1973 ist der schwärzeste Tag in der Geschichte des stolzen Mossad. An diesem Samstag wird etwas passieren, was das Selbstbewußtsein von Israels Elitedienst auf Jahre hinaus beschädigen soll. Mike Harari und seine Freundin kehren aus Oslo zurück und mieten sich im Victoria Hotel ein. Die Suche nach Salameh beginnt wieder. Gegen Mittag entdeckt ihn das »Hit Team« im örtlichen Hallenbad. Er unterhält sich mit einem bärtigen, europäisch aussehenden Mann. Auch Marianne Gladnikoff, die mit einem rasch geliehenen Badeanzug ins Wasser springt, bekommt nur mit, daß die beiden französisch sprechen. Die Agenten bleiben nun an Salameh dran. Er fährt zusammen mit einer schwangeren Frau in einem Linienbus zum nördlichen Ortsteil Furubakken. Beide verschwinden in einem neunstöckigen Appartementhaus.

Harari stationiert vier Autos in der Gegend und läßt die Ortsausgänge von Lillehammer überwachen. Jeder bekommt ein Funkgerät und eine Kennummer. Einmal pro Stunde wechseln sich die Agenten ab. Das bleibt nicht unentdeckt. Doch die friedfertigen Norweger können sich keinen Reim darauf machen. Inzwischen trifft weitere Verstärkung ein. Jonathan Ingleby kommt mit zwei Männern, die sich im Oppland Touristenhotel als Rolf Baehr und Gerard-Emile Georges Lafond eintragen. Baehr hatte die Identität eines deutschen Juden angenommen und reiste mit einem entsprechend gefälschten Paß. Der echte Baehr war 1930 in Köln geboren und mit seinen Eltern über Italien nach Palästina geflüchtet.

Lafond gab sich für einen französischen Juden aus, der 1945 geboren war. Er hatte in der Pariser Rue Lafayette gelebt, bevor er 1971 nach Israel ausgewandert war, um im Kibbuz Ein Hachoresh bei Haifa zu arbeiten. Der Mann wußte nicht, daß ein Mossad-Agent mit seinen Personalien durch die Welt reiste.

Noch jemand trifft an diesem Tag ein: General Zvi Zamir, der Direktor des Mossad, sowie ein Adjutant und Leibwächter. Die beiden Männer quartieren sich 57 Kilometer südlich von Lillehammer im Esso Oldrud Autorest ein, einem Hotel mit Raststätte. Zamir trägt dieses Mal den Namen Tahl.

Es ist bereits nach 19 Uhr, als Salameh und die schwangere Frau wieder aus dem Haus – offensichtlich ein Schwesternwohnheim – kommen und zu Fuß in Richtung Innenstadt gehen. Sie trägt einen gelben Regenmantel, er eine Jeansjacke. Ihr Ziel ist das Kino am Marktplatz. Dort läuft ein ziemlich blutrünstiger amerikanischer Weltkrieg-II-Film, in dem ein US-General aus den Klauen der Nazis befreit werden muß. Titel: »Die wagemutigen Adler«. Die Harari-Truppe hat inzwischen Nachricht aus Tel Aviv bekommen. Die Aktion soll noch am selben Abend beendet werden. Hektisch checken alle Mossad-Leute aus ihren jeweiligen Hotels aus. Sie begeben sich in ihre eingelernten Positionen. Nach zweieinhalb Stunden mit Hollywood-Illusionen kommen Salameh und die Frau aus dem Kino. Sie gehen zur Bushaltestelle und fahren wieder in Richtung Furubakken.

Überall stehen Hararis Killer bereit. Das tragische Finale beginnt. In Israel wird Lillehammer später zum Wortspiel: *Leyl-ha Mar*. Das bedeutet »Nacht der Bitterkeit«.

Im Halbdunkel des norwegischen Mitsommers sieht das Pärchen einen langsam heranfahrenden Mazda 616, beachtet ihn aber nicht weiter. Am Steuer sitzt Rolf Baehr. Als er die Zielpersonen passiert hat, bremst er mit einem harten Ruck ab. Ein Mann und eine Frau springen heraus: Jonathan Ingleby und Tamar. Gleichzeitig heben sie die Berettas und fixieren Salameh. Entsetzt schreit dieser: »Nein!« Es ist zu spät. Die ersten sechs Schüsse schlagen in seinen Bauch ein. Er dreht sich noch um, will weglaufen. Die Beine versagen. Hararis Killer schießen noch achtmal. Zwei Kugeln bleiben im Gehirn stecken. Tamar kommt näher und leert ihr Magazin aus kurzer Distanz. Mike Harari, der die Tat aus einem grünen Volvo beobachtet, nickt anerkennend. Wenige Meter entfernt steht Gerard Lafont bereit, im Bedarfsfall auch einzugreifen. Es ist 22.47 Uhr. Der Anschlag dauert genau fünfzehn Sekunden. Dann springen die Täter wieder in den Wagen, und Baehr rast mit sich überdrehendem Motor davon. Fünfzehn Minuten später wird der Araber vom Notarzt für tot erklärt.

Die Mitglieder des Kommandos verlassen Norwegen auf verschiedenen Wegen. Nach zwei Tagen sind alle *Aleph*- und *Beth*-Leute wieder in Tel Aviv. Nur sechs der Agenten bleiben noch in Oslo. Das ist ihr Fehler. Bei der Rückgabe eines Leihwagens werden zuerst Marianne Gladnikoff und Dan Aerbel festgenommen. Das bringt die Polizei zu Sylvia Rafael und Avraham Gehmer. Die völlig unerfahrene Gladnikoff fällt als erste um. Während die anderen kunstvoll erfundene Geschichten erzählen, packt sie voll aus. Dann gesteht Dan Aerbel die wahren Hintergründe seines Norwegenaufenthalts. In der Folge entdeckt die Polizei eine Telefonnummer, die sie in die Wohnung eines Angehörigen der israelischen Botschaft führt. Dort werden schließlich Michael Dorf, ein Agent, der den

Kontakt zwischen Oslo und Tel Aviv zu halten hatte, und Zvi Steinberg festgenommen. Es kommt noch schlimmer. Am Montag morgen können die Israelis in den norwegischen Zeitungen nachlesen, wen sie in Lillehammer so grausam ermordet haben. Der vermeintliche Salameh hieß Ahmed Bouchiki und stammte aus Marokko. Er lebte bereits seit vier Jahren in Lillehammer und verdiente sein Geld als Kellner – in einem Kurheim und im Restaurant des Hallenbads. Dort arbeitete auch sein Schwiegervater als Geschäftsführer. Die blonde Frau in seiner Begleitung, eine Krankenschwester, war mit ihm verheiratet und hieß Torril. Sie sollte wenige Monate später ihr gemeinsames Kind zur Welt bringen, ein Mädchen namens Malika.

Der vermeintlich größte Triumph in der Karriere von Mike Harari zerplatzt wie eine Seifenblase. Er und General Zamir befinden sich noch in Oslo. Klammheimlich – und möglicherweise mit Hilfe von Kollegen vor Ort – verlassen sie an diesem Tag das Land. Noch versucht sich die israelische Regierung mit Lügen zu retten. Sie weist jede Beteiligung des Mossad am Mord von Lillehammer zurück. Zugleich werden aber verschwiegene Kanäle zur Regierung in Oslo bemüht, um den inhaftierten Agenten zu helfen. Am 7. Januar 1974 beginnt der größte Prozeß der norwegischen Geschichte. Nach 26 Tagen das Urteil: Sylvia Rafael und Avraham Gehmer werden zu fünfeinhalb Jahren, Dan Aerbel zu fünf Jahren Haft verurteilt – zweieinhalb Jahre für Marianne Gladnikoff, ein Jahr für Zvi Steinberg. Michael Dorf wird freigesprochen. Steinberg und Aerbel kommen nach sieben Monaten frei, Marianne Gladnikoff nach fünfzehn Monaten. Nach 22 Monaten kehrt Sylvia Rafael nach Israel zurück, ebenso Gehmer. Gerechtigkeit auf norwegisch.

Im nachhinein erfuhren die Israelis, daß sich Ali Hassan Salameh in den Tagen von Lillehammer wirklich in Skandinavien befand. Er hatte europäische und arabische Terroristen getroffen, zuerst in Stockholm und dann in Oslo. Von dort kehrte er nach Beirut zurück. Salameh in einem seiner seltenen Interviews: »Als sie Bouchiki getötet haben, war ich in Europa . . . Bouchiki war in einem Hallenbad angestellt. Sein Gesicht und seine Figur paßten nicht auf meine Beschreibung. Der israelische Geheimdienst heuert Leute für Terrormissionen an. Auf jede Art und Weise versucht er, Palästinenser aus Propagandagründen zu ermorden. Mein Leben war nicht wegen meiner Geschicklichkeit sicher, sondern wegen der Schwäche des israelischen Geheimdienstes, der angeblich gut genug sein soll, überall zuzuschlagen.«

Wer den Schaden hatte, brauchte auch damals für den Spott nicht zu sorgen. Israel konnte aber trotzdem glücklich sein. Das hing mit einem anderen Drama zusammen. Es spielte sich weit entfernt ab . . . von Lillehammer. Am Tag bevor der marokkanische Kellner von der Harari-Truppe erschossen wurde, gelang es fünf Terroristen des »Schwarzen September«, eine Maschine der Japan Airlines in ihre Hand zu bekommen. Der Jumbojet befand sich auf dem Weg von Paris nach Tokio. Die zusammengewürfelte Bande bestand aus drei Palästinensern, einem Japaner und einer irakischen Christin, die vorgab, aus Ecuador zu stammen. Das Drama nahm seinen Lauf, als sich die Frau, Katie George Thomas, von einem der Flugbegleiter den Gebrauch ihres Sitzes in der Ersten Klasse zeigen lassen wollte. Als sie dann nach ihrer Handtasche griff, die eine Granate enthielt, löste sie aus Versehen den Sicherungsstift. Die Terroristin merkte es nicht. Sie stellte die Tasche auf ihren Schoß. Sekunden später explodierte die Handgranate und riß die Frau in Stücke. Auch der Steward wurde verletzt.

Augenblicklich übernahmen die anderen vier Terroristen das Flugzeug. Sie informierten die nächstgelegene Bodenstation in Zypern, daß JAL 404 ab sofort ein Tauschobjekt sei: das Flugzeug und seine Passagiere gegen die Freilassung des japanischen Terroristen Kozo Okamoto (der das Massaker am Flughafen Lod überlebt hatte) und fünf Millionen US-Dollar in bar. Ihre Operation nannten sie »Mount Carmel«. Der Mossad glaubt, daß die Gruppe den Auftrag hatte, die Maschine über Haifa abstürzen zu lassen, wenn den Forderungen nicht entsprochen würde. Abfangjäger wurden in Bereitschaft versetzt. Anscheinend wußte aber nur die tote Terroristin über dieses Vorgehen Bescheid. Ali Hassan Salameh hatte in der Vorbereitungsphase lediglich mit ihr gesprochen.

Zunächst ging der Jumbo auf einen Irrflug. Er durfte in Beirut nicht landen. In Basra war die Runway zu kurz, und auch Bahrain erwies sich als wenig gastfreundlich. Erst Dubai nahm das Flugzeug auf. Dort stand es bis zum 24. Juli. Die Verhandlungen erwiesen sich als nutzlos – und Japan lehnte die Forderungen rundweg ab.

Wieder begann eine Odyssee – diesmal über Bahrain, Saudi-Arabien, Abu Dhabi, Beirut und Damaskus nach Benghasi in Libyen. Mit Ausnahme von Damaskus wurde die Maschine nirgendwo zum Auftanken akzeptiert. Kurz vor der Landung in Bengasi informierten die Entführer den Piloten, daß die Passagiere zwei Minuten Zeit hätten, das Flugzeug zu verlassen. Dann würde es in die Luft gejagt. So war es dann auch. Die Terroristen erhielten den üblichen libyschen Heldenempfang. Tage später gaben die Libyer einen Gesinnungswandel bekannt: Die Luftpiraten würden vor Gericht gestellt. Das scheint jedoch nie geschehen zu sein. 1974 kehrten jedenfalls die Terroristen in das heimatliche Damaskus zurück.

Zwischen Lillehammer und dem Ausbruch des neuen Arabisch-Israelischen Krieges am jüdischen Feiertag Yom Kippur des Jahres 1973 kam es noch zu drei spektakulären Operationen von Salamehs Terrorgangs . . .

Am 5. August sollten zwei Palästinenser, die aus Libyen nach Athen angereist waren, die Passagiere einer TWA-Maschine mit Ziel Tel Aviv angreifen. Als sie den Flughafen erreichten, waren jedoch ihre möglichen Opfer schon eingestiegen. In ihrem Zorn holten die beiden Terroristen Kalaschnikows und einige Handgranaten aus dem Koffer und eröffneten das Feuer auf Reisende einer TWA-Maschine nach New York. Zwei Amerikaner und ein Österreicher wurden getötet, 55 weitere Menschen verletzt. Die Täter versicherten, dies sei die Rache für den Tod von Abu Yussuf gewesen. Nach der üblichen Prozedur – und einem Todesurteil – wurden die Palästinenser nach Libyen ausgewiesen. Beinahe ein Jahrzehnt später wurde einer der Mörder von Rom in Berlin festgenommen. Bonn fragte in Wien und Washington an. Keiner wollte ihn. Also entkam er der gerechten Strafe.

Die nächsten Tatorte waren Rom und Paris. Fünf Fedajin besetzten am 5. September 1973 die saudische Botschaft in der französischen Hauptstadt. Dabei bekamen sie dreizehn Menschen in ihre Gewalt. Mit diesen Handelsobjekten forderten sie die Freilassung von Abu Daud aus seinem jordanischen Gefängnis. Wieder begann ein Nervenkrieg. Am Ende akzeptierten die Terroristen das französische Angebot freier Ausreise. Sie gaben alle Geiseln – bis auf vier saudische Diplomaten – frei und bestiegen ein von Syriens Präsident Assad geschicktes Flugzeug.

Damit flogen sie nach Kuwait. Auf dem dortigen Flughafen gelang es ihnen, eine kuwaitische Maschine in ihre Gewalt zu bekommen. Mit den vier Saudis kreisten sie über deren Hauptstadt Riad und drohten damit, die Geiseln aus dem Flugzeug zu stoßen. Auch das beeindruckte niemanden. Also kehrten alle wieder nach Kuwait zurück. Nach weiteren heftigen Verhandlungen gaben die Terroristen am 8. Oktober auf und wurden drei Tage später an die PLO übergeben. Sie waren wieder einsatzbereit. Am Tag der Pariser Botschaftsbesetzung durchsuchte die italienische Militärpolizei ein Appartement in Ostia bei Rom. Dort traf sie auf einen Araber, der eine tragbare SAM-7-Rakete, auch Strella genannt, in seinem Schrank versteckt hatte. Er und vier andere Terroristen wollten damit eine anfliegende El-Al-Maschine abschießen. Der ehemalige Mossad-Kadett Victor Ostrovsky behauptet, in dem Flugzeug habe sich Israels Premierministerin Golda Meir befunden. Die fünf Terroristen wurden von einem italienischen Gericht zu fünf Jahren und zwei Monaten Haft verurteilt, dann jedoch gegen Kaution wieder freigelassen. Sie kehrten vermutlich nach Libyen zurück.

Beim Mossad war inzwischen große Aufregung eingekehrt. Die Diskussion über die moralische Berechtigung der »Hit Teams« spaltete den Geheimdienst. Der eine Flügel wollte, unbeeindruckt von Lillehammer, am alten Konzept festhalten und die Terroristen – vor allem den Roten Prinzen – ohne Rücksicht auf Verluste jagen. Die andere Seite sagte: »Wir wollen keine Nation von Söldnern und heimlichen Killern sein. Das schadet unserem Ruf.« Letztere Denkschule konnte sich jedoch nicht durchsetzen. So kam es zur ersten Revolte innerhalb des Mossad in neuerer Zeit. Zehn Spitzenleute verließen den Dienst unter lautem Klagen.

In einem bitteren Brief an General Zvi Zamir und Premierministerin Golda Meir formulierten sie ihre Motive. Ihr wichtigster Grund: Die Führung hatte den Bock zum Gärtner gemacht und Mike Harari an die Spitze einer Kommission gestellt, die das Fiasko von Lillehammer untersuchen sollte. Natürlich kam dabei nichts Nachteiliges heraus. Harari sprach sich und seine Mannschaft von jeder Schuld frei. Man kehrte in den Alltag zurück, als sei nichts geschehen.

Daß der Mossad geschwächt in den Yom-Kippur-Krieg ging, war offensichtlich. An den Nerven der Verantwortlichen nagte auch das Gerücht, Ali Hassan Salameh hätte mit Hilfe von Benamane das alles nur inszeniert, um die besten Leute des gegnerischen Dienstes für eine Weile weitab vom Nahen Osten zu beschäftigen.

Am 6. Oktober 1973, Punkt 13.55 Uhr, greifen ägyptische Verbände am Sinai und syrische Einheiten auf den Golanhöhen an. Am Abend haben die ägyptischen Truppen 25 der 32 befestigten Stellungen am Ostufer des Suezkanals erobert – der syrische Angriff am Golan bleibt jedoch stecken. In den ersten drei Tagen werden 500 israelische Panzer und 49 Flugzeuge zerstört. Der neue Arabisch-Israelische Krieg – es ist der vierte – hat begonnen. Eine Katastrophe für Israel.

Kapitel 8

Die Mossad-Akademie

Der israelische Auslandsnachrichtendienst Mossad ist sagenumwoben, mysteriös und schwer durchschaubar. Er ist »Das Auge Davids«, so der Titel von Erich Follaths Buch, »Israels langer Arm«, das »Institut« für die Freunde harmloser Abkürzungen, das »Bureau« für alle, die richtig nahe mit ihm zu tun haben. Sein Name läßt die Gegner erschauern. Die meisten Israelis können dagegen ruhiger schlafen, weil es ihn gibt. Der Mossad ist eine schwer greifbare, nebulöse Einrichtung. Er hat dem Judenstaat schon viele Probleme erspart, ihm auf der anderen Seite aber auch einige Sorgen bereitet.

Nicht wenige seiner Geheimoperationen sind nur deshalb bekanntgeworden, weil es in Israel sehr rührige Journalisten gibt. Nebenbei gesagt: Wenn sie Brisantes über den Mossad ermittelt haben, dann dürfen die israelischen Presseleute nicht darüber berichten. Sie müssen ihre Story in ein ausländisches Blatt lancieren und können sie erst dann im eigenen Land zitieren. Alles andere verhindert der allgegenwärtige Zensor. Nicht wenige Aktionen des Mossad werden von seinen Dienstherren erst dann zugegeben, wenn vorher auch wirklich alle Beweise öffentlich auf dem Tisch liegen. Die Tätigkeit von Erika Chambers gehört noch nicht dazu. Sie gilt auch im Israel von heute als eines der größten Staatsgeheimnisse.

Nach Erika Chambers und ähnlichen Vertraulichkeiten kann man den Mossad nicht fragen. Das hängt auch damit zusammen, daß der Geheimdienst keinen Sprecher, keine Pressestelle und eigentlich auch keine Adresse hat. Die demokratische Einrichtung eines Kontaktbüros für Journalisten findet sich nicht nur bei der CIA oder beim BND, sondern mittlerweile auch bei den früheren Dunkelmännern des KGB bzw. seiner Nachfolgeorganisationen. Nur der Mossad läßt sich nicht sprechen. Zu den Eigenheiten dieser betont konservativen Einrichtung zählt, daß die persönlichen Daten des jeweiligen Mossad-Direktors ein Geheimnis für sich sind. Wer den Namen veröffentlicht, wird wie ein Landesverräter behandelt und mit schwerer Strafe belegt. Dabei wissen viele Insider ohnehin, um wen es sich handelt. Der jetzige Mossad-Chef, das sei an dieser Stelle ganz vorsichtig verraten, stand einmal Mike Harari und seiner Abteilung sehr nahe. Wie schon gesagt: Der Staat Israel ist eigentlich eine Großfamilie.

Die CIA berichtet und untersteht dem Weißen Haus in Washington, der BND dem Bonner Bundeskanzleramt, der Mossad dem Jerusalemer Amt des Premierministers. Dort enden auch sämtliche Wege, was Davids waches Auge betrifft. Der Premierminister, selbst ein Mossad-Pensionist, lehnt alles ab, was den Dienst in die Öffentlichkeit bringen könnte. Sein Nein ist so entschieden, daß er als Konsequenz bereitwillig Schaden für Israel in Kauf nimmt. Das beste Beispiel ist Victor Ostrovskys umstrittenes Mossad-Buch, dessen Erscheinen der starrsinnige Regierungschef mit einer Prozeßlawine stoppen wollte. Letztlich hat Israel verloren – in jeder Hinsicht.

Gibt es ihn nun wirklich, den Mossad – und wenn ja, wo? Daß die CIA in den Wäldern um Washington, genau in Langley, residiert, das weiß in Amerika jedes größere Kind. Mit Scheu und Neugier haben die Sowjetbürger immer schon die Lubjanka betrachtet, das historische Hauptquartier des KGB. Nach dem Putsch im August 1991 versammelten sie sich sogar vor dem berüchtigten Bau und stürzten die tonnenschwere Statue des Gründers der Geheimpolizei Tscheka – aus der sich der KGB entwickelte – vom Sockel. Wer aber weiß auf Anhieb, wo der Mossad wohnt, kennt gar ein Foto von Israels geheimster Administration? Bis in die späten achtziger Jahre befand sich der Mossad im Stadtzentrum von Tel Aviv, in einem Bürohochhaus namens Hadar Dafna. Dieses Gebäude steht an der King Saul Street, gleich hinter ähnlichen Büroklötzen, die nach Amerika und Asien benannt sind.

Heute dient es anderen Zwecken, da sich das Mossad-Hauptquartier mit seinem Ausbildungszentrum, der »Midrascha«, räumlich vereinigt hat. Die Mossad-Akademie befindet sich neben der vielbefahrenen Hauptstraße von Tel Aviv nach Haifa, exakt an der Stelle, wo die Umgehungsstrecke nach Jerusalem beginnt. Neben der Mossad-Zentrale liegt der »Country Club«, eine bekannte Hotelanlage. Die eigentliche Ausbildungsstätte der Nachwuchsagenten wird von vielen Israelis für die Sommerresidenz des Premierministers gehalten. Auch das stimmt. Die Midrascha des Mossad hat Einrichtungen zu bieten, wo sich der jeweilige Regierungschef von den Strapazen seines Amtes erholen kann. Man sieht und gewöhnt sich aneinander. Während Erika Chambers' Lehrzeit wurde Israel von Golda Meir und, ab 1974, von Jitzhak Rabin geführt.

Die Ausbildung zum hauptamtlichen Mitarbeiter des Mossad dauerte in den sechziger Jahren zweimal sechs Monate. Kurz bevor Erika Chambers dazukam, wurde die Lehrzeit auf volle zwei Jahre verlängert. Das beschreibt ein von der CIA verfaßtes Geheimpapier über den Mossad mit folgenden Worten: »Der Ausbildungszyklus des Mossad enthält einen Anfängerkurs für ›Basisoperationen‹, der auch für Personal in den unteren Dienstgraden gedacht ist, einen Kurs für Operationen und einen Kurs für Spezialoperationen. Alle Offiziersanwärter müssen den viermonatigen Kurs für ›Basisoperationen‹ belegen, bevor sie ihren Dienst antreten können. Der gesamte Ausbildungszyklus erstreckt sich über annähernd zwei Jahre, und die Klassen bestehen gewöhnlich aus zwölf Mann ... Die Ausbilder in diesen Mossad-Kursen sind Lehrer in Dauerstellung, Geheimdienstler mit zeitlich begrenztem Lehrauftrag und Personal aus dem Hauptquartier, darunter der Direktor des Mossad und Abteilungsdirektoren, die gelegentlich Vorlesungen über ihre Spezialgebiete halten.«

Fast alle männlichen Agenten werden aus Sondereinheiten der israelischen Armee rekrutiert. Das heißt, sie sind durchtrainiert und extrem motiviert. Bei den Frauen funktioniert die Auswahl ähnlich. Auch sie haben möglicherweise gerade den Wehrdienst beendet oder sind ganz einfach durch besondere Fähigkeiten aufgefallen. Die einzige Ausnahme stellen Agenten der Spezies Erika Chambers oder Sylvia Rafael dar. Sie müssen lediglich aus dem Judentum kommen. Ansonsten sollten sie unisraelisch und unmilitärisch sein. Als sich Sylvia Rafael am Hof von Jordaniens König Hussein einzuschleichen hatte, da fiel sie als gebildete, bildhübsche Kosmopolitin mit Pariser Wohnsitz Seiner Majestät viel angenehmer auf, als wäre sie wie ein israelischer Feldwebel mit möglicherweise noch hebräischem Akzent aufgetreten.

Die ersten Monate der Ausbildung sind körperlich sehr anstrengend. Die Kadetten üben Selbstverteidigung durch Kampfsportarten. Sie laufen viel und praktizieren allerlei Fitneßübungen. Natürlich gehört auch das elementare Agentenhandwerk zum Lehrplan: der Gebrauch von Verschlüsselung, die Übermittlung von Nachrichten, Observation, das Tarnen und Täuschen. Victor Ostrovsky beschreibt es sehr anschaulich in seinem Buch:

> Den Kadetten wurden bestimmte Punkte zugewiesen, die sie zu einer bestimmten Zeit verlassen mußten, um einen bestimmten Weg zurückzulegen. Danach mußten sie berichten, ob ihnen jemand folgte oder nicht. Wenn sie beschattet wurden, dann mußten sie berichten, wen sie sahen, wann, wie viele Leute und wie sie aussahen. Die Kadetten, die berichteten, sie seien nicht beschattet worden, mußten sagen, wo und wann ihnen das klargeworden war, wie sie es überprüft hatten und wieso sie der Auffassung gewesen waren, daß sie nicht verfolgt worden seien ...
>
> Es ist ebenso wichtig zu wissen, daß man nicht beschattet wird, wie zu wissen, daß man observiert wird. Wenn man sich beschattet glaubt, aber nicht beschattet wird, kann man seine Arbeit jedenfalls nicht fortsetzen ... Man erklärte uns auch, daß die Häuser, in denen wir lebten, sichere Häuser seien. Wir mußten uns am Morgen, wenn wir gingen, vergewissern, daß wir nicht beschattet würden, ebenso am Abend, wenn wir kamen. Für alle Unternehmungen und Aufgaben bildeten während der Ausbildung die Akademie unsere Station und unsere Privatwohnungen die sicheren Häuser.
>
> Eine Route wurde in zwei Hauptteile getrennt. Gewöhnlich plante man sie auf der Karte. Man verläßt einen Ort und verhält sich völlig natürlich. Man hält nach strategischen Punkten Ausschau, Orte, wo man sich begründet aufhalten kann und von wo man die Strecke überblicken kann, auf der man gekommen ist, wo man selbst aber nicht gesehen wird. Angenommen, ein Zahnarzt hat seine Praxis im dritten Stock eines Gebäudes. Auf dem Stockwerk befindet sich ein Fenster, von dem aus man die Straße, auf der man

gekommen ist, überschauen kann. Wenn man einen kleinen Zickzackkurs genommen hat, um dorthin zu gelangen, würde man jetzt erkennen, ob man beschattet wird oder nicht. Von dem Fenster aus würde man den Verfolger sehen, wie er guckt und dann wartet.

Würde ich von einem Team beschattet, wenn ich aus einem Hotel käme, würde ich eingekesselt. Ich würde deshalb fünf Minuten lang schnell laufen, um ihren Ring aufzubrechen. Dann würde ich im Zickzack in ein Gebäude gehen, mir einen Beobachtungspunkt suchen und zuschauen, wie sie sich wieder sammeln. Als nächstes müßte ich jeden Zufall ausschließen. Ich würde einen Bus nehmen, in einen anderen Stadtteil fahren und das wiederholen. Und zwar langsam, um ihnen eine Chance zu geben, mir zu folgen.

Was man auf keinen Fall tun sollte, wenn man beschattet wird, ist, die Verfolger zu verlieren. Wenn das doch passiert ist, wie könnte man es dann überprüfen? Angenommen also, sie würden wieder auftauchen, und ich wäre also sicher, observiert zu werden, dann würde ich zunächst alle geplanten Aktivitäten einstellen ... Jeder von uns trug eine kleine Mütze in der Tasche, die wir, sobald wir sicher waren, beschattet zu sein, aufsetzten. Dann mußte man zu einer Telefonzelle gehen, eine Nummer wählen, sagen, wo man war, berichten, daß man beschattet würde – oder nicht –, und nach Hause gehen. Oft trafen wir uns dann später im Haus eines Kadetten, um die Lage zu diskutieren.

Das gehört zu den Überlebenstechniken, die Erika Chambers für ihre bevorstehende Tätigkeit in der Kälte in- und auswendig kennen muß. Eine scharfe Beobachtungsgabe wird auch verlangt. Da kann es vorkommen, daß der Ausbilder einen Film zeigt und den Streifen an irgendeiner Stelle stoppt. Dann stellt er schon die Fragen: Wer war die Frau in der letzten Sequenz des Films? Was trug sie an Kleidung? Wie könnte man sie charakterisieren? Wie ist ihr Verhalten zu deuten? Alle Einzelheiten sind gefragt. Immer wieder müssen Erika Chambers und ihre Mitschüler Luftaufnahmen, Familienfotos, Gemälde oder Dokumente studieren und sich das Wesentliche einprägen. Sie werden zu einem Tisch geführt, auf dem zahlreiche zusammenhanglose Gegenstände liegen. Im nächsten Augenblick wird der Lehrer ein Tuch über seine Sammlung legen und nach Objekten fragen, die beispielsweise auf der linken Seite des Tisches liegen. Die angehenden Agenten müssen eine schnelle Auffassungsgabe haben, sich aber auch blitzschnell kleinste Details einprägen können. Besonders wichtig ist es, beim Beschatten einer Zielperson mit der Umgebung zu verschmelzen. Agenten des Mossad sitzen nicht einsam in einem Café herum und blicken durch das Loch in einer Zeitung, die sie zu lesen vorgeben. Sie sind aktiv, nehmen Kontakt zu den hübschen Mädchen am Nachbartisch oder zum alten Herrn mit Hund auf, plaudern angeregt, lachen und scherzen. Ihre Anwesenheit fällt nicht weiter auf, da sie voll ins Bild passen. Das will natürlich gelernt sein. Erika Chambers und ihre Mitschüler werden für solche Übungen in das bunte Leben Tel Avivs geschickt und müssen – von ihren Ausbildern beobachtet – die schwierigsten Aufgaben lösen.

David Tinnin beschreibt in seinem Buch über die »Hit Teams«, wie sich angehende Mossad-Agenten mit einer Scheinidentität bewegen: »Der Lernprozeß fängt mit ganz harmlosen Spielen an. Die Schüler werden mit gefälschten Reisepapieren in Lod auf dem Flugfeld ausgesetzt, wo sie sich unter die Passagiere einer gerade angekommenen Maschine mischen müssen. Der Test besteht darin, zu sehen, ob sie sich ohne Anzeichen von Nervosität durch die Paßkontrolle (die keine Ahnung hat) schlängeln können. Danach werden die Agenten in der Technik der Infiltration geschult. Das ist von Anfang an nicht ungefährlich. Irgendeine Militäreinrichtung oder ein Luftwaffenstützpunkt wird ausgesucht, und der Schüler wird aufgefordert, sich zunächst einen Überblick über die räumlichen Verhältnisse zu verschaffen, um sodann einen Weg zu finden, in das abgeschirmte Gebäude einzudringen. Die Aufgabe ist, innerhalb dieses hermetisch abgeriegelten Stützpunktes entweder an einem bestimmten Punkt eine Botschaft zu hinterlassen oder abzuholen und unentdeckt hinauszugelangen. Ohne Wissen der Studenten wurde inzwischen der Kommandeur vom Shin Beth darüber unterrichtet, daß eine Terroristengruppe an diesem bestimmten Abend einen Überfall plane. So befindet sich der Student während seiner ›Übung‹ sogar in der Gefahr, gefangengenommen oder gar erschossen zu werden.«

Diese Aufgaben haben Tradition bei der Ausbildung des Mossad. Schon der legendäre Agent Wolfgang Lotz, ein deutscher Jude, der sich in Ägypten als Nazi ausgab, mußte sie zu Beginn der sechziger Jahre bestehen. Auch er lernte nicht nur Morsen und Codieren, sondern auch die ganz einfachen Regeln der Konspiration und der intensiven Beobachtung. Seine Eignung stellte er am besten unter Beweis, als es ihm gelang, in einen schwerbewachten israelischen Rüstungsbetrieb einzudringen und, bei einer zweiten Gelegenheit, unter dem Schreibtisch von David Ben Gurion eine Sprengladung anzubringen. Das waren Meisterstücke, die jeder Ausbilder bewunderte.

Der israelische Auslandsdienst arbeitet mit offensiver Feindberührung. Deshalb ist es wichtig, daß jeder Agent so gut wie möglich schießen kann. Schon früh wird mit automatischen Waffen trainiert. Jeder hat seine persönliche Pistole, zumeist eine Beretta des Kalibers 22, muß aber auch die Maschinenpistole Uzi mit großer Sicherheit handhaben können. Ebenfalls muß er sich mit Sprengstoff auskennen. Erika Chambers ist in dieser Hinsicht keine Ausnahme. Sie darf dieses Wissen, im Gegensatz zu vielen anderen, später sogar noch anwenden. Selbstverständlich wird von einem Mossad-Agenten auch erwartet, daß er sich ohne Waffe verteidigen und dem Gegner schwere Verletzungen zufügen kann. Eine besonders extreme Form asiatischer Kampfsportarten wird gelehrt.

In der zweiten Kurshälfte geht es um praktische Informationen über den möglichen späteren Einsatzort. Die Mossad-Zöglinge müssen lernen, wie man sich eine Legende aufbaut und darin perfekt lebt. Dazu hat man beim Mossad Millionen Details über das Alltagsleben in einem Land, wie beispielsweise der Bundesrepublik Deutschland, gesammelt. Jederzeit ist abrufbar, wie Stromrechnungen bezahlt werden, was eine Straßenbahnfahrkarte in Münster kostet, daß die Bayern gerne Weißwurst essen und die Norddeutschen eher zurückhaltend sind. Der an Rhein oder Spree einzusetzende Agent lernt, wie das Selbstverständnis der Deutschen aussieht, was sie bei politischen Abstimmungen wählen und warum der Antisemitismus nicht totzukriegen ist. Es beginnt beim kleinen – dem technischen Vorgang, eine S-Bahn-Fahrkarte des Münchner Verkehrs-Vereins aus dem Automaten zu holen – und endet beim

Umgang mit gefälschten deutschen Pässen. Wer vom Mossad nach Deutschland geschickt wird, kennt die Feinheiten der Fußballbundesliga und die Lücken im Meldegesetz. Er weiß auch, auf welche ehrenamtlichen Helfer bei jüdischen Gemeinden oder auf welche Glaubensbrüder in Funktionen aller Art – sogenannte *Sayanim* – er vertrauen darf und auf welche Weise er das Land unerkannt verlassen kann. Die Israelis haben eine Faktensammlung parat, deren Ausmaß sich kein noch so phantasievoller Deutscher vorstellen kann.

Natürlich wird auf größtmögliche Bildung Wert gelegt, denn der Mossad beschäftigt nur die absolute Elite. In Israels Armee gedient zu haben ist eine Sache, ein Universitätsgrad die andere. Die Leute des Mossad müssen schießen können, dürfen aber keine Revolverhelden sein. Geistige Werte haben eine wesentlich höhere Priorität. Das haben auch die amerikanischen Kollegen gemerkt. In ihrem geheimen Mossad-Papier vermerkt die zuständige CIA-Fachstelle: »Einige jüngere Mossad-Offiziere, die vielleicht in bestimmten Bereichen ihrer akademischen Bildung oder in Fremdsprachen Schwächen haben, werden auf Universitäten ins Ausland geschickt, wo die Arbeit für den angestrebten höheren Abschluß gleichzeitig als Tarnung für ihre operativen Aktivitäten neben dem Studium dient. Eine der Zielsetzungen der Geheim- und Sicherheitsdienste ist es, daß jeder Offizier fließend arabisch sprechen soll. Ein neunmonatiger Intensivkurs in Arabisch findet für Studierende aus allen drei Geheimdiensten alljährlich in der Gegend von Tel Aviv statt . . . Mossad-Offiziere, die für arabische Operationen vorgesehen sind, durchlaufen dieselbe Sprachausbildung in Arabisch wie die Offiziere von Shin Beth. Zu ihrer weiteren Ausbildung arbeiten diese Mossad-Offiziere zwei Jahre lang in den israelisch verwalteten Gebieten, um so ihre sprachlichen Fertigkeiten zu entwickeln, bevor sie im Ausland zum Einsatz kommen.«

Die ersten Auslandsreisen können durchaus zum Trainingsprogramm gehören. Tinnin benutzt das Beispiel eines Jungagenten, der falsche Papiere, eine Akte und einen Reiseauftrag nach Kairo bekommt. Er fliegt über Paris, da er seine Pässe austauschen und in eine neue Identität schlüpfen muß. Plötzlich, kurz vor dem Abflug von Paris nach Kairo, wird sein richtiger Name im Flughafen ausgerufen. Zwei Männer warten bereits am Informationsschalter. Der junge, angehende Mossad-Agent wird in ein abgelegenes Büro gebeten und mit peinlichen Fragen konfrontiert. Er muß seine Rolle in jeder Situation beherrschen und darf keinen rhetorischen Fehler machen, darf nicht in Angst verfallen oder gar die israelische Botschaft als Schutzschild benutzen.

»Was ihm in den nächsten Tagen widerfährt, kann sehr unangenehm und ungemütlich werden. Er kann verhaftet, pausenlos verhört, vielleicht sogar gefoltert werden – körperlich wie seelisch. Vielleicht wird er beschuldigt, nach, sagen wir, Frankreich gekommen zu sein, um hier im Auftrag einer fremden Macht Geheimnisse auszuspionieren. Oder, was wahrscheinlicher sein dürfte, er wird angeklagt, in seinen Koffern Drogen befördert zu haben und Kurier eines Rauschgifthändlerrings zu sein. Die Polizei weiß angeblich genau Bescheid. Was soll er unter solchen Umständen tun? Soll er darum bitten, sich mit der israelischen Botschaft in Verbindung setzen zu dürfen, um von dort Hilfe zu bekommen? Oder soll er den Polizeibeamten erzählen, er wäre ja doch nur ein netter jüdischer Junge, unterwegs, seinen ersten Auftrag zu erfüllen? Dann vertraut er ihnen vielleicht sogar: ›Hören Sie, meine Herren, ich habe sogar einen gefälschten Paß und bin gar nicht der, den Sie suchen!‹ Soll er das tun?

Wenn der junge Agent noch alle seine Sinne beieinander hat, dann wird er den Mund halten und gar nichts sagen. Nach den schweren Prüfungen, die er schon durchmachen mußte, wird er vielleicht sogar annehmen, es handle sich lediglich um einen weiteren Härtetest. Denn er weiß, daß seine neuen Herren erst zufrieden sein werden, wenn sie herausgefunden haben, wie weit seine Widerstandskraft reicht und wie er unter den allerschwersten Bedingungen dem größten Streß standhält. Nachdem er dann vielleicht eine Woche eingesperrt war – und zwar in einem unauffälligen, sicheren Haus in einem ebenso unauffälligen Vorort von Paris –, wird er plötzlich freigelassen. Die Männer, die ihn eine oder zwei Wochen lang quälten, schlagen ihm plötzlich lachend auf die Schulter und sagen ihm, er solle jetzt endlich in Richtung Kairo verschwinden.«

Der eigentliche Auftrag beginnt. Der Agent zur Anstellung muß drei Wochen in Kairo bleiben und dort auf irgendeine Weise Informationen sammeln, die seinem Dienst zugute kommen. Er muß in seine Legende wie in eine neue Haut schlüpfen. Mit eiserner Disziplin muß er seinen Weg im arabischen Großstadtdschungel finden. Er darf nicht unangenehm auffallen und vor allem zu keiner Zeit in Panik geraten. Mit allen seinen Sinnen muß er die Gefahr vorab orten und sich gelassen auf sie einstellen. Eine unvorhergesehene Paßkontrolle ist dafür das beste Beispiel. Der Mossad-Eleve wird jedenfalls versuchen, so viele wichtige Ägypter wie möglich kennenzulernen, um sie »abzuschöpfen«. So nennen die Agenten das Ausfragen ihres Opfers.

Zurück in Israel, wird dieser erste, inoffizielle Einsatz in Paris und Kairo benotet. Dazu kommen die Bewertungen der theoretischen Phase. Es entscheidet sich, ob der Agent für eine Aufgabe beim Mossad geeignet ist oder nicht. Wenn ja, dann darf er einen noch spezielleren Kurs antreten und hat die Anstellung sicher in der Tasche. Wenn nein, dann wird er vergattert, niemals in seinem Leben über die Ausbildung beim Mossad zu sprechen – auch langjährige Agenten bezeichnen sich als Angehörige des Verteidigungsministeriums – und einen anderen, für ihn passenderen Beruf zu ergreifen. Victor Ostrovsky beispielsweise befand sich Mitte der achtziger Jahre in dieser Situation. Nach dem Rausschmiß sann er auf Rache und schrieb ein Buch über den Mossad. Der Schaden war immens. Übrigens besteht nur ein geringer Teil der Bewerber die Ausbildungszeit beim Mossad. Man spricht von zehn bis fünfzehn Prozent.

Auch fertigen Agenten ist die Pflicht zur Fortbildung auferlegt. Der anonyme CIA-Autor über die israelischen Dienste: »Die drei Geheimdienste betreiben gemeinsam eine Schule für Fortgeschrittene in Jerusalem, die zwei- bis dreimonatige Spezialkurse über weltpolitische Fragen, die politischen und ökonomischen Ziele Israels, neue technische Hilfsmittel für Operationen und neueste Informationen über ausländische Geheimdienste anbietet. Alle Offiziere, die in der Mitte ihrer Karriere stehen, müssen diese Schule für Fortgeschrittene besuchen, wenn sie von einem Auslandsposten zurückkehren. Ungefähr vierzig bis fünfzig Studierende sollen für jeden dieser Kurse eingeschrieben sein. Der Lehrkörper setzt sich zusammen aus Vertretern der drei Geheimdienste und untersteht unmittelbar dem Mossad-Direktor. Der Premier oder eine andere hochstehende Amtsperson verabschiedet die Klassen nach bestandenem Examen.«

Die jungen Agenten bekommen einen Decknamen, der ihnen Reisen nach Israel ermöglicht, ohne gleichzeitig die am Gastort gebräuchliche Identität aufs Spiel zu setzen. Erika Chambers bedient sich schon in ihrer Anfangszeit beim Mossad falscher Papiere mit dem Namen Ruth Aloni. Bei diesem israelischen Allerweltsnamen handelt es sich um ein besonders trickreiches Arrangement des Mossad. Es gab stets mehr als eine »Ruth Aloni«. Der Name könnte ohne weiteres am selben Tag in mehreren Ländern benutzt werden. In jedem einzelnen Fall würde es sich natürlich um eine andere Agentin handeln. Der Gegner ist jedenfalls in höchstem Maße verwirrt, falls er das Spiel mit den »Ruth Alonis« überhaupt durchschaut. Im übrigen tritt die Engländerin immer wieder unter ihrem richtigen Namen auf, weil sie eigentlich nur auf die Rache an Ali Hassan Salameh vorbereitet wird – und bis zum letzten Moment als unbeschriebenes Blatt gelten muß.

Aus der Werkstatt des Mossad kommen darüber hinaus kurzfristige Reisepässe, die nicht länger als drei Tage benutzt werden können. Nach diesem Zeitraum ist es leicht möglich, die Fälschungen durch Rückfragen bei Interpol oder der jeweiligen nationalen Polizeibehörde zu enttarnen. Solche geringwertigen Pässe sind meistens auf banale Alltagsnamen ausgestellt – und damit absolut falsch. Etwas mehr Mühe geben sich die technischen Künstler bei »halbpermanenten« Personalien. Der Mossad sammelt dafür echte Identitäten, die sich irgendwann einmal verwenden lassen. Wie vorherige Beispiele gezeigt haben, kann es sich dabei um den Namen und die Paßdaten eines nach Israel ausgewanderten Juden handeln.

Den Mann gibt es dann auch im täglichen Leben. Er weiß allerdings nicht, daß seine Daten illegal verwendet werden. Sylvia Rafael etwa reiste als Patricia Roxburgh durch die Welt. Die echte, kanadische Patricia Roxburgh hatte davon keine Ahnung. Sie fiel aus allen Wolken, als sie auf ihre Doppelgängerin angesprochen wurde. Natürlich können die ursprünglichen Inhaber von Namen und Lebensläufen auch verschwunden sein, unbekannt verzogen oder gar in der Ferne verstorben. Dann macht sich der Mossad auch gelegentlich die Mühe, eine dichte Existenz zu zimmern. Ein Agent muß den mit einem solchen Namen verbundenen Lebenslauf bis ins kleinste Detail durchforschen. Tausende von Daten werden gespeichert, damit sich die Angaben des neuen Namensinhabers mit den Vorlagen fugenlos decken. Mike Harari fühlte sich zeitweise mit dem Namen Edouard Stanislas Laskier gut bedient. Der echte Laskier wurde nämlich seit 1972 nicht mehr gesehen. Solche Zusammenhänge werden wir an einem späteren Beispiel, wenn die Konfrontation zwischen Erika Chambers und Ali Hassan Salameh ihrem Höhepunkt zutreibt, noch genauer kennenlernen.

Den größtmöglichen Aufwand treibt der Mossad, indem er mit viel Personal eine Kunstfigur schafft. Ein vermeintlich Deutscher, nennen wir ihn Günther Schmidt, kauft sich auf der Insel Zypern ein Ferienhaus. Dabei legt er gefälschte deutsche Papiere vor. Nach und nach lernt er seine Nachbarn kennen, bekommt falsche »ehemalige Schulfreunde« zu Besuch und baut sich eine möglichst große Scheinwelt auf. Günther Schmidt erzählt allen, daß er eine Kunstgalerie in Düsseldorf besitzt. Während er sein Haus in Zypern einrichtet, hat ein Mossad-Spezialist bereits die erforderliche Galerie in Düsseldorf erstanden.

Unter dem Namen von Günther Schmidt wird die Gewerbeerlaubnis beantragt und die Scheinfirma auch wirklich zu Leben erweckt. Günther Schmidt kehrt nach Deutschland zurück und richtet sich in seiner neuen Existenz ein. Irgendwann gehen die falschen Ausweispapiere verloren. Eine Geburtsurkunde gibt es auch nicht mehr. Die verschwand in den Kriegswirren. Der Galerist behauptet beispielsweise, aus Strausberg im deutschen Osten zu stammen. Nun ist Günther Schmidt in Düsseldorf etabliert. Er meldet ein Export-Import-Geschäft an, treibt Handel mit arabischen Staaten. Vielleicht gründet er auch eine Filiale in Amman. Die eigentliche Arbeit kann beginnen.

Für Leute wie Günther Schmidt werden Pässe aus Originalpapier hergestellt. Dazu Victor Ostrovsky:

> Der Mossad betreibt im Keller der Akademie eine kleine Fabrik und ein chemisches Labor, wo die verschiedenen Papiersorten produziert werden. Chemiker haben die Zusammensetzung des Origi-

nalpapiers analysiert und die exakte Mischung herausgefunden, um Papierbögen für die benötigten Duplikate zu produzieren. Das Papier wurde in einem riesigen Lagerraum bei einer bestimmten Temperatur und Luftfeuchtigkeit aufbewahrt. In den Regalen lagert Papier für Pässe der meisten Länder der Welt ... Als ich die Fabrik als Student besuchte, sah ich einen großen Stapel kanadischer Blankopässe. Sie müssen gestohlen worden sein. Es sah nach einer regelrechten Ladung aus. Mehr als 1 000 Stück. Ich glaube nicht, daß diese Menge je als vermißt gemeldet wurde, zumindest nicht in den Medien.

Viele Immigranten werden nach ihrer Ankunft in Israel gefragt, ob sie ihre Pässe abgeben möchten, um Juden zu retten. Jemand, der gerade von Argentinien nach Israel umgesiedelt ist, hätte wohl kaum etwas dagegen, seinen argentinischen Paß zu spenden. Der würde in einem riesigen Raum landen, der an eine Bibliothek erinnert, wo viele tausend Pässe lagern, unterteilt nach Ländern, Städten, sogar Distrikten, mit jüdischen und nichtjüdischen Namen, alle nach Alter sortiert – und alle Daten von Computern erfaßt. Der Mossad hatte auch eine größere Sammlung von Paßstempeln und Unterschriften, mit denen er seine eigenen Pässe stempelte. Sie wurden in einem Logbuch festgehalten. Viele dieser Zeichen wurden mit Hilfe der Polizei gesammelt, die einen Paß zeitweise einbehalten und die verschiedenen Stempel fotografieren kann, bevor sie ihn an den Besitzer zurückgibt.

Selbst das Stempeln der falschen Pässe geschah nach einem präzisen Ablauf. Wenn mein Paß zum Beispiel einen Stempel aus Athen von einem bestimmten Tag trug, würde die Abteilung in ihren Listen nach dem Stempel und der Unterschrift jenes Tages zu einer korrekten Flugzeit schauen, so daß jemand, der Athen kontaktieren würde, um herauszufinden, welcher Beamte zu dieser Zeit Dienst hatte, eine richtige Information erhalten würde. Sie waren sehr stolz auf diese Arbeit. Manchmal füllten sie einen Paß mit zwanzig Stempeln. Sie sagten, daß noch keine Operation durch ein falsches Dokument verpatzt worden sei. Zusätzlich würde ich im angenommenen Beispiel zu meinem Paß eine Akte bekommen, die ich auswendig lernen und dann wegwerfen müßte; sie enthielte allgemeine Informationen über den Tag, an dem ich angeblich in

Athen gewesen war, wie das Wetter war, die Schlagzeilen der Zeitungen lauteten, was allgemein im Gespräch war, wo ich übernachtete, was ich dort tat usw.

Wenn eine Operation nach so vielen technischen Vorgaben trotzdem scheitert, dann hat es häufig mit menschlicher Unzulänglichkeit zu tun. Gerade der Mossad umgibt sich mit einer Aura absoluter Perfektion. Er möchte gerne der beste Geheimdienst der Welt sein, und viele Kenner setzen ihm auch diese Krone auf. Sie vergessen dabei gerne, daß der lange Arm Davids eine Achillesferse hat, die ihm insgeheim schwer zu schaffen macht. Es geht um das Sammeln von aktuellen und möglichst geheimen Informationen aus der arabischen Welt – und um den Umgang mit den Arabern an sich.

Die israelischen Agenten begegnen ihren semitischen Brüdern häufig mit Abscheu. Sie betrachten sie als fremde Wesen, als bedrohlich, feindlich, als Objekte ihres Hasses. Das ist keine gute Basis für unvoreingenommene Recherchen. Also scheitern viele Versuche der Israelis, die arabische Welt aufzuklären. Sein Nichtwissen stuft der Mossad dann mit »Streng geheim« ein und gerät somit nicht in Gefahr, als schlecht informiert entlarvt zu werden. Das würde schließlich dem Mythos vom unfehlbaren Dienst, den man pflegt und mit Lust genießt, schaden.

Wie wenig Israels geheime Späher wußten, zeigte sich vor den Kriegen der Jahre 1973 und 1982 und gerade auch während der Kuwait-Krise und der nachfolgenden Operation »Wüstensturm«. Als Saddam Husseins Panzer bereits rollten, feierte der Chef des israelischen Militärgeheimdienstes, General Amnon Shahak, unbekümmert Hochzeit. Dann ging er mit seiner frisch Angetrauten auf Honeymoon-Tour. Während die Israelis in den folgenden Monaten gezielt ihre vermeintlich unersetzliche Rolle bei der Beschaffung von geheimen Informationen über den Irak vermarkteten, nahm bei den amerikanischen Partnern der Frust umgekehrt proportional zu. Ein Geheimdienstmann aus Washington: »Was uns die Israelis auf den Tisch legten, war ein Skandal. Damit hätten wir den Krieg nie gewinnen können.«

*

Erika Maria Chambers ist mit Eifer bei der Sache. Sie fühlt sich gefordert und weiß, daß ihr die neue Aufgabe eine Art der inneren Befriedigung bringen wird, nach der sie lange gesucht hat. Sie kann ein sinnvolles Leben führen, etwas für das Wohl der Juden tun und gleichzeitig mehr Geld verdienen, als es ein akademischer Job oder eine Verwaltungstätigkeit ermöglichen würde. Mit dieser positiven Einstellung besteht sie alle Prüfungen und hat bei ihrem Chef Mike Harari einen dicken Stein im Brett. Vielleicht wird sie deshalb auch auf die ehrgeizigste Aufgabe vorbereitet, die der Mossad zu vergeben hat: Sie soll Ali Hassan Salameh zur Strecke bringen, mit allen Mitteln, um jeden Preis. Je mehr sie darüber nachdenkt, desto stärker wird ihr Wunsch, es zu schaffen. Schließlich weiß sie es ganz genau – sie wird es schaffen. Langsam entwickelt sich der Jagdtrieb auf Salameh zur Manie.

Die Engländerin studiert alle Akten über den Terrorchef der Palästinenser. Sie prägt sich jedes noch so kleine Detail ein, versucht sich immer und immer wieder in seine Welt zu versetzen. Sie studiert seine Fotos, versinkt in den Einzelheiten seines lebhaften Gesichts. Die Worte der Salameh-Kenner unter ihren Lehrmeistern, allen voran Mike Harari, klingen ihr in den Ohren. Noch nie haben es die Israelis mit einem so gerissenen Gegner zu tun gehabt. Er sieht nicht aus wie einer dieser fatalistischen Araber mit Schmerbauch und Stoppelbart, sondern ist gescheit, schlau, absolut skrupellos und zielbewußt. Israels Späher in der PLO versichern, daß Ali Hassan Salameh sehr grausam sein kann, daß er sich aber auch witzig und charmant benimmt und absolut jede Frau um den Finger wickelt. Ein Ladykiller, denkt Erika Chambers, und lächelt verschmitzt über die Doppeldeutigkeit.

In mit »Streng geheim« gestempelten Berichten wird das Leben des Roten Prinzen ausgebreitet. Es ist die Rede von seiner Erziehung in einer neureichen Familie, wo es ihm an nichts mangelte. Dann folgt der überraschende Einstieg bei der PLO und der rasche Aufstieg zu Arafats Kronprinzen. Er kennt sich bestens in Europa aus, vor allem in Deutschland. Salameh spricht ein gutes Französisch, ein bißchen deutsch und leidlich englisch. Sein Netz in Europa wird immer dichter und kooperiert inzwischen mit Terroristen von der IRA – Salameh selbst trifft sich mehr oder weniger regelmäßig mit dem irischen Terrorchef Seamus Costello –, mit den italienischen Roten Brigaden, den baskischen Separatisten von der ETA. Ferner nutzt er die Bewegungsfreiheit arabischer Diplomaten, vor allem die der Libyer und Algerier. Sie transportieren für ihn Waffen, Sprengstoff, falsche Papiere, Anweisungen für seine Fedajin in Europa. Hier können die Killer des »Schwarzen September« im Bedarfsfall auch unterkommen und sich für einige Tage verstecken, bevor sie wieder in den Nahen Osten zurückkehren. Viele ihrer Waffen bleiben zurück, zum Beispiel in den Händen der IRA.

Die Israelis verzeichnen in ihren Unterlagen, daß die Waffen beim Mordanschlag auf die fünf Jordanier in Brühl bei Köln und beim Mordversuch auf den jordanischen Botschafter in London aus einer Bestellung der Libyer stammten. Ein anderer Quellenbericht sagt aus, daß sich Ali Hassan Salameh häufig in Genf aufhält, daß diese Stadt einen wichtigen Stellenwert in der Strategie des »Schwarzen September« hat. Es muß der internationale Charakter und die Neutralität der Schweiz sein, die ihn anzieht, denkt Erika Chambers. Es kann aber auch das Geld sein, sagt sie sich, als sie entdeckt, daß er immer wieder Schweizer Banken besucht. Ali Hassan Salameh hat, wie kein anderer, das Vertrauen des »Alten«, wie Arafat schon damals in der PLO genannt wird. Deshalb darf er mit Dollarmillionen jonglieren. Auch für Finanzgeschäfte, so zeigt sich rasch, hat er eine Hand. Francis Arnoud, ein Neonazi und Chef der Arab Commercial Bank in Genf, hilft ihm dabei.

Der Chefterrorist liebt es aber auch, Geld mit vollen Händen auszugeben. Er verwöhnt die Frauen, genießt den Nervenkitzel beim Roulette und trinkt manchmal weit über den Durst hinaus. Salameh hält sich gerne und lange außerhalb Beiruts auf. Seine Front sieht anders aus als die der verschwitzten, schwerbeladenen Fedajin, die nachts mit stoischem Blick in Richtung israelische Grenze laufen und sich mörderische Schießereien mit der Armee des Judenstaates liefern. Er ist ein Lebemann, der seine Erfüllung in heimtückischen Anschlägen findet. Befindet er sich doch mal in seinem Büro in Fakhani und bei seiner Familie – inzwischen ist der zweite Sohn Ossama geboren –, dann schläft er keine zweite Nacht im selben Bett. Er wechselt die Appartements wie andere Leute die Hemden. Kein Wunder, daß die Verfolger immer zu spät kommen und in Salamehs

Handlungsweise kein Schema erkennen können. Es sollte noch einige Jahre dauern, bis Hararis Spürhunde gut genug waren, um ihn einzukreisen und seinen möglichen nächsten Schritt wenigstens annähernd zu berechnen.

Eines fällt den Anti-Terror-Analytikern bei der Abteilung »Operative Planung und Koordination« des Mossad auf: Ali Hassan Salameh hat eine besondere Vorliebe für die Deutschen. Dieses Gefühl scheint vom Vater auf den Sohn übergegangen zu sein. Es zieht ihn zu deutschen Frauen hin, in die deutschen Städte. Er lädt die Deutschen auch in den Nahen Osten ein – so eine Reisegruppe aus Westberlin, die am 8. Juni 1970 nach Beirut flog. Es handelte sich um die damalige erweiterte Führungsspitze der Baader-Meinhof-Bande. Ausgestattet mit Flugscheinen, die vom Salameh-Mann Said Dudin beim Reisebüro Karim in Westberlin gekauft worden waren, wollten sie dem revolutionären Internationalismus huldigen und zugleich den Gebrauch der Kalaschnikow lernen.

In Beirut kam der Trupp unter dem Kommando des ziemlich zivil wirkenden Terroranwalts Horst Mahler in Schwierigkeiten, da drei der Deutschen nur einen Personalausweis präsentieren konnten. Da war kein Platz für einen Visastempel. Also wurde die Gruppe erst einmal festgesetzt. Durch die Palästinenser wieder befreit, reisten sie über Damaskus nach Jordanien. Endstation war ein Ausbildungslager der *Fatah*, zwischen Amman und der israelischen Grenze gelegen. Hier, in dieser öden Steinwüste, die entfernt an eine Mondlandschaft erinnert, sollten sie einige Wochen unter ausgesprochen primitiven Verhältnissen verbringen.

Fatah-Kurier Said Dudin kehrte nach Berlin zurück. Er händigte Pässe der Vereinigten Arabischen Emirate, die aus der Fälscherwerkstatt des *Rasd* stammten, an die zweite Reisegruppe aus. In den Papieren befanden sich die Fotos von keinen Geringeren als Andreas Baader, Gudrun Ensslin und Ulrike Meinhof. Sie und andere flogen am 22. Juni 1970 von Ostberlin nach Damaskus. Erneut mußten die Leute vom Sicherheitsdienst der PLO intervenieren, um die westdeutschen Genossen sicher auf arabischen Boden zu bringen. Am nächsten Tag fuhren sie weiter nach Amman. Nach einer Begrüßungszeremonie im militärischen Hauptquartier der PLO ging es an die Registrierung der Gäste. Für jeden der deutschen Terroristen wurde eine Karteikarte angelegt. Ferner fertigte die *Fatah* Paßbilder an. Bei der Operation gegen die Führer des »Schwarzen September«, im April 1973, fielen den Israelis diese Unterlagen in die Hände.

Die Genossen aus dem Berliner Untergrund wurden im Wüstenlager wiedervereinigt und gleichmäßig eingekleidet. Ab sofort trugen alle grüne Kampfanzüge und ebensolche Mützen. Baader-Meinhof-Chronist Stefan Aust vermerkt dazu, daß nur Andreas Baader auf seinen hautengen Samthosen beharrte. Damit robbte er dann auch durch die rauhe Landschaft. Im übrigen legte er sich bereits am ersten Abend mit Horst Mahler an und trug die Saat des Unfriedens in die Guerillastreitmacht. Die zwei Dutzend Gäste – die meisten von ihnen wurden zu Hause dringend gesucht – teilten mit den *Fatah*-Ausbildern widerwillig die karge Bleibe und das primitive Essen, zumeist aus Konserven der Flüchtlingsorganisation UNWRA. Eines der Mädchen soll im Ernst um die Aufstellung eines Cola-Automaten gebeten haben.

Stefan Aust beschrieb die absurde Situation: »Morgens um sechs Uhr, es gab süßen starken Tee, begann das Training mit einem Dauerlauf. Danach standen Schießübungen auf dem Plan, am Gewehr, an der Maschinenpistole und auch mal an der Haubitze. Alle wurden mit einer russischen Kalaschnikow bewaffnet, die abends an den Bettpfosten gehängt wurde. Mit einem Angriff war jederzeit zu rechnen. Auch das Werfen von Handgranaten wurde geübt. Ulrike Meinhof bekam eines Tages eine russische Stielhandgranate. Der Ausbilder zeigte ihr, wie man die Kapsel abschraubt, um dann den freiwerdenden Ring zu ziehen. Ulrike zog, die Granate begann leicht zu fauchen, Qualm entwickelte sich. Statt zu werfen, betrachtete Ulrike die Granate in ihrer Hand und fragte: ›Was soll ich jetzt machen?‹ ›Wegschmeißen‹, schrie jemand. Kurz vor der Explosion konnte Ulrike das unheimliche Ding noch wenige Meter weit schleudern. Alle waren hinter Steinhaufen in Deckung gegangen.«

Wenn sich die verweichlichten Deutschen durch die Hindernisse quälten und dabei von ihrem algerischen Ausbilder beschossen wurden, protestierte der leicht reizbare Baader regelmäßig. Das, so sagte er, sei bei der Stadtguerilla nicht praxisbezogen. Als die Besucher gerade den ersten Teil der Ausbildung hinter sich hatten und auch das elende Leben in den Palästinenserlagern schon kannten, kam der lokale Sponsor zu Besuch: Ali Hassan Salameh. Die Visite sollte einem Vortrag über den bewaffneten Kampf des unterdrückten palästinensischen Volkes dienen. Die unzufriedenen und zugleich undankbaren Deutschen verwickelten Salameh jedoch in einen Disput über ihre alltäglichen Lebensbedingungen. Rasch wurde geschlichtet. Doch es nagte in den Polittouristen.

Ihr Mitstreiter Peter Homann sonderte sich ab und konspirierte mit Salameh gegen den Rest der Mannschaft. Nun war auch die Geduld der Araber zu Ende. Freundlich, aber bestimmt, lotsten sie die Deutschen wieder nach Hause. Schon bald darauf sollten die Berliner Edelrevolutionäre dem Klassenfeind in die Hände fallen. Salameh bedauerte es von ganzem Herzen. Doch auch er konnte ihnen trotz seines »Schwarzen September« nicht helfen.

Die Israelis starrten auf die Deutschland-Connection des Ali Hassan Salameh. Dort, so sinnierten sie in ihren Strategiepapieren, würden sie ihn wohl eher kriegen als in Beirut.

Kapitel 9

Olivenzweig und Kalaschnikow

Der Oktoberkrieg des Jahres 1973 endet für Israel in einem Fiasko. Der Judenstaat war nicht genügend vorbereitet gewesen, weil man ernste Warnungen mißachtet hatte. Im Dezember wird die Zahl der israelischen Verluste mit 2412 Mann angegeben, ein hoher Blutzoll für dieses kleine Land. Premier Golda Meir bietet im selben Monat ihren Rücktritt an. Sie übernimmt die volle Verantwortung für die anfänglichen Pannen, deren Folgen fast zu einer Niederlage geführt hätten. Noch bleibt sie aber für einige Monate im Amt. Der Dezember wird auch überschattet durch den Tod des großen alten Mannes, den Tod David Ben Gurions.

US-Außenminister Henry Kissinger besucht auf seiner Nahost-Tour Ägypten, Saudi-Arabien, Jordanien, Syrien, den Libanon und Israel. Er verhandelt mit jeder Regierung über Frieden und Entspannung und unterstützt den Vorschlag des ägyptischen Präsidenten Anwar el-Sadat zur Einberufung einer internationalen Nahost-Konferenz in Genf.

Wochen zuvor hatten die Araber in Algier getagt und dabei die eigene Situation analysiert. Von Sadat war eine politische Formel gekommen, die eigentlich alle überraschte: »Die PLO ist die einzige legitime Vertreterin des palästinensischen Volkes.« Das richtete sich vordergründig gegen Jordaniens König Hussein, der für sich das Recht beanspruchte, die Interessen der Palästinenser zu vertreten. Der wichtigere Effekt war jedoch die Tatsache, daß die PLO in jenen Tagen volljährig wurde. Nun stand sie auf eigenen Beinen, von der Arabischen Liga als selbstverantwortlich anerkannt. Es ist ungewiß, ob Arafat in jenen historischen Stunden seine neuen Möglichkeiten und Verpflichtungen in vollem Umfang erkannte. Niemand merkte jedenfalls, daß sich Sadat, der damals auf dem Höhepunkt seiner

Popularität war, von der radikalen Konfrontation gegenüber dem Staat der Juden verabschiedete und langsam, aber unaufhaltsam den Weg zum Separatfrieden ging.

Nun wurde auch die PLO wesentlich stärker auf der internationalen Politebene gefordert. Die Großmächte leiteten im Dezember 1973 eine Tauwetterperiode ein. Die beiden wichtigsten Frontstaaten, Syrien und Ägypten, stimmten der bis heute so bedeutsamen UN-Resolution 338 zu, in der »unmittelbar und gleichlaufend mit dem Waffenstillstand Verhandlungen zwischen den betroffenen Parteien unter einer geeigneten Schirmherrschaft« gefordert werden. Das Ziel, so heißt es in der Erklärung 338, sei »die Herstellung eines gerechten und dauerhaften Friedens im Nahen Osten«. Das gefiel der militanten PLO gar nicht. Einen Tag nach dieser UN-Resolution 338 versicherte das Exekutivkomitee, praktisch Arafats Ministerrat, den Willen der »palästinensischen Revolution«, den bewaffneten Kampf »gegen das zionistische Gebilde« fortzusetzen.

Schon am 25. November beginnt die erste Aktion einer neuen palästinensischen Terrorwelle. Ein Jumbo-Jet der KLM befindet sich auf dem Weg von Beirut nach Neu-Delhi und Tokio. Über dem Irak bringen drei Männer einer bislang unbekannten Gruppe »Arabische Nationalistische Jugend für die Befreiung Palästinas« die Maschine, weitere 244 Passagiere und 17 Besatzungsmitglieder in ihre Gewalt. Der Kapitän wird gezwungen, in Damaskus zu landen. Die Syrer weigern sich jedoch, das riesige Flugzeug aufzutanken. Also erzwingen die drei Palästinenser den Weiterflug nach Nikosia.

Die Luftpiraten fordern von den zypriotischen Behörden die Freilassung von sieben Fedajin, die Anfang April desselben Jahres bei zwei versuchten Anschlägen – einer gegen die Residenz des israelischen Botschafters, ein weiterer auf ein israelisches Flugzeug – gestellt worden waren. Die Zyprioten lehnen ab, begnadigen die Terroristen aber dennoch am 6. Dezember und fliegen sie nach Kairo aus.

Der entführte KLM-Jumbo startet wieder. Die nächsten beiden Stationen sind Tripolis in Libyen und La Valetta auf Malta. Dort werden die Passagiere freigelassen, mit ihnen acht Stewardessen. Am nächsten Tag, dem 28. November, fliegt die Maschine mit zehn

Besatzungsmitgliedern und einer Ersatzgeisel, dem Vizepräsidenten der KLM, weiter nach Dubai. Die Holländer machen viel durch in jenen Tagen. Unter Druck verspricht die KLM, keine Waffen mehr für Israel zu transportieren. Die Regierung in Den Haag versichert der arabischen Welt zusätzlich, daß sie keine Genehmigung für Durchgangslager sowjetischer Juden auf dem Weg nach Israel geben will, daß außerdem »keine Waffen oder Freiwillige für Israel« die Niederlande passieren dürfen. Der Irrflug geht weiter. Aden verweigert die Landeerlaubnis. Das Kommando kehrt nach Dubai zurück. Dort ergibt es sich und erhält die Zusage ungehinderter Ausreise. Angeblich werden die Fedajin in Abu Dhabi an die PLO übergeben.

Es gibt noch einen ungestümen Araber, der in jenen Tagen wenig Beachtung findet: Libyens Oberst Muammar al-Khadafi. Als seine Brüder im Oktober in den Krieg gegen Israel ziehen, wird er nicht konsultiert. Mit Leidensmiene bietet er den Ägyptern Geld an. Die Kämpfe enden schneller, als Khadafi sich das vorstellen mag – und trotz allem wieder zuungunsten der Araber. Nun will er Geld ausgeben für die Fortsetzung des Krieges, »wenn notwendig für tausend Jahre«. Da trifft es sich gut, daß Libyen von der Volksfront und vom »Schwarzen September« als Auftraggeber und Sponsor anerkannt wird. In den Untergrundzirkeln von Beirut und Damaskus nimmt man Khadafis westliche Petrodollars gerne und inszeniert ihm zu Ehren ein neues, grausames Massaker.

Der Ort des Verbrechens ist Roms Flughafen Leonardo da Vinci (Fiumicino). Der Tag: 17. Dezember 1973. Fast gleichzeitig treffen vier Araber aus Madrid und ein weiterer aus Tripolis ein. Im Gepäck des aus Libyen kommenden Passagiers entdecken Zöllner eine Waffe. In den nächsten Sekunden holen die anderen Araber ihre Kalaschnikows aus dem Gepäck und feuern blindwütig in die überfüllte Abflughalle. Nach einem Moment des Schreckens schießt die italienische Polizei zurück. Die Terroristen ergreifen sechs Fluggäste und ziehen sich mit ihnen zu einer parkenden Boeing 707 der PanAm zurück. Diese Maschine befindet sich kurz vor dem Start nach Beirut und Teheran. Die Terroristen werfen zwei Phosphorgranaten in die Kabine. Das Flugzeug steht sofort lichterloh in Flammen. Vier marokkanische Offizielle, die zu einem Staatsbesuch nach Teheran reisen wollen, und vierzehn amerikanische Mitarbeiter der Arabian-

American Oil Company verbrennen. Die restlichen 41 Passagiere überleben, zum Teil mit schweren Verletzungen.

Insgesamt sind nun bereits 29 Menschen tot, weitere 18 verletzt. Die Terroristen – sie bekennen sich später zur selben Organisation wie die Entführer des KLM-Jumbos – laufen mit ihren Geiseln zu einer Boeing 737 der Lufthansa, die wenige Minuten später nach München fliegen sollte. Sie erschießen einen italienischen Polizisten und einen zweiten Mann außerhalb der Maschine. Mit fünf ihrer sechs Geiseln gelingt es ihnen, das Flugzeug zu besetzen. Die Palästinenser zwingen Lufthansa-Kapitän Joe Kroese, nach Beirut zu fliegen. Die Libanesen verweigern die Landung, und die Maschine setzt ihren Weg nach Athen fort. Dort fordern die Luftpiraten die Freilassung von zwei Mitgliedern des »Schwarzen September«, die im August die wartenden Passagieren einer TWA-Maschine niedergemetzelt hatten. Die beiden gefangenen Terroristen sind unschlüssig und erklären, sie würden einer ganz anderen Gruppe angehören als die Lufthansa-Entführer.

Während sich die Verhandlungen hinziehen, fordern die Luftpiraten einen Passagier, der in einer der letzten Reihen sitzt, freundlich auf, nach vorne zu kommen. Zögerlich gehorcht er. Die Terroristen verschwinden mit ihrem Opfer hinter einem Vorhang. Zwei Schüsse fallen. Der Mann ist tot. Seine Mörder werfen die Leiche aus dem Flugzeug. Die Fedajin sind sehr nervös und schießen noch mehrmals um sich. Dann behaupten sie gegenüber ihren Gesprächspartnern im Flughafen von Athen, sie hätten den Kopiloten und drei weitere Passagiere liquidiert. Das stimmt jedoch nicht. Als sie keine Fortschritte erkennen, zwingen sie den Piloten, nach Damaskus zu fliegen. Dort wird die Maschine neu aufgetankt und mit Lebensmitteln versorgt. Die nächste Station ist Kuwait. Die Mörder ergeben sich und lassen die restlichen Geiseln frei. Natürlich wird ihnen freies Geleit zugesichert.

Dieser Plan geht jedoch nicht ganz auf. Als die Terroristen am 2. März 1974 von Kuwait nach Kairo fliegen, werden sie von der ägyptischen Polizei festgenommen. Es bedarf wieder einer neuen Flugzeugentführung – sie geschieht am 22. November –, um dieses Kommando freizupressen. Die fünf Killer werden nach Tunis geflogen.

Am 7. Dezember treffen sie schließlich wieder an ihrem eigentlichen Ausgangsort ein: Tripolis in Libyen. Gleichzeitig kommen zwei andere Terroristen, freigepreßt aus holländischer Haft, in Khadafis Reich an. Während der Verhöre in Kuwait berichten die Täter von Rom interessante Hintergründe. Ursprünglich seien sie beauftragt gewesen, Henry Kissingers Flugzeug in Beirut anzugreifen. Als dieser Plan verraten worden sei, habe man sie nach Rom geschickt. Der Terroranschlag sollte die geplante Genfer Friedenskonferenz verhindern. Die Palästinenser sagten aus, ihr Auftrag sei von einem libyschen Diplomaten gekommen; außerdem seien die Waffen in libyschem Diplomatengepäck transportiert worden; und zuvor hätten die Libyer hohe Lebensversicherungen zugunsten der Familien aller Angehörigen des Kommandos abgeschlossen. Das soziale Netz nach arabischer Auslegung.

Später wird bekannt, daß die ominöse »Arabische Nationalistische Jugendorganisation für die Befreiung Palästinas« eine abtrünnige Fraktion des »Schwarzen September« ist. An ihrer Spitze steht der *Fatah*-Dissident Ahmed Abdel Ghafour, Deckname Abu Mahmud, der Arafat den Rücken gekehrt hat und nun auf den Befehl von Khadafi hört. Ghafour, ein Freund des ebenfalls oppositionellen Abu Nidal, ist der Organisator des Blutbads von Rom. Stolz und eitel kehrt er denn auch für einige Tage nach Beirut zurück. Dort trifft er auf seine früheren Chefs, unter ihnen Ali Ijad und Ali Hassan Salameh. Sie werfen ihm vor, eigenmächtig und gegen die Interessen des »Schwarzen September« zu handeln. Am 12. September 1974 wird Ghafour von einem Hinrichtungskommando der PLO erschossen. Seine Vergehen? Es war nicht blindwütiges Morden, sondern Ungehorsam! Die Folge: Viele seiner Leute schließen sich später dem ähnlich rücksichtslosen Abu Nidal an. Die Radikalen innerhalb der PLO ziehen alle Register, um einen Friedensschluß zwischen Arabern und Israelis zu verhindern. Sie kehren der zunehmend moderaten Strömung um Arafat den Rücken. Vier Organisationen gründen eine »Verweigerungsfront«. Ihre Wortführer sind Dr. George Habasch von der Volksfront und sein früherer Mitstreiter Ahmed Jibril (»Volksfront für die Befreiung Palästinas – Generalkommando«). Über Radio Bagdad erklären sie im Juli 1974: »Verhandlungen mit dem zionistischen Feind werden von uns als großer Schritt auf dem Weg zur Versöhnung mit dem Feind angesehen, zu seiner Anerkennung und zur Akzeptanz, daß die Rechte des palästinensischen arabischen Volkes willkürlich aberkannt wurden. Eine solche defätistische Haltung führt uns weg von den Zielen der arabischen Revolution und der palästinensischen Nationalcharta.« Daß die Palästinenser es ernst meinten, das zeigten sie schon in den drei Monaten zuvor ...

Ein Kommando der PFLP dringt am 11. April 1974 in die israelische Stadt Kiryat Shemona ein, unweit der libanesischen Grenze. Die drei Fedajin eröffnen das Feuer und töten 18 Menschen, unter ihnen acht Kinder und fünf Frauen. Ein Mitglied des Politbüros der PFLP erklärt, daß diese Operation »nur der Beginn einer Kampagne revolutionärer Gewalt innerhalb Israels« sei und eine »arabisch-israelische Friedenslösung blockieren« solle. Am 15. Mai 1974 greift ein Kommando der DFLP des Marxisten Nayef Hawatmeh das Dorf Maalot an, acht Kilometer südlich der libanesischen Grenze. Dabei sterben 25 Israelis, unter ihnen 21 Schulkinder, 60 Kinder werden verletzt. Nayef Hawatmeh erklärt einen Tag darauf, daß die Operation gegen die Aktivitäten von Henry Kissinger gerichtet gewesen sei. Der amerikanische Außenminister, so Hawatmeh wörtlich, betreibe »die Kapitulation des palästinensischen Volkes und die Liquidierung der palästinensischen Sache«. Golda Meir muß wieder einmal vor die Fernsehkameras treten und einen »bitteren Tag für Israel« beklagen.

Am 23. Mai überschreiten weitere Kommandos die nördliche Grenze des Judenstaates. Die israelischen Sicherheitskräfte sind auf der Hut. Sechs Fedajin werden getötet, zwei festgenommen. Dann, am 13. Juni, greifen drei Fedajin der PFLP-GC den nördlichen Kibbuz Shamir an. Sie erschießen drei Frauen, bevor sie selbst getötet werden. Und am 24. Juni dringen drei Kämpfer der Fatah in den Küstenort Nahariya ein. Sie töten vier Israelis, unter ihnen zwei Kinder. Dann werden sie selbst erschossen. In allen Fällen schlagen die Israelis massiv zurück. Ihre Flugzeuge greifen die Stützpunkte der Palästinenser im Südlibanon an, ihre Artillerie beschießt Stellungen und Lager jenseits der Nordgrenze.

Der Juli 1974 bringt erneut wichtige politische Schritte. König Feisal von Saudi-Arabien bezeichnet die PLO bei einem Besuch in

Kairo als die alleinige rechtmäßige Vertretung der Palästinenser. Nun einigen sich auch Jordaniens Hussein und Ägyptens Sadat auf die Formel, die PLO sei »legitime Vertreterin der Palästinenser, mit Ausnahme der im Haschemitischen Königreich Jordanien lebenden Palästinenser«.

Arafat wird auch beim Gipfel der Arabischen Liga, am 29. Oktober 1974 in Rabat, von der Erfolgswelle weitergetragen. In der Schlußresolution heißt es erneut: »Der Gipfel bekräftigt das Recht des palästinensischen Volkes, auf befreitem palästinensischen Gebiet eine unabhängige nationale Autorität [Behörde] unter Führung der Palästinensischen Befreiungsorganisation in ihrer Eigenschaft als einziger legitimer Vertretung des palästinensischen Volkes zu errichten.«

Niemand spricht mehr über die zwanzig Kämpfer des »Schwarzen September«, die im Auftrag von Abu Ijad nach Rabat gekommen waren, um Jordaniens Hussein zu ermorden. Beide Kommandos waren mit ihren Waffen – nach Hinweisen aus Spanien – rechtzeitig von der marokkanischen Polizei entdeckt und festgenommen worden. Niemand spricht auch mehr von Mufti Husseini. Der große alte Mann, der Führer der Palästinenser in den dreißiger Jahren, stirbt in diesem Jahr, verbittert und vergessen, im Alter von 79 Jahren.

Im Moment bewegt das palästinensische Volk etwas ganz anderes. Seine Blicke sind auf ihren jetzigen Führer gerichtet. Am 22. November 1974 tritt ein stolzer Jassir Arafat mit Kampfanzug und Revolver vor die Delegierten in der Vollversammlung der Vereinten Nationen am New Yorker East River. In einer neunzig Minuten dauernden Rede, die häufig vom Beifall der Vertreter arabischer und anderer Staaten der Dritten Welt unterbrochen wird, fordert »Abu Ammar« die Abschaffung des Staates Israel und die Errichtung eines demokratischen, überkonfessionellen Staates der Muslime, Christen und Juden. Falls Israel diesen Vorschlag ablehne, so der PLO-Chef in diplomatischen Worten, dann könne das ganz schnell zu neuem, verschärftem Terror führen. – Die Kernsätze von Arafats historischer Rede:

> Ich erkläre hiermit als Vorsitzender der Palästinensischen Befreiungsorganisation und als Führer der palästinensischen Revolution,

daß ich, wenn ich von unserer gemeinsamen Hoffnung auf das Palästina der Zukunft spreche, in unser Bestreben alle Juden miteinschließe, die heute in Palästina leben und die mit uns gemeinsam auf dem palästinensischen Boden in Frieden und ohne Diskriminierung leben wollen. In meiner Eigenschaft als Vorsitzender der PLO und als Führer der palästinensischen Revolution rufe ich jeden einzelnen Juden auf, sich von den illusionären Versprechungen der zionistischen Ideologie und der israelischen Führung zu lösen. Diese können den Juden nichts anderes als fortwährendes Blutvergießen und endlose Kriege bieten. Wir rufen die Juden auf, aus ihrer Isolation hervorzutreten. Wir machen ihnen ein großzügiges Angebot: Wir wollen mit ihnen in einem demokratischen Palästina zusammenleben, das im Rahmen eines gerechten Friedens existieren soll.

Als Vorsitzender der PLO und als Führer der palästinensischen Revolution sage ich, daß wir keinen einzigen Tropfen jüdischen oder arabischen Blutes mehr vergießen wollen. Der Krieg erübrigt sich, wenn ein gerechter Friede herrscht, der auf den nationalen Rechten, Bestrebungen und Hoffnungen unseres Volkes aufbaut.

Als Vorsitzender der PLO und als Führer der palästinensischen Revolution appelliere ich an euch, euch auf die Seite des Kampfes unseres Volkes für die Verwirklichung seines Selbstbestimmungsrechts zu stellen ... und ich appelliere an euch, daß ihr auch die Rückkehr unseres Volkes aus seiner zwangsweisen Verbannung ermöglicht, in die es mit den Bajonetten der Gewehre, durch Unterdrückung und Ungerechtigkeit gedrängt wurde. Auf daß unser Volk zurückkehrt in seine Heimat und seine Häuser, um unter dem Schatten der Bäume seiner Felder alle seine Rechte zu genießen und frei zu leben, damit es teilnimmt an dem Prozeß der menschlichen Zivilisation ...

Ich appelliere an euch, unserem Volk die Errichtung seiner unabhängigen nationalen Autorität und seiner nationalen Existenz auf seinem eigenen Boden zu ermöglichen. Heute kam ich zu euch mit einem Ölzweig in der einen Hand und dem Gewehr der Revolution in der anderen Hand. Lassen Sie es nicht zu, daß mir der Ölzweig aus der Hand fällt ...

In den Flüchtlingslagern des Libanon, in Jordanien und Syrien jubeln die Palästinenser. Das Beiruter Fernsehen bedient sich einer Satellitenverbindung nach New York und strahlt den Auftritt des PLO-Chefs live aus. Die Fedajin geraten in einen Freudentaumel, stürzen vor die Häuser und feuern ihre Kalaschnikows in die Luft ab.

Mit 105 Ja-Stimmen (unter ihnen Italien, Frankreich, Irland) gegen 4 Nein-Stimmen (Israel, Bolivien, Dominikanische Republik, USA) bei 20 Enthaltungen (darunter die Bundesrepublik Deutschland, England und die Niederlande) stimmt die Generalversammlung für die Teilnahme der PLO an den New Yorker Beratungen über das Palästina-Problem. In einer offiziellen Stellungnahme bezeichnet das Jerusalemer Außenministerium diesen Beschluß als illegal, da die PLO keine nationale Befreiungsorganisation sei, sondern ein Dachverband von Mord- und Terrororganisationen. Josef Tekoa, Israels UN-Vertreter: »Israel wird die PLO-Mörder verfolgen, Israel wird in keinem Teil Palästinas die Errichtung einer PLO-Autorität zulassen. Die PLO wird den palästinensischen Arabern nicht aufgezwungen werden. Sie wird von den Juden Israels nicht geduldet werden.«

Tekoa bezieht sein Wissen über die Arafat-Rede aus zweiter Hand, da seine Delegation aus Protest den Saal verlassen hat. Überhaupt geht es auch außerhalb der UN-Mauern sehr turbulent zu. Während Arafat spricht, demonstrieren Hunderte von Juden gegen seine Anwesenheit. Sie entfalten Spruchbänder, machen aber die Drohung ihrer radikalen Organisationen nicht wahr, Arafat und seine Delegation werde New York nur noch im Sarg verlassen. Noch Wochen später ereifert sich die größte jüdische Gemeinde außerhalb Israels über den minutenlangen Applaus, über den Präsidenten der Vollversammlung, Algeriens Außenminister Abdelaziz Bouteflika, der Arafat wie ein Staatsoberhaupt behandelte und ihn als »Obersten Befehlshaber der palästinensischen Revolution« einführte.

Am Nachmittag desselben Tages antwortet Israels Botschafter Tekoa nochmals in scharfer Weise: »Die Nazis mordeten Millionen von Juden in Todeslagern, auf deren Toren Sprüche standen wie ›Arbeit macht frei!‹ Arafat ermordete jüdische Kinder und versucht nun, den jüdischen Staat unter dem Vorwand eines demokratischen

Palästina abzuwürgen ... Die Mörder von Sportlern bei den Münchner Spielen, die Schlächter von Kindern in Maalot, die Killer von Diplomaten in Khartum gehören einfach nicht in diese internationale Gemeinschaft!« Die Gegensätze sind unüberbrückbar.

Am Abend lädt der ägyptische Botschafter Esmat Abdel Meguid, späterer Außenminister seines Landes, zu einem Empfang für Arafat und die mehr als 100köpfige PLO-Delegation in den Speisesaal des UN-Hauptquartiers ein. Die Stimmung ist bestens, und dadurch ähnelt die Veranstaltung einer Siegesfeier. Hinter Arafat stehen mehrere seiner engsten Vertrauten. Einer von ihnen beobachtet gespannt die Umgebung und läßt den Vorsitzenden keinen Moment aus den Augen. Schon durch seine Gesten verrät er, wie nahe sich die beiden doch so gegensätzlichen Männer stehen. Es ist Ali Hassan Salameh, der Rote Prinz.

Arafat hat ihn gerade erst mit neuen Aufgaben betraut – als Chef des Sicherheits- und Geheimdienstes der Fatah und der Leibwächtertruppe »Force 17«. Ihren Namen bezieht Arafats »Prätorianergarde« übrigens von der Nummer ihres Telefonanschlusses im Beiruter Hauptquartier. So einfach ist das.

Die steile Karriere des Roten Prinzen ist in der PLO nicht unumstritten. Arafats schier grenzenlose Sympathie für seinen mutmaßlichen Nachfolger, die ihn Salamehs immer intensiver ausgelebten Allüren großmütig übersehen läßt, soll sogar zu ernsthaftem Streit mit Abu Ijad geführt haben. Aus Protest bleibt Abu Ijad dem New Yorker Spektakel fern. Er verfolgt es in Beirut auf dem Fernsehschirm.

Dadurch entgehen ihm auch Nebenveranstaltungen, die ihn sicherlich elektrisiert hätten. Bereits 1969 hatte es einen indirekten, sehr losen Kontakt zwischen Ali Hassan Salameh und dem CIA-Stationschef in Beirut, Robert C. Ames, gegeben. Der in Langley, dem Hauptquartier der CIA, ausgesprochen angesehene Agentenführer sprach fließend Arabisch und hatte eine Art, der kaum jemand widerstehen konnte. 1970 brach der Kontakt für eine Weile ab, da ein übereifriger CIA-Mann von Washington nach Rom flog, um Ali Hassan Salameh als bezahlten Agenten anzuwerben. Das war ein kaum wieder gutzumachender Fehler. Wie so oft, überschätzten die Amerikaner sich und ihre Überzeugungskraft. Diese Art des Kontaktgesprächs war völlig absurd und widersprach der arabischen Mentalität.

Salameh in einem späteren Interview: »Unsere Bindung an die Revolution ist stärker als die jedes Agenten an einen Staat, und das ist bei der Geheimdienstarbeit ein riesiger Vorteil ... unsere Leute sind besser motiviert und bewegen sich unter den Leuten wie Fische im Wasser, ohne auf materielle Dinge angewiesen zu sein. Viele Leute mit vielen Nationalitäten identifizieren sich mit unserer Sache und arbeiten mit uns zusammen, und das ist es, wo wir andere Organisationen übertreffen. Die Israelis, auf der anderen Seite, haben den Vorteil, daß sie auf amerikanische oder französische oder deutsche Juden vertrauen können, die sich mit ihrer Sache identifizieren. Andere Organisationen vertrauen vorwiegend auf Technologie und Geldmittel. Unser Netz vertraut auf das menschliche Element. Wir behandeln Leute, die mit uns kooperieren, nicht wie Agenten.«

Das Versuch, Abu Hassan wie einen ganz gewöhnlichen Spitzel einzukaufen, mußte scheitern. Wäre das Münchner Massaker zu vermeiden gewesen, wenn Ali Hassan Salameh lange vorher – und in wesentlich einfühlsamerer Weise – an die CIA angebunden gewesen wäre?

Unter absoluter Geheimhaltung und im Auftrag des Nationalen Sicherheitsrates wurden die Kontakte zwischen CIA und PLO nach dem Massaker von Khartum wieder vertieft. Damals gab es auch einen Hinweis auf einen eventuell geplanten Mordanschlag auf Präsident Richard Nixon. Der PLO-Sicherheitsdienst fand im Auftrag der Amerikaner heraus, daß es sich nur um die Falschmeldung eines Libyers handelte. Diese heimliche Sicherheits-Connection war in Washington nur wenigen Leuten bekannt. Die Israelis durften lange Zeit nichts davon wissen, da Henry Kissinger bei ihnen im Wort stand, nicht mit Arafats Leuten zu sprechen. Die beiden führenden amerikanischen Antiterrorexperten, Neil C. Livingstone und David Halevy, sind davon überzeugt, daß Washington eine Art Schutzgeld an die PLO zahlte. Auf jene Weise blieben die US-Botschaften in Beirut und anderen Nahost-Hauptstädten unversehrt. Diese Situation sollte sich erst mit dem Aufkommen des schiitischen Terrors ändern.

Mindestens ebenso wichtig wie das Schutzgeld war die persönliche Beziehung zwischen Salameh und Ames. Robert Ames sah den Palästinenser das erste Mal in Kuwait. Der bullige, großgewachsene CIA-Agent, der meistens dunkle Pilotensonnenbrillen trug, und der gutaussehende Lebemann Salameh hatten äußerlich wenig gemeinsam. Tief im Inneren der beiden entwickelte sich jedoch eine Männerfreundschaft, die erst mit dem Tod Salamehs abrupt beendet werden sollte. Talcott Seelye, ein amerikanischer Diplomat, der 1976 als persönlicher Emissär von Präsident Gerald Ford nach Beirut geschickt wurde: »Salameh war unser prinzipieller Kontakt, und er informierte uns gut über die Pläne von US-feindlichen Milizen. Durch diese Informationen konnte die Botschaft häufig Abwehrmaßnahmen treffen, zum Beispiel die Reisepläne des Botschafters ändern.«

Das entscheidende Treffen, nach dem sich Salamehs Einstellung gegenüber den Amerikanern grundlegend verbessert, findet während Arafats New-York-Visite statt. Der Rote Prinz verabredet sich mit einem wichtigen CIA-Vertreter, möglicherweise wieder Ames, im exklusiven Waldorf-Astoria-Hotel an Manhattans Park Avenue. Ein Teilnehmer an dem Treffen erinnert sich an die Gesprächsthemen: »Arafat und seine Fatah sollten ihre internationalen terroristischen Aktionen außerhalb Israels aufgeben. Allen war klar, daß Arafat selbstverständlich nicht für Aktionen jedes einzelnen Palästinensers verantwortlich gemacht werden konnte. Im Gegenzug waren die Vereinigten Staaten bereit, die legitimen Rechte der Palästinenser anzuerkennen. So wurde es gesagt.«

Die PLO kann in jenen Tagen starke Partner brauchen. Deshalb geht Arafat gerne auf das amerikanische Angebot ein. Er bestimmt seine rechte Hand, Abu Hassan, zum künftigen Verbindungsmann. Die Zusammenarbeit wird ihre aktivste Phase nach Beginn des libanesischen Bürgerkriegs 1975 erreichen.

Bereits eine Woche nach New York scheint alles wieder beim alten zu sein. Ein Kommando der DFLP schlägt in der nordisraelischen Stadt Beit Shean zu. Drei Fedajin stürmen ein Appartementhaus und töten vier Zivilisten, bevor sie von einer israelischen Antiterroreinheit zur Strecke gebracht werden. Zwei Tage danach kommt die von Libyen gesteuerte »Arabische Nationalistische Jugendorganisation für die Befreiung Palästinas« wieder in die Schlagzeilen. Vier ihrer Kämpfer klettern über den Zaun des Flughafens von Dubai. Zielbewußt nähern sie sich einer DC 10 der British Airways, die gerade für ihren Weiterflug nach Kalkutta, Singapur und Brunei aufgetankt wird. Das Terrorquartett feuert sofort aus automatischen Waffen und verletzt eine indische Stewardeß am Rücken. Die Gewalttäter nehmen 22 Passagiere, 13 Besatzungsmitglieder und 12 Männer vom Bodenpersonal als Geiseln.

Als die üblichen Bedingungen beginnen, fordern die Fedajin die Freilassung von dreizehn ihrer Gefährten aus ägyptischen Gefängnissen – die Mörder von Khartum und Rom – und von zwei Fedajin, die in Holland einsitzen. Sie drohen, das Flugzeug in die Luft zu sprengen, wenn ihre Forderungen nicht erfüllt würden. Dann entscheiden sie sich aber dafür, Dubai zu verlassen. Nach einer Zwischenlandung im libyschen Tripolis setzt die Maschine in Tunis auf. Dort werden vier Geiseln freigelassen. Dreizehn weitere dürfen das Flugzeug verlassen, als Ägypten einlenkt. Auch Holland gibt nach und läßt seine beiden gefangenen Terroristen laufen.

An diesem Tag voller Menschenverachtung und Erpressung – es ist der 22. November 1974 – bestätigt die Generalversammlung der Vereinten Nationen das unveräußerliche Recht des palästinensischen Volkes auf Selbstbestimmung und Rückkehr in die Heimat. Eine Resolution fordert alle Staaten und internationalen Organisationen auf, die Palästinenser beim Kampf um ihre Rechte verstärkt zu unterstützen. In einer weiteren Resolution erhält die PLO Beobachterstatus bei den Vereinten Nationen.

Als die Sonne am nächsten Tag wieder aufgeht, steht die entführte Maschine der British Airways noch in Tunis. In den folgenden Stunden kommt es zu dramatischen Szenen. Die Terroristen glauben inzwischen, von Ägypten betrogen worden zu sein. Also greifen sie sich kurzerhand einen deutschen Passagier, den 43jährigen Werner Kehl, und schießen ihm eine Kugel in den Kopf. Seine Leiche wird auf das Rollfeld geworfen. Die Luftpiraten drohen mit weiteren Hinrichtungen. Zwei Tage später sind die restlichen Terroristen in Kairo frei. Die Flugzeugentführer fragen in Tunis um politisches Asyl an. Es wird ihnen gewährt.

Am 27. November gibt die PLO bekannt, daß sie 26 Personen in

Verbindung mit dieser Flugzeugentführung festgenommen habe und daß diese Leute öffentlich vor Gericht gestellt würden. Im Zuge dieser Erklärung liefert Tunis elf Terroristen an die PLO aus. Ende Januar 1975 meldet sich Arafats Organisation wieder zu Wort. Die vier Luftpiraten aus Dubai, so die Meldung, seien zu langjährigen Gefängnisstrafen verurteilt worden. Abu Ijad auf einer Pressekonferenz: »Ich verspreche, daß dieser Zwischenfall der letzte seiner Art in unserer Zeit sein wird.« Eine erstaunliche Entwicklung.

Kapitel 10
»Gott vergibt, Israel niemals!«

Als das Jahr 1975 beginnt, gibt es keinen »Schwarzen September« mehr. In diesem Dämmerzustand zwischen Friedenshoffnungen für die ganze Region und einem anscheinend unausweichlichen, grausamen, ausgedehnten libanesischen Bürgerkrieg hat er seine Berechtigung verloren. Die Veteranen des »Schwarzen September« sind noch da, widmen sich aber jetzt anderen Aufgaben. Auch um Mike Hararis »Hit Teams« ist es ruhiger geworden. Die Führung des Mossad hat nach längerer mißtrauischer Beobachtung akzeptiert, daß sich die Gegenseite vor allem in Tagespolitik engagiert und die Welt von der »gerechten Sache des palästinensischen Volkes« lieber durch Reden als durch Geiselnahmen überzeugen will. Außerdem, da sind sich alle Fachleute einig, wurde der Terrorarm der PLO durch den gezielten Gegenterror der Israelis so stark dezimiert, daß er am Ende beinahe handlungsunfähig war. Harari und seine Leute waren schlagkräftiger, besser organisiert und hatten weltweiten Rückhalt. Seit Lillehammer waren sie zwar etwas zerzaust, aber eben doch letztendlich erfolgreich.

Da eine Feuerwehr nicht aufgelöst wird, wenn es gerade mal einige Wochen nicht gebrannt hat, bleibt der »Zorn Gottes« in dauernder Alarmbereitschaft. Israel ist, neben den USA, das wichtigste Ziel des internationalen Terrorismus – und das hat sich bis heute nicht geändert. Außerdem ist Mike Harari mit seiner eigenen Arbeit weniger zufrieden als seine Vorgesetzten. »Ich habe meinen Job erst erfüllt, wenn Ali Hassan Salameh tot ist. Wir sind an den Befehl von Golda Meir gebunden, auch wenn wir ihn vielleicht erst in zehn Jahren ausführen können. Israel hat eine Rechnung offen mit Salameh, und Israel wird sie begleichen.« Manchmal droht der alttestamentarische Zorn den Leiter der Mossad-Sonderoperationen zu übermannen. Dann erinnert er sich an seine norwegische Oberflächlichkeit und macht sich immer wieder Vorwürfe, daß er diesen marokkanischen Kellner nicht besser hat überprüfen lassen. Doch eigentlich, so sagt er sich, war es ja auch ein Araber.

Mike Harari ist ein Kerl aus Granit, rücksichtslos, zynisch, machtbesessen. Tote Opfer beschäftigen ihn nicht weiter. Nur der Rote Prinz zählt noch. Er ist sein persönlicher Gegner, und er muß ihn kriegen. Vorher, so hat es sich in ihm eingegraben, wird er den aktiven Dienst des Mossad nicht verlassen. Israels unheiliger Racheengel hält sein Wort.

Hararis Leute kümmern sich so intensiv um den neuen Sicherheitschef der PLO, daß sie zwischendurch andere, viel größere Gefahren übersehen. Mit Verwunderung studieren sie gleich im Januar, wie zahm sich Arafats PLO gibt. Die Befreiungsorganisation verkündet in Damaskus, daß sie ab sofort alle Flugzeugentführer hinrichten lassen wird, wenn bei ihren Aktionen Menschen zu Tode kommen. Bei unblutigen Operationen müßten die Täter mit 15 Jahren Zwangsarbeit rechnen. Westliche Journalisten werden von der PLO zu einem Anwesen 25 Kilometer südöstlich von Damaskus gebracht. Stolz führen die Palästinenser ein frisch eingerichtetes Gefängnis für Flugzeugentführer vor. Harari ist amüsiert, bezeichnet die Nachrichten aus dem 55 Kilometer von Israels Grenze entfernten Damaskus als kurios.

Trotz seiner kritischen Distanz entgeht ihm der Machtwechsel im globalen Terrorismus. Als er es merkt, ist es bereits zu spät. Der mittlerweile bestens bekannte Gegner Ali Hassan Salameh hat einen Nachfolger in seiner Funktion als meistgesuchter Terrorist der Welt bekommen: Illich Ramirez Sanchez aus Venezuela, Deckname »Carlos«. Geboren 1949, schickte ihn sein Vater, ein glühender Kommunist und Anwalt, zuerst auf Schulen in Caracas und London. Ab 1968 studierte Sanchez an der Moskauer Patrice-Lumumba-Universität, einer Kaderschmiede für ideologisch keimfreien Nachwuchs aus der Dritten Welt. Der pausbäckige Lateinamerikaner hat ähnliche Interessen wie der junge Salameh. Er kümmert sich mehr um hübsche Mädchen, feine Restaurants und teure Kleidung als um sein Studium. In dem seinerzeit noch der Weltrevolution verbundenen Sowjetstaat lernt der verwöhnte und eigentlich auch spießige

Sanchez den »Befreiungskampf der Palästinenser« kennen. Das interessiert ihn, in dieser Szene ist etwas geboten.

Die Geschichte des Terroristen Carlos beginnt 1971. Er schließt sich dem extrem blutrünstigen Palästinenserführer Wadi Haddad an. Der Arzt Haddad leitet die PFLP-SC, eine Art Sondereinsatzkommando von George Habaschs Volksfront. Sein Gesinnungsgenosse aus Venezuela reist in den Libanon und absolviert dort eine dreimonatige Ausbildung. Beim täglichen Sport verliert er seine pummelige Figur. Er lernt schießen und bomben, konspiratives Verhalten und alles, was über den Feind bekannt ist. Die Palästinenser geben ihm auch ihre Erfahrungen aus Flugzeugentführungen und Geiselnahmen weiter. Illich Ramirez Sanchez ist ein ziemlich gelehriger Schüler und weiß bald soviel wie seine Lehrer. Nun kann er in den Krieg der Schatten einsteigen. Ab 1972 pendelt er zwischen Paris und London hin und her, richtet geheime Wohnungen und Waffendepots ein, kundschaftet Anschlagsziele aus. Die PFLP-SC des Wadi Haddad und der »Schwarze September« des Ali Hassan Salameh arbeiten zeitweise zusammen. Stets ergänzen sie sich.

Zuerst arbeitet Carlos unter Mohammed Boudia, den sich Haddad und Salameh als Pariser Residenten teilen. Wie bereits beschrieben, war es Boudias wichtigste Aufgabe, den Kontakt zu beinahe allen europäischen Terrororganisationen zu halten. Kommandos in Italien, Griechenland, der Türkei und der Bundesrepublik Deutschland bekamen Gelder und Waffen aus den Beständen der Palästinenser. Im Gegenzug konnten die Araber auf die operative Unterstützung ihrer europäischen Freunde vertrauen. Am 28. Juni 1973 verstecken dann, wie bereits geschildert, Mike Hararis Leute eine kräftige Bombe im Auto von Mohammed Boudia. Der Algerier kontrolliert den Wagen routinemäßig, kann aber nichts Ungewöhnliches entdecken. Er steigt ein und fliegt mit heftigem Knall in die Luft. Sein Nachfolger heißt Illich Ramirez Sanchez. Er rekrutiert ein bunt zusammengewürfeltes Häufchen von morgen- und abendländischen Terroristen. Dabei treten einige prominente Deutsche aus dem internationalen Flügel der Frankfurter Revolutionären Zellen besonders in Erscheinung.

Am 13. Januar 1975 erklärt Carlos den Israelis – und damit unausweichlich Harari und seinen vielseitigen Spezialisten – den Krieg.

Ein zweiköpfiges »Kommando Mohammed Boudia« fährt mit einem gemieteten weißen Peugeot 504 auf den Pariser Flughafen Orly vor. Die beiden Männer packen zwei Panzerfäuste aus und schießen damit auf eine Boeing 707 der El-Al, die wenige Minuten später mit 136 Passagieren nach New York und Montreal weiterfliegen soll. Ihre erste Granate verfehlt die israelische Maschine und trifft stattdessen eine DC-9 aus Belgrad. Ironischerweise ist Jugoslawien damals eines der wichtigsten Unterstützerländer der Gruppe um Carlos und der palästinensischen Sache sehr gewogen. Die zweite Granate beschädigt ein Verwaltungsgebäude. Die Attentäter entkommen. Am Abend meldet sich ein anonymer Anrufer bei der Nachrichtenagentur Reuters: »Nächstes Mal werden wir unser Ziel treffen.«

Sechs Tage später ist es soweit. Obwohl die Polizei inzwischen 750 Mann Wachpersonal am Flughafen Orly zusammengezogen hat, erscheinen drei Carlos-Leute und packen wieder eine Panzerfaust aus. Sie zielen auf eine El-Al-Maschine, die von Paris nach Tel Aviv fliegen soll. Von der Polizei entdeckt, eröffnen zwei der Männer das Feuer aus Maschinenpistolen und werfen zudem Handgranaten. Eine kleine Schlacht entwickelt sich, bei der ein Terrorist, aber auch viele unschuldige Passanten und Fluggäste verletzt werden. Die zwei anderen Araber nehmen zehn von ihnen als Geiseln und verschanzen sich in einem Waschraum. Als erstes fragen sie reihum, ob sich unter ihren Gefangenen Amerikaner oder Israelis befinden. Es sind jedoch nur Portugiesen und Franzosen. Achtzehn Stunden dauern die Verhandlungen zwischen den Terroristen und einem Team, dem Persönlichkeiten wie der französische Innenminister und der ägyptische Botschafter angehören. Am nächsten Tag einigt man sich. Die Täter dürfen Frankreich ungehindert verlassen. Im Gegenzug kommen ihre Geiseln frei. Vierzehn Stunden lang kreist eine Maschine der Air France über Europa und dem Nahen Osten, bevor sich die Iraker bereiterklären, die Terroristen aufzunehmen. Aus »humanitären Gründen«, wie man in Bagdad sofort versichert. Israel hat einen neuen, hochintelligenten Gegner bekommen, dem es ab sofort viel Aufmerksamkeit widmen muß.

1975 wird für Carlos das wichtigste Jahr seiner steilen Terrorkarriere sein. Am 21. Dezember überfallen er und seine Leute – sie nennen sich dabei »Arm der arabischen Revolution« – eine Konferenz der OPEC-Minister in Wien. Sie nehmen 27 Geiseln. Nach eineinhalb Tagen verlassen die Terroristen und ihre Ölminister Österreich. Die Affäre endet in Algerien. Carlos hat sein Lebensziel erreicht. Er ist weltberühmt.

Auch die *Fatah* hat Probleme, ihren Friedenskurs länger als ein Vierteljahr durchzuhalten. Am 5. März 1975 landen acht Fedajin mit zwei Schlauchbooten an der Küste von Tel Aviv. Sie wollen ein lokales Jugendzentrum stürmen. Da sehen sie im letzten Moment einen Polizisten, der sie ebenfalls erkannt hat und deshalb Verstärkung anfordert. Das Kommando beginnt wild um sich zu schießen und besetzt das nahe gelegene Hotel Savoy. Während die Palästinenser zehn Geiseln nehmen, gelingt es dreißig anderen, durch Hintertüren und Fenster zu entkommen. Eineinhalb Stunden dauert der Schußwechsel. Dann übermitteln die Terroristen ihre Forderungen: Freilassung von zehn Gesinnungsgenossen und von Erzbischof Hilarion Capucci, der wegen des Schmuggels von Waffen für die PLO in Israel einsitzt. Das *Fatah*-Kommando verlangt außerdem ein Flugzeug, um später nach Damaskus zu gelangen.

Die Belagerung dauert an. Israel spielt auf Zeit. Mitten in der Nacht gibt Premierminister Jitzhak Rabin den Befehl, das Hotel zu stürmen. Israelische Eliteeinheiten benötigen dafür genau fünfzehn Minuten. Die Folge: Sieben Terroristen, drei Soldaten und acht Geiseln werden getötet. Alle anderen Beteiligten sind verletzt. Das Hotel ist stark zerstört. Gegen Mittag wird der einzige überlebende Terrorist, ein 23jähriger aus Beersheba, bei einer Aufräumaktion entdeckt. Die israelische Marine holt sich auch das Mutterschiff der beiden Schlauchboote und nimmt dabei einen weiteren Palästinenser gefangen. Die beiden werden in einer Pressekonferenz vorgeführt. Dabei sagen sie aus, ihr Befehl habe gelautet, die von Henry Kissinger vermittelten Friedensgespräche zwischen Israel und Ägypten zu sabotieren. Auf einem ihrer Boote stand: »Kissingers Bemühungen werden scheitern.« Am 9. März startet die neunte Nahostreise des US-Außenministers. Seine Vermittlungsgespräche scheitern am 23. März an »unüberbrückbaren Differenzen« zwischen Israel und Ägypten.

Am 13. April 1975 beginnt eine Tragödie, die das Gesicht des

Nahen Osten verändern wird – der libanesische Bürgerkrieg. Im Vergleich zu den üblichen Gesetzmäßigkeiten dieser verwunschenen Weltregion ist der Anlaß eher harmlos. Ein Kommandeur der Falangistenmiliz wird bei einer Auseinandersetzung erschossen. Daraufhin greift ein Killerkommando des Maronitenführers Camille Chamoun auf dem Weg vom Flüchtlingslager Sabra nach Tell al-Saatar im Osten Beiruts einen Bus mit Palästinensern an. 27 Fahrgäste werden getötet, weitere 19 verletzt. In den folgenden drei Tagen gibt es mehr als 300 Tote. Ein rasch vereinbarter Waffenstillstand ist nur von kurzer Dauer. Jassir Arafat wirft den Falangisten vor, ein Werkzeug »von Imperialismus und Zionismus« zu sein. Die Christen beschuldigen die Palästinenser, ihre muslimischen und linksgerichteten Feinde zu unterstützen und außerdem israelische Luftangriffe wie ein Magnet anzuziehen.

Zum Entstehen des libanesischen Bürgerkriegs trägt eine Vielfalt von Faktoren bei. 1975 leben in dem als »Schweiz des Nahen Ostens« gerühmten Zedernstaat bereits 350 000 Palästinenser. Sie werden als gefährlicher Fremdkörper angesehen, als auslösendes Moment für die Destabilisierung des ganzen Landes. Da nutzt auch das sogenannte »Kairoer Abkommen« von 1969 nichts, in dem das friedliche Zusammenleben von Libanesen und Palästinensern festgelegt wurde. Es ist sein Papier nicht wert. Gerade die PLO hat seit ihrer Vertreibung aus Jordanien wie eine Krake vom Libanon Besitz ergriffen. Soweit der eine Hintergrund. Der zweite hat mit den zunehmenden Konflikten zwischen den Religionsgruppen zu tun.

Das Volk des Mont Liban wurde zuletzt im Jahre 1932 gezählt. Damals gab es mehr Christen als Muslime. Das hat sich inzwischen spürbar geändert. Deshalb unternahm die christliche Minderheit alles, die Verhältnisse der 30er und 40er Jahre festzuschreiben. 1943 setzten sich die politischen und gesellschaftlichen Kräfte zusammen und vereinbarten einen»Nationalen Pakt«. Er regelte, wie die öffentlichen Ämter nach einem Proporzschlüssel zu verteilen waren. Die Christen durften ab sofort den Staatspräsidenten stellen, den Oberbefehlshaber der Armee und 51 Prozent der Abgeordneten. Als zweitstärkste Gruppe folgten die Sunniten. Aus ihren Reihen kam seit 1943 der Ministerpräsident. Den Schiiten gehörte immer der Stuhl des Parlamentspräsidenten.

Das Experiment des friedlichen Zusammenlebens von Christen und Muslimen scheiterte 1958. Vom nationalistischen panarabischen Nasser aufgestachelte Muslime wurden zunehmend selbstbewußter. Nach der Vereinigung Ägyptens und Syriens und der Revolution im Irak begann im Libanon ein Bürgerkrieg, den Präsident Camille Chamoun nur mit Hilfe von 10 000 amerikanischen Marines stoppen konnte. Mit einem eher proarabischen Kurs kamen die Libanesen bis 1975 über die Runden. Das Land wurde immer reicher und lebenslustiger. Das weckte Neid und Mißgunst. Dann ergab ein Wort das andere, ein Verbrechen folgte dem nächsten. Religionen kämpften gegeneinander, Milizen und ausländische Interessengruppen, aber auch die großen, mächtigen Familien, die Habenichtse und die Neureichen, Orient und Okzident.

Der libanesische Bürgerkrieg und alle seine bizarren Facetten lösen einen kollektiven Blutrausch aus, der dieses kleine, tüchtige Volk in das größtmögliche Unglück stürzt. Von 1975 bis 1991 sterben in jenem zerrissenen, von Machtgier, Männlichkeitswahn und Waffensucht beherrschten Staat weit über 100 000 Menschen. Die Zahl der Verwundeten, Heimatlosen, Waisen, Entwurzelten und der für immer seelisch kaputten Libanesen ist in keiner Statistik enthalten. Der Nahe Osten steht wieder einmal in Flammen. Und niemand hat ein greifbares Rezept, um das Feuer zu löschen. Gerade im Falle des Libanon drängt sich auch der Verdacht auf, daß keine der beteiligten Parteien über viele Jahre hinweg überhaupt ein Interesse hatte, Frieden zu schaffen. Denn der libanesische Bürgerkrieg nutzte den Mächten der Region und den Mächtigen des Landes. Er war, neben anderem, auch ein Stellvertreterkrieg für den alles überschüttenden arabisch-israelischen Konflikt.

Dies ist die Situation, als Erika Chambers im Frühjahr 1975 ihre Ausbildung als Agentin des Mossad beendet und offiziell in die Abteilung *Kidon* des Salameh-Jägers Mike Harari aufgenommen wird. Sie kennt ihre große Aufgabe, und sie weiß, daß sie für lange Zeit eine Nadel im Heuhaufen suchen wird. Die kleine Engländerin, die inzwischen alle Illusionen über das Leben abgelegt hat und zu einer knallharten 27jährigen Frau geworden ist, macht sich nichts vor. Es geht um Leben und Tod. Entweder wird sie den Roten Prinzen zur Strecke bringen – oder dabei umkommen. Sie hat vor sich selbst keine Wahl mehr – die Entscheidung ist endgültig. Erika Chambers weiß auch: Dies wird ihre einzige Operation sein. Deshalb darf sie ihren ursprünglichen – und noch völlig unbelasteten – Namen behalten. Sie muß nicht in eine fremde Identität schlüpfen, sondern die eigene so intensiv wie möglich ausleben. Ihre Chefs versichern ihr, daß sie sich nach getaner Arbeit zurückziehen kann und daß es dann keine Erika Maria Chambers mehr geben wird.

Inzwischen ist Zvi Zamir, gezeichnet von den Niederlagen in München und Lillehammer sowie den Versäumnissen im Vorfeld des Oktoberkrieges, abgetreten. Der Mossad hat einen neuen Direktor bekommen: Generalmajor Jitzhak Hofi. Der frühere Kommandeur des israelischen Nordkommandos ist ein Held. Er warnte als einziger vor den syrischen Truppenbewegungen vor dem Feiertag Yom Kippur, und er bat vergeblich um die Verstärkung seiner eigenen Einheiten. Trotzdem, als der Krieg begonnen hatte, machte er das Beste daraus. Hofis Soldaten eroberten den Berg Hermon zurück, auch die Golanhöhen. Vorübergehend besetzten sie sogar noch mehr syrisches Territorium. Israels Premier Rabin bewunderte diese Leistungen, und so entschied er sich 1974 für seinen Jugendfreund Jitzhak Hofi.

Der populäre General wurde 1927 geboren, und zwar in Palästina. Menschen mit dieser Herkunft nennt man in Israel Sabra. Hofi wurde der erste Sabra an der Spitze des Auslandsdienstes. Im Mossad-Hauptquartier traf er auf eine ganze Riege von Gleichaltrigen, unter ihnen Mike Harari. Mit ihm hatte er noch mehr gemeinsam – die Herkunft aus den Palmach-Sondereinheiten der Haganah. Erst nach dem Unabhängigkeitskrieg hatte Hofi die Armeekarriere vorgezogen, Harari den Weg in die geheimen, unsichtbaren Operationen. Natürlich zeichnete sich der rundgesichtige Offizier mit dem bäuerlichen Habitus auch im Sinaikrieg und im Waffengang des Jahres 1967 aus. Im Gegensatz zu Harari war Hofi jedoch kein geborener Geheimdienstler. Er blieb immer ein geradliniger Soldat, der von seinen Untergebenen sehr geschätzt wurde. Die im Gewerbe üblichen Intrigen und doppelten Böden waren ihm fremd.

Erich Follath zitiert in seinem Mossad-Buch einen deutschen Geheimdienstmann, der Hofi während einer Arbeitsbesprechung kennengelernt hatte. Der Israeli »sagt fast nichts, hört nur zu, wirkt etwas schwerfällig«. »Doch je länger ein Gespräch dauert, desto beeindruckender ist dieser Mann. Ihm entgeht nichts, er ist entscheidungsfreudig, und, ich glaube, seine Untergebenen haben nicht viel zu lachen – Hofi ist ein Mann, der durchgreift.« Follath kommt zu seinem eigenen Schluß: »Hofi hat ein ausgeprägtes Organisationstalent, ein phänomenales Gedächtnis, ist unerbittlich gegenüber Schlamperei. Beklagt sich einer der Agenten über die ›Pingeligkeit‹ des Chefs, antwortet der mit seinem Standardspruch: ›Wenn es darauf ankommt, haben Sie keine Chance mehr, einen zweiten Fehler zu machen.‹«

Hofi und Harari haben dieselben Feindbilder. Eine Aussöhnung mit der PLO – und mit Ägypten – ist für den neuen Mossad-Chef unvorstellbar. Einer seiner Mitarbeiter wird mit dieser Einschätzung zitiert: »Es besteht die Gefahr, daß er die Gefährlichkeit der PLO überschätzt. Hofi hat so viele Agenten auf die Palästinenser angesetzt, daß die – allein schon um ihren Job zu rechtfertigen – von immer neuen Anschlägen berichten müssen. Darauf folgen dann Gegenschläge des Mossad. Es ist ein Teufelskreis.« In dieser Situation ist natürlich gar nicht daran zu denken, die Jagd auf Ali Hassan Salameh auszusetzen. Die Falken haben das Sagen, und Erika Maria Chambers ist für sie die Frau der Stunde.

Schon Anfang Mai 1975 beginnt sie, von ihren Freunden, zumeist Lehrgangskollegen, Abschied zu nehmen. Allen, die nichts Genaues wissen dürfen, erzählt sie etwas von wichtigen Aufgaben im Ausland oder auch von einer Rückkehr in ihre alte Heimat, das graue, neblige England. Sie muß alle Brücken abbrechen und darf nichts mehr besitzen, was auf den Staat Israel hindeutet. Ab sofort ist sie auf Feindfahrt – und sie weiß: Es kann Jahre dauern, bis sie wieder dauerhaft zurückkehren darf. Kurze Heimatbesuche wird es immer wieder mal geben, schon um die Aktionen der Agentin zu koordinieren und persönliche Kontakte zu erhalten. Das darf jedoch, nach den geheimen Richtlinien des Mossad, nicht ausarten.

Erika Chambers reist mit kleinem Gepäck, als sie am 22. Mai von Tel Aviv nach London fliegt. Braungebrannt und wesentlich weiblicher als bei der Abreise sechs Jahre zuvor, wirkt sie wie eine junge Engländerin, die von einem Badeurlaub am Roten Meer zurückkehrt. Sie reiht sich in die Schlange der Untertanen Ihrer Majestät ein und legt den in Canberra ausgestellten Reisepaß vor. Darin befinden sich lediglich mehrere Ein- und Ausreisestempel des Staates Israel.

Erika muß sich richtiggehend zwingen, nicht auf der Stelle zum Saint Olaves Court zu fahren, wo die über alles geliebte Mutter wohnt. Ihre Ausbilder beim Mossad haben immer wieder darauf hingewiesen, daß sie sich während einer Operation nicht in Familienbindungen verstricken darf. Sie muß auf Distanz gehen, so daß sie ihr Verhalten und ihre Lebenumstände gegenüber niemandem zu begründen hat. Im Prinzip zählt nur der Agentenführer. Er ersetzt Vater, Mutter, Beichtvater, beim Mossad manchmal auch den Intimpartner.

Für die ersten vier Nächte quartiert sich Erika Chambers in einem kleinen Hotel ein. Es ist eher eine Bed-and-breakfast-Pension, typisch britisch und wie aus der Retorte fabriziert. In diesem engen Zimmer fühlt sie sich nicht wohl, braucht es aber, bis sie ein passendes möbliertes Appartement findet. Die ersten Tage sind mit Wohnungssuche und mit kleinen Stippvisiten an vertrauten Plätzen ausgefüllt. Erika Chambers versucht ihr eigenes London wieder in den Griff zu bekommen. Dabei handelt es sich nicht nur um Piccadilly Circus und Marble Arch, um Holland Park und Saint Olaves Court. London, das ist viel mehr. Sie denkt darüber nach, kann es aber nicht so richtig in Sätze fassen. Auf alle Fälle ist es, verglichen mit Australien und Israel, schon beinahe wieder eine fremde Welt. Der Kontrast stimmt sie traurig.

Die Mossad-Agentin wird in einem südöstlichen Vorort Londons fündig, in Richmond. Es ist eine umständliche Wohnlage, da die öffentlichen Verkehrsmittel vom Zentrum der Weltstadt bis zum Bahnhof Richmond schon beinahe eine Stunde fahren. Weitere zehn Minuten dauert es mit Taxi oder Bus bis zum Richmond Hill Court Number 52. Hier handelt es sich um eine ruhige, etwas zurückgesetzte, traditionelle Wohnanlage, die über eine hufeisenförmige Zufahrt zu erreichen ist. Das Erdgeschoß besteht aus weißgetünchten, schweren Steinen, das restliche Gebäude aus unverputzten, rotbraunen Ziegeln. Die Sprossenfenster sind in einheitlichem Weiß lackiert. 195 britische Pfund kostet die Monatsmiete, und die Wohnungssuchende willigt rasch ein.

Als dieses Problem gelöst ist, spricht Erika Chambers am 30. Mai 1975 beim Londoner Passport Office vor. Sie zückt den eigentlich noch sieben Jahre gültigen, von der British High Commission in Canberra ausgestellten Paß. »Wie Sie sehen, reise ich sehr häufig in den Nahen Osten. In meinem Paß habe ich schon einige Stempel von Israel. Leider erlauben mir deswegen die arabischen Staaten keine Einreise. Ich bräuchte also einen neuen Paß, damit ich auch arabische Länder besuchen kann. Ist das möglich?« Es ist möglich, und sogar sehr schnell. Erika Chambers, die inzwischen ziemlich selbst- und zielbewußte Ex-Studentin, bekommt ein neues Reisedokument mit der Seriennummer B 025948. Der Paß ist bis zum 30. Mai 1985 gültig, lange genug für die Jagd auf Ali Hassan Salameh. Nun muß sich Erika um ihre »Legende« kümmern, also um möglichst stichhaltige und für andere nachprüfbare Lebensumstände. Dazu fliegt sie im Juni in die Bundesrepublik Deutschland, genauer in das fränkische Erlangen. In Nürnbergs Nachbarstadt befindet sich eine der bekanntesten Universitäten des Landes. Erlangen ist zudem ein begehrter Studienort für junge Araber. So ähnlich lautet auch eines von Erikas Argumenten, als sie dem angesehenen Professor Dr. Wolfgang Hütteroth vom Geographischen Institut der Universität in der Erlanger Kochstraße gegenübersitzt. »Mein früherer Professor Malcolm Wagstaff hat mir empfohlen, Sie zu kontaktieren. Ich habe, wie Sie meinen Unterlagen entnehmen können, drei Jahre lang in Southampton studiert. Mein dortiger Abschluß war ein Bachelor Degree. Das reicht mir aber nicht. Ich möchte mich gerne beruflich verbessern, indem ich bei Ihnen weiterstudiere und schließlich auch promoviere. Für Erlangen habe ich mich entschieden, weil ich hier mein Deutsch verbessern kann. Außerdem habe ich ein starkes Interesse am islamischen Orient. Dorthin unterhalten Sie ja zahlreiche Verbindungen. Das würde mir wohl auch ermöglichen, im Anschluß an mein Studium in arabischen Staaten zu arbeiten.«

Der Erlanger Professor gewinnt einen positiven Eindruck von der jungen Besucherin. Da Malcolm Wagstaff aus Southampton in der Tat ein guter Bekannter und Kollege ist und auch die restliche Argumentation sehr schlüssig klingt, läßt sich Hütteroth auf ein längeres Gespräch ein. Der Professor, er leitet heute die Fakultät, erinnert sich: »Sie machte einen engagierten Eindruck, war sehr charmant und nett. Frau Chambers kannte sich in physikalischer Geographie gut aus. Wir streiften kurz ihr bisheriges Fachgebiet, den Vergleich von Abflußfragen englischer Flüsse in Trockengebieten. Auf die Frage, wo sie gerne arbeiten würde, nannte sie an erster Stelle Ägypten.« Während sie ihr Leben kurz Revue passieren läßt, berichtet die Engländerin auch von ihren Jahren beim Amt für nationale Entwicklung in Canberra. Diese Zeit, so sagt sie, habe ihr unbezahlbare praktische Erkenntnisse vermittelt.

Professor Hütteroth ist beeindruckt, und so verspricht er, sich persönlich für den Studienplatz seiner Besucherin einzusetzen. Ihr Promotionsgesuch für den Fachbereich Geowissenschaften und alle erforderlichen Unterlagen treffen am 17. Juli bei der Universität Erlangen ein. Professor Hütteroth legt das gesamte Material – auch die Abschlußarbeit von Southampton liegt bei – der Promotionskommission vor. Die Erlanger machen es sich nicht leicht. Sie stellen fest, daß Erika Chambers ein Bachelor-Examen abgelegt hat. Das ist mehr als die deutsche Zwischenprüfung, entspricht jedoch nicht dem deutschen Diplom oder gar dem Staatsexamen. Ein Masters Degree kann die Akademikerin nicht vorweisen. Die unter Professor Dr. Behrens vom Institut für Anorganische Chemie tagende Kommission findet schließlich eine Lösung.

Der Bewerberin werden drei Auflagen gemacht. Mit Brief vom 30. Juli antwortet Erlangen an die von Erika Chambers hinterlassene Adresse: Grüneburgweg 4 in Frankfurt am Main. Es handelt sich um das Hotel Meyn, eine Herberge der einfacheren Art. Das Studium bei Professor Hütteroth, so heißt es in dem Schreiben, sei grundsätzlich möglich. Sie, Erika Chambers, müsse jedoch vorher an zwei Hauptseminaren und an einer großen Exkursion teilnehmen. Außerdem bedürfe es einer schriftlichen Arbeit, deren Gleichwertigkeit mit einer normalen Staatsexamensarbeit von zwei Hochschullehrern der Geographie zu bescheinigen sei. Erika Chambers hat dieses Angebot der Universität Erlangen bis heute nicht beantwortet.

Die Geheimagentin hat für den Moment und für ihre scheinbar bürgerliche Existenz genug getan. Sie kehrt nach London zurück und gibt bereits Mitte Juni ihr möbliertes Appartement in Richmond wieder auf. In den folgenden beiden Monaten verschwindet sie von der Bildfläche, scheint in diesem Zeitraum viel zu reisen. Es liegt nahe, daß sie sich nicht ihres neuen Passes als Erika Chambers bedient, sondern für eine Weile in die Existenz der Ruth Aloni schlüpft. Damit hinterläßt sie weniger Spuren. Sie wird den legalen britischen Paß später noch brauchen, um ihr offizielles Dasein genügend abzusichern. Es ist nicht auszuschließen, daß Erika Chambers im Hochsommer 1975 noch mal Israel besucht hat. Auf alle Fälle trifft sie am 26. August ganz normal wieder in Frankfurt ein.

Die Engländerin verbringt einen ganzen Monat in der Bankenmetropole. Über diesen vier Wochen liegt auch heute noch ein Schleier des Geheimnisses. Erika Chambers wirkt wie eine Touristin und entwickelt keine erkennbaren Aktivitäten. Erwartet der Mossad die Durchreise von Ali Hassan Salameh? Haben Informanten innerhalb der PLO gemeldet, daß er, wie so oft, in die Mainstadt kommen will? Beobachtet Erika die Frankfurter Szene zwischen Sachsenhausen und dem Rotlichtviertel am Hauptbahnhof alleine – oder hat Mike Harari ein ganzes, ein 16köpfiges »Hit Team« geschickt? Frankfurt ist kein Lillehammer, sondern eine multikulturelle Stadt, und deshalb würde dort auch eine Hundertschaft von Mossad-Eliteagenten nicht auffallen. Entkommt Ali Hassan Salameh, der Meister der Tarnung und des Täuschens, erneut einem Anschlag auf sein Leben? Nur Mike Harari und Erika Chambers könnten solche Fragen beantworten, aber sie denken nicht daran.

Am 1. Oktober beginnt Erika, sich eine richtig solide Existenz zuzulegen. Sie begibt sich von Frankfurt nach Wiesbaden, eine der angenehmen deutschen Mittelstädte, die noch viel von ihrem wilhelminischen Flair bewahrt, als Hauptstadt Hessens trotzdem aber eine gewisse Bedeutung hat. Wiesbaden, das 1975 schon über 200 000 Einwohner zählt, liegt günstig zum Frankfurter Verkehrsknotenpunkt, und in kurzer Zeit kann man Köln und Bonn erreichen. Die Stadt ist überschaubar, in Ansätzen luxuriös, aber noch erschwinglich. Was Erikas Auftrag der Desinformation zustatten kommt: In Wiesbaden sitzt das Bundeskriminalamt (BKA), dessen zentrale Aufgaben unter anderem die Terrorismusbekämpfung einschließt. Ein Aspekt, der später noch für Verwirrung sorgen soll.

Erika Chambers mietet sich die ersten Tage wieder in einem Hotel ein. Es heißt Albany und liegt an der Ecke Geißberg- und Kapellenstraße. Wenn man von hier aus weiter den Neroberg hochfährt, dann kommt man schon nach wenigen Minuten zur bestens gesicherten Trutzburg aus Beton und Glas, dem Bundeskriminalamt. Einige Schritte bergab führen in die Wiesbadener Fußgängerzone. Das Hotel wirkt von außen etwas altmodisch. Erika mag daran gefallen haben, daß es mit seiner rotbraunen Ziegelbauweise manchen englischen Nostalgie-Herbergen sehr ähnelt. Das Hotel Albany ist eine preiswerte Unterkunft und trotzdem nicht ohne Niveau. Für einige Wochen kann man es hier gut aushalten.

Schon am nächsten Morgen spricht die Engländerin beim Ausländeramt der Stadt Wiesbaden vor. Sie füllt einen Antrag aus und ersucht darin um eine ordentliche Aufenthaltserlaubnis. In die Spalte »Beabsichtigte Aufenthaltsdauer« vermerkt sie: »Vier bis fünf Jahre«. Unter »Beabsichtigte Erwerbstätigkeit« gibt sie »Forschungsarbeiten« an. Sie fügt hinzu, daß sie die Absicht hat, an der Universität Frankfurt zu studieren. Auf die Frage, wie sie das finanzieren wolle, antwortet Erika Chambers: »Durch Ersparnisse!« Der Sachbearbeiter blättert ihren neuen Londoner Paß langsam durch. Alle persönlichen Angaben stimmen. Als letzte Wohnadresse wird festgehalten: London, Richmond Hill 52. Genau eine Woche später erteilt Wiesbaden problemlos eine fünf Jahre lang gültige Aufenthaltserlaubnis. Unter dem Aktenzeichen 320602-833 wird sie abgelegt. Die Britin hat wieder einen festen, jederzeit nachprüfbaren Wohnsitz. Und sie ist keineswegs aus Israel, sondern aus England zugezogen. Ein wichtiger operativer Gesichtspunkt für die Ausbilder des Mossad.

Erika Chambers geht erneut nach ihrem Schema vor. Wenige Tage nach der Anmeldung in Wiesbaden besucht sie die Universität Frankfurt. Bei einem Professor ihrer Fachrichtung spielt sie dasselbe Spiel wie in Erlangen, betreibt es allerdings nicht so intensiv. Im wesentlichen signalisiert sie Interesse, in Frankfurt Geographie zu studieren. Nach der mündlichen Bewerbung meldet sie sich aber nicht mehr. Der Professor ist sicher, daß er sie Wochen später in einer seiner Vorlesungen sitzen sieht. Ihr akademischer Eifer hält sich mittlerweile jedoch in Grenzen, und so taucht sie in diesem Umfeld auch nicht mehr auf.

Am 24. November 1975 ist es für Erika wieder einmal an der Zeit, die Adresse zu wechseln. Sie hat endlich gefunden, was sie seit Wochen suchte – ein Appartement in bester Lage, mit größtmöglicher Anonymität. Die neue Anschrift lautet Wilhelmstraße 52. Das ist Wiesbadens zentralste und teuerste Gegend, ein Nobelboulevard, von Einheimischen ehrfürchtig als »Die Rue« tituliert. Erika zieht in eine exklusive Wohnanlage mit 250 Appartements und einer umfangreichen Ladengalerie namens »Vier Jahreszeiten«, laut Prospekt »das Umfeld für anspruchsvolle Kunden«. Gleich neben den »Vier Jahreszeiten« befindet sich das berühmte Grandhotel »Nassauer Hof«. Gegenüber liegen der Kurpark, das Staatstheater und Wiesbadens Casino. Erika, inzwischen anspruchsvoll und wählerisch geworden, gefällt es hier gut.

Ein Werbetext spricht ihrer neuen Umgebung höchste Lebensqualität zu: »Eine Straße, die südlich der Alpen liegen könnte. Platanen, Blumen, Wasserspiele, Cafés, elegante Schaufenster, Passagen und Menschen. Heute wie vor 100 Jahren. Rendezvous in der Wilhelmstraße. Da ist Eleganz, eine Prise Snobismus, Chrom und Show, vereinigt mit einer Portion Liebenswürdigkeit.« Das ist der neuen Mieterin ohne weiteres 835,50 Mark pro Monat wert. Bei Vertragsabschluß mit der zuständigen Immobilien-GmbH legt sie mit einer lockeren Geste die geforderten 1252,50 Mark Kaution auf den Tisch. Der Mossad läßt sich bei Spesen nicht lumpen.

Überhaupt sind Agenten in besonderem Einsatz – und Erika Chambers ist in besonderem Einsatz – gut bezahlt. Jeden Monat erhalten sie 3000 US-Dollar für persönliche Ausgaben. Alle fixen Kosten, wie Miete oder Reisespesen, werden sowieso übernommen. Gleichzeitig überweist die Buchhaltung des Mossad monatlich 3000 bis 5000 US-Dollar auf ein Gehaltskonto. Das geht bis zum Fünffachen der in Israel üblichen Normalbezüge. Der ehemalige *Time*-Korrespondent David Tinnin erklärt sich dieses Spitzengehalt mit der Tatsache, daß israelische Untergrundagenten »zum Zeitpunkt ihres Ausscheidens aus dem Dienst selten gesundheitlich oder nervlich in der Lage sind, angemessene Positionen zu erhalten«. Tinnins Recherchen ergaben: »Verschiedene Mitglieder des Hinrichtungskommandos zogen sich in diesem gespenstischen Kampf von Gewalt und Gegengewalt streßbedingte Krankheiten wie Depressionen und

Herzschäden zu. Außerdem altern sie erschreckend schnell; mit dreißig sehen sie wie vierzig aus. Die Erklärung eines israelischen Attentäters: ›Jeder Tod, an dem du schuld bist, tötet auch etwas in dir ab.‹«

Normalerweise dürfte beim Mossad keine Operation wegen finanzieller Pannen auffliegen. Erika Chambers wurde, ohne ihr Wissen, vor der Anmietung der Wiesbadener Wohnung durch eine Auskunftei namens Wys Müller unter die Lupe genommen. Im Bericht an die Hausverwaltung heißt es, die angehende Mieterin lebe von »Zuwendungen«. Weder in Mainz noch in Frankfurt habe man jedoch ihre Immatrikulation an den Universitäten feststellen können. Das schadet der Engländerin letzten Endes doch nicht.

Erika Chambers baut ihr Umfeld systematisch aus. Sie richtet sich ein Postfach (Nummer 19 52) ein, damit sie ihre Wohnadresse nur in Ausnahmefällen – wie bei Behörden oder Banken – bekanntgeben muß. Sie eröffnet je ein Konto bei der Dresdner Bank und bei der Commerzbank. Während der Jahre in Wiesbaden steht auf den Kontoauszügen vor der letzten Zahl immer ein »Haben« – und die Höhe dieser Zahl ist oft beträchtlich: Nicht selten weisen die Konten Guthaben von bis zu 22 000 Mark auf. Die Beträge werden stets vom Schweizerischen Bankverein angewiesen. Der Auftraggeber ist eine Scheinorganisation des Mossad, ein erfundenes Kinderhilfswerk in Genf: »A.S.E.D. – Aide et Secours a l'Enfante Desheritee«. Dieser Verein ist auf Anweisung von Mike Harari speziell für Erika und für die Jagd auf Ali Hassan Salameh gegründet worden. Am 11. Juli 1975 hat er sein Konto in Genf eingerichtet: 193 415/1. Zeichnungsberechtigt ist ein südlich wirkender Mann, der sich als Gilbert Rumeau vorstellt. Seine Adresse: Case 11271, Monte Sacro, Rom. Wenn man das noch weiter verfolgen könnte, dann würde man irgendwann bei einem Postfach unweit des King Saul Boulevards in Tel Aviv landen.

Erika Chambers baut ihre Legende noch weiter aus. Am 22. April 1976 läßt sie sich von der Führerscheinstelle der Stadt Wiesbaden eine neue Fahrerlaubnis der Klasse 3 ausstellen: Nummer 3159/76. Dabei wird ihr vorhandener englischer Führerschein umgeschrieben. Im Oktober 1977 bekommt sie auf Antrag einen zusätzlichen britischen Führerschein mit der Seriennummer CHAMB 452108

EM 9 AT ausgefertigt. Sie kann ihn auch heute noch benutzen, da er bis zum Jahr 2018 gültig sein wird. Nur: Unter der Adresse, die sie angibt, um diese englische Fahrerlaubnis zu bekommen, wird niemand eine Erika Chambers finden: 114 King Henry Road, London NW 3.

Mossad-Insider sind der festen Überzeugung, daß Erika Chambers während ihrer Wiesbadener Zeit nicht nur auf das Codewort zum Einsatz gegen Arafats Roten Prinzen gewartet hat. Sie war wohl auch, wie zahlreiche andere Mossad-Agenten ebenfalls, in die Feindaufklärung eingebunden. Das heißt, sie mußte häufig in den Großraum Bonn fahren, um dort die Lebensgewohnheiten von arabischen Diplomaten oder anderen Verdächtigen abzuklären. Mossad-Späher bespitzeln weltweit die Botschaften der anderen Seite. Sie beobachten Orientalen, die im Verdacht stehen, der PLO oder ähnlich feindseligen Organisationen anzugehören. Häufig kaufen sie aber auch die Leute der Gegenseite ein und führen sie selbst. Solche Aufnahmen übernehmen speziell geschulte Mossad-Offiziere, sogenannte Katsas. Erika Chambers wäre für diese Aufgabe nie in Frage gekommen. Was sie im deutschen Alltag zu tun hatte, glich aber keineswegs einer Beschäftigungstherapie, sondern konnte zu wichtigen Informationen führen und sorgte für stetes Training der Agentin. Erika Chambers durfte nicht gefährdet und dabei dem Gegner bekannt werden. Sie sollte aber auch ihr Wissen aus der Midrascha nicht verlernen.

*

Während sich Hararis beste Agentin in Deutschland nützlich macht, ihre Legende aufbaut und geistig immer wieder alle Varianten des möglichen Einsatzes gegen Salameh durchspielt, laufen in der geheimen Branche spannende Ereignisse ab: Der Rote Prinz wird zur Schlüsselfigur im Spiel der PLO mit den Amerikanern.

Es ist eine turbulente Zeit, gerade auch für die USA. 1973 wird Washington vom Ausbruch des Yom-Kippur-Krieges überrascht. Der Nahe Osten ist den Amerikanern in jener Zeit ohnehin ferner als Vietnam. Dort sind sie noch in einen sehr schmerzvollen Krieg verwickelt, der ihre Militärmaschinerie blockiert. Enthüllungen über Kriegsverbrechen bestimmen die Schlagzeilen. Erst 1975 werden die Waffen schweigen. An der Heimatfront kann Richard Nixon dem Fluch des Watergate-Skandals nicht mehr entkommen. Er muß zurücktreten. Beim Großreinemachen in den Korridoren der Macht wird auch die Central Intelligence Agency (CIA) nicht verschont, obwohl sie sich deutlich vom Weißen Haus distanziert. Ihr Direktor Richard Helms muß 1973 gehen. Sein Nachfolger, James Schlesinger, bleibt nur für eine fünfmonatige Amtszeit. 2000 Mitarbeiter aller Ebenen werden mehr oder minder unfreiwillig in den Ruhestand geschickt.

Dann beginnt die (kurze) Ära des geborenen Geheimdienstpraktikers William Colby, dessen Vergangenheit aus einer langen Serie von Operationen besteht. Seine wichtigste Erkenntnis: Die Welt verändert sich schneller als die CIA. Das Überleben seines geheimen Apparats, dem er seit dem letzten Weltkrieg schon angehört, steht auf dem Spiel.

Am 9. August 1974 legt Gerald Ford als neuer Präsident der Vereinigten Staaten seinen Amtseid ab. Es gehört zu Fords Aufgaben, die Leichen im Keller der CIA zu sichten und die »Agency« zu bestrafen. Zu den »Leichen« zählen ungesetzliche Praktiken aus den 50er und 60er Jahren, zum Beispiel Mordversuche gegen fremde Staatsoberhäupter, unter ihnen Fidel Castro. Ein Skandal nach dem anderen wird öffentlich: die Destabilisierung der chilenischen Regierung Allende, Nixons Versuch, die CIA gegen die Watergate-Ermittler einzusetzen, ungesetzliche Überwachung von Vietnamkriegsgegnern durch den Geheimdienst. Ein Großteil von Colbys Amtszeit wird von Vorwürfen dieser Art überschattet. Er ist mit Stellungnahmen ausgelastet. Die CIA gleicht einem Patienten auf der Intensivstation. Die amerikanische Bevölkerung, traditionell mißtrauisch gegenüber geheimen Diensten, klatscht Beifall.

Als der Umbau des nachrichtendienstlichen Establishments vorangeht, wird auch William Colby seines Amtes enthoben. Präsident Ford ersetzt ihn am 2. November 1975 durch George Bush. Dieser bezieht sein Chefbüro in Langley im Januar 1976. In jener Zeit kümmert sich die CIA-Aufklärung überwiegend um die andere Weltmacht, um die Sowjetunion. Erste (SALT-)Abrüstungsgespräche rücken näher. Bush schafft es aber auch, der Agency wieder etwas

Ruhe und Anerkennung zu verschaffen. Der texanische Aufsteiger ist angesehen und straft all jene Lügen, die vor seiner Berufung tönten, er werde das hohe Amt nur benutzen, um seine eigene politische Position auszubauen. George Bush ist eine Art ruhender Pol, der die innere Moral der CIA wieder stabilisiert. Das macht ihn populärer als jeden CIA-Direktor seit dem legendären Pionier Allen W. Dulles.

Jimmy Carter, ein moralisch sauberer Erdnußfarmer aus Georgia, gewinnt die Präsidentschaftswahlen des Jahres 1976, indem er dem Weißen Haus immer wieder die drei Säulen nationaler Schande vorwirft: Watergate, Vietnam und CIA. George Bush verläßt sein Amt zusammen mit dem scheidenden Präsidenten Ford. Der siegreiche Jimmy Carter beruft Admiral Stansfield Turner, mit dem er schon die Schulbank an der Marine-Akademie in Annapolis geteilt hat. Turner wird von Neapel, wo er die Südflanke der Nato kommandiert, in das Behördensilo von Langley geholt. Er ist von Anfang an unpopulär und wird im Washingtoner Machtgefüge ein Außenseiter bleiben. Ein neue interne Krise für die CIA. Die nächsten äußeren Pleiten kündigen sich auch schon wieder an – zuallererst im Iran, wo der Schah seine Flucht und Khomeini die Heimkehr vorbereitet.

Kurz gesagt, die CIA durchlebt ein Jahrzehnt des Schreckens. Zu Beginn erinnern ihre Nahost-Operationen an den Gebrauch der Stange im Nebel. Die meisten Informationen beziehen die Geheimen von Langley ohnehin von ihren Partnerdiensten, etwa vom Mossad. Nur gelegentlich wagen sie sich selbst an die Gegenseite heran. Dann geraten sie an Männer wie Ali Hassan Salameh. Dessen Karriere hat inzwischen nur noch Erfolge gesehen. In den Monaten nach seiner Rede vor den Vereinten Nationen ist Arafat sehr viel unterwegs, um die Wogen der Popularität zu nutzen. Er besucht auch Moskau. Hinter ihm steht, wie üblich, Ali Hassan Salameh. Die Kreml-Oberen gewinnen den Eindruck eines innigen Vater-Sohn-Verhältnisses.

Die PLO-Spitze flirtet öffentlich mit den Sowjets und heimlich mit den Amerikanern. Der erste Journalist, dem es gelingt, die innige Achse Beirut–Washington teilweise freizulegen, ist David Ignatius, in den achtziger Jahren Nahost-Korrespondent des *Wall Street Journal*. Er findet heraus, daß Robert Ames, Stationschef der CIA in

Beirut, den ersten Kontakt mit Ali Hassan Salameh hergestellt hat. »Ich bin beauftragt vom Nationalen Verteidigungsrat«, soll Ames sich eingeführt haben; »und ich möchte ihnen eine Chance anbieten. Sie beklagen sich doch immer, daß Ihre Stimmen in Washington nicht gehört werden. Nun haben Sie eine Gelegenheit. Der Präsident ist bereit zuzuhören.« Das war vor dem Münchner Massaker und vielen anderen blutigen Terroranschlägen.

Der Kontakt scheitert und wird erst Mitte 1973 wieder aufgenommen, bei der speziellen Waldorf-Astoria-Konferenz nach Arafats Uno-Rede im November 1974 sogar vertieft. Die PLO-Führung geht davon aus, daß dies die Vorstufe einer offiziellen Anerkennung durch die USA sein könnte. Das ist aber ein absoluter Fehlschluß. Die CIA sucht eine Art Sicherheitskooperation und will die Gefahr von Terroranschlägen frühzeitig einschätzen können.

Der Höhepunkt des amerikanisch-palästinensischen Dialogs ist 1976 erreicht, als US-Bürger vom libanesischen Bürgerkrieg bedroht sind. Am 20. Juni 1976 wird das gesamte Personal der Beiruter Botschaft evakuiert. Arafats Sicherheitschef Ali Hassan Salameh ist zur Stelle und sorgt für eine reibungslose Abreise der Amerikaner. Niemand kommt zu Schaden. Dafür dankt US-Präsident Gerald Ford mit einer öffentlichen Erklärung. Jassir Arafat in einem Interview: »Ich habe einen Brief von Henry Kissinger, einen offiziellen Brief, in dem er sich bei der PLO und den palästinensischen Einheiten für ihre Mühen zum Schutz des Lebens der Amerikaner bedankt.«

Das dürfte vor allem dem Terrorchef a.D., Ali Hassan Salameh, gelten. Er ist nun ein Aushängeschild seiner Organisation, wird bei diplomatischen Anlässen vorgeführt. Gleichzeitig baut er aber schon wieder an einem schlagkräftigen Geheimapparat, der von ihm 1974 übernommenen »Force 17«. Da er innerhalb der PLO nicht genügend Nachwuchs auftreiben kann, greift Salameh auf Söldner aus den Reihen der unterprivilegierten Schiiten – viele von ihnen spezialisieren sich später auf Menschenraub und große Autobomben –, auf besonders abenteuerlustige libanesische Christen und sogar Europäer zurück.

Diese Truppe von bald mehr als 400 Mann kümmert sich um den Personenschutz der gesamten *Fatah*-Führung, gelegentlich aber auch um Terroreinsätze der schwierigeren Art. Da es sich bei »Force 17« um die absolute Elite handeln muß, bittet Salameh um Ausbildungshilfe durch seine osteuropäischen Freunde. Das DDR-Ministerium für Staatssicherheit und die rumänische Securitate senden Polizeiexperten. Deren Anleitungen lassen Salamehs »Prätorianergarde« keineswegs menschenfreundlicher werden. Gerade auch Salameh braucht die »Force 17«, da er unverändert gefährdet ist.

Der britische Autor Richard Deacon, ein Kenner der Geheimdienstszene, behauptet, der Mossad hätte den Roten Prinzen Mitte 1975 in einem Beiruter Appartement aufgespürt und sich gegenüber eingemietet. Ein Scharfschütze soll die Salameh-Wohnung nicht mehr aus den Augen gelassen haben. Eine Nachts glaubte der Mann im Zielfernrohr eines Präzisionsgewehres den Umriß von Salameh zu erkennen. Er drückte ab. Sein Projektil bohrte sich in eine Puppe. Diese Episode findet sich zwar nur bei Deacon, doch sie zeigt, welche Finten und Taktiken die Kontrahenten anwenden, um die jeweils andere Seite zu schwächen.

In den Monaten nach dem Beginn des libanesischen Bürgerkriegs versucht die PLO, möglichst viele alternative Einkünfte zu erschließen. Die Palästinenser kontrollieren libanesische Häfen und erheben Gebühren für jede Transaktion. Sie steigen aber auch selbst in den lukrativen Schmuggel von Waffen, Drogen und gestohlenen Luxusartikeln ein. Am 20. Januar 1976 landet die »Force 17« unter Ali Hassan Salameh ihren größten Coup. Die PLO-Experten Neil C. Livingstone und David Halevy haben die Fakten gesammelt . . .

Ein 20köpfiges Kommando dringt durch eine katholische Kirche in die Räume der benachbarten »British Bank of the Middle East« ein, die in Beirut ihr weltweites Hauptquartier hat. Am Tresor der Bank müssen die Fedajin kapitulieren. Also bedienen sie sich eines Teams korsischer Safeknacker. Diese öffnen den Panzerschrank und werden dafür reich belohnt. In der Bank liegen Bargeld, Gold und Schmuck im Wert von 600 Millionen Dollar. Die Beute wird mit Lastwagen abtransportiert. Unter Leitung von Arafat, Abu Ijad und Ali Hassan Salameh wird sie später mit einem Flugzeug nach Genf gebracht – die gestohlenen Werte werden in Schweizer Banken eingelagert. Das Plündern von Geldinstituten wird während der ersten Jahre des Bürgerkriegs beinahe zum libanesischen Volkssport.

»Force 17« befolgt nur Befehle von Arafat, dem sie ewige Treue geschworen hat. Die Übermittler jener Anweisungen sind Ali Hassan Salameh und sein Stellvertreter Mohammed al-Natour (Abu Tayeb). Um die Position der beiden zu festigen, werden Abu Hassan und Abu Tayeb in die Führungsriege der Fatah aufgenommen. Salameh hat nach wie vor freie Hand. Er paktiert mit Geheimdiensten aller Art, wenn es der Sache dient, unterhält auch enge Beziehungen zu den libanesischen Christen. So ist beispielsweise der radikale Bashir Gemayel von der Christenmiliz »Forces Libanaises« sein Freund. Karim Pakradouni, der Chefideologe des christlichen Lagers, berichtet in einem 1991 erschienenen Buch über ein Gespräch mit Jassir Arafat. 1973 hatte dieser verkündet: »Ich habe Abu Hassan, meinen besten Freund, dem ich absolut vertraue, beauftragt, die Beziehungen mit euch auszubauen.« Später finden zahlreiche Geheimtreffen statt, in denen Palästinenser und Libanesen über den jeweiligen Stand des Bürgerkrieges verhandeln. Stets leitet Salameh die Delegation der PLO.

Salamehs Offenheit geht sehr weit. »Er war eine erstklassige Informationsquelle«, erinnert sich ein ehemaliger libanesischer Geheimdienstoffizier, »sowohl für die Forces Libanaises als auch für die CIA.« Doch Salameh kann auch anders. Wie doppelzüngig er ist, das beweist ein Vorfall vom 16. Juni 1976. An diesem Tag entführt eine kleine, wenig bekannte linke Splittergruppe namens »Sozialistische Arabische Aktionspartei« (SAAP) den neuen amerikanischen Botschafter im Libanon, Francis E. Meloy, seinen Wirtschaftsattaché Robert E. Waring und deren libanesischen Chauffeur, als sie sich auf einer Dienstfahrt zum frisch gewählten Präsidenten Elias Sarkis in den Osten der geteilten Stadt befinden. Am nächsten Morgen werden die drei Männer ermordet aufgefunden. Salamehs »Force 17« untersucht daraufhin offiziell den Fall und nimmt mutmaßliche Tatverdächtige fest. Von acht Männern ist öffentlich die Rede. Letzten Endes kommt aber nichts dabei heraus.

Die US-Regierung und die CIA sind zu sehr mit ihren eigenen Problemen beschäftigt und haben keine Zeit, den Tod der Diplomaten im fernen Libanon ordentlich zu untersuchen. Als geheime Dokumente den Chef der »Force 17« als Verantwortlichen benennen, führt das in Washington zu keiner Reaktion. Nahost-Experten glauben, daß der dreifache Mord an Meloy und seinen Begleitern eine Rache auf Umwegen war. Die Amerikaner hatten nämlich den gerade erfolgten militärischen Einmarsch der Syrer – zum Schutz der Christen und zur Aufteilung des Libanon – toleriert. Das eigentliche Opfer dieser Aktion sind nun die Palästinenser, deren Radius in der Folgezeit stark eingeengt wird. Selbstverständlich leugnen Arafat und Salameh, an der Bluttat beteiligt gewesen zu sein. Etwas später taucht der Cadillac des Botschafters im Südlibanon wieder auf. Fedajin der »Force 17« sitzen darin . . .

Kurz vor dem Mord an Meloy trifft Ali Hassan Salameh mit CIA-Stationschef Robert Ames zusammen. Er beklagt dabei die Probleme des moderaten Flügels der PLO im Umgang mit den radikalen Elementen. Salameh bittet um CIA-Mittel zum Kampf gegen die Hardliner. Ames möchte diese Idee unterstützen und schickt ein entsprechendes Schreiben an sein Hauptquartier. Als Henry Kissinger davon erfährt, verbietet er diese Finanzhilfe für die *Fatah*. Das Thema ist vom Tisch.

Im Herbst 1976 kommt es zu einem neuen Treffen, diesmal zwischen Salameh und dem Nachfolger des abberufenen Ames, Charles Waterman. Der mächtige Palästinenser hat eine spannende Geschichte zu bieten: »Die Russen haben uns gebeten, Sie zu entführen und dann für ein Verhör zu übergeben. Nun habe ich gedacht, daß wir die Sache am besten hinter uns bringen könnten, indem wir die Entführung zum Schein durchführen, aber die Russen nicht einbeziehen.« In Langley ist man außer sich, da dieses Vorhaben ein ungeschriebenes Abkommen zwischen den beiden großen Geheimdiensten verletzt: die Agenten der anderen Seite nicht anzugreifen. Charles Waterman weist Salamehs Ansinnen zurück und verläßt Beirut für einige Monate.

Am 8. Oktober 1976 geschieht dann das Unerwartete: Ali Hassan Salameh wird auf offener Straße angeschossen. Eine Kugel bleibt in seinem Magen stecken. Er überlebt schwerverletzt. Die Israelis betonen, es handele sich hier um einen internen Disput der Palästinenser, der Mossad habe damit nichts zu tun. Die PLO hat dem nichts hinzuzufügen. Der *Stern* berichtet dagegen: »Der Mossad wartet auf eine günstige Gelegenheit. Die ergibt sich am 8. Oktober

1976, als Ali ohne Leibwächter durch Beirut spaziert. Von zwei Kugeln der Israelis getroffen, bricht er zusammen – und wieder hat er Glück. Ein in der Nähe parkender Krankenwagen bringt ihn sofort ins Hospital. Er wird operiert und kommt durch.« In Washington nachgefragt, kommt die Antwort, daß über diesen Vorgang absolut nichts bekannt ist.

Zur Erholung wird der 35jährige Terrorchef von seinen CIA-Freunden in die USA eingeladen. Offiziell bezeichnen sie es als ein Geschenk für den »Schutz von Waterman und der CIA-Station Beirut«. Salameh nimmt die Geste gerne an. Er kommt mit seiner neuesten Freundin, der bildhübschen Schönheitskönigin Georgina Rizk. Die 23jährige stammt aus dem christlichen Geld-Establishment der libanesischen Hauptstadt. Der orientalische Vater und die ungarische Mutter haben für eine außergewöhnliche Mischung gesorgt. Schon als Kind war Georgina auffallend hübsch. Sie war die sichere Gewinnerin aller Miß-Wettbewerbe. Mit sechzehn Jahren wurde sie zur Miß Libanon gekürt, zwei Jahre später zur Miß Universe. Im mondänen Miami Beach war sie als einzige arabische Bewerberin angetreten. Am Ende des Wettbewerbs hatte sie sich mit ihrer Freundin, der israelischen Schönheitskönigin Etty Orgad, den Medien gestellt: »Wir sind hier wegen der Schönheit und nicht wegen der Politik.« Solche Sätze verzieh man ihr in der Heimat. Georgina wurde zum Superstar, der nicht nur den Libanon, sondern die ganze arabische Welt begeisterte; eine Frau, von der alle arabischen Männer träumen durften, da sie vorübergehend als die Schönste der Welt galt und ihrem Volk Ehre einbrachte.

Georgina Rizk war die Königin der Nacht im Vorkriegs-Libanon. Sie wurde vom »Casino de Liban« als Aushängeschild engagiert, wirkte in Filmen und bei der Tourismuswerbung mit, trug bei exklusiven Modenschauen die neuesten Pariser Modelle. Durch ihre Werbeverträge lernte sie die Welt kennen. Jeder wollte die langhaarige Brünette mit den grünen Augen und dem großen, vollen Mund kennenlernen – auch Jimmy Carter, damals Gouverneur von Georgia. Es gibt ein Foto, auf dem beide glücklich lächeln. Sie trägt ein langes, ärmelloses, schwarzes Abendkleid. Anschließend bringt Georgina eine triumphale Tournee durch die libanesischen Gemeinden in Brasilien, Mexiko und Venezuela hinter sich.

Bei einem zwanglosen Abendessen mit Freunden trifft sie auf ihn, auf Ali Hassan Salameh, Beiruts bekanntesten Playboy. Heute erinnert sie sich: »Wie ein Wirbelsturm kam Ali Hassan in mein Leben. Er war 35 Jahre alt, trug ein schwarzes Hemd und eine schwarze Hose. Er sah unheimlich gut aus und hatte eine tolle Ausstrahlung. Da trafen sich unsere Blicke. Ich wußte, es war um mich geschehen.« Salameh, der so gar nicht in die Welt der palästinensischen Kämpfer paßte, hat die Frau seines Lebens gefunden. Die Ehe mit seiner ersten Ehefrau, die ihm von der Familie zugeführt worden war, langweilt ihn ohnehin zu Tode.

Die göttliche Georgina und er scheinen füreinander geschaffen, da sie für jede andere Beziehung viel zu extravagant und ungewöhnlich sind. Es ist Liebe auf den ersten Blick, und das läßt die beiden beinahe unzertrennlich werden. Eine Geschichte wie aus Tausendundeiner Nacht, so phantastisch, daß man sie kaum erfinden kann.

Im Dezember 1976 fliegt das auffällige Paar – vom Mossad unbemerkt – nach New York. Robert Ames, der inzwischen in der Nahost-Abteilung der CIA aufgestiegen ist, begrüßt sie nach der Landung. Ali Hassan und Georgina verbringen eine beeindruckende Woche in New Orleans und reisen dann weiter nach Los Angeles. Dort wartet bereits Charles Waterman, der andere Gastgeber. Einige zusätzliche Urlaubstage im romantischen Hawaii schließen sich an.

US-Journalist und Mossad-Experte David Halevy erzählt den Rest der Geschichte: »Ein früherer Vertreter von Bob Ames berichtet, daß sich kurze Zeit später ein hochrangiger israelischer Geheimdienstmann beim CIA-Stationschef Alan Wolf in Paris meldete und ihn warnte: ›Wir werden Salameh schon noch kriegen. Solange du uns nicht sagst, daß er euer Mann ist, werden wir unsere Pläne weiterbetreiben.‹ Die offene Warnung der Israelis brachte die CIA in ein Dilemma. Man wußte nicht, ob es sich um einen Bluff der Israelis handelte, um die Wahrheit herauszufinden, daß er beispielswiese CIA-Eigentum war, oder sie wollten ihn wirklich abschießen. Wenn die CIA ihre Beziehung zu Salameh offenlegte, dann würde sie zugeben, daß sie das Versprechen von Henry Kissinger an Israel gebrochen hatte, mit der PLO nicht zu sprechen, solange sie dem Terrorismus nicht abschwor und bedingungslos die UN-Resolutionen 242 und 338 akzeptierte. Auf der anderen Seite würden sie eine ihrer besten Quellen im Nahen Osten verlieren, wenn sie es den Israelis nicht sagten. Schließlich teilte Wolf – vermutlich auf Anweisung von Ames – den Israelis mit, daß Salameh kein Mann der CIA war. Dann beendete er das Thema ohne weitere Diskussion.«

Die Israelis wußten sehr wohl, daß die Kollegen in Langley mit Salameh zugange waren und daß er für sie deshalb tabu sein sollte. In der Nahost-Abteilung von Langley regte sich später Kritik am eigenen Verhalten. Der Pariser Resident Wolf, so hieß es, hätte eine klarere Haltung einnehmen und Salameh besser schützen sollen. In Israel bestreitet man, daß dieses Gespräch zwischen dem Mossad und der CIA stattgefunden hat. Der Mossad leugnet sogar, daß er die CIA jemals wegen Salameh gewarnt hat. Ein ehemaliger hoher Mossad-Offizier aus der Operationsabteilung: »Es ist nicht unsere Art, die CIA oder die US-Regierung vorab über geplante Operationen zu informieren.«

Dem widerspricht eine weitere Hintergrundgeschichte aus der Schattenwelt der geheimen Dienste: Im Jahre 1978 treffen Vertreter des Mossad und der CIA bei einer Antiterrortagung in London zusammen. In kleiner Gesprächsrunde kommt wieder einmal die Rede auf den Roten Prinzen. »Das ist unser Mann, laßt ihn in Ruhe!« soll der Amerikaner gesagt haben. Die israelische Antwort wird von einem absolut glaubwürdigen Zeugen so übermittelt: »Darauf können wir keine Rücksicht nehmen. Ihr wißt, was er uns angetan hat, und ihr kennt unsere Spielregeln. Es gibt keinen Weg, sein Schicksal zu ändern. Gott vergibt, Israel niemals!« Der Amerikaner soll das Thema mit betroffener Miene abgebrochen haben.

Erika Chambers, die in Deutschland ihren Einsatz vorbereitet, mag diese Einzelheiten nie erfahren haben. Mike Harari, ihr Chef, behält stets den Überblick, läßt sich aber durch nichts von der großen Operation gegen den Roten Prinzen abbringen. Die Genehmigung, ihn hinzurichten, liegt seit der Zeit von Golda Meir blanko vor. Angesichts dessen, was in München passiert ist, wird auch der neue israelische Premier – im Mai 1978 gewinnt der Likud-Block von Menachem Begin die Wahl zur 9. Knesset und löst damit die Arbeiterpartei ab – nicht anders entscheiden. Im übrigen hassen Begin und sein Mossad-Chef Jitzhak Hofi die PLO. Da gibt es nichts zu bedenken. Jede Vergeltungsaktion wird vom Komitee X grundsätzlich genehmigt.

Israels Mossad-Experte Yossi Melman, der ein gut informiertes Buch über die Geschichte des Dienstes geschrieben hat: »Wenn die Jagd auf Salameh nachgelassen haben sollte, dann hat Menachem Begin sie wieder eröffnet. Im Prinzip gab es dafür keinen aktuellen Anlaß. Aber das war eben Begins Art, die Dinge zu sehen. Für ihn war es eine Frage von Ehre und Stolz.« Und wohl auch von archaischer Rachsucht.

Die Jagd auf Abu Hassan zieht sich hin, nicht zuletzt deshalb, weil auch nach dem Ende von Salamehs Terrorjahren Israel von allen Seiten bedroht wird. Am 27. Juni 1976 fliegt ein Airbus der Air France mit 257 Menschen an Bord von Tel Aviv nach Paris. Er landet in Athen zwischen und wird nach dem neuen Start von einem siebenköpfigen Kommando der Volksfront entführt. Flug 139 meldet sich wieder nach einer Tankpause im freundlichen Libyen. Da sich die Sudanesen weigern, den Airbus landen zu lassen, wird der Pilot gezwungen, Entebbe in Uganda anzusteuern. Die verängstigten Passagiere, viele von ihnen Juden, wissen inzwischen, daß sie es mit der »Che-Guevara-Brigade der PFLP« zu tun haben und daß die französische Maschine in »Haifa« umgetauft wurde. Die Luftpiraten kommen sich besonders clever vor, indem sie sich – um die Identifizierung zu erschweren – nur mit Nummern ansprechen.

In Uganda warten bereits drei weitere Terroristen. Das zehnköpfige Kommando wird von Idi Amins Soldaten mit zusätzlichen Waffen versehen und darf sich ausruhen, während die Ugander die Geiseln bewachen. In einer ersten Erklärung fordert die »Che-Guevara-Brigade« die Freilassung von 53 Terroristen aus Gefängnissen in Israel, Deutschland, Frankreich, der Schweiz und Kenia. Auf der Namensliste befindet sich auch eine Freundin von Carlos. Sechs Mitglieder der Baader-Meinhof-Bande werden ebenfalls aufgeführt, ferner auch Kozo Okamoto, der Überlebende des Massakers vom Flughafen Tel Aviv. Alle Gefangenen sollen nach Entebbe geflogen und dort gegen die Geiseln der PFLP ausgetauscht werden. Da sich deren Bewachung und Verpflegung jedoch als schwierig erweist, werden am 30. Juni 47 Frauen, Kinder und alte Leute freigelassen.

In Israel tagt ein Krisenstab, dem auch die Terrorismusexperten des Mossad angehören. Einer von ihnen hat in Erfahrung gebracht, daß Idi Amin zu einer Konferenz der »Organisation für afrikanische Einheit« nach Mauritius fliegen wird. Er schlägt vor, seinerseits den größenwahnsinnigen schwarzafrikanischen Diktator zu entführen. Diese Idee wird verworfen. Auch der Vorschlag, Mosche Dayan zu Verhandlungen nach Kampala zu schicken, ist sehr kurzlebig. Schließlich einigt man sich auf eine Strategie . . .

Am nächsten Tag gibt Israel vor, mit den Entführern verhandeln zu wollen. Es ist der 1. Juli. Die Luftpiraten lassen noch einmal einhundert Geiseln frei. Alle Juden müssen in Entebbe bleiben.

Am selben Tag trifft die Maschine aus Nairobi mit der in Ostafrika üblichen Verspätung in Kampala ein. Nur wenige Passagiere gehen von Bord. Sie eilen gleich zur Paß- und Zollkontrolle. Einer der Fluggäste ist ein dunkelhäutiger, großgewachsener Italiener. Er gibt auf Befragen an, Geschäfte mit Uganda machen zu wollen, zeigt auch entsprechende Unterlagen, die ihn als Vertreter einer Firma ausweist, die Produkte wie Zucker und Kaffee vertreibt. Er wirkt entspannt und erzählt während der Wartezeit einige Witze. Sein Englisch mit italienischem Akzent paßt ins Bild. Der Italiener verschwendet keinen Blick auf den neuen Flughafenterminal von Entebbe, wo die Geiseln der Air France 139 festgehalten werden.

Minuten später läßt sich der Geschäftsmann in das etwa dreißig Kilometer entfernte Kampala fahren. Ohne Zeit zu verlieren, trifft er sich mit mehreren europäisch und afrikanisch wirkenden Geschäftsleuten, die am Vortag angekommen sind. Am 2. Juli, einem Freitag, befindet sich der Italiener schon wieder auf dem Rückweg nach Kenia. In Nairobi erwartet ihn eine Gruppe von Leuten, von denen einige sehr militärisch wirken. Der italienische Händler und ein bulliger Typ, dem man den Offizier auf hundert Metern ansieht, tagen mehrmals mit Kenianern. Diese Gesprächspartner arbeiten gemeinhin im Verteidigungs- und im Luftfahrtministerium, bei der Polizei und im kenianischen Geheimdienst. Am Abend führt der Italiener lange Telefongespräche mit Kampala und Tel Aviv.

Er weiß inzwischen, daß die Entführer ihre Forderungen wiederholt haben, nun aber zusätzlich fünf Millionen US-Dollar für die Freigabe des Flugzeugs verlangen. Die Israelis haben sich auch in ein

Telefongespräch zwischen dem Chef der PFLP-Sonderkommandos, Wadi Haddad, und seinen Leuten eingeklinkt. Haddad sprach von Mogadischu aus mit Kampala. Er schärfte seinen zehn Kämpfern ein, die jüdischen Geiseln auch dann zu ermorden, wenn der Austausch für die inhaftierten Gefährten reibungslos über die Bühne gegangen sei. Das stimmt die Lauscher vom israelischen Dienst gar nicht fröhlich. »Operation Blitzstrahl« wird genehmigt.

Am Sonntag abend, 4. Juli, warten der Italiener, sein Offiziersfreund und einige andere Leute ungeduldig auf dem Vorfeld des Flughafens von Nairobi. Einige von ihnen haben Funkgeräte dabei, und der Offizier steckt jetzt in einem militärischen Overall. Dieses Outfit steht ihm ausgezeichnet. In der Nähe parkt eine unmarkierte Boeing 707, die als fliegendes Krankenhaus eingerichtet ist. Der italienische Geschäftsmann scheint der einzige zu sein, der alles locker nimmt und keinerlei Anzeichen von Nervosität zeigt.

In der Zwischenzeit landen drei israelische Transportmaschinen auf dem Flughafen von Entebbe. Unter dem Kommando von Brigadegeneral Dan Shomron und dem *Sayeret-Matkal*-Major Jonathan Netanyahu – er war bei der Rue-Verdun-Operation dabei – stürmen Elitetruppen das Gebäude, töten in einem 53 Minuten dauernden Gefecht die Terroristen und zahlreiche ugandische Soldaten. Sie befreien die Geiseln und bringen sie zu den Flugzeugen. Vor dem Start zerstören die Israelis noch elf MiG-Kampfflugzeuge von Idi Amins Luftwaffe, um später keine unangenehmen Überraschungen in der Luft zu erleben.

Fünfzehn Minuten nach Mitternacht landet ein mit Tarnfarbe gestrichener Transporter vom Typ »C-130 Hercules« auf dem Rollfeld von Nairobi. Noch bevor die Maschine vor der geparkten Boeing 707 hält, öffnen sich schon seine Türen. Verwundete werden auf Tragen zum mobilen Lazarett gebracht. Schon Minuten später ist die Boeing in der Luft und nimmt Kurs auf Israel. Während die C-130 aufgetankt wird, schweben zwei weitere Flugzeuge dieser Art herein. Nach weiteren vierzig Minuten ist die gesamte Flotte bereits wieder auf dem Heimweg.

Auch der italienische Geschäftsmann und seine Freunde haben Kenia verlassen. Es war Mike Harari, der auf seine Weise zum Gelingen von Israels bis dahin gewagtester Befreiungsaktion beigetragen hat. Der Premierminister verleiht ihm für seinen Einsatz in Entebbe die höchste israelische Auszeichnung, die ein Geheimagent bekommen kann. Das geschieht unter Ausschluß der Öffentlichkeit, wird aber Wochen später bei einer Party in Tel Aviv bekannt.

Als das Jahr 1977 beginnt, wird die Welt wieder einmal an das Massaker von München erinnert. Am 7. Januar nehmen Agenten des französischen Geheimdienstes DST den Komplizen der Münchner Täter, Abu Daud, in einem Pariser Hotel fest. Er ist unter dem falschen Namen Youssef Raji Hanna – und mit einem irakischen Paß – an der Spitze einer palästinensischen Delegation an die Seine gekommen, um dem vier Tage zuvor ermordeten PLO-Funktionär Mahmud Saleh auf dem Friedhof Père-Lachaise das letzte Geleit zu geben. Abu Daud beklagt sich über die unfreundliche Behandlung durch die französische Polizei und verweist auf die Zusage freien Geleits durch die Botschaft in Beirut. Die Franzosen beziehen sich dagegen auf den internationalen Haftbefehl der Münchner Staatsanwaltschaft. Sofort protestieren die Regierungen von Libyen, Irak und Algerien und verlangen die Freilassung des PLO-Funktionärs.

Die Israelis zeigen sich an Abu Daud interessiert, und auch die deutschen Behörden fordern seine Auslieferung. Plötzlich, am 11. Januar, kommt er aufgrund von juristischen Spitzfindigkeiten wieder frei. Die Franzosen geben ihm ein First-Class-Ticket nach Algier. In einer eher verlegenen Erklärung stellt Paris fest, die aus Deutschland zugestellten Unterlagen seien nicht ausreichend gewesen. Das scheint sogar zu stimmen. Während die USA und Israel protestieren, gratulieren die Sowjets.

Abu Ijad geht in seinen späteren Memoiren auf Frankreichs Verhalten ein. Er stellt fest, »daß der französische Nachrichtendienst von Elementen unterwandert war, die sich ihrem Land gegenüber nicht gerade loyal verhielten«. Er, Abu Ijad, sei fest davon überzeugt, »daß die CIA und der Mossad an dem Vorgehen einiger Mitglieder der französischen Behörden nicht unbeteiligt waren; deren vorrangiges Ziel bestand darin, die Nahost-Politik Giscard d'Estaings in Mißkredit zu bringen.« Abu Ijad weiter: »Eines jedenfalls steht fest: Wenn es um die Verfolgung der israelischen Terroristen geht, beweist die französische Polizei, die es so eilig hatte,

Abu Daud festzusetzen – gelinde gesagt –, keinen übermäßigen Eifer. Unzählige Attentate wurden auf palästinensische Büros verübt, mindestens vier führende Köpfe der Widerstandsbewegung wurden in Paris von Agenten des Mossad ermordet – doch nie wurde einer der Schuldigen gefaßt.« Da ist die feige Politik auf beiden Seiten vor.

Ali Hassan Salameh hält sich, wie immer, wenn er verliebt ist, aus spektakulären Operationen raus. Nach seinem Amerika-Urlaub trifft er häufig mit Charles Waterman von der CIA zusammen und zeigt sich mit vielen Informationen aus dem Sicherheitsapparat der PLO erkenntlich.

Arafats rechte Hand will sich von seiner ersten Frau nicht scheiden lassen, verbringt aber jede freie Minute mit Georgina Rizk. Die Schönheitskönigin ist selbst sehr aktiv und hastet von einer Modenschau zur nächsten, besucht täglich Partys und läßt sich als charmantester Exportartikel des Libanon vermarkten. Sie lebt in einer Welt, die unendlich weit von der seinen entfernt ist. Da beide aber ihre Verbindung unter anderen Gesichtspunkten sehen, bereitet es niemandem Probleme. Am 8. Juni 1977 heiraten Ali Hassan Salameh und Georgina Rizk. Das Ereignis findet kaum Beachtung, da nur Georginas Schwester und zwei Trauzeugen daran teilnehmen. Sie trägt ein langes, weißes Hochzeitskleid und hat eine große, weiße Orchidee in ihr Haar gesteckt. Salameh hat sich für diesen Anlaß einen weißen Sommeranzug besorgt – eine Ausnahme von seiner Regel, sich schwarz zu kleiden. Georgina ist Salamehs zweite Frau. Nach den alten Gesetzen des Koran darf er bis zu vier haben.

Erika Chambers lebt nach wie vor in ihrem Wiesbadener Luxusappartement. Sie hat alle Hände voll zu tun und ist häufig abwesend. Mike Harari ist mit ihr zufrieden, weiß aber noch immer nicht, wie er sie effektiv einsetzen kann, um Ali Hassan Salameh zur Strecke zu bringen. Der Rote Prinz verläßt kaum noch Beirut. In Deutschland jedenfalls wird er für lange Zeit nicht gesichtet. Dafür geht die Bundesrepublik durch eine Terrorwelle besonderer, spektakulärer Art. Erika Chambers verfolgt den Herbst des Jahres 1977 mit großem fachlichen Interesse. Die Stichworte sind Schleyer, Mogadischu und Stammheim.

Am 5. September 1977 befindet sich Arbeitgeberpräsident Hanns Martin Schleyer auf dem Weg zu seiner Kölner Wohnung in der

Raschdorffstraße 10. Sein Wagen und ein Begleitfahrzeug mit drei Polizeibeamten biegen gegen 17.28 Uhr in die Vincenz-Statz-Straße ein. Es ist eine Allee mit dichtem Baumbestand, zudem Einbahnstraße. Plötzlich fährt ein gelber Mercedes quer vor die Kolonne, zur Hälfte auf den rechten Bürgersteig. Gleichzeitig rollt ein blauer Kinderwagen auf die Fahrbahn. Schleyers Fahrer muß eine Vollbremsung machen. Die überraschten Personenschützer können nicht mehr rechtzeitig anhalten und prallen auf den Kofferraum des ersten Fahrzeugs. In der nächsten Sekunde eröffnen fünf junge Leute das Feuer aus Maschinenpistolen und anderen Waffen. Schleyer wird aus seinem Auto gezerrt und in einen weißen VW-Bus geschoben. Die Angreifer töten Schleyers Fahrer und die drei Polizeibeamten. So beginnt der größte Verbrechenskomplex in der keinesfalls harmlosen Rechtsgeschichte der Bundesrepublik Deutschland.

Die Täter – »Kommando Siegfried Hausner« – fordern die Freilassung von elf Gesinnungsgenossen der Baader-Meinhof-Bande und ihrer Nachfolgeorganisation »Rote Armee Fraktion« (RAF). Nach einem 39 Tage dauernden Tauziehen zwischen den deutschen Sicherheitsbehörden und den RAF-Gangstern wird am 13. Oktober eine Maschine der Lufthansa, Flug 181, auf dem Weg von Mallorca nach Frankfurt entführt. Die Täter sind zwei Männer und zwei Frauen, die der PFLP angehören. Sie nennen sich »Martyr Halimeh Kommando-Einheit«.

Die Lufthansa-Boeing 737 landet in Rom, Zypern, Bahrein, Duhai, Aden und dann im somalischen Mogadischu. Am 18. Oktober, um 0.05 Uhr, wird das Flugzeug von einem Kommando der GSG-9 gestürmt. Die Geiseln sind frei, drei der Terroristen tot. Wenige Stunden später begehen Andreas Baader, Gudrun Ensslin und Jan-Carl Raspe in ihren Zellen im Hochsicherheitstrakt des bei Stuttgart gelegenen Gefängnisses Stammheim Selbstmord. Die Terroristin Irmgard Möller, die sich ebenfalls das Leben nehmen wollte, überlebt mit schweren Stichverletzungen. Dann, am 19. Oktober, wird die Leiche des entführten Hanns Martin Schleyer im elsässischen Mülhausen gefunden.

Deutschland im Herbst. Die Mossad-Agentin Erika Chambers sitzt lange vor dem Bildschirm und schaut sich die Sondersendungen an, studiert auch eingehend die Tageszeitungen. Vielleicht, so denkt sie, erkennen die Deutschen jetzt, in welcher furchtbaren Situation sich Israel befindet – jetzt, wo sie den Terrorismus knallhart am eigenen Leib erleben. Vielleicht haben sie in Zukunft mehr Verständnis.

Die Jagd auf Ali Hassan Salameh, Arafats Roten Prinzen, geht in die letzte Runde.

Kapitel 11

Operation Roter Prinz

Das ausgehende Jahr 1977 verändert das Gesicht der ganzen Nahost-Region. Menachem Begin, der erste Likud-Premierminister, und Ägyptens moderner Pharao Anwar el-Sadat kommen sich in einer Weise näher, wie es noch Monate vorher niemand vermuten konnte? Ein Dritter sieht das gar nicht gern: Libyens Hardliner Khadafi trifft im Sommer 1977 Vorbereitungen, den Friedenskurs seines Nachbarn vom Nil zu stören, wenn nicht gar durch Sadats Sturz gänzlich zu verhindern. Das erfährt als erstes der Mossad. Begin warnt den späteren Partner Sadat, und dieser demonstriert sein Wissen, indem er an der libyschen Grenze Truppen aufmarschieren läßt.

Begins Vorsorge ist eine vertrauensbildende Maßnahme. Sie führt dazu, daß Anwar el-Sadat seine historische Initiative startet und am 19. November 1977 nach Tel Aviv fliegt. Einen Tag später spricht er vor der Knesset und erkennt bedingungslos Israels Existenzrecht an. »Nie wieder Krieg, kein Blutvergießen mehr und keine Drohungen!« Jubel und Freude herrschen in Israel und Ägypten. Zorn und Haß kommt bei den anderen arabischen Staaten und bei der PLO auf. Sie isolieren die bisherige Führungsmacht ihres Lagers und gründen eine Ablehnungsfront. Nur der Sudan, Somalia, Oman und Marokko bleiben den Ägyptern treu.

Menachem Begin ist zwar konservativer und sturer als seine Vorgänger, er hat aber ein Gespür für einmalige Chancen. Also fliegt er im Dezember 1977 nach Kairo und beantwortet Sadats Besuch in Israel. US-Präsident Jimmy Carter ist begeistert. Auch er spürt den Wind der Veränderungen, läßt seine vorherige Idee von einer großen Nahost-Konferenz – zusammen mit der PLO – fallen und unterstützt den anlaufenden israelisch-ägyptischen Dialog. Als die bilateralen Verhandlungen im Sommer 1977 in eine Sackgasse geraten, werden die Parteien in die USA eingeladen. Sie kommen im September und lassen sich vom Gastgeber bei der Hand nehmen. Am 17. September einigen sich Begin und Sadat auf das sogenannte Camp-David-Abkommen. Das sensationelle Dokument erhält diesen Namen, weil es auf dem Landsitz des amerikanischen Präsidenten ausgehandelt wird. Camp David führt zu einem Friedensvertrag, den Begin und Sadat am 29. März 1979 feierlich in Washington unterzeichnen werden.

Die Euphorie ist so groß, daß die Welt für eine Weile übersieht, mit welch enormem Tempo Premier Begin die Siedlungstätigkeit in den besetzten Gebieten vorantreibt. Nach einem Plan des radikalen Landwirtschaftsministers Ariel Sharon sollen innerhalb von zwanzig Jahren mindestens zwei Millionen Juden in einer 650 Kilometer langen Siedlungskette von der libanesischen Grenze bis zur Südspitze des Sinai untergebracht werden. Als die amerikanischen Partner den vollen Umfang der Siedlungsplanung erkennen, reagieren sie verärgert. Jimmy Carter spricht, höflich wie immer, von einer »illegalen Handlung«. Sein Außenminister Cyrus Vance: »Die Siedlungen stehen im Widerspruch zum internationalen Recht.« Es kommt wie gewohnt: Die Welt protestiert, und Israel macht weiter. Der Judenstaat ist durch nichts von seinem eigensüchtigen Kurs abzubringen.

Die Palästinenser stehen unter Schock und können sich den Medien nur mit der gewohnten militanten Rhetorik verständlich machen. Dr. George Habasch von der Volksfront fordert in einem *Stern*-Interview des Jahres 1977 die Fortsetzung des bewaffneten Kampfes: »Und weil unser Volk ohne eigenes Zutun auch über Syrien, Libanon und Jordanien verstreut ist, hat es das Recht, Israel von dort zu bekämpfen ... Für die Flüchtlinge gibt es nur den einen Weg: Sie müssen die Grenze überschreiten und Israel bekämpfen.«

Als der Friede zwischen Israel und Ägypten schon deutlich erkennbar ist, spricht der später von Palästinensern ermordete *Stern*-Korrespondent Robert Pfeffer mit Abu Ijad. Die Kernsätze: »Je schwerer die Schläge gegen uns, desto härter schlagen wir zurück. Das Friedensabkommen ist ein Bumerang. Es ist nicht der erste Verrat an der Sache Palästinas. 1948 wollten uns die arabischen Regierungen mit ihren Armeen befreien. Was geschah? Sie haben uns entwaffnet und den Israelis mehr Land gegeben, als der Teilungsplan der Uno vorsah ...«

Abu Ijad sagt korrekt voraus, daß Sadat »nicht lange genug leben« wird, »um die Früchte seines Abenteuers zu genießen«. Der *Stern*-Reporter fragt, wie das gemeint sei. »Sein Regime wird nicht überleben. Und das Regime ist Sadat ... Sadat ist ein hinterlistiger und schlimmer Lügner ...« Abschließend fragt Pfeffer, ob nun »der ›Schwarze September‹ international wieder aktiv« werden würde. Abu Ijad, der Gründer des »Schwarzen September«, antwortet aufschlußreich: »Nach den September-Ereignissen von 1970 in Jordanien hatte tiefe Verzweiflung das palästinensische Volk ergriffen. Deshalb stürzten sich junge Palästinenser in Kamikaze- und Strafaktionen. Das gleiche Verzweiflungsgefühl könnte jetzt wieder dasein, nach allem, was Sadat uns angetan hat. Es ist möglich, daß der ›Schwarze September‹ wieder aktiv wird.« Zu dieser Zeit sind die Interviewpartner, die das Nahostthema behandeln, austauschbar, und auch Jassir Arafat kündigt »Aktionen gegen Israelis in unserem besetzten Heimatland« an.

Am 11. März 1978 ist es wieder einmal soweit. Ein *Fatah*-Kommando landet mit zwei Schlauchbooten an einem Küstenstreifen, 35 Kilometer südlich von Haifa. Dreizehn Fedajin verlassen das Mutterschiff, zwei ertrinken dabei. Sie sind bewaffnet, als wollten sie das ganze Land erobern. Zu ihrem Arsenal zählen sogar Mörser des Kalibers 52 Millimeter und Panzerabwehrraketen. Die Gruppe erschießt zuerst eine amerikanische Touristin, dann – auf der Autobahn Tel Aviv–Haifa – die Insassen eines Taxis, schließlich mehrere Fahrgäste eines Linienbusses. Sie zwingen den Fahrer, umzudrehen und mit ihnen Tel Aviv anzusteuern. Schon während der ersten Minuten eröffnen die Terroristen das Feuer auf entgegenkommende Fahrzeuge. Dann stoppen sie einen zweiten Bus, töten wieder Passagiere und nehmen die entnervten Überlebenden, unter ihnen dreißig Kinder, mit auf ihrer Horrortour in Richtung Süden. Noch einmal stoppen sie ein Taxi und entführen weitere sechs Menschen.

Auf seiner Schreckensfahrt durchbricht der Bus eine Absperrung der Polizei. Schließlich wird er auf Höhe der Mossad-Akademie, etwa zwölf Kilometer nördlich von Tel Aviv, durch Scharfschützen einer Sondereinheit zum Stehen gebracht. Ein erbittertes Gefecht zwischen Terroristen, Polizei und Militär beginnt. Die Massenmörder verlassen den Bus mit 71 Geiseln. Das Gefährt explodiert und steht sofort lichterloh in Flammen. Dabei kommen wieder 21 Menschen ums Leben. Insgesamt sterben 46 Israelis, werden 85 verletzt. Auch neun der Palästinenser kommen um.

Die beiden Überlebenden sagen aus, daß sie ein Hotel in ihre Gewalt bringen und den Japaner Kozo Okamoto sowie mehrere andere Gesinnungsgenossen freipressen wollten. Der Name ihres Kommandos war »Märtyrer Kamal Adwan« und sollte an einen der drei Führer des »Schwarzen September«, die während der israelischen Verdun-Operation vom April 1973 getötet worden waren, erinnern.

Vier Tage später rücken israelische Truppen in den Südlibanon ein. Sie greifen PLO-Stützpunkte zwischen der Grenze und dem Fluß Litani an und zerstören sie. Da im Nahen Osten eine Greueltat nahtlos in die nächste übergeht, greifen am 20. Mai desselben Jahres fünf palästinensische Terroristen den Abfertigungsschalter der El-Al in Paris-Orly an. Drei von ihnen werden dabei getötet, die anderen beiden entkommen. Eine bislang unbekannte Organisation »Söhne des Südlibanon« übernimmt in Beirut die Verantwortung für die Tat. Dies, so sagen sie, sei die Rache für israelische Angriffe im libanesischen Grenzgebiet.

Im Frühjahr 1978 kommt Erika Maria Chambers, die ewige Studentin und Mitarbeiterin einer Kinderhilfsorganisation, zum ersten Mal nach Beirut. Für sie ist das eine völlig neue, exotische und zugleich außerordentlich gefährliche Welt. Jahrelang hat sie sich darauf vorbereitet und sehr viel über den Libanon und seine kosmopolitische Metropole gelesen. Vieles erkennt sie bei den ersten Spaziergängen durch die stets verstopften Straßen wieder. Nicht wenig muß sie jedoch dazulernen. Sie gewöhnt sich rasch daran. Schließlich hat sie genügend Zeit, und auch Mike Harari im relativ nahen und doch so unendlich fernen Israel drängt sie nicht.

Keine vergleichbare Stadt der Erde hat in den letzten zwanzig Jahren soviel durchgemacht wie Beirut. Es war ein ewiger Kreislauf mit unterschiedlichen Dosierungen von Himmel und Hölle an entgegengesetzten Enden. Vor zwei Jahrzehnten existierte noch diese vielbesungene »Schweiz des Nahen Ostens«, dieses freie Leben, von dem die Weltoffenen bis heute schwärmen. Sie erinnern sich an den Tag, als Ella Fitzgerald beim »Baalbek Festival« auf der Bühne stand. Vor ihrem geistigen Auge läuft noch einmal die Bühnenshow des »Casino de Liban« mit den echten Elefanten und den Oben-ohne-Mädchen ab. Gerade die Golf-Araber konnten sich nicht satt sehen.

Dann waren da die oftmals skurrilen Gestalten, die ihre Drinks in der legendären St.-George-Hotel-Bar nahmen. Es handelte sich um Waffenhändler und Journalisten, Diplomaten und Ölscheichs, Glücksritter aller Herren Länder und um viele, viele Spione. Auch Kim Philby, der Geheimnisvolle, kam hierher – und verschwand von hier. 1975 wurde das St. George in die Luft gejagt. Da war aber auch seine Zeit zu Ende, weil die meisten bunten Vögel längst das Weite gesucht hatten.

Es kamen die Fedajin und die Syrer, die Christen, die Drusen, später die Schiiten – und viele Fremde, die noch nie hierhergehört hatten. Sie führten Krieg miteinander und gegen die relativ wehrlose libanesische Zivilbevölkerung. Im Laufe der Jahre gab es auch unter ihnen mehr Allianzen und Paarungen, als es die gehobene Mathematik normalerweise zuläßt. Beiruts Bevölkerungszahl nahm je nach Intensität der kriegerischen Handlungen ab. Ein Großteil der gewöhnlich 750 000 Menschen war stets auf der Flucht. Nur die Mutigen, die Hoffnungslosen und die Drahtzieher blieben stets zurück im Belfast des Nahen Ostens. Viele schieden mit Tränen in den Augen, da sie Beirut zur Liebe ihres Lebens erkoren hatten. Die ganz Hartnäckigen wichen erst, als sie Mitte der achtziger Jahre in Gefahr gerieten, von den Handlangern der Iraner verschleppt und auf Jahre hinaus wie Tiere in unterirdischen Löchern gehalten zu werden.

Beirut war stets eine Droge, die Menschen angezogen und nicht selten zerstört hat. Der deutsche Nahost-Korrespondent Carl Buchalla brachte es zum Ende der siebziger Jahre auf eine einfache, aber unschlagbare Formel: »Es ist die Faszination des Morbiden an den Gegensätzen, die das Leben dieser Stadt und ihrer Menschen bestimmen.« Ein kurzer Kinobesuch reichte, um den Satz zu verstehen. Da standen die Beirutis Schlange, um einen grausamen Kriegsfilm zu sehen. Man berauschte sich an brutalen Szenen. Dabei hatten die einen den Krieg satt, konnten ihn die anderen wenige Minuten vom Kintopp-Haus viel realistischer miterleben.

So ist es auch, als Erika Chambers mit burschikoser Kurzhaarfrisur aus dem beschaulichen Wiesbaden in der Frontstadt eintrifft. Schon in den ersten Tagen erlebt sie, was Carl Buchalla in der *Süddeutschen Zeitung* beschreibt . . .

»Die ›Hamra‹ im muslimischen Westteil Beiruts – einst Prachtstraße der Stadt – ist charakteristisch für die Gegensätze: Tagsüber flutet der Autoverkehr durch die Straße, sitzen Müßiggänger bei Bier oder Kaffee an den Tischen der Straßenlokale. Aber sobald die Dunkelheit hereinbricht, ist die ›Hamra‹ wie ausgestorben. Nach neun Uhr abends fährt nur noch gelegentlich ein Taxi durch die Stadt, gibt es praktisch keine Fußgänger mehr. Wenn es dunkel wird, beginnt die Zeit der ›illegalen bewaffneten Elemente‹: Banden, die unter dem Deckmantel, eine politische Organisation zu sein, rauben, morden und plündern. Fast jede Nacht fallen auf der ›Hamra‹ und in ihren Nebenstraßen Schüsse, dröhnen Detonationen. Die Staatsgewalt, bei Tag von Verkehrspolizisten repräsentiert, geht bei Anbruch der Dunkelheit schlafen. Dann gilt nur noch das Gesetz der Maschinenpistole . . .

Gehungert haben die Beirutis nie, auch nicht in den Bürgerkriegstagen, als viele Lebensmittel knapp wurden. Aber heute sind trotz der offensichtlichen Not ringsherum die Supermärkte mit – freilich teuren – Waren, Lebensmitteln und Delikatessen aus aller Welt so vollgestopft wie kaum jemals zuvor: mit dänischem Schinken und russischem Kaviar, mit französischem Käse und deutscher Butter, mit chinesischem Tee und französischem Champagner. Und in den Feinschmeckerlokalen kann der Gast entscheiden, ob er als Vorspeise schottischen oder norwegischen Räucherlachs bevorzugt, bevor er das Steak bestellt, das aus Schottland eingeflogen wurde. Dabei ist die libanesische Wirtschaft durch den Bürgerkrieg ruiniert worden, sind die internationalen Banken abgezogen, sind drei Viertel der Industrieanlagen zerstört, sind der Tourismus und der Transithandel – Haupteinnahmequelle des Libanon – seit dem Beginn des Bürgerkriegs völlig zum Stillstand gekommen.«

Das hat unter anderem damit zu tun, daß die Libanesen hervorragende Geschäftsleute sind, ihre Läden preisgünstig – auch in den schlimmsten Zeiten. Nur bei heftigsten Straßenkämpfen und im Falle von Luftangriffen werden sie für einige Stunden geschlossen. Entstehen Schäden, dann sind diese am nächsten Tag sicherlich wieder repariert. Das Leben auf dem Pulverfaß Beirut ist erstaunlich billig, weil der nicht existierende Staat keine Steuern eintreiben kann und weil das Geld immer weniger Wert besitzt. Eine Flasche Whisky oder eine Stange Zigaretten für zwölf Mark, das ist keine Seltenheit. Die Wirtschaft lebt vom Kleinhändler.

Das größte Geschäft blüht jedoch im verborgenen. Das zeigen die seidenen Anzüge, die großen Mercedes-Limousinen der jeweils neuesten Baureihe, die goldenen 20 000-Mark-Uhren aus der Schweiz und die Villen aus Marmor. Wer immer es sich leisten kann, und das sind erstaunlich viele, der nimmt stets nur vom Besten. Ein alter libanesischer Grundsatz. Der Nachwuchs dieser Schicht, vorzugsweise mit Abschlüssen französischer und amerikanischer Universitäten ausgestattet, lebt in Saus und Braus. Am Wochenende sind im Hotel »Summerland« die hübschesten Mädchen des Libanon zu bewundern. Sie tragen die knappsten Tanga-Bikinis und aalen sich damit ungeniert in der Sonne. Noch haben die bigotten, weltfremden Schiitenmilizen nicht das Sagen.

Die Bewohner Beiruts wissen natürlich, wie eine herankommende und wie eine abgehende Granate tönt. Doch sie wissen auch, daß sie gute Aussichten haben, alles zu überleben. Auch wenn der Beiruter Flughafen wegen einer gerade laufenden Entführung oder wegen heftigen Beschusses geschlossen ist, geraten sie nicht in Panik, denn die Fähre nach Zypern verkehrt fast immer. Was soll's? Das Leben geht weiter. Die bildhübschen Libanesinnen und ihre braunen Oberschichtfreunde segeln und surfen vor dem nördlich von Beirut gelegenen Christenort Jounieh, spielen Golf und Tennis, tanzen nachts in den Diskotheken und wählen regelmäßig ihre Schönheitsköniginnen.

In diesen Kreisen, wo Wasser- und Stromausfall unbekannt sind, wo die Kinder im gepanzerten Mercedes und mit einem Konvoi von schwerbewaffneten Leibwächtern zur Schule gebracht werden, leben auch die Bosse. Gelegentlich sitzen sie mit dem machtlosen

Präsidenten in Kabinettssitzungen und treffen Entscheidungen, die dann jedoch selten in die Tat umgesetzt werden. Letzten Endes zählt ohnehin nur das Interesse ihrer Familie, ihrer Religionsgemeinschaft, ihrer Miliz. Ein altes libanesisches Sprichwort sagt, daß jeder Politiker bereit ist, dieses Land in Brand zu stecken, nur um sich eine Zigarette anzuzünden.

Erika Chambers sieht dies alles mit anderen Augen. Sie hat einen Auftrag zu erfüllen, und dabei ist jedes Mittel recht. Mit vorgetäuschter sozialer Anteilnahme studiert sie das Los der Zehntausenden von Flüchtlingen aus dem armen, durch israelische Angriffe verunsicherten Süden und aus den zerschossenen Lagern im Osten der geteilten Hauptstadt. Viele Palästinenser haben unzählige Wohnungen besetzt, deren Besitzer oder Mieter vor den Greueln des Krieges geflüchtet sind. Andere wiederum sind in den ohnehin überfüllten Wohnungen ihrer Verwandten in den Beiruter Armenvierteln untergekommen. Zu zehnt und noch mehr schlafen sie in einem Raum. Das ist das Milieu, aus dem die Killer rekrutiert werden. Die Nachgeborenen des Krieges haben nie etwas anderes gekannt. Sie beginnen mit vierzehn oder fünfzehn ihre Karriere bei der PLO oder einer der anderen Milizen, enden tot an einer Straßensperre oder im jeweils aktuellen Gefecht um ein Viertel der halbzerstörten Stadt.

Die kleine Engländerin geht den Weg durch die palästinensischen Institutionen. Sie besucht den Mikrokosmos der sozialen Einrichtungen. Die PLO unterhält in Beirut ein von Arafats Bruder Fathi geführtes Krankenhaus des »Roten Halbmonds«, eine karitative Einrichtung namens SAMED – der volle Name lautet: »Werkstätten der Kinder der Märtyrer der palästinensischen Revolution« – und zwei Waisenhäuser, in Beit as-Soummud und Suq al-Gharb. »Mein Name ist Erika Chambers. Ich komme aus Deutschland und arbeite für eine Organisation, die bedürftigen Kindern hilft. Ich möchte mich bei Ihnen etwas umsehen, um herauszufinden, wie wir Ihnen und der gerechten palästinensischen Sache helfen können.« Diesen Spruch sagt sie so oft, daß sie beinahe schon daran glaubt.

In jenen Tagen empfängt die PLO viele Besucher aus der ganzen Welt. Die meisten wollen Jassir Arafat sehen. Nicht wenige gehören internationalen Solidaritätsgruppen an. Im Rahmenprogramm werden ihnen die Werkstätten, Waisenhäuser und Gesundheitseinrichtungen gezeigt. Die freundliche junge Frau fällt dabei nicht weiter auf. Der »Rote Halbmond« führt ihr die Krankenpflegeschule, das zentrale Labor und die Blutbank vor. In einer anderen Abteilung werden Prothesen für die Versehrten der Kämpfe hergestellt. Behinderte genießen eine physiotherapeutische Behandlung. Stolz führt die PLO auch ihre Sozialarbeiter vor, die in den Flüchtlingslagern Kurse für Sekretärinnen abhalten oder über Hygienemaßnahmen dozieren.

In einem der Waisenhäuser, im »Haus der Kinder der Standhaftigkeit« (Beit as-Soummud) befinden sich vor allem Überlebende der 1976 stattgefundenen 53 Tage dauernden Belagerung des Lagers Tell al-Satar. Hunderte von Kindern haben das Gemetzel von damals überstanden. Nun leben sie in einem besonderen System der »alternativen Mütter« und der »alternativen Familie«. Jeweils acht Kinder werden von einer »Mutter« im »Familienverband« betreut. Viele der »Mütter« kommen auch aus dem zerstörten Lager. Sie können sich gut in die Probleme der Kinder hineinversetzen. Einige von ihnen leiden unter denselben Schockzuständen. Szenen des Horrors finden sich auch auf kleinen, mit Wasserfarben gemalten Bildern, die an der Wand hängen. Sie zeigen Angreifer und Unterlegene, Tod und Leid. Für die Besucher werden Lieder angestimmt. Es sind traurige Weisen von der verlorenen Heimat, vom Blut und von der Seele, die man jederzeit für das besetzte Palästina opfern würde. Ansonsten machen die Kinder alles, was Gleichaltrigen in friedlicherer Umgebung ebenfalls Spaß bereitet. Sie treiben Sport, lernen ein Musikinstrument und üben alte Tänze ein.

Seit 1969 gibt es SAMED. Die Gesellschaft dient dazu, den Angehörigen von Gefallenen eine Lebensgrundlage zu verschaffen. SAMED produziert gestickte Textilien, Kleider mit traditionellen Ornamenten und Motiven, verarbeitet aber auch Holz und Metall, stellt Glas und Keramik her und hat eine eigene Filmabteilung. SAMED produziert Konsumgüter des täglichen Bedarfs und sogar Maschinen. Diese Organisation gilt als Modell einer künftigen palästinensischen Wirtschaftsordnung. Schon aus der Beiruter Diaspora verkauft sie ihre Produkte in fast alle Länder der Dritten Welt, in die arabischen Staaten und nach Europa. SAMED schickt auch Entwicklungshelfer in arme afrikanische Staaten. Sie kümmern sich dort um Landwirtschaftsprojekte. Das schafft viele Freunde.

Erika Chambers, die getarnte Mossad-Agentin, wird im palästinensischen Sozialnetz herumgereicht und gewinnt dabei neben persönlichen Eindrücken auch verwertbare Informationen. Nach einem letzten Solidaritätsbesuch bei der Palästinensischen Frauenorganisation kommt Erika für sich selbst auf eine positive Erfolgsbilanz und bucht zufrieden den Rückflug nach Deutschland. Sie muß erst einmal die Reise geistig verarbeiten und ihre Vorgesetzten zwecks weiterer Taktik konsultieren.

Außerdem ist es höchste Zeit, wieder einmal umzuziehen. Die Legende und einige strategische Überlegungen erfordern es. Hinter der Wahl Kölns als neues Domizil steckt eine Taktik, die den deutschen Sicherheitsbehörden erst ein Jahr später so richtig zu Bewußtsein kommen wird.

Am 12. Mai 1978 meldet sich Erika Chambers bei der Stadtverwaltung Wiesbaden nach Köln, Graeffstraße 3, ab. Tags zuvor hatte sie in der wenige Monate alten Wohnanlage Graeffstraße ein kleines Appartement gemietet. In der Graeffstraße, unweit des Kölner Fernsehturms, stehen seelenlose, anonyme Wohnklötze, wie man sie in den siebziger Jahren gerne gebaut hat. Mit viel Beton und Fensterflächen wurden sie hochgezogen, ineinander verschachtelt und mit möglichst vielen Mietern gefüllt. Es ist ein Reich der langen, dunklen Flure auf vielen Stockwerken. Menschen, die hier leben, sind Nummern. Nicht selten kennen sie ihre Nachbarn nicht. Das ist es, was Geheimagenten und Terroristen gerne mögen. Erika muß sich in der Graeffstraße 3 sehr wohl gefühlt haben. Dort war sie die Nummer 022.

Schon als die Engländerin bei der zuständigen »Verwaltungs- und Vermietungsgesellschaft für modernes Wohnen mbH« in der Graeffstraße 1 wegen des Appartements vorgesprochen hatte, wurden über sie erneut Auskünfte eingeholt. Eine Detektei namens Bürgel kam zum folgenden Ergebnis: »Welcher beruflichen Tätigkeit Frau Chambers nachgeht, konnte trotz umfangreicher Recherchen nicht in Erfahrung gebracht werden.« Es wäre auch ein Armutszeugnis für den Mossad gewesen, wenn ein Herr Bürgel aus Köln die Agentin enttarnt hätte.

Da also die Auskunftei versagt hatte, mußten die Vermieter anders vorgehen. Sie stellten Erika Chambers vor die Alternative, entweder eine Verdienstbescheinigung vorzulegen oder ihren Vater als Bürgen zu verpflichten. Diese Alternative war ein Problem. Ein Einkommensnachweis hätte erst in der Fälscherwerkstatt des Mossad hergestellt werden müssen – schließlich war die Agentin nirgendwo in Deutschland angestellt, nicht einmal zum Schein. Der Gedanke, ihren Vater Marcus um einen Gefallen bitten zu müssen, bereitete ihr ebenfalls Kopfschmerzen. ›Nur über meine Leiche‹, dachte Erika, ›ich will mit ihm nichts zu tun haben. Außerdem darf er gar nicht wissen, wo ich bin und was ich mache.‹

Sie lehnte beide Möglichkeiten ab und fragte nach einer weiteren Alternative. Da die Wohnungsgesellschaft vermieten wollte, wurde auch ein Weg gefunden. Erika Chambers mußte die horrende Kaution von 6000 Mark auf den Tisch legen. Diesen Betrag und die erste halbe Monatsmiete – 525 Mark – zahlte sie mit einem freundlichen Lächeln per Scheck. Danach durfte sie sofort den Wohnungsschlüssel mitnehmen.

Erika Chambers benötigt den ganzen Mai 1978, um die Wohnung 022 einzurichten. Mehrfach fährt sie mit einem bei Avis gemieteten VW-Bus vor und transportiert ihre Habe aus dem gekündigten Wiesbadener Domizil. Der damalige Hausmeister mit Namen Müller bemerkt, daß die junge Dame besonders viele Bücher besitzt. Er hat eine gute Beobachtungsgabe, und so fällt ihm gleich Erikas Kurzwellenempfänger der Marke »Zenith« auf. Da der Hausmeister in seiner Freizeit als passionierter Funkamateur weltweit Äther-Freundschaften pflegt, weiß er, daß es sich hier um ein besonders empfindliches und teures Gerät handelt, mit dem man sogar tonlose Telegrafie empfangen kann. Er wird neugierig und spricht die neue Mieterin darauf an. Sie gibt sich ahnungslos. Den Empfänger habe sie von einem guten Freund erhalten. Eigentlich wolle sie damit nur das Musikprogramm von Radio Luxemburg hören. Hausmeister Müller glaubt es und fühlt sich verpflichtet, den Gebrauch des komplizierten Gerätes zu erklären.

Kaum hat sich die Mossad-Agentin in Köln eingemietet, beginnt sie – wie seinerzeit in Wiesbaden – ihr Umfeld und ihre Abwehrmechanismen einzurichten. Sie spricht beim Postamt Köln-Ehrenfeld vor und mietet das Postfach mit der Nummer 30 03 64. Am 22. Mai erteilt sie dafür einem Mann namens Andre Bugat Vollmacht. Beim Fernmeldeamt, das sich nur wenige hundert Meter von der Graeffstraße entfernt befindet, beantragt sie einen Telefonanschluß. Er wird ihr nach kurzer Zeit zugeteilt: 52 01 41. Im Oktober läßt sie sich auch einen automatischen Anrufbeantworter installieren. Bei der nächstgelegenen Filiale der Dresdner Bank richtet sich die Agentin ein Konto ein: 84725219/01. Nun gehen die operativen Gelder aus Genf in Köln ein. Das Girokonto ist ansehnlich und weist Guthaben von manchmal 10 000 Mark auf. Erika Chambers kann gut haushalten und fällt auch hier nicht unangenehm auf. Sie zahlt alle Rechnungen pünktlich und problemlos. Um regelmäßige Verpflichtungen nicht zu vergessen, schaltet sie Daueraufträge, so zum Beispiel für die Kölner Firma Telerent, bei der sie ein Fernsehgerät gemietet hat. Auch Geheimagenten sind mit solch trivialen Erledigungen konfrontiert.

Erika Chambers befindet sich nur selten in ihrer Kölner Wohnung. Auch das bemerkt der aufmerksame Hausmeister. Ganz nebenbei spricht er sie darauf an. Sie würde häufig nach Hause fahren, nach England, sagt sie zu ihm. Die Blöcke der Graeffstraße mit den ungeraden Ziffern von eins bis fünf sind anonyme Schlafburgen, deren Mieter rasch wechseln. Deshalb fällt bei Erika nicht weiter auf, daß sie ihre Nachbarn meidet. Heute wohnt niemand mehr in der Graeffstraße 3, der sie überhaupt gekannt hat. Die Partei mit der längsten Verweildauer bezog 1981 ihre Wohnung.

Die inzwischen Dreißigjährige wird 1978 mehrere Male in Beirut gesehen. Meistens bleibt sie etwa zwei Wochen. Sie taucht überall auf und freundet sich doch mit niemandem so richtig an. Am meisten interessiert sie sich für die Palästinenser. Deshalb besucht sie immer wieder die sozialen Einrichtungen. Sie spendet Tausende von libanesischen Pfund an die Waisenhäuser, trifft Fathi Arafat vom Roten Halbmond und versichert allen, wie sehr sie den Kampf des palästinensischen Volkes verstehen könne. Manchmal geht sie im Umkreis der Rue Madame Curie spazieren, bleibt bei streunenden Hunden und Katzen stehen, streichelt die struppigen, verwilderten Tiere und füttert sie aus einer mitgebrachten Plastiktasche. Wenn sie nach ihrem Namen und ihrer Herkunft gefragt wird, dann sagt sie, sie sei Penelope aus Deutschland. Anschließend lacht sie über den Scherz, aber das verstehen die wenigsten.

Der Beiruter Stadtteil Sonober zieht die kleine Engländerin am meisten an. Dort, unweit der Rue Curie, haben sich Ali Hassan Salameh und seine Georgina – schwer bewacht von »Force 17« – nach langem Zögern in einer teuren Etagenwohnung niedergelassen. Der ruhelose Luxusrevolutionär ist seßhaft geworden, ein Zugeständnis an seine Traumfrau. Das macht ihn aber auch viel verletzbarer und wird ihm letztlich den Tod bringen.

Nun weiß sein Jäger, Mike Harari, wo er ihn finden kann. Zum ersten Mal seit mehr als zehn Jahren hat der Rote Prinz eine Adresse. Die Jagd hat mehr als je zuvor Aussicht auf Erfolg. Harari, der in Tel Aviv über der Strategie brütet, will nur noch sicherstellen, daß der Jagdgesellschaft nichts zustößt, sobald es ernst wird.

Das Profil von Abu Hassan verändert sich mehr und mehr. Aus dem einst leichtlebigen Schönling wird ein ernsthafter Politiker, dem alle Beobachter der Szene eine große Zukunft in der PLO voraussagen. Seine Stellungnahmen und Interviews sind nicht mehr von Haß geprägt, sondern vom Willen, die schwierigen Zusammenhänge seiner Region und seines Volkes differenziert zu begreifen. 1975 spricht er mit Nadia Stephan vom Beiruter Nachrichtenmagazin *Monday Morning*: »In der ersten Phase unseres Kampfes, der meines Vaters, kam unsere Führung aus dem Land heraus. Heute kämpfen wir von außerhalb unseres Landes. Die Umstände haben uns aufgezwungen, daß die Führung unserer Revolution ihr Hauptquartier außerhalb des Landes einrichtet. Während wir uns außerhalb von Palästina befinden, werden wir in Probleme hineingezogen, die uns vom Geschehen in unserem Heimatland ablenken. Genau das passiert heute im Libanon.«

Der Diplomat Ali Hassan Salameh erkennt, daß es für die Palästinenser verhängnisvoll sein kann, wenn sie für den libanesischen Bürgerkrieg verantwortlich gemacht werden. Diesen Eindruck will er verhindern. »Ignoranz schafft Feindseligkeit. Viele Leute in Ostbeirut sind davon überzeugt, daß sie bedroht werden. Deshalb finden wir sie immer in der Defensive. Sie glauben wirklich, daß wir ihnen den Libanon wegnehmen wollen. Es liegt nun an uns zu beweisen, daß wir den Libanon genauso lieben, wie Scheich Pierre

Gemayel es tut. Wir kämpfen, um den Libanon zu verteidigen ... Obwohl wir heute der größte Buhmann sind, haben wir nicht eine Gelegenheit ausgelassen, um [beschwichtigend] einzugreifen oder ein Ende der Kämpfe auszuhandeln ... Selbst wenn wir gelegentlich in Selbstverteidigung zurückschlagen mußten, wußten wir immer, daß allein der Dialog wichtig war.«

In einem späteren Interview mit dem *Monday Morning* wird seine Argumentation immer blumiger: »Wenn die zerstrittenen Parteien nicht zusammenkommen, dann können sie das Land nicht auf einem neuen Fundament aufbauen ... Der Libanon gehört allen Libanesen. Er wurde massakriert im Namen der Liebe, von Zuneigung, Schönheit und Poesie. Jeder liebt den Libanon. Schön! Laßt uns aber zuerst einmal einig werden, wie er wiederaufzubauen ist. Verhandlungsversuche werden nichts bringen ...« Gerade solche Aussagen schaffen ihm Freunde auf der traditionell feindlichen Seite, bei den Christen im Osten Beiruts. Sie bieten ihm Schutz an, was er stolz zurückweist. Bei jeder passenden Gelegenheit loben die Falangisten den PLO-Führer als »ehrenhaften Gegner«. Gleichzeitig wissen sie sehr wohl: Er ist eine Ausnahme, seine Gefährten sind jedoch haßerfüllte Feinde geblieben. Die beiden Lager sind im Prinzip unversöhnlich.

Als die israelischen Autoren und Sicherheitsexperten Michael Bar-Zohar und Eitan Haber den Chef der »Force 17« analysieren, stellen sie fest, daß er seit der Hochzeit mit Georgina Rizk den Gedanken an einen frühen Tod nicht mehr verdrängen kann. »Ich weiß, daß ich sterben werde, ich werde ermordet, ich werde in der Schlacht fallen«, vertraut er einem engen Freund aus der PLO-Führung an. Dann soll er noch hinzugefügt haben: »Der Krieg ist keine Erholungstour. Und der Tod, in allen seinen Schattierungen, hat sich erst kürzlich als palästinensische Spezialität erwiesen.« Auch seine bevorzugte Interviewerin, Nadia Stephan vom *Monday Morning*, bekommt ähnlich düstere Gedanken zu hören. Wenn er einmal gegangen sei, dann sollten seine Kinder den Kampf weiterführen, genauso wie er seinem Vater, den er nie gekannt habe, gefolgt sei.

»Und wenn ich tot bin, dann gibt es keinen Raum für Trauer. Ich hasse Trauer. Trauer bedeutet Stagnation, und die Revolution kann sich das nicht leisten. Ich hoffe, daß die Leute, die meinem Beispiel folgen, später nicht sagen werden: ›Abu Hassan hat dies oder jenes getan.‹ Sie sollten fragen: ›Was würde Abu Hassan in dieser Situation getan haben, wenn er noch am Leben wäre?‹« Abdallah Frangi, PLO-Vertreter in Bonn und Mitglied in hohen Fatah-Gremien, erinnert sich an einen anderen Satz, den ihm Abu Hassan selbst anvertraute: »Ich werde nie zulassen, daß man mich umbringt, ohne daß ich den Täter mit in den Tod nehme.« Dieser Wunsch sollte sich nicht erfüllen.

1978 gibt es mehrere Mossad-Agenten, die unabhängig voneinander in Beirut operieren und dabei die Lebensgewohnheiten des Sicherheitschefs Salameh studieren. Erika Chambers ist am nächsten dran, weil sie sich durch ihr vorgetäuschtes Mitgefühl in PLO-Kreisen bewegen kann. Und plötzlich passiert, was sie bereits nicht mehr zu hoffen wagt: Er steht vor ihr! Sie erkennt ihn im Bruchteil einer Sekunde und fixiert ihn mit sicherem Blick. Erika Chambers hat starke Nerven, und das kann sie in solchen Momenten jedesmal beweisen. Der 37jährige, etwas melancholisch gewordene Salameh liebt seine Georgina abgöttisch. Das hindert ihn jedoch nicht daran, seine unwiderstehliche Männlichkeit an anderen Frauen zu testen. Der Rote Prinz braucht dieses Gefühl, jede Frau haben zu können – und daß jede Frau ihn haben will. Er ist sexsüchtig und kann kaum genügend Gelegenheiten finden, um seinen unersättlichen Trieb zu stillen.

Ali Hassan Salameh und Erika Chambers verabreden sich am Swimmingpool eines Hotels, wo die Engländerin gerne wohnt – dem »Coral Beach« im Ortsteil Jnah. Das Vier-Sterne-Haus befindet sich wenige Meter vom berühmten »Summerland International« entfernt. Wenn man auf der Küstenstraße zum Flughafen fährt, kommt man direkt daran vorbei, sieht jedoch nicht viel, weil sich alle Aktivitäten auf der Meeresseite abspielen. Es ist ein weißes, dreistöckiges Gebäude, das den großen Swimmingpool hufeisenförmig einschließt. Fast alle 95 Zimmer sind dem grünlich leuchtenden Pool zugewandt und haben über ihn hinaus Blick zum Meer. Vor dem Becken reihen sich Tische aneinander, die durch Sonnendächer und -schirme Schatten erhalten. »Eine Oase von Luxus und Gastfreundschaft in Beirut«, sagt die Werbung des »Coral Beach«.

Ali Hassan Salameh, ein begeisterter Sportler, bevorzugt das

Hotel, da er sich hier – im Gegensatz zum »Summerland« – nicht so sehr auf dem Präsentierteller befindet. Das benachbarte »Summerland«, gebaut während der schweren Kämpfe von 1975/76, ist deutlich größer und hat mehr ausländische Gäste. An Wochenenden und Feiertagen ist es zudem von betuchten Libanesen überlaufen. Das stellt für den Roten Prinzen auch ein Sicherheitsrisiko dar. Normalerweise befinden sich in seiner Nähe zwei, drei Wagenladungen nervös blickender und bis an die Zähne bewaffneter Leibwächter. Er weiß, daß er sie braucht, da er über die Absichten der Israelis spätestens seit Lillehammer keine Illusionen hat. Nur dann, wenn er eine neue Eroberung machen kann, wird er leichtsinnig.

Um seinen zwischenmenschlichen Gelüsten genügend Spielraum zu verschaffen, hat Ali Hassan Salameh in mehreren Beiruter Luxushotels auf Dauer Zimmer reserviert. Er benutzt sie fleißig mit den gehobenen Damen der Stadt und achtet darauf, daß er keine der Herbergen so oft besucht, daß es allgemein auffällt. Der Rote Prinz hat sich an die Moral Beiruts angepaßt, und die besagt, daß alles erlaubt ist, solange es sich in dezenter Atmosphäre abspielt. Dazu gehört auch reichlicher Alkoholgenuß und eine ordentliche Prise Kokain. Auch Abu Hassan ist dem weißen Pulver nicht abgeneigt – es scheint sogar seine Willenskraft zu stärken.

Nun hat er Erika getroffen. Sie gefällt ihm, nicht weil sie sein Idealtyp ist, sondern weil sie in ihm den Jäger weckt. Außerdem scheint sie willig zu sein. Seine Bodyguards sichern den Parkplatz, die Hotelhalle, das Treppenhaus, den Flur. Nur im Zimmer ist er alleine. Sie befinden sich im ersten Stock, natürlich mit Blick zum Swimmingpool. Was nun abläuft, ist spektakulär, aber keiner merkt, daß Ali Hassan und Erika miteinander schlafen. Und es geschieht nicht einmal, sondern mehrfach. Ein ranghoher PLO-Führer, der es wissen muß: »Die Chambers hat mit ihm viel Zeit im »Coral Beach« verbracht. Diese Tatsache wird innerhalb der PLO immer noch als großes Geheimnis behandelt. Wir wollten nach seinem Tod nicht schlecht über ihn reden. Also haben wir den Kontakt zu der Jüdin ganz einfach verdrängt.«

Viel mehr ist nicht bekannt geworden über diese heimliche Affäre. Eines aber ist sicher: Erika Chambers hat dabei ihr Meisterstück der Verstellung geliefert. Sie mußte sein Interesse an ihr wachhalten und seinen siebten Sinn für Gefahr einschläfern. Der Rote Prinz sprach sicherlich nicht über geheime Operationen oder gestand gar seine Rolle beim Münchner Massaker. Bücherwurm Erika konnte mit ihm nicht über Literatur parlieren, da das einzige Buch, das der Rote Prinz – neben dem Koran – nachweislich gelesen hat, das Schwarzen-Epos *Roots* ist. Es beeindruckte ihn, weil sich der Titelheld so stark mit seinem Volk und mit seiner Vergangenheit identifizierte. Da blieben nicht mehr viele Alternativen, die gemeinsame Zeit auszufüllen.

Zwischendrin muß Erika ganz spontan an Dina denken. Gerne würde sie ihren Liebhaber danach fragen, unterdrückt jedoch den Wunsch, denn es würde sie unweigerlich verraten. Dina, das war eine legendäre israelische Agentin. Sie ging bei den Familien der PLO-Führer ein und aus. 1935 in Amman geboren, studierte sie später Medizin, geriet 1972 in Europa an den Mossad und wurde im Jahr darauf per Schnellkurs mit den wichtigsten Agententätigkeiten vertraut gemacht. Dann richtete sie sich eine Arztpraxis in Beirut ein. Dina behandelte Libanesen und Palästinenser, viele von ihnen in den Lagern des Südens. Während dieser Tätigkeit entdeckte sie viele versteckte Militäreinrichtungen der PLO, die häufig als medizinische Zentren getarnt waren. Dina lieferte wertvolle Informationen, die manchen israelischen Schlag erst ermöglichten. Ihre Legende war perfekt und baute auf Solidarität mit der palästinensischen Sache.

Nebenbei gelang es ihr, von Ali Hassan Salameh als Babysitterin verpflichtet zu werden. Während der Abwesenheit der Salamehs fotografierte sie geheime Papiere und übermittelte sie nach Tel Aviv. Bei diesen Unterlagen befanden sich Listen von Kämpfern des »Schwarzen September«, deren Decknamen und künftige Operationen. Die Israelis konnten damit Terroranschläge verhindern. Als sich ihre Erfolge häuften, wurde die Agentin unvorsichtig und beichtete einem libanesischen Freund ihr Doppelleben. Der informierte den Sicherheitsdienst. Sie wurde festgenommen und der PLO übergeben. Als Erika Chambers in Beirut weilte, befand sich Dina in einer primitiven Höhle bei Sidon, wo sie fünf Jahre lang gefangengehalten wurde. Im Februar 1980 kam es zu einem Austausch – zwei PLO-Aktivisten gegen die Ärztin Dina. Heute soll sie im Norden Israels als Medizinerin arbeiten.

Im Mossad-Hauptquartier vergleichen die Männer, deren wichtigstes Ziel der Tod von Salameh ist, die neuesten Meldungen aus Beirut. Da fällt einem auf, wie sportlich er doch ist. Er schwimmt im »Coral Beach Hotel«, praktiziert den Kampfsport Karate, übt jeden Tag das Schießen mit Pistolen und geht mindestens einmal pro Woche in die Sauna. Das ist es, sagt ein anderer, die Sauna! Rasch wird eine Liste mit allen Fitneßzentren, Hallenbädern, Karateclubs und Saunas der libanesischen Hauptstadt zusammengestellt. Eine ganze Gruppe von Agenten zieht los, um monatelang zu schwimmen, zu schwitzen und Holzbretter mit der Handkante zu zerschlagen. Beim Mossad werden sie schon zum Gespött der Kollegen, da sie einfach keinen Erfolg melden können, jeden Tag aber fitter und gesunder erscheinen.

Der Frust von Mike Hararis Agenten verschwindet schlagartig, als einer von ihnen seine Saunazeiten ändert. Nun besucht er das Dampfbad am späten Nachmittag. Es ist nur mäßig besucht. Der Raum verschwimmt im heißen Nebel, weil einer der anderen Gäste gerade einen Aufguß gemacht hat. Als sich die Schwaden lichten, traut der israelische Agent seinen Augen nicht. Da sitzt ein nackter Ali Hassan Salameh. Mike Harari ist elektrisiert, als er die Details erfährt. Er läßt eine größere Menge an Plastiksprengstoff nach Beirut schmuggeln. Die verschiedenen Gruppen eines »Hit Teams« nehmen die Arbeit auf.

Ein Bombenbauer besichtigt den Tatort, den Sport-Club im »International Hotel«, und sucht nach dem idealen Versteck für die Ladung. Andere erkunden die Fluchtwege. Im letzten Moment wird die Operation jedoch abgeblasen. Im Komitee X befürchtet man, daß eine derart starke Explosion zu viele libanesische Zivilisten mit in den Tod reißen würde. Mike Harari, so heißt es auf der politischen Entscheidungsbene, solle sich eine andere, sichere Methode einfallen lassen. Er denkt sofort an Erika Maria Chambers.

Diese befindet sich im Herbst 1978 für eine Weile in Köln. Trotz der Vorbereitungen für den Anschlag auf die Sauna organisiert sie ihre eigene Operation, die auch personell völlig unabhängig vom anderen Team läuft. Vor ihrer letzten Abreise aus Beirut hatte sie eine passende Wohnung gefunden, die sie unbedingt mieten wollte. Das Appartement befand sich im achten Stock eines Eckhauses in der Labanstraße, unweit der Rue Madame Curie. Von den Fenstern hat man einen guten Blick auf das Gebäude, in dem Ali Hassan Salameh und Georgina Rizk leben. Außerdem sind die umliegenden Straßen gut einzusehen. Es ist der zweite Versuch, in der Nachbarschaft von Abu Hassan unterzukommen. Erika Chambers hatte bereits im Juli eine Wohnung besichtigt, die dem Domizil der Salamehs direkt gegenüberliegt.

In der letzten Oktoberwoche spricht Erika mehrmals mit dem Beiruter Telefonanschluß 36 21 39. Am anderen Ende der Leitung meldet sich stets Anis Assaf. Er ist der Besitzer des Appartementhauses. Die vermeintliche Kinderschützerin aus Köln wird mit ihm rasch handelseinig. Ihr Dialog dauert immer nur um die drei Minuten. Zuletzt telefoniert sie mit Assaf am 26. Oktober.

Am 21. November besucht Erika Chambers das ihr bestens vertraute Frankfurt am Main. Auf ihrer Checkliste für die Erledigungen des Tages steht auch das Stadtbüro der libanesischen Fluglinie Middle East Airlines, kurz MEA. Sie kauft ein Flugticket für die Strecke Frankfurt–Beirut–Frankfurt. Um die Maschine nicht zu versäumen, läßt sich die Mossad-Agentin am 23. November vom Auftragsdienst der Bundespost wecken. Der Anruf kommt morgens um vier. Die Reisende trifft rechtzeitig in Frankfurt ein und begibt sich an Bord von MEA 216. Auf der Passagierliste ist »E. Chambers« an 20. Stelle zu finden.

Noch im November übernimmt sie die Wohnung des Herrn Assaf. Am 10. Dezember unterzeichnet sie den Jahresmietvertrag im Namen der Kinderhilfsorganisation A.S.E.D. Da die Wohnung unmöbliert ist, leiht sie sich Einrichtungsgegenstände. Auch dafür werden Mietverträge geschlossen. Die vorsichtige Erika Chambers hält sich in ihrer neuen Wohnung grundsätzlich alleine auf und wird nie mit einem männlichen Begleiter gesehen. Normalerweise kommt sie morgens um zehn und verläßt das Gebäude nachmittags gegen vier. Die Agentin schläft in ihrem Lieblingshotel, dem »Coral Beach«.

Gelegentlich meldet die Ex-Studentin den Stand ihrer Vorbereitungen Mike Harari. Die Kontaktadresse ist mit der ominösen Kinderorganisation A.S.E.D. identisch: Gilbert Raymond, Case Postale 11271, Monte Sacro, Rom/Italien. Bei der Eröffnung des Firmenkontos in Genf hatte seinerzeit ein gewisser Rumeau unterzeichnet. Erika Chambers besucht nun das Beiruter UNICEF-Büro und gibt die Gründung einer lokalen Filiale von »Aide et Secours a L'Enfance Desherité« bekannt. Niemand kann mit dem Namen der Organisation etwas anfangen. Man nimmt es aber mit Freude zur Kenntnis, da in einer Stadt wie Beirut stets Not am Kind ist.

Nach etwa zwei Wochen kommt die Mossad-Frau wieder an den Rhein zurück. Sie verfolgt mit großem Interesse das Weltgeschehen. Am 8. Dezember 1978 stirbt Israels frühere Premierministerin Golda Meir – die Frau, deren Befehl Ali Hassan Salameh zum Tode verurteilt hat. Zwei Tage später wird in Oslo der Friedensnobelpreis an Menachem Begin und Anwar el-Sadat verliehen. Der Ägypter läßt sich dabei vertreten.

Überall weihnachtet es bereits, und das geht auch an der Engländerin nicht spurlos vorüber. Sie beschließt, sich etwas Gutes zu tun, und fährt zum Einkaufen in die Altstadt. Bei der Kölner Filiale des Bekleidungsunternehmers Bogner wird sie fündig. Mit sicherem Griff und gutem Geschmack ersteht sie einen Pullover und einen passenden Blouson zum respektablen Preis von 527 Mark.

Die Weihnachtstage und der Jahreswechsel vergehen, ohne daß für Erika Chambers etwas passiert. Sie weiß, daß die lange vorbereitete Operation gegen den Roten Prinzen in der Luft liegt. Zu Hause, in Israel, fällt die Entscheidung am 2. Januar. Das geheime Unternehmen erhält den Codenamen *Lechem Zar*. Der Begriff hat eine doppelte Bedeutung. Er kommt vor bei Jesajas, einem der vier großen Propheten des Alten Testaments. Jesajas griff warnend in die Politik ein. Er glaubte nicht mehr an die Rettung des ganzen jüdischen Volkes, wollte jedoch so viele Glaubensbrüder wie möglich durch Läuterung vor dem Untergang bewahren. Beim Propheten Jesajas (30, 20) bedeutet *Lechem Zar* eine begrenzte Menge an Brot. Das Wort *Zar* kann aber auch für Feind stehen. Das Brot des Feindes? Eine Metapher aus der kryptisch versponnenen Welt des Mossad.

Die Schlagzeilen der Tageszeitungen und die Nachrichtensendungen werden vom Untergang des persischen Kaiserreichs und von der bevorstehenden islamischen Revolution des Ayatollah Khomeini bestimmt. Am 10. Januar liegt Hararis Einsatzbefehl vor. Erika sucht das Kölner Stadtbüro der Swissair auf. Sie kauft einen Flugschein für die Strecke Frankfurt–Beirut–Genf–Frankfurt. Am 13. Januar reist sie damit in den Libanon. Die Dame ist zeitig am Schalter. Bei der MEA wird sie als siebter Passagier eingecheckt. Am 14. Januar mietet sie bei der Beiruter Firma Libna-Car einen VW-Golf. Sie gibt ihn aber rasch wieder zurück.

In den nächsten Tagen wird sie meistens am Fenster ihrer Wohnung sitzen und regelmäßig dasselbe Fahrzeugpaar durch ihr Fernglas beobachten – ein brauner Chevrolet Station Wagon und ein Range Rover, die von Sonober kommen, durch die Straßen Verdun und Madame Curie südlich in Richtung PLO-Hauptquartier im Stadtteil Fakhani preschen. Sie wird eine Liste vor sich liegen haben und die genauen Fahrzeiten notieren. Insgesamt passieren die beiden Autos viermal pro Tag. Der Rote Prinz ist häuslich geworden und kehrt sogar zum Mittagessen heim. Das soll ihm letztlich zum Verhängnis werden. Der Countdown für die letzten zehn Tage im Leben des Ali Hassan Salameh hat begonnen.

Kaum jemand blickt in jenen Tagen auf den Libanon. Die Welt verfolgt das Drama um den Schah des Iran, den »König der Könige«, um Reza Pahlevi. Am 16. Januar verläßt er sein Land für immer. Während die Medien über die alltägliche Anarchie in Teheran berichten, zieht sich die Schlinge für Ali Hassan Salameh zusammen. Da er inzwischen zum Fatalisten geworden ist, weigert er sich, die Zeichen an der Wand zu erkennen. Die amerikanischen Freunde haben immer wieder vor den Häschern des Mossad gewarnt. Sie haben ihm einen kugelsicheren Chevrolet geschickt und Funkgeräte für seine Leibwächter. Nun, im Januar 1979, verdichten sich die Gerüchte, daß etwas passieren könnte.

Die Uhr tickt. Am 17. Januar fliegt ein etwa vierzigjähriger Engländer namens Peter Scriver von Paris nach Beirut. Er ist schlank, allem Anschein nach körperlich durchtrainiert, 1,84 Meter groß, blond, mit einem Anflug von Grau, trägt Brille, Oberlippen- und Kinnbart, wobei auffällt, daß seine Zähne auffällig vorstehen. Sein britischer Paß mit der Nummer 260896 sagt, daß er in London unter der Adresse 11 Baronsmeade Road zu finden ist. Bei der Einreise in Beirut wird er routinemäßig nach dem Zweck seines Besuches gefragt. »Business«, sagt er mit einem leichten Lächeln. Seine Erscheinung – ein feiner Anzug, sicherlich nicht von der Stange, und eine auffällig farbenprächtige Krawatte – paßte dazu. Peter Scriver läßt sich von einem Taxi zum »Royal Garden Hotel« im Geschäftsviertel Hamra bringen.

Am selben Tag trifft auch Ronald Kolberg ein. Der Kanadier ist 1,70 Meter groß, 25 bis 27 Jahre alt und gleichfalls schlank. Er hat ein rundes Gesicht und hellkastanienfarbene Haare, den gleichen Oberlippen- und Kinnbart wie Scriver. Bei der Paßkontrolle fällt auf, daß er ein sehr amerikanisches Englisch spricht. Ronald Kolberg füllt die Einreisekarte aus. Er ist 1954 in Vancouver an der kanadischen Westküste geboren. Dort wohnt er auch: 1256 Burnaby Street. Der einzige Schönheitsfehler: Diese Adresse existiert nicht. Ein Taxi chauffiert den Mann zum »Hotel Méditerranée«. Es liegt direkt am gleichnamigen Meer

Am nächsten Morgen besucht Peter Scriver als erstes die Leihwagenfirma Libna-Car. Dort hat er bereits am 13. Januar – telefonisch aus London – ein Auto bestellt. Um es nun abzuholen, legt der Engländer seinen Paß und einen Führerschein, ausgestellt 1978 in Basingstoke, Hampshire, vor. Während er einen bitteren türkischen Kaffee schlürft, werden die Papiere des Wagens ausgestellt. Es ist ein VW-Golf, Kennzeichen 352282.

Zur selben Zeit befindet sich Ronald Kolberg bei der Firma Libna-Car. Auch sein Wagen wurde vorher reserviert, telefonisch aus Zürich. Er bekommt einen Simca mit dem libanesischen Kennzeichen 356965. Kolberg präsentiert seinen internationalen Führerschein, Nummer 93014, ausgestellt 1978 in Kanada. Gegen Mittag treffen sich die beiden Ausländer wie zufällig in der Innenstadt. Sie wechseln einige Sätze und trennen sich wieder.

Libna-Car bekommt noch weitere Kundschaft. Einen Tag später, es ist Freitag, der 19. Januar, tritt Erika Chambers über die Schwelle. Sie erzählt von ihren ruinierten Nerven, meint, sie brauche dringend etwas Ruhe und Bergluft. Das löst bei den Angestellten des Autoverleihs einen Schwall von Empfehlungen für ruhig gelegene Bergdörfer aus. Die Engländerin präsentiert einen Führerschein, Nummer 4569, der – wie sich später zeigt – total gefälscht ist. Erstmals weicht sie von der Regel ab, stets die eigenen Papiere zu benutzen. Erika Chambers bekommt einen grünen Datsun und verspricht, ihn nach dem Wochenende wiederzubringen. Sie fährt aber gar nicht in die Berge, sondern stellt das japanische Auto wenige Meter von ihrer Wohnung in der Labanstraße ab.

Am selben Tag schickt Karim Pakradouni von der Christenmiliz »Forces Libanaises« eine Warnung, die er vom künftigen Präsidenten Beshir Gemayel bekommen hat. Die Nachricht wird bei Georgina abgegeben. Sie ist betroffen. »Wir haben überlegt, was können wir tun? Sollten wir vielleicht das Haus wechseln? Diese hohen Gebäude machen mich nervös. Unsere Leibwächter sollten vielleicht die Häuser in der Umgebung durchsuchen. Ali Hassan sagte, nein, wir werden nichts tun. Er sei müde und wolle nicht mehr davonlaufen. Wie viele Söhne des Orients glaubte er an Vorbestimmung.« Das sind die Worte der Witwe, mehr als zehn Jahre später bei einem Interview mit der größten israelischen Tageszeitung, *Jediot Ahronot*.

Am Samstag – es ist der 20. Januar – läuft Mike Hararis Organisation auf Hochtouren. Im relativ säkularen Libanon steht ein Wochenende bevor. In Israel ist Feiertag. Sprengstoffexperten des Mossad bringen fünfzig Kilogramm TNT zum Flottenstützpunkt im nördlichen Caesarea. Drei Raketenschnellboote vom Typ »Sa'ar 4«, eine Weiterentwicklung der Schiffe aus Cherbourg, werden zum Auslaufen vorbereitet. Das Ziel der Operation ist streng geheim. Nur wenige Kommandeure der Marine wissen Bescheid.

Erika Chambers beobachtet immer noch den Verkehr und befindet sich tagsüber von 10 bis 16 Uhr in der Wohnung. Inzwischen hat sie eine Art Funkgerät bekommen, ein kleines Kästchen mit einem Knopf. Der Auslöser für eine ferngesteuerte Bombe. Nachts schläft die Engländerin im nahe gelegenen »Hotel Bristol«, einem eleganten Vier-Sterne-Haus. Vom »Bristol« kann sie ohne weiteres zu Fuß in die Labanstraße gehen. Erika Chambers benimmt sich wie immer. Sie ist absolut ruhig und gefaßt. ›In drei Tagen‹, so denkt sie dauernd, ›wird alles vorbei sein. Dann ist auch diese Spannung weg, dieser ungeheure Druck, und ich kann nach Hause fahren, nach Israel.‹

Für Peter Scriver und Ronald Kolberg ist Beirut Neuland. Sie nutzen den Tag, um die Stadt noch besser kennenzulernen, vor allem auch die Fluchtroute. Alle Eventualitäten werden eingeplant. Es darf am Ende keinen Zufall geben.

Wer sind die beiden Mossad-Agenten? Bei Peter Scriver handelt es sich um eine Kunstfigur. Sein Paß ist total gefälscht. In England gibt es niemanden, der den Daten aus Scrivers Paß entspricht. Das läßt sich in Beirut gut machen, vor allem, da Scriver nur wenige Tage vor Ort ist. Da reicht die Zeit nicht, die Angaben zu überprüfen. Scrivers Paß zählt zu den einfachsten Accessoires aus der Trickkiste des Mossad. Es ist ein Wegwerfpapier.

Ganz anders bei seinem Kollegen. Er hat eine vergleichsweise komplizierte Legende. Ronald M. Kolberg sucht während seines Aufenthalts in Beirut ein Geschäft mit Haushaltswaren auf und stellt sich als Vertreter einer angesehenen Großhandelsfirma vor. Dabei hinterläßt er eine Visitenkarte mit dem folgenden Text:

Regent Sheffield Int.
THE GREATEST NAME IN CUTLERY
Farmingdale, New York 11735, USA

RONALD M. KOLBERG
Authorized Representative
Metelhoven 66
2900 AB Capelle a/d Ijssel
The Netherlands
P.O. Box 3353 Rotterdam
Tel. (010) 50 98 33
Telex 26401

Ähnlich wie Erika Chambers, die ihre Scheinidentität in Deutschland aufgebaut hat, wurde dieser Mossad-Agent in Holland eingepflanzt, um von dort aus zu operieren. Der einzige Fehler: Seine Visitenkarte scheint aus einer israelischen Druckerei zu stammen, weil sie Druckfehler enthält, die in Holland nicht passieren würden. Es gibt kein Metelhoven, sondern nur ein Merelhoven, und das liegt an der Ijssel. Der Postcode ist 2906 ab und nicht 2900 AB. Auch diese Daten vermag in Beirut niemand so leicht zu checken. In Europa könnte aber eine derart fehlerhafte Visitenkarte eine Operation zum Scheitern bringen.

Unter der angegebenen holländischen Adresse findet sich 1979 eine Firma Inter Service Telexbureau. Der Inhaber des Unternehmens kennt Ronald M. Kolberg. »Wir haben bis zum Juni 1978 für ihn gearbeitet. Hier kamen unter seinem Namen Funktelegramme an und wurden dann von uns weitergeleitet. Außerdem riefen verschiedene Leute an und gaben uns Aufträge im Namen von Kolberg. Da war beispielsweise ein Mann namens Jean Bertaux. Er sagte mir, daß er in Brüssel zu Hause sei.« Das Inter Service Telexbureau leitete die Funktelegramme für Kolberg an das Postfach 3353 in Rotterdam weiter.

Kunde Kolberg bezahlte die erbrachten Leistungen über sein Konto bei der Nederlandse Bankunie in Rotterdam. Als er es eröffnete, legte er einen kanadischen Paß mit der Nummer 104277 vor, ausgestellt am 24. Januar 1977 in Vancouver. Dieser Kolberg, geboren am 25. Juni 1954 in Vancouver, wohnhaft Rotterdam, Hooijledestraat 35, verschwand im November 1978. Wenn die Bank ihre Kontoauszüge an die angegebene Postadresse schickte, dann kamen sie mit dem Hinweis »Empfänger unbekannt« zurück. Kein Wunder, denn bei der Anschrift handelte es sich um ein reines Geschäftshaus. Bei einem seiner Besuche darauf angesprochen, teilte Kolberg der Bankunie das Postfach 3353 als neue Anschrift mit. Diese Adresse hatte er übrigens mit Hilfe einer anderen Anschrift eingerichtet: Rotterdam, Zoomstraat 65. Doch jene Wohnung ist leer, das Phantom des Mossad ausgeflogen.

Es kommt noch toller. Da gibt es einen zweiten Ronald M. Kolberg, auf den alle Angaben des ersten passen. Der zweite – und richtige – Kolberg, damals 25 Jahre alt, ist deutlich größer als sein Namensvetter vom Geheimdienst, hat dunkelbraunes Haar und trägt Brille. Er ist orthodoxer Jude und besitzt zwei Pässe, einen kanadischen mit der Nummer DH 104277, und einen israelischen. Der kanadische Paß wurde im Januar 1977 ausgestellt, einige Tage bevor Kolberg nach Israel flog, um an der Bar-Ilan-Universität in Tel Aviv sein Biologiestudium anzutreten. Bei der Registrierung legte er natürlich seine Ausweispapiere vor. Im September 1977 mußte Kolberg den Paß aus der Hand geben. Ein Spediteur benötigte ihn, um einen Kühlschrank durch den israelischen Zoll zu bringen. Der Vorgang dauerte eine Woche. Im November 1977 beschaffte sich Kolberg eine Waschmaschine. Wieder bat der Spediteur um den Paß. Das war die Stunde des Mossad und seiner Fälscher.

Der richtige Kolberg befand sich im Januar 1979 an seiner Universität und besuchte jeden Tag Vorlesungen. Er bereitete sich auf sein Examen vor, das im Juni vorgesehen war. Beinahe alle Abende verbrachte er in seinem Appartement an der Rehov Habiluin in Ramat-Gan. Kolberg konnte zwischen dem 17. und 21. Januar gar nicht in Beirut gewesen sein. Er sollte aber auch heute nicht in den Libanon fahren – allein um Mißverständnissen vorzubeugen.

Am Abend des Sonntags, es ist bereits dunkel, verlassen drei Raketenschnellboote ihren Stützpunkt bei Haifa. Es ist die zweite Generation der israelischen Schnellboote und die erste, die im Land selbst gebaut wurde. Hochmodern und bestens ausgestattet, verfügt der Typ »Sa'ar 4« über Gabriel- und Harpoon-Seeraketen, eine Vulcan-Phalanx-Kanone und schwere Maschinengewehre. »Sa'ar 4« hat ein Hubschrauberdeck, um mit Hilfe des Helikopters weit über den Horizont blicken zu können. Jedes der Boote ist mit der neuesten Kriegselektronik vollgestopft. Im CIC (»Combat Information Center«), dem Herz des Flaggschiffes, sitzen der Kommandeur der kleinen Flottille, Kapitän Chaim Shaked, und ein auffallend braungebrannter Gast von Anfang bis Mitte Fünfzig, der einen türkischen Kaffee nach dem anderen trinkt: Mike Harari. Der Chef der Mossad-Killerkommandos möchte den späten Triumph live erleben. Er will, wie so oft zuvor, körperlich spüren, wie sein Gegner stirbt.

Nach mehreren Stunden Fahrt in Richtung Norden liegt der Konvoi vor Beirut. Harari steht auf der Brücke und studiert durch sein starkes Nachtglas die Lichter der Großstadt. Marinefroschmänner machen zwei Zodiac-Schlauchboote startklar. Es ist drei Uhr, rechtzeitig bevor die libanesischen Fischer in See stechen, als die beiden Boote an einem einsamen Strand zwischen Beirut und seinem nördlichen Ableger Jounieh landen. Die Froschmänner tragen schwarze Gummianzüge und richten ihre entsicherten Uzi-Maschinenpistolen in die Dunkelheit.

Einer von ihnen spricht in ein Mikrofon. Die Antwort erfolgt sofort. Von einer strandnahen Schotterstraße blinkt es kurz – rot-weiß-rot-rot. Sekunden später löst sich ein blauer VW-Golf aus den Dünen und kommt auf die Marinesoldaten zu. Peter Scriver und Ronald Kolberg steigen aus und übernehmen die schweren Pakete. Sie verstauen sie auf der Rückbank des Wagens und verabschieden sich ohne viele Worte. Sekunden später sind die beiden Schlauchboote ebenfalls auf dem Rückweg zum Mutterschiff. Der Konvoi dreht ab und kreuzt zwischen dem Libanon und der Insel Zypern.

Im Gefechtsstand berichtet der Einsatzleiter der Froschmänner den schweigend lauschenden Offizieren und ihrem zivilen Gast. Er nickt anerkennend und begibt sich in seine Kabine, wo er sich einige Stunden Schlaf gönnen will. In Beirut wird inzwischen der Sprengstoff – die fünfzig Kilogramm TNT – unter den Vordersitzen und der hinteren Sitzbank des Leihwagens verstaut und mit einer Fernsteueranlage versehen. Bis heute ist nicht bekanntgeworden, ob Scriver und Kolberg dazu alleine in der Lage waren oder ob ihnen Bombentechniker des Mossad geholfen haben. Es stand viel auf dem Spiel, und da mußte jeder Handgriff sitzen. Als die technischen Vorbereitungen beendet sind, parken sie den Wagen vor dem Appartementhochhaus des Anis Assaf, wo Erika Chambers ganz offiziell wohnt.

Am Morgen des 22. Januar bezahlt Peter Scriver seine Hotelrechnung und erzählt dabei, daß er an diesem Tag nach Amman fahren müsse. In Wirklichkeit nimmt er sich ein Taxi zum Flughafen und checkt bei der Cyprus Airways mit dem Ziel Larnaca ein. Es ist einer jener kalten Wintertage, an denen die See vor Beirut hohe Wellen schlägt und ein kalter Wind durch die Wohntürme der Stadt bläst. Auch Ronald Kolberg schläft an diesem Morgen nicht lange. Er verläßt das »Hotel Méditerranée«, besteigt seinen Simca und fährt in den Osten der Stadt. In Jounieh mietet er sich im »Hotel Montmartre« ein, um dann die weitere Entwicklung abzuwarten. Nun liegt alles in der Hand von Erika Chambers.

Für Ali Hassan Salameh läuft der Tag normal, außer daß er noch mal eine Warnung der Amerikaner erhält. Es ist ein kleiner, handgeschriebener Zettel, den ihm das libanesische Deuxieme Bureau zukommen läßt. Er liest die Notiz und steckt sie in die Tasche seiner Jacke. Dort wird sie gefunden, als er bereits tot ist.

Der Rote Prinz wird an diesem Abend in Damaskus erwartet. Dort tagt der 14. Palästinensische Nationalrat. Es stehen wichtige Entscheidungen an. Die Fatah hat sich vorgenommen, die radikale Volksfront auf ihre, vergleichsweise moderate, politische Linie einzuschwören. Schon damals wird die Zweistaatenlösung für Palästina diskutiert. Arafat möchte seinen ewigen Rivalen Habasch dazu bringen, diese Formel zu übernehmen, und die PFLP aus der Ablehnungsfront herausbrechen. Außerdem geht es um die Verurteilung des Camp-David-Abkommens, das wenige Wochen später unterzeichnet werden soll. Leidenschaftliche Diskussionen sind angesagt.

PLO-Vertreter Abdallah Frangi heute: »Die Israelis wußten absolut Bescheid. Dieser Einigungsprozeß innerhalb der PLO war ihnen ein Dorn im Auge. Um davon abzulenken, haben sie Abu Hassan ermordet.« Eine andere These geht davon aus, daß die Israelis die engen Kontakte zwischen Salameh und der CIA nicht vertragen konnten. Also gingen sie dazwischen und töteten den Palästinenser. Die Wahrheit ist wohl, wie so oft, wesentlich simpler. Mike Hararis *Metsada/Kidon* war endlich in der Lage, zuzuschlagen. Das Ende einer siebenjährigen Jagd. Ein niemals aufgehobener Befehl wird ausgeführt.

Ali Hassan Salameh kommt nachmittags nach Hause, um letzte Vorbereitungen für seine Fahrt nach Damaskus zu treffen. Außerdem will er noch im Appartement seiner Mutter in West-Beirut haltmachen, um seiner Nichte Dschihad zum Geburtstag zu gratulieren. Es ist exakt 15.45 Uhr, als sich Abu Hassan von Georgina verabschiedet. Er legt seine Hand kurz auf ihren seit fünf Monaten schwangeren Bauch und provoziert die werdende Mutter mit einem seiner Standardscherze: »Es wird ein Mädchen werden.« – »Nein«, antwortet die schönste Frau des Libanon, »ich bestehe auf einem Jungen. Ich will einen kleinen Ali, der aussieht wie du.« – »Und ich bestehe auf einem kleinen Mädchen, das so charmant ist wie du.« Sie turteln noch immer wie am ersten Tag.

Der Rote Prinz nimmt auf dem Beifahrersitz seines Straßenkreuzers Platz, Jamil, der Fahrer, neben ihm. Drei Leibwächter zwängen sich auf die Rückbank. Der Range Rover mit fünf weiteren, grimmig blickenden Bodyguards aus der »Force 17« folgt dahinter. Die immer gleiche Fahrstrecke führt nach 150 Metern durch die Bekastraße, die früher Itani hieß. Beim Einbiegen in die Bekastraße mogelt sich ein fremdes Auto zwischen den Chevrolet und den Range Rover. Das verlängert den Abstand zwischen den beiden PLO-Fahrzeugen auf etwa zehn Meter.

Erika Chambers sitzt an ihrem Fenster und beobachtet, wie sich der auffällige amerikanische Wagen von Israels Staatsfeind Nummer eins nähert. Sie bemerkt auch den geringen Abstand zum nächsten Fahrzeug, das sich soeben dazwischengeschoben hat. Das ist ihr in diesem Moment egal. Sie muß blitzschnell reagieren. Wer weiß, wann die nächste Möglichkeit sein würde, den Mann, dem sie so überraschend nahe gekommen war, auszulöschen. Mit ruhiger Hand greift sie nach dem kleinen Sender und schätzt die Entfernung ein. Noch 100 Meter . . . 50 Meter . . . 30 Meter . . . 20 Meter. Jetzt ist der Chevrolet auf Höhe des geparkten Volkswagens. Jetzt! Fast unmerklich krümmt sie den Finger und drückt den Knopf nach unten. Sie öffnet den Mund, um die kommende Druckwelle auszugleichen.

Bruchteile von Sekunden später erschüttert eine gewaltige Detonation das Viertel. Die Straße scheint in Flammen zu stehen. Auto- und Leichenteile fliegen durch die Luft. Menschen liegen blutend und schreiend auf dem Bürgersteig. Zahlreiche Fenster sind zersplittert. Wo vorher die Fahrbahn gewesen war, befindet sich jetzt ein gewaltiger Trichter. Es sieht aus wie nach einem Kriegsangriff, für Beirut eigentlich kein ungewohntes Bild.

Mike Harari steht am schweren Fernrohr des Flaggschiffs der kleinen Flottille israelischer Raketenschnellboote. Schon seit einer Weile beobachtet er das nördliche Ende Beiruts, wo Sonober und Hamra liegen. Plötzlich steigt eine große Wolke von Staub und Rauch nach oben. Der Agentenführer klammert sich an das Teleskop, als sei er angewachsen. Er kann sich gar nicht satt sehen. Auch Georgina Rizk steht auf dem Balkon ihrer Luxuswohnung. Sie hat die Explosion gehört und beobachtet jetzt den Rauchpilz, hört die durchdringenden Sirenen der Rettungswagen. Ihr erster Gedanke: ›Sie haben ihn getötet! Sie haben es dir angetan!‹ Es ist 15.55 Uhr.

In der Bekastraße herrscht ein Chaos ohnegleichen. Die fünf Leibwächter aus dem Range Rover sind unverletzt und drehen schier durch. Abu Hassans Chevrolet ist komplett zerstört. Er selbst scheint noch zu leben. Rasch wird er zum Krankenhaus der American University gebracht. Die Ärzte können jedoch nur noch seinen Tod feststellen. In seinem Gehirn steckt ein Metallstück.

Was dann passiert, ist in den Berichten des PLO-Sicherheitsdienstes und der libanesischen Polizei unterschiedlich wiedergegeben. Das mag damit zusammenhängen, daß sich beide Seiten in die Haare geraten und die Palästinenser sich weigern, ihre Personalien anzugeben. Beide Untersuchungsberichte gehen von sieben bis zehn Toten und etwa achtzehn Verletzten aus. Zu den Leichen zählen die fünf Insassen des Chevrolets. Allem Anschein nach sind auch die beiden Menschen in dem nachfolgenden Fahrzeug ums Leben gekommen. Ein Bericht sagt, daß mehrere Passanten und ein Angestellter der Taxizentrale, die sich auf der gegenüberliegenden Straßenseite befindet, seien unter den Toten gewesen.

Die Täterin verschwindet Minuten nach der Explosion eiligen Schrittes. Der letzte, der sie sieht, ist wieder einmal der Hausmeister. Wenig später dringen schwerbewaffnete Kämpfer des PLO-Sicherheitsdienstes, die alle Häuser der Umgebung durchsuchen, in ihre Wohnung ein. Am Tatort wird auch ein Autokennzeichen mit der Nummer 353282 sichergestellt – es gehörte zu Peter Scrivers Wagen.

Erika Chambers fährt mit ihrem eigenen Leihwagen auf verschlungenen Wegen in den Ostteil der Stadt. In Jounieh trifft sie sich mit dem falschen Ronald Kolberg. Dort warten sie in seinem Hotel auf die einbrechende Nacht. Dann fahren sie mit beiden Autos zum Strand und parken sie dort. Kurz vor Mitternacht nähert sich das Flaggschiff der Raketenboote wieder der Küste. Die Froschmänner mit den Zodiac-Booten kommen erneut zum Strand und holen die beiden Agenten ab. Keiner wartet ungeduldiger auf sie als Mike Harari. Der Mossad-Veteran umarmt Erika Chambers, kaum daß sie an Deck gekommen ist. »Mike«, jubelt sie, »er ist tot.« Die Schiffe vereinigen sich wieder zu einem Konvoi und nehmen Kurs auf Haifa.

Am nächsten Abend wird in der Mossad-Akademie ein großes Fest gefeiert. Im Mittelpunkt steht Erika Maria Chambers, die sich jetzt mit einer Mossad-Rente und ihrem bisher angespartem Geld ins Privatleben verabschieden darf. Auch Mike Harari räumt sein Büro beim Mossad und tritt in den Ruhestand.

Arafat erhält die Hiobsbotschaft vom Tod seines besten Mannes während der Sitzung im Ballsaal des Hotels »Meridien« von Damaskus. Er ist tief getroffen und schämt sich seiner Tränen nicht. Der

PLO-Chef bricht die Konferenz ab und verschwindet mit seinen Leibwächtern und Beratern, um festzustellen, ob es sich um ein einzelnes Attentat gehandelt hat oder ob, wie schon 1973, weitere PLO-Führer von den Israelis angegriffen worden sind. Die Organisation veröffentlicht eine Erklärung, die an Israels Reaktion auf das Massaker von München erinnert: »Die Mörder werden nicht entkommen!«

Dramatisch läuft auch die Beerdigung des Roten Prinzen auf dem von hohen Pinien eingerahmten Märtyrerfriedhof der PLO neben dem Lager Schatila ab. Die Kinder im muslimischen Westteil Beiruts haben an diesem Tag schulfrei. Arafat selbst ist einer derjenigen, die den Sarg tragen. Tränen laufen über seinen schütteren Bart, als sich die sterblichen Überreste »eines meiner liebsten Kinder« (Arafat über Salameh) in die Erde senken.

Gewehrfeuer und Rufe nach Rache umrahmen die Szene. 50 000 Palästinenser nehmen Abschied von Ali Hassan Salameh, der so anders war, als man sich einen *Fatah*-Guerilla vorstellt, und den sie wegen seiner geheimen Aufgaben kaum kannten. Viele von ihnen ballen die Fäuste und blicken zornig in die Fernsehkameras. »Wir begraben einen Märtyrer!« ertönt die schrille Stimme von Jassir Arafat. »Wiedersehen, mein Held! Bleib stolz! Wir werden unseren Marsch auf der Straße nach Palästina fortsetzen!«

Neben ihm steht Salamehs erste Witwe, Umm Hassan, mit ihren beiden Söhnen. Die andere Witwe, Georgina Rizk, ist nach den strengen islamischen Regeln nicht zugelassen. Hassan Salameh, der älteste Sohn des Toten, wurde für die Beerdigung als Fedajin verkleidet. Eine Keffiyah hängt über seinen Schultern. Der Junge hält sich an einer Kalaschnikow fest, die man ihm in die Hand gedrückt hat. Der tiefbewegte Arafat nimmt auch ihn in seine Arme. Die Familiengeschichte der Salamehs scheint sich zu wiederholen.

Eine andere Witwe sitzt in Tel Aviv vor dem Fernsehschirm. Ihr Name ist Ilana Romano. Sie war mit Yossef Romano verheiratet, dem Gewichtheber von München, einem Opfer von Ali Hassan Salamehs. Von einem israelischen Journalisten nach ihren Gefühlen befragt, antwortet Ilana Romano: »Ich habe seit Jahren auf diesen Tag gewartet. In meinem Namen und im Namen aller anderen Witwen will ich jenen danken, die es taten.«

Am 28. Januar explodiert die erste Bombe, die Ali Hassan Salamehs Tod rächen soll. Tatort ist der überfüllte Markt der israelischen Stadt Netanya. Zwei Menschen werden getötet, 43 andere verletzt. Auge um Auge, Zahn um Zahn – das Gesetz der Region.

*

Köln befindet sich im alljährlichen Karnevalsstreß, als die Mitbürgerin Erika Chambers ihren unsichtbaren Abgang inszeniert. Es ist eine Kombination seltsamer Vorgänge, die ausnahmslos auf den langen Arm des Mossad hindeuten. Im Januar, noch bevor Erika den Roten Prinzen in die Luft gejagt hat, spricht eine ältere, offensichtlich zerstreute Dame zweimal beim Postamt Köln-Ehrenfeld vor. Sie zahlt die Gebühren für Erikas Postfach doppelt, da es »unbedingt erhalten bleiben« müsse. Später wird eine Gebühr zurückerstattet.

Am 1. Februar 1979 wendet sich Erika Chambers schriftlich an ihre Wohnungsverwaltung. Sie kündigt Appartement 022 und bittet um die Rückzahlung der Kaution auf ihr Girokonto bei der Dresdner Bank. Viel später, am 13. Juni, empfängt auch die Dresdner Bank in Köln einen mit Schreibmaschine abgefaßten – und in Zürich aufgegebenen – Brief von Erika Chambers. Die scheue Kundin bittet um die Auflösung ihrer Konten und um die Überweisung des bestehenden Guthabens – 6300 Mark auf dem Girokonto und 6000 Mark auf dem Sparkonto – an die Schweizerische Bankgesellschaft in Zürich. Das wird prompt erledigt.

Der nächste Schritt folgt im September 1979. Erika Chambers hatte Ende 1976 auch in Zürich zwei Konten eröffnet. Nun bittet sie darum, den Inhalt des Sparkontos auf ihr Girokonto zu übertragen. Das nächste Lebenszeichen der inzwischen von den Arabern weltweit gesuchten Mörderin folgt im März 1980. Die Ex-Studentin leert ihr Schweizer Konto und ordnet die Überweisung des Betrages zugunsten eines Mannes namens Christian Frimmel an. Er bekommt 28 988,30 Schweizer Franken.

So lösen sich die Hinterlassenschaften von Topagenten dezent und am Ende spurlos auf.

*

Am 4. Februar 1979 schreibt ein Anonymus aus Beirut an Erika Chambers in Köln. In französischer Sprache mahnt er sie, bei künftigen Reisen in den Libanon sehr vorsichtig zu sein. Zur Unterstützung seiner Worte legt er einen Zeitungsartikel über den Anschlag auf Ali Hassan Salameh bei. Der Brief ist nicht in Beirut aufgegeben worden, sondern in Paris, beim Postamt in der Rue de Longchamp. Da die Adressatin unbekannt verzogen ist, wird sie das Schreiben nie bekommen.

Teil IV

Die achtziger Jahre

Kapitel 12

PLO-Kommandos gegen Deutschland

Der Tod von Ali Hassan Salameh trifft die PLO mehr als Jahre zuvor die Ermordung anderer Führer des »Schwarzen September«. Besonders Jassir Arafat leidet darunter, da ihm Abu Hassan so nahe stand, als sei es der eigene Sohn gewesen. Um sich sicherheitsmäßig keine Blöße zu geben, wird Salamehs Stellvertreter zum Nachfolger an der Spitze der Sondertruppe »Force 17« berufen. Oberst Mohammed Natour, genannt Abu Tayeb, kann den Roten Prinzen aber nicht ersetzen. Er gehört allerdings dem Sicherheitsapparat schon lange genug an, um zu wissen, was zu tun ist. Trotzdem dauert es etwa drei Jahre, bis er von der Führung rundweg akzeptiert wird. Da er Arafat bedingungslos gehorcht, ist seine Position bis heute sicher.

In der Zeit bis 1982 hat »Force 17« alle Hände voll zu tun, Arafat und sein Umfeld gegen die Widrigkeiten eines zerfallenden Libanon zu beschützen. Keiner hat mehr Zeit für Geheimoperationen jenseits der nahöstlichen Sphäre – außerdem fehlt dazu das planende Gehirn des weltmännischen Abu Hassan. Eine Ausnahme von der Regel sollte drei Monate nach dem Tod des Roten Prinzen stattfinden. Es ist ein Versuch der Rache. Nachdem Erika Chambers während ihres Aufenthalts in Beirut fleißig die Visitenkarte mit der Kölner Adresse verteilt hatte, setzte sich rasch das Gerücht fest, sie sei von den deutschen Diensten geschickt worden, um für die Olympia-Operation Vergeltung zu üben. Eine klare Überschätzung der deutschen Intentionen und Möglichkeiten.

In Beiruter Sicherheitskreisen wurde Köln mit dem Sitz des Bundesamtes für Verfassungsschutz und Wiesbaden mit dem Bundeskriminalamt gleichgesetzt. Noch dazu lag in beiden Fällen Erika Chambers' Wohnadresse in der Nähe dieser Ämter. Die israelische Kalkulation ging auf. Der Zorn der Palästinenser richtete sich also vorrangig gegen die Bundesrepublik Deutschland und weniger gegen das gut geschützte Israel. Obwohl inzwischen der Bonner PLO-Vertreter Abdallah Frangi in Sachen Erika Chambers lautstarken Protest vorgetragen hatte und sich Ermittler aller Art mühten, Licht in die Sache zu bringen, beschlossen Terrorstrategen aus Abu Hassans ehemaliger Truppe, gegen die Deutschen loszuschlagen. Außerdem kam noch, wie es heute ein führender PLO-Mann sagt, etwas anderes hinzu: Abu Tayeb wollte sich profilieren. Das war sein vermutlich stärkstes Motiv, eine Gruppe von acht Mann in Berlin anzuführen.

Im März 1979 treffen hochrangige BKA-Vertreter in Beirut mit Arafats Sicherheitsmann Hayil Abd al-Hamid, genannt Abu el-Hol, und einem Vertreter von Abu Ijad namens Amin el-Hindi, zusammen. Der Kontakt ist vielversprechend, da sich Abu el-Hol gut in die Lage der Deutschen versetzen kann. Der Palästinenser aus Safed flüchtete 1948 mit seiner Familie nach Syrien und kam zwölf Jahre später in die Bundesrepublik. Hier gründete er einen lokalen Ableger der Fatah, studierte an der Universität Frankfurt und ging 1964 nach Kairo, um für eine Weile als Bindeglied zwischen der neuen PLO, Arafats PLO, und dem ägyptischen Führer Nasser zu dienen. Später, im Libanon, rückte er in das Zentralkomitee der Fatah auf und wurde 1977 zum Chef der »Vereinigten Sicherheit« befördert. Seine Funktion in der Fatah war identisch mit der Rolle, die Abu Ijad in der gesamten PLO spielte. Im übrigen galt er stets als Rivale von Ali Hassan Salameh.

Die beiden Gäste aus Wiesbaden, Vizepräsident Dr. Günther Ermisch und der Leiter der Terrorismusabteilung, Günther Scheicher, verlassen die libanesische Hauptstadt mit einem guten Gefühl. Sie haben Arafats Leuten begreiflich gemacht, daß Erika Chambers weder für den Verfassungsschutz noch für das Bundeskriminalamt gemordet hat. Gleichzeitig glauben sie die Chance einer weiterreichenden Sicherheitszusammenarbeit erkannt zu haben. Die PLO ist – zumindest verbal – bereit, einen Waffenstillstand mit der Bundesrepublik einzugehen und das BKA bei der Verfolgung deutscher Terroristen zu unterstützen. Das Interesse der PLO: internationale Anerkennung. Die Regierung unter Bundeskanzler Helmut Schmidt wird umfassend über die Kontakte zur PLO unterrichtet.

Mit Erleichterung nimmt man die PLO-Erklärung auf, daß »die besonderen Beziehungen der Bundesrepublik zu Israel von den Gesprächspartnern akzeptiert wurden« (Dr. Günther Ermisch).

Niemand ahnt damals, welches doppelte Spiel läuft. Sofort nach dem Besuch der beiden hohen Polizeibeamten wird die neue BRD-Verbindung gegenüber der DDR vermarktet. In einem umfangreichen Bericht des Ministeriums für Staatssicherheit, der in acht abgezählten Exemplaren nur dem Minister Erich Mielke und engen Mitarbeitern zugänglich ist, heißt es: »Mitte März 1979 schlug die Politische Abteilung der PLO in einer Note der DDR-Botschaft in Beirut vor, Verhandlungen zwecks Vereinbarungen über die Durchführung von Ausbildungslehrgängen für PLO-Polizeikader zu führen. Während eines Gespräches des Botschafters der DDR im Libanon in Beirut Anfang April 1979 mit Arafat bat dieser um Unterstützung in Sicherheitsfragen, speziell bei der Ausbildung auf den Gebieten Armee, Sicherheit und Polizei.«

Und weiter: »Gleichfalls Anfang April 1979 wandte sich der leitende Mitarbeiter der ›Vereinigten PLO-Sicherheit‹, Abu Hisham, mit dem Vorschlag an die Botschaft der DDR im Libanon, umgehend eine offizielle Beratung zwischen dem MfS und der ›PLO-Sicherheit‹ zur Organisierung einer wirksamen Zusammenarbeit durchzuführen.« Abu Hisham möchte von der DDR »Informationen über Interessen der USA und Israels in Westeuropa« erhalten. Es ging ihm um die Unterstützung der Stasi für durchreisende PLO-Kader. Man sollte ihnen bei der »Realisierung von speziellen Aufgaben« helfen. Die DDR sollte außerdem ausgewählte PLO-Vertreter in folgenden Fächern unterrichten: »Ausbildung an Handfeuerwaffen, Einsatz von Sprengkörpern, Organisierung von Sonderaktionen.«

Die weiteren Anliegen der PLO: »Hilfe bei der Beschaffung nicht näher bezeichneter technischer und elektronischer Ausrüstungen. Bereitstellung von Handfeuerwaffen und Sprengkörpern und Hilfe bei deren Beförderung nach Westeuropa.« Es folgte ein aufschlußreicher Hinweis: »Abu Hisham erklärte, im Auftrage des Mitgliedes des ZK der Fatah, Abu Ijad, und in Abstimmung mit dem PLO-Vorsitzenden Arafat zu handeln. Aus politischen Gründen müßten jedoch sowohl Arafat als auch die Vertretung der PLO in der DDR aus dieser Zusammenarbeit herausgehalten werden.«

Der Rest der Geschichte im Vorgriff: PLO und Stasi werden sich einig. Im Juni 1979 schließen auch sie eine Sicherheitskooperation. In einem Bericht der Hauptverwaltung A, Abteilung 111, werden die ersten Zugeständnisse von Minister Mielke aufgelistet. Da heißt es: »Der Genosse Minister . . . sagte hinsichtlich der materiellen Unterstützung weitgehendes Entgegenkommen entsprechend unseren Möglichkeiten zu. Er sicherte die Bereitstellung von Schiffssprengladungen und Handgranaten in der gewünschten Menge zu. Darüber hinaus erfolgte die Übergabe von zwei Scharfschützengewehren westlicher Produktion mit Munition. Auch weiteren Anliegen, wie sie auf dem Gebiete der operativen Technik, der Bereitstellung von Sprengmitteln und der Kaderausbildung unterbreitet wurden, werde entsprechend unseren Möglichkeiten entsprochen. Positionen, die nicht in der DDR verfügbar sind bzw. hergestellt werden, können – wie dies bereits vereinbart wurde – durch uns beschafft werden. Über den Modus wurde bereits in Vorgesprächen Übereinstimmung erzielt.« Die Sprache der Komplizen.

Zurück zum März 1979. In der Bundesrepublik verstärkt sich inzwischen der Verdacht, daß die Israelis hinter der Affäre Chambers stecken und daß sie mit viel Mühe eine falsche Spur gelegt haben, »um uns vor der PLO etwas ans Bein zu binden«, wie es ein Ermittler salopp ausdrückt. BKA-Präsident Dr. Horst Herold will es genau wissen und bittet den damaligen Innenminister Gerhart Baum um den Ermittlungsauftrag. Er beruft sich dabei auf Paragraph 6 Absatz 2 Strafgesetzbuch: »Das deutsche Strafrecht gilt weiter, unabhängig vom Recht des Tatorts, für folgende Taten, die im Ausland begangen werden: . . . Kernenergie-, Sprengstoff- und Strahlungsverbrechen . . .« Hinzu kommt natürlich noch der Verdacht auf Tatvorbereitung in der Bundesrepublik Deutschland.

Nachdem es sich bei Erika Chambers um keine eifersüchtige Geliebte und Affekttäterin handelt, sondern um den langen Arm Israels, ist die Chance, ihrer habhaft zu werden, gleich Null. Erschwerend hinzu kommt das Sonderverhältnis zwischen Deutschen und Israelis, das jedes unbequeme Verlangen von deutscher Seite sofort mit dem aufgefrischten Holocaust-Vorwurf beantwortet. Einen dritten Grund für das Scheitern der Ermittlungen in Sachen Chambers liefert die PLO selbst – in Form ihrer vierzehn

Krieger, die sie unmittelbar nach den Friedensgesprächen mit dem BKA gegen Deutschland ins Feld schickt.

Während die Kölner Staatsanwaltschaft wegen des »Verdachts der Beteiligung an einem Sprengstoffverbrechen« (Aktenzeichen 121 Js 32/79) gegen die Mossad-Agentin fleißig Nachforschungen anstellt, treffen Abu Tayeb und fünf weitere Palästinenser um den 20. April 1979 in Ostberlin ein. In ihrem Gepäck befindet sich ein Koffer voller arabischer Süßigkeiten. In zwei mit Pistazien verzierten Broten werden 11,81 Kilogramm Sprengstoff – ein Nitroglyzerin-Nitrozellulose-Gemisch – transportiert. Die Terroristen schaffen das gefährliche Material gleich in den Westteil der Stadt. Dort werden sie kontrolliert. Obwohl der Berliner Staatsschutz vorgewarnt ist, findet er den Sprengstoff erst beim zweiten Anlauf, in einem Schließfach am Bahnhof Zoo.

Am 24. April folgt die Berliner Polizei vier der Täter zu einem Treibstofflager in Steglitz und nimmt sie dort fest. Für drei weitere Palästinenser schnappt die Falle zu am frühen Morgen des 26. April in Moabit, Rostocker Straße, an einer Ampel mit Rotlicht: Nach tagelanger Observation umstellen Kriminalbeamte den roten Mercedes 200 D, in dem der Rest von Abu Tayebs Truppe sitzt. Ihr Ziel war es gewesen, das Heizöllager der Firma Mabanaft in Berlin-Lankwitz in die Luft zu jagen und ein El-Al-Flugzeug in Frankfurt anzugreifen. Aus sichergestellten Unterlagen entnehmen die Ermittler, daß die Terroristen auch einen Anschlag gegen den Vorsitzenden der jüdischen Gemeinde, Heinz Galinski, planten.

Das Berliner Kommando besteht aus acht Mann. Zwei von ihnen leben bereits seit Jahren in der geteilten Stadt. Es handelt sich um den 27jährigen Kindergärtner Hassan el-Harti und um einen Palästinenser mit dem angeheirateten deutschen Namen Haase, Vorname Ibrahim. Nur Anführer Abu Tayeb, der sich, unter dem Schutz der Staatssicherheit, meistens im Osten aufhält, entkommt der Festnahmeaktion. Beim Berliner Verfassungsschutz befindet sich ein Foto, das den Salameh-Nachfolger vor Ort zeigt. Während der Observation der Terrorgruppe wird es aus großer Entfernung – über die Berliner Mauer hinweg – aufgenommen.

Die Berliner Gruppe flog durch Hassan al-Harti auf. PLO-Vertreter Abdallah Frangi: »Dieser Mann war ein jüdischer Libanese und israelischer Agent. Er sollte mich bereits 1978 während einer Versammlung in Berlin erschießen. Unsere Leute haben ihn damals entwaffnet.« Die Rolle des wuschelköpfigen El-Harti wurde deutlich, als er am 10. Mai 1979, während der Verhandlung gegen das Kommando der *Fatah*, seine Mitangeklagten belastete, Haftverschonung und seinen Paß erhielt, um dann – trotz offizieller Meldepflicht – spurlos aus Berlin zu verschwinden. Aus den Berliner Akten geht eindeutig hervor: El-Harti ist in Beirut schon einmal verurteilt worden – als israelischer Spion. Seine Mutter und seine Brüder, so sagt er aus, seien israelische Staatsbürger.

In der Wochenzeitung *Die Zeit* ist ein halbes Jahr später mit ironischem Unterton zu lesen: »Manches weist darauf hin, daß der voll geständige Terrorist Hassan el-Harti vor seinem Berliner Auftritt im April auf der Ersatzbank der überaus effizienten Mossad-Mannschaft gesessen hat. El-Harti, ein genialer V-Mann der Israelis, der die Bundesrepublik vor großem Schaden bewahrte, oder ein ebenso genialer *agent provocateur* aus Tel Aviv, der nur durch Pech ins Abseits lief?« In beidem steckt die Wahrheit, da den Israelis nichts gelegener kommt, als die sich anbahnende Scheinharmonie zwischen Deutschen und Palästinensern und die geheime Fahndungsgemeinschaft gegen Erika Chambers zu stören.

Übrigens fand sich 1991 ein Stasi-Papier, das die Vorgänge der damaligen Zeit aus östlicher Sicht beschreibt. Die Operativ-Information der Abteilung XXII vom 21. Mai 1979 (»Streng geheim!«) stellt fest, daß Arafats Mann in Bonn, Abdallah Frangi, über die bevorstehenden Anschläge frühzeitig Bescheid wußte. Ausdrücklich wird die Rolle von Abu Tayeb herausgestellt, sein Aufenthalt in Westberlin erwähnt.

Wörtlich schreibt das Ministerium für Staatssicherheit: »Vor Realisierung des geplanten Sprengstoffanschlages wurde der Vorsitzende des Exekutivkomitees der PLO, Jassir Arafat, durch den Vertreter der PLO in der BRD, Abdallah Frangi, davon in Kenntnis gesetzt. Noch vor der Festnahme der sieben mit der Realisierung des Anschlages betrauten Palästinenser erhielt Frangi die Antwort von Arafat, der folgendes mitteilte: Das 17. Büro plante die Aktion ohne Wissen der *Al Fatah*, sofortige Rückkehr des Abu Tayeb nach Beirut zur Abgabe eines detaillierten Berichtes über seine Handlungen, Verurteilung aller Terrorhandlungen in Berlin/West.«

Auch die zweite Gruppe wird durch einen Tip vom Mossad vorab enttarnt. Hier handelt es sich um sechs Mann, die unter dem Befehl von Abu Walid al-Iraki stehen, dem Leiter der Paßabteilung der *Fatah*, einem Aufsteiger. Der begabte Fälscher erhält seinen Auftrag direkt von Abu Ijad. Er und seine Komplizen verlassen Beirut mit zwanzig Pässen und Führerscheinen der Nationalitäten Iran, Frankreich und Zypern. Interessanterweise gehört einer der Pässe zur selben Serie wie das von der Lufthansa-Entführerin Soraya Ansari bei der Mogadischu-Operation benutzte Papier. Ein Indiz, daß die Fatah bei der Entführung der »Landshut« wenigstens logistische Hilfe geleistet hat.

Das Kommando landet in Rom und mietet sich im Hotel »Medici« ein. Dort tauschen die sechs Männer ihre Pässe aus. Abu Walid (Paßname Salim Sejaan) teilt seine Leute auf. Zusammen mit Abu Raad (Mohammed Hamade), Abdul Rahman Pashkar und Riad Khalig fährt er nach Wien. Dort übernehmen sie fünfzig Kilogramm Sprengstoff. Mit vierzig Kilogramm und acht Zeitschaltuhren starten Sejaan und Hamade in Richtung Deutschland. Pashkar und Khalig bleiben in der österreichischen Hauptstadt und warten dort mit den restlichen zehn Kilogramm als strategische Reserve die weitere Entwicklung ab. Der fünfte und sechste Mann, Mohammed Yussif und Ismail Al-Baba, fliegen ohne Waffen und Sprengstoff von Rom nach Amsterdam. Als die sechs Palästinenser Rom verlassen, weiß der Mossad schon Bescheid, und Stunden später auch der Bundesnachrichtendienst.

Abu Walid und Abu Raad erreichen am 26. April die bayerische Grenze am Übergang Passau-Achleiten. Sie werden bereits erwartet. Eine erste gezielte Durchsuchung ihres Wagens endet ergebnislos. Schließlich entdeckt die Polizei vierzig Kilogramm Sprengstoff und elf Pässe. Die Ausweise befinden sich im Inneren eines Radios. Trotz der Freude über den Erfolg sind die deutschen Sicherheitsbehörden beunruhigt. Es fehlen schließlich zehn Kilogramm Sprengstoff. Zu jenem Zeitpunkt weiß niemand, daß das gefährliche Material noch in Wien aufbewahrt wird. Da alle Pässe der Gruppenmitglieder vorliegen, können die anderen Palästinenser zur Festnahme ausgeschrieben werden. Am 29. April geht das Duo Yussif/Al-Baba an der niederländisch-deutschen Grenze ins Netz der Polizei. Die beiden werden am Übergang Elten festgenommen.

Inzwischen bezieht auch Abu Daud, einer der wichtigsten Akteure beim Olympia-Anschlag des »Schwarzen September«, in Ostberlin Stellung. Der Freund des toten Abu Hassan trifft am 27. April ein und bleibt bis zum 1. Mai. Die Abteilung XXII der Staatssicherheit identifiziert ihn trotz des falschen Namens Mansour el-Quakili. In einer Operativinformation vermerken die Terrorexperten des Arbeiter- und Bauernstaates, daß Abu Daud seinerzeit »aktiv an der Planung und Vorbereitung von Terroraktionen in der BRD mitwirkte. Unter anderem betrifft das die Organisierung der geplanten Terroraktion in Hamburg, in deren Vorbereitung im April 1979 vier Palästinenser von Polizeiorganen der BRD festgenommen wurden.«.

Und wieder taucht ein vertrauter Name auf: »Auch der letzte Aufenthalt des Abu Daud in der DDR diente offenbar der Planung neuer Terroraktionen. Er arbeitete dabei eng mit Amin el-Hindi ... zusammen.« Wenige Wochen zuvor hatte dieser PLO-Vertreter noch mit den Gästen aus dem Bundeskriminalamt verhandelt. Nun kam er zusammen mit dem weltweit gesuchten Terroristen Abu Daud in die DDR. Er bediente sich dabei eines falschen marokkanischen Reisepasses und nannte sich Mohamed Ghallab.

Als bekannt wird, was den vier Kampfgefährten zugestoßen ist, gerät das Wiener Duo in Aufregung. Pashkar und Khalig rufen bei Abu Ijad in Beirut an und fragen nach, was sie nun mit sich und den restlichen zehn Kilo Sprengstoff anfangen sollen. Ein mißgestimmter Abu Ijad befiehlt den geordneten Rückzug. Seine Leute deponieren das explosive Material in der PLO-Vertretung, holen sich zwei neue Pässe ab und kehren nach Beirut zurück.

Abu Walid und seine drei Komplizen werden in der Bundesrepublik – so gut es sprachlich geht – vernommen. Sie behaupten bis zum Schluß, daß sie kein deutsches Objekt in die Luft jagen wollten. Es sei um ein israelisches Schiff im Hamburger Hafen gegangen. Beim Bundeskriminalamt ist man jedoch davon überzeugt, daß die Palästinenser den Tod von Ali Hassan Salameh durch einen Anschlag auf die Raffinerie von Ingolstadt und ein Tanklager in Hamburg rächen wollten. Die Terroristen werden solide untergebracht – Abu Walid und Abu Raad im Hochsicherheitstrakt von Straubing, die beiden anderen in München-Stadelheim. Später werden zwei von ihnen nach Amberg bzw. Landsberg verlegt. In einem Brief an seine Frau lobt Kommandochef Abu Walid den gefürchteten Straubinger Knast: Die Zelle, in der er lebe, erinnere ihn an jenes kleine Hotel, das sie während ihrer Hochzeitsreise beherbergt habe.

Nun tauchen die ersten technischen Probleme auf. Die deutschen Sicherheitsbehörden haben zu jener Zeit keine Dolmetscher und keine Ermittler, die sich im nahöstlichen Dschungel auskennen. In dieser Hinsicht hat man aus den Münchner Erfahrungen nichts dazugelernt. Es wurde zwar die Anti-Terror-Truppe GSG-9 gegründet, um im Bedarfsfall – siehe Mogadischu – ordentlich eingreifen zu können, an findigen Fahndern mangelte es aber. Die PLO wurde über einen Kamm geschoren, und niemand war in der Lage, zwischen Arafats *Fatah* und der PFLP-GC des Ahmed Jibril zu unterscheiden beziehungsweise die Volksfront des Kinderarztes Dr. George Habasch realistisch einzuordnen. Da half auch nicht weiter, daß der BND Mitte 1978 seine eigene Antiterrorabteilung formiert hatte. Erst das Jahr 1979 sollte die Wende beim logistischen Umgang der Deutschen mit der nahöstlichen Terrorszene bringen.

Also lassen BND und Landeskriminalamt Bayern (LKA) den Mossad ran. Ein gewaltiger Skandal nimmt seinen Lauf. Arabisch sprechende israelische Agenten dürfen die Fatah-Leute in den Gefängnissen und im LKA besuchen und mit der ihnen eigenen Unerbittlichkeit ausfragen. Die Terroristen fühlen sich, so die Zeit, »als befänden sie sich in israelischer, nicht in deutscher Gefangenschaft«. Die Amtshilfe durch »einen israelischen Fachmann« (BND-Chef Klaus Kinkel) sieht so aus: Der Mossad verhört, fertigt Protokolle an und teilt den überforderten Beamten des LKA mit, was er, der Geheimdienst Israels, für wichtig hält.

In der *Zeit* heißt es dazu weiter: »Kein Beamter des Münchner Landeskriminalamtes weiß darum heute, ob die ›israelischen‹ Protokolle der Mossad-Helfer die Gespräche mit den Terroristen exakt wiedergeben – oder nicht.« Ihr Dienstherr, Innenminister Gerold Tandler, verharmlosend: »Unsere Leute sind in den Sprachen des Vorderen Orients nicht so bewandert.« Etwas kam wohl bei den arabisch-israelischen Meetings heraus, denn Abu Walid fängt im Mai 1979 an, vorsichtig auszupacken. Abu Raad wiederum stellt sich vor seinen Chef und behauptet, der Sprengstoff gehöre ihm alleine.

Beim Prozeß in Straubing läßt sich mit den bizarren öffentlichen Aussagen wenig anfangen. Einer der vier Terroristen erzählt, er habe seinen Freund zufällig in Rom getroffen und sei mit ihm weitergefahren. Der andere, inzwischen französischer Staatsangehöriger, gibt an, auf einer Geschäftsreise gewesen zu sein. Von dem Sprengstoff habe er nie gewußt. Der dritte versichert, er habe nur ein Auto kaufen und nach Beirut bringen wollen. Nur einer von ihnen bezeichnet sich als palästinensischer Freiheitskämpfer. Eine Weigerung, die Befehle seiner Organisation auszuführen, würde ihn in Lebensgefahr bringen.

Das Urteil des Landgerichts Passau wird am 20. Juli 1979 verkündet. Abu Walid und Abu Raad sollen wegen ihres Sprengstoffvergehens zweieinhalb Jahre in einem deutschen Gefängnis verbringen, die beiden anderen wegen eines Paßdelikts lediglich vier Monate absitzen. Das ist mit der Untersuchungshaft schon beinahe abgegolten.

Bei der *Fatah* in Beirut wird inzwischen intensiv nachgedacht, durch welches Druckmittel die deutsche Regierung zur Freilassung der Gefangenen zu bewegen wäre. Von Erika Chambers spricht im Moment niemand mehr. Außerdem wagt es keiner zu sagen, was alle denken: Die geplatzten Kommandounternehmen haben die Bereitschaft der Deutschen, Erika Chambers zu suchen, auf ein Minimum reduziert. Wieder einmal ein Eigentor für die PLO.

In dieser Phase beschließen Freunde von Abu Walid und Abu Raad, eine Maschine der KLM auf der Strecke von Beirut nach Amsterdam zu entführen. Zusätzlich wollen sie einen KLM-Manager als Geisel nehmen. Die Aktion wird kurzfristig wieder abgesagt, weil sie den KLM-Vertreter mit Leuten von der libanesischen Sicherheit sehen. Die *Fatah* will, zusätzlich zu ihren deutschen Problemen, nicht auch noch einen zeitgleichen Konflikt mit den Libanesen.

Also wendet man sich wieder den Deutschen zu. Am 17. August, morgens um neun Uhr, explodiert eine Bombe an der bundesrepublikanischen Botschaft in Beirut. Am 20. August werden Mohammed Yussif und Ismail Al-Baba aus bayerischer Haft nach Beirut abgeschoben. Abu el-Hol und andere aus der *Fatah*-Führung erinnern das BKA an die freundlichen Gespräche vom März und bieten Wachposten für die Botschaft an. Am 24. August geht die nächste Bombe hoch. Zwei weitere Sprengkörper explodieren am 25. August und am 4. September, diesmal vor dem Büro der Lufthansa an der Hamra. Eine bislang unbekannte »Organisation der sich rächenden palästinensischen Jugend« übernimmt die Verantwortung und fordert die sofortige Freilassung aller Gesinnungsgenossen aus deutschen Gefängnissen. Später stellt sich heraus: Der PLO-Schutz für die deutschen Einrichtungen war nur ein großer Bluff. Die Beschützer sind mit den Tätern identisch.

Als einer der Häftlinge von Straubing in abgefangenen Briefen und Kassibern seine Freunde auffordert, ihn gewaltsam zu befreien und außerdem im ganzen Bundesgebiet Bomben zu legen, reagiert das BKA und nimmt wieder Kontakt mit Abu el-Hol auf. Er und andere PLO-Vertreter kommen am 17. Oktober nach Wiesbaden und treffen Horst Herold. Zwei Tage später fahren sie nach Straubing. Gegen Ende der Unterredung erzählen die Häftlinge, daß sie von einem groben Verhörexperten, der auch Hebräisch beherrschte und israelische Zigaretten rauchte, in die Mangel genommen worden sind. Daraus wird später übrigens Folter mit Hilfe von Psychopharmaka. Abdallah Frangi gegenüber dem Nachrichtenmagazin *Der Spiegel*: »Wenn die Israelis in der Bundesrepublik agieren, haben auch wir das Recht, deutschen Boden für unsere Aktionen zu nutzen.«

Der PLO ist der Ernst der Lage bewußt. Um noch mehr Schaden zu verhindern und zu vermeiden, daß einer der Häftlinge auspackt, gilt es, ein Opfer zu bringen. Das heißt, der Schwächste, der das wenigste wußte, muß dran glauben. Am Tag nach dem Gespräch von Straubing ist Mohammed Yussif tot. Die PLO spricht von Selbstmord und präsentiert später ein ärztliches Gutachten. Danach hat sich der Mann mit achtzehn Schuß einer Kalaschnikow gerichtet . . .

Im Gespräch mit den deutschen Medien entwickelt Abu Ijad eine abenteuerliche Geschichte, die ihre Wirkung auf die Bundesregierung nicht verfehlt. Besonders ausführlich wird sie in der *Zeit* wiedergegeben . . .

»Erstens: Israelische Mossad-›Dolmetscher‹ hätten Yussif in

Deutschland mit Bildern seiner Angehörigen aus dem Westjordanland dazu erpreßt, Abu Ijad in Beirut zu ermorden; widrigenfalls gehe es seiner Familie im besetzten Gebiet an den Kragen. Dreimal, sagt Abu Ijad, habe sich Yussif in seiner patriotischen Verzweiflung darum im Gefängnis beinahe selbst getötet – ehe er schließlich in den Plan der Israelis einwilligte.

Zweitens: Doch wieder in Beirut, so erzählt Abu Ijad über einen Gewährsmann der *Zeit*, offenbarte sich der gedungene Mörder seinem Opfer. Abu Ijad: ›Ich sagte mir, vielleicht braucht er psychologische Hilfe oder einen Vorwand, um das Gefühl zu haben, daß seine Familie in Sicherheit sei. Ich sagte Yussif: Du kannst mit ein paar Leuten zu meinem Auto gehen und in die Tür schießen. Doch Yussif sagte: Nein, nein, das reicht nicht. Ich war überzeugt, daß dieser Mensch nicht normal ist, daß er spinnt.‹

Drittens: Am 18. Oktober 1979 soll sich Yussif schließlich in Beirut mit einem russischen Sturmgewehr vom Typ Kalaschnikow in einem Anfall von Verzweiflung entleibt haben: merkwürdigerweise in Anwesenheit von sieben palästinensischen ›Freunden‹. Abu Ijad im Nachruf: ›Sein richtiger Name lautete Abdel Hafez Abed.‹ Ein Foto seiner Leiche existiert bisher nicht.«

In einem Kommuniqué der *Fatah* vom 20. Oktober wird behauptet, »deutsche Beamte« und nicht nur Israelis hätten Yussif gefoltert. Der sensible Guerillakämpfer sei nach seiner Rückkehr wegen depressiver Zustände in ein Krankenhaus gebracht worden. Nach einem Besuch von Abu Ijad und seinem Geständnis habe er mit einem Revolver Selbstmord verübt. Da konnte sich die Propagandaabteilung der Palästinenser nicht auf eine für alle gültige Fassung einigen.

Dieses phantastische PLO-Selbstmorddrama hat die Zeiten – im Gegensatz zur PLO – heil überlebt. Sogar der frühere Leiter der Ostberliner »Hauptverwaltung Aufklärung«, der legendäre Spionagechef Markus Wolf, erinnerte sich bei einem Gespräch mit *Newsweek* im November 1991 an den Vorfall: »Da gab es einen Fall in den späten siebziger Jahren, wo der Bundesnachrichtendienst dem Mossad half, in Westdeutschland inhaftierte Palästinenser zu kontaktieren. Sie sollten zu Mordversuchen gegen führende PLO-Politiker oder Sicherheitsleute verwendet werden. Es wurde damals bekannt, daß ein solcher Versuch gegen den Sicherheitschef der PLO, der unter dem Namen Abu Ijad bekannt war, unternommen wurde; er war unser Partner in Berlin.«

Es ist wesentlich wahrscheinlicher, daß die PLO Mohammed Yussif hingerichtet hat, um Bonn in Zugzwang zu bringen. Die Bundesrepublik sollte sich bedroht fühlen und – wegen des toten Palästinensers – Angst vor einem international negativen Image bekommen. Die Rechnung ging auf. Die beiden wichtigsten Terroristen, Abu Walid und Abu Raad saßen am 18. November 1979 zusammen mit Abdallah Frangi und drei Beamten des BKA in einer Maschine, die von München nach Damaskus gestartet war. Die anderen Fluggäste trauten ihren Augen nicht, als sich die Lufthansastewards von den Palästinensern Autogramme geben ließen. In Damaskus wurden die verhinderten Bombenleger von ihren Leuten schon am Rollfeld abgeholt und in Sicherheit gebracht.

Die Berliner Täter mußten sich seit dem 10. November vor der 20. Großen Strafkammer in Moabit verantworten. Ihre Beweisaufnahme dauerte beinahe sechs Monate. Am 24. April 1980 wurde das Urteil verkündet: Freiheitsstrafen zwischen zweieinhalb und dreieinhalb Jahren. Die vorsitzende Richterin kam zu dem erstaunlichen Schluß, »daß der Anschlag von den Angeklagten in eigener Regie unabhängig von der PLO geplant worden sei«. Sie warf ihnen »falsch verstandenes Nationalgefühl« vor. Im November 1980 wurden die ersten beiden Fedajin in den Libanon abgeschoben. Gerechtigkeit auf deutsch.

Nun war man bereits mitten in einer Phase, die etwa fünfzehn Monate dauerte und von Horst Herold sehr undurchschaubar als »ideologie-unabhängige Initiative gegen den Terrorismus« umschrieben wurde. Das ging so: Das BKA wollte an RAF-Aktivisten herankommen, die es irgendwo im Nahen Osten vermutete. Konkret war immer wieder die Rede von dem aus Jugoslawien abgeschobenen Quartett Brigitte Mohnhaupt, Rolf Clemens Wagner, Sieglinde Hofmann und Peter Boock. Die PLO wollte ihre eigenen Leute zurückhaben. Die beiden ersten waren Abu Walid und Abu Raad. Außerdem ließ sich die PLO technische Ausrüstung schicken, Spesen bezahlen, Geschenke überreichen.

Parallel dazu liefen ähnliche Kontakte mit Khadafis Libyen. Von dort kamen eine Zeitlang sehr brauchbare Hinweise. Horst Herold erinnert sich, daß auch die Libyer vorab über die geplanten Kommandoaktionen der PLO vom April 1979 Bescheid wußten – und das Bundeskriminalamt warnten.

Das BKA beteiligte sich einige Jahre lang an diesem orientalischen Reigen. Als man in Wiesbaden schließlich merkte, daß man nur über den Tisch gezogen wurde, kündigte die deutsche Seite die sogenannte Sicherheitskooperation auf.

Abdallah Frangi im Rückblick: »Bei der Beziehung zwischen der PLO und dem BKA galt der Grundsatz: Keine Aktion auf deutschem Boden. Es hat funktioniert. Viele Aktionen fanden dadurch überhaupt nicht statt. Der Kontakt war schwierig, da beide Seiten die Öffentlichkeit gescheut haben.« Das Urteil der Gegenseite ist vernichtend und zugleich selbstkritisch. Originalton Bundeskriminalamt: »Bei unserer Zusammenarbeit mit der PLO kam nichts raus. Es war ein teures Geschäft, und zugleich das schlechteste, das wir je gemacht haben.«

Kapitel 13

Die Tote von Larnaka

Abu Obaidah traut seinen Augen nicht. Er kennt diese mittelgroße Frau mit dem etwas zerzausten Pagenschnitt. Sie trägt ein Strandkleid und ist im Gesicht von der Sonne verbrannt. Sofort laufen die Bilder der Vergangenheit in seinem Gehirn ab. In den späten 70er Jahren hat er für den unvergeßlichen Ali Hassan Salameh gearbeitet, den großen Märtyrer der gerechten palästinensischen Sache. Er mußte unbedingt in seiner Umgebung leben, so verehrt hat er ihn. Schon damals fiel ihm diese Frau auf.

Von seiner Wohnung aus konnte er jeden Tag sehen, »wie sie sich demonstrativ einfältig und merkwürdig verhielt und den Spott der Anwohner erregte, wenn sie Katzen und Hunden nachlief, um sie zu füttern«. Sie war es dann, die ihn, Abu Hassan, auf so grausame und hinterlistige Weise ermordete. Dafür soll sie auf ewig in der Hölle schmoren. Es ist September, und es ist das Jahr 1985. Der Ort des Geschehens: Larnaka auf Zypern, ein Bindeglied zwischen dem gewalttätigen, archaischen Orient und dem so kultivierten Europa. Abu Obaidah informiert »Force 17«, Abu Tayebs Elitetruppe, die seit mehr als sechs Jahren vergeblich nach Erika Chambers sucht.

Viel ist in diesen dramatischen Jahren passiert, das meiste zuungunsten der PLO. 1980 marschiert die israelische Kriegsmaschine fünfmal in den Südlibanon ein, um palästinensische Stützpunkte zu zerschlagen, von denen aus der Judenstaat wiederholt angegriffen worden ist. Als Arafats Freischärler auch 1981 zahlreiche Raketen auf Orte im Norden Israels abfeuern, greifen die Israelis noch einmal durch. Die Luftwaffe fliegt Einsätze gegen Beirut – Hauptziel ist das PLO-Zentrum Fakhani –, Damur und Nabatiyeh. 503 Menschen kommen dabei ums Leben, Palästinenser und Libanesen.

Im April 1982 wird in Paris ein israelischer Diplomat von libanesischen Terroristen ermordet. Der damalige Außenminister Jitzhak Schamir bei der Beerdigung: »Wir werden die Terrororganisationen zerschmettern, ihre Köpfe, ihre Führer, ihre Hauptquartiere und ihre Stützpunkte – wo immer wir sie finden.« Im Juni greift ein Kommando des Fatah-Dissidenten Abu Nidal – er hat inzwischen von Carlos die Krone des bösartigsten Terroristen der Welt übernommen – den israelischen Botschafter in London, Schlomo Argov, an und verletzt ihn lebensgefährlich. Premier Menachem Begin und sein Kriegsminister Ariel Scharon geben den Startschuß für einen weiteren arabisch-israelischen Krieg, dem zu Unrecht »Frieden für Galiläa« getauften Libanon-Feldzug.

Am 4. Juni erklärt Scharon: »Wir planen nicht, Beirut zu erobern, sondern wir wollen die Raketen und die Artillerie der PLO zurückdrängen, damit sie unsere Siedlungen nicht mehr erreichen können. Wir reden über eine Reichweite von vierzig Kilometern. Das hat das Kabinett gebilligt.« Schon am vierten Kriegstag stehen die Israelis am südlichen Ende des Beiruter Flughafens. Am sechsten Tag sind die Kampfflugzeuge und die meisten Raketenstellungen der Syrer zerstört. Westbeirut wird eingeschlossen und von vierzehn israelischen Artilleriebataillonen wochenlang bombardiert. 8000 Fedajin und ihre libanesischen Verbündeten verteidigen sich 69 Tage lang, so gut es geht. Im August und nach etwa 20 000 Toten – die absolute Mehrheit von ihnen Zivilisten – zieht die PLO »in Ehre und Würde« aus dem Libanon ab.

Nach zwölf Tagen haben alle Kämpfer die Stadt Beirut und den Libanon verlassen. Sie finden Zuflucht in den entlegensten Winkeln der arabischen Welt. Wieder einmal richten sie sich in neuen Lagern ein. Ihre Führung läßt sich in Tunis nieder. Das Warten auf eine Lösung geht weiter. In Beirut leben noch 300 000 Familienangehörige. Mehr als tausend von ihnen werden im September 1982 in den Lagern Sabra und Schatila von christlichen Milizionären unter den gleichgültigen Augen der Israelis abgeschlachtet. Das verstärkt natürlich den Drang der palästinensischen Kämpfer, in den Zedernstaat zurückzukehren. 1983 kommen sie einzeln und in kleinen Gruppen auf dem Seeweg. In der Folgezeit spalten interne Konflikte die *Fatah*. Schließlich entsteht hinter Oberst Abu Musa eine von Syrien unterstützte Gegen-*Fatah*.

Der Zwist geht so weit, daß sich die verfeindeten Parteien Ende 1983 auf dem Schlachtfeld treffen. Unterstützt von den syrischen Freunden, gelingt es Arafats Feinden in der PLO, den Vorsitzenden und seine 4000 treuesten Anhänger im nordlibanesischen Tripoli einzukesseln und sechs Wochen lang zu belagern. Dann muß der Mann mit dem weltberühmten Kopftuch seine Stellungen räumen und den Libanon wieder, diesmal auf Dauer, verlassen. Syrien ist ihm verschlossen. Also startet er erneut diplomatische Manöver mit seinem einzig möglichen Partner, mit Hussein von Jordanien. Arafats Krieger sickern derweil, ab 1984, wieder in den Libanon ein, um sich vor allem in den Lagern zu verschanzen. Das gefällt den Israelis gar nicht. Deshalb beginnen sie mit der Kontrolle der Schiffahrt zwischen Zypern, der geteilten Insel, und dem Festland.

Es gelingt ihnen immer wieder, Fähren gezielt anzuhalten und darauf Fedajin zu entdecken. Gleichzeitig wehren sie auch Angriffe im frühestmöglichen Stadium ab. Am 22. April 1985 versenkt die israelische Marine ein Handelsschiff, das 29 Palästinenser zur israelischen Küste bringen sollte – 21 von ihnen werden bei dem Schußwechsel auf hoher See getötet, die anderen acht gefangengenommen. Sie gestehen, daß ein Kommando von zwanzig Mann einen Bus der Armee überfallen und seine Fahrgäste gegen 150 in Israel einsitzende Palästinenser austauschen sollte.

Am 24. August durchsucht die israelische Marine eine aus Zypern kommende Yacht namens »Kasil Radis«. Das Boot gehört einem Amerikaner und einem Australier und wurde von »Force 17« für die Passage nach Sidon gechartert. Am 1. September stoppen die Israelis auf derselben Strecke eine britisch-griechische Jacht, die »Ganda«. An Bord befinden sich siebzehn Mitglieder der »Force 17«, unter ihnen Faisal Abu Shar, der Stellvertreter von Abu Tayeb. In den israelischen Medien wird später vermerkt, daß der Trupp einen Terroreinsatz plante.

Diese zahlreichen Erfolge der Israelis nähren das Mißtrauen der Strategen im tunesischen Hauptquartier der PLO. Sie sind davon überzeugt, daß sie es mit Verrätern aus den eigenen Reihen zu tun haben. Die Suche beginnt und konzentriert sich besonders intensiv auf Zypern. So kommt es, daß Abu Obaidah das ihm bekannte Gesicht von Erika Chambers entdeckt.

Abu Tayeb kann es gar nicht fassen, als er die Meldung vom Auftauchen der langgesuchten Mossad-Agentin erhält. Es überkommt ihn das aus Lillehammer bestens bekannte Harari-Syndrom. Das heißt, er läßt die Identität der Dame nicht weiter prüfen, sondern gibt sofort den Befehl zum Einsatz. An drei unterschiedlichen Tagen schickt er die Mitglieder eines Killerkommandos von Athen nach Larnaka. Es handelt sich um einen 28jährigen, in Syrien geborenen Palästinenser namens Khaled Abdel Kader el-Khatib, den 29jährigen Abdel Hakim el-Khalifa und einen von Abu Tayebs europäischen Söldnern, deren Anwerbung er seit einiger Zeit betreibt: den englischen Skinhead Ian Michael Davison, 28 Jahre alt.

Davison hat sich der PLO nach dem Massaker von Sabra und Schatila angeschlossen. Der blonde Ex-Zimmermann und militante Fußball-Hooligan wollte den wahren Sinn des Lebens im Kampf gegen die Juden finden. Seine erste und vielleicht auch letzte Chance bekommt er dazu am 25. September 1985, einem Mittwoch. Es ist Yom Kippur, der höchste jüdische Feiertag.

In den frühen Morgenstunden, noch vor Sonnenaufgang, trifft das mit einer Kalaschnikow, Pistolen und Handgranaten bewaffnete Trio am Yachthafen von Larnaka ein. Seine Information lautet, daß sich Erika Chambers und zwei Männer, vermutlich Israelis, auf einem Dreizehn-Meter-Boot namens »First« befinden. Schon beim Erstürmen des Segelschiffes erschießen sie die Frau und lassen ihre Leiche über die Reling hängen. Der Körper kann dort neuneinhalb Stunden lang nicht entfernt werden – so lange dauert die Geiselnahme der beiden Männer. Das Terrortrio verlangt die Freilassung von zwanzig palästinensischen Fahrgästen der beiden gekaperten Yachten »Ganda« und »Kasil Radis«

Der Hafenbereich ist hermetisch abgeriegelt, als die Verhandlungen mit den Terroristen laufen. Sie fordern ein Treffen mit den Botschaftern von Frankreich und Ägypten sowie einem Vertreter des Roten Kreuzes. Außerdem soll für sie ein Flugzeug startklar bereitstehen. Der ägyptische Botschafter kommt und spricht mit den Mördern. Danach erklärt er, sie würden keiner bestimmten Organisation angehören. Als nächste Besucher erscheinen zwei Vertreter des lokalen PLO-Büros. Sie behaupten später, ihre Organisation habe nichts mit den drei Männern zu tun gehabt. »Wir verurteilen terroristische Aktionen auf zypriotischem Boden.« Die übliche Vernebelungstaktik, sobald eine Operation anders läuft als geplant. Auch der zypriotische Innenminister schaltet sich in das Tauziehen um das Leben der beiden Israelis ein.

Plötzlich und völlig überraschend, es ist gegen 14 Uhr, kommen Abu Tayebs Männer an Deck und legen ihre Waffen ab. Sie werden sofort festgenommen und von der zypriotischen Polizei weggebracht. Auf die Frage einer Journalistin nach den beiden Geiseln antwortet einer der Terroristen: »Sie befinden sich im Himmel!« Unter Deck finden sich die Leichen der Segler. Sie waren mit Pistole und Schalldämpfer aus nächster Nähe hingerichtet worden. Ian Davison bei seiner ersten Vernehmung: »Wir vereinbarten schon vor Beginn der Aktion, daß wir nur bis vierzehn Uhr verhandeln würden. Wenn man unseren Forderungen nicht entspräche, dann würden wir die Geiseln töten und uns selbst stellen. Ich habe den Mann auf der linken Seite mit zwei Kugeln durch den Hinterkopf getötet. Dann habe ich die Pistole weitergereicht, so daß jeder von uns getötet hat und wir dieselbe Strafe bekommen werden.«

Am nächsten Tag – israelische Behörden sind wieder arbeitsfähig – wird die Identität der Opfer klar. Bei der Frau handelte es sich um Esther Paltzur, geboren am 2. September 1935 in Haifa. Einer der Begleiter hieß Reuven und war ihr 53 Jahre alter Ehemann, der andere Avraham Avneri. Der 55jährige stammte aus Arad. Sie mußten sterben, weil Esther Paltzur mit Erika Chambers verwechselt worden war. Die israelische Regierung bestreitet bis heute, daß die drei Toten von Larnaka in irgendeiner Weise zum Mossad gehörten.

Dem widerspricht unter anderem ein Papier aus der Bezirksverwaltung für Staatssicherheit Berlin. Die Abteilung II der Stasi kam in ihrer Operativinformation Nummer 733/85 vom 15. Oktober zu dem Schluß, daß »der Generaldirektor des israelischen Geheimdienstes Mossad, seine Frau und ein Geheimdienstmitarbeiter der Abteilung Europa« in Larnaka zu Tode gekommen waren. Die beiden Organisatoren des Anschlags, so das erstaunliche Stasidokument weiter, seien inzwischen in Ostberlin untergetaucht. Sie werden als Gebrüder Mahmud und Hamad Shatta benannt. Die Ankunft weiterer PLO-Aktivisten wird avisiert. Zitat: »Die vier Palästinenser sollen dann sofort über die Hauptstadt nach Westberlin gebracht werden.« Die Komplizenschaft zwischen dem SED-Regime und nahöstlichen Killerkommandos funktionierte immer bestens.

Zwei Tage nach den Morden von Larnaka wird in der zypriotischen Hafenstadt Limassol ein 26jähriger syrischer Seemann namens Mustafa Sabra auf offener Straße erschossen. Der unbekannte Täter entkommt, indem er einen Autofahrer mit vorgehaltener Waffe zwingt, ihn mitzunehmen. Später greifen die Zyprioten einen 27jährigen auf, der sich als marokkanischer Staatsbürger zu erkennen gibt. Er gesteht, Mustafa Sabra getötet zu haben. »Als ich ihn am ›Continental Hotel‹ traf, sagte ich, das ist die Strafe meines Volkes, und schoß ihm drei Kugeln in den Kopf.« Auch dieser Mörder war aus Athen angereist.

Die etwas seltsame Tat wird erst klar, wenn man die Ausgabe Nummer 68 des kuwaitischen *Fatah*-Organs *Al-Sakhrah* vom 17. Dezember 1985 gelesen hat. Darin behauptet PLO-Spitzel Abu Obaidah, er habe zuerst Mustafa Sabra kennengelernt. Der Syrer habe mit dem Mossad zusammengearbeitet und ihm angeboten, die Yacht »First« für einen Transport von Fedajin in den Libanon zu besorgen. Zusammen sei man zu den Israelis gegangen. Dort sei er, Abu Obaidah, heftig erschrocken. In der *Fatah*-Zeitung heißt es wörtlich: »Seit dem Märtyrertod von Kommandant Ali Hassan Salameh und bis er sie an Bord der Yacht sah, hatte Bruder Abu Obaidah die Gesichtszüge dieser Frau nicht vergessen. Sie war es, die vor ihm saß, ganz gewiß. Sie war es, die das Remote-Control-Gerät bediente und das verminte Fahrzeug, das Kommandant Ali Hassan Salameh den Märtyrertod brachte, explodieren ließ.«

Das brachte auch Mustafa Sabra den Tod. Sein Mörder wurde – wie die drei vom Yachthafen – zu lebenslanger Haft verurteilt. Ihr Prozeß begann am 2. Dezember 1985 und dauerte mehrere Tage. Die drei Todesboten bekannten sich schuldig und nutzten die Gelegenheit zu vielen wirren Sprüchen. Ian Davison war besonders redselig. In gebrochenem Arabisch versicherte der Engländer: »Selbst wenn ich zu hundert Jahren Haft verurteilt werde, kümmert es mich nicht, da ich meine Freiheit im Herzen und im Bewußtsein trage . . . Ich bedauere nichts und würde es morgen wieder tun . . . Ich fühle mich sogar glücklich. Es ist meine Pflicht als internationaler Sozialist und als eine Person mit Bewußtsein, die zionistische Bewegung zu bekämpfen, wo immer ich kann.«

Khaled el-Khatib erklärte: »Wir haben die Israelis getötet, weil sie in Zypern einen Spionagering führten und für die Gefangennahme vieler unserer Kameraden wie auch für den Tod vieler Frauen und Kinder verantwortlich waren. Sie haben auch meinen früheren Chef Ali Hassan Salameh getötet. Sie haben alle Mitglieder meiner Familie umgebracht. Ich bin der einzige Überlebende.«

Abdel Hakim el-Khalifa gestand, Esther Paltzur erschossen zu haben: »Wir wissen, daß das Töten einer Frau die Arbeit von Kriminellen ist – und nicht von Revolutionären wie uns. Sie war aber eine Mitarbeiterin des Mossad und hatte einen militärischen Rang.« Dann verabschiedeten sich alle drei mit dem PLO-Slogan »Revolution bis zum Sieg«. Sie sitzen heute noch im Zentralgefängnis von Nikosia ein. Bislang hat niemand den Versuch unternommen, sie freizupressen. Dagegen hat Israel ein Auslieferungsersuchen gestellt. Es wurde von den zypriotischen Behörden abgelehnt.

Kapitel 14
Fünfzehn Minuten über Tunis

»Die Mörder und jene, die sie geschickt haben, werden ihrer gerechten Strafe nicht entgehen. Die Regierung Israels drückt ihre Betroffenheit über den gemeinen Mord an drei israelischen Bürgern am Morgen von Yom Kippur aus.« Die erste offizielle Stellungnahme zum Anschlag von Larnaka geht noch am Abend des 25. September 1985 über die Rundfunk- und Fernsehsender. Den ganzen Tag über hat eine Arbeitsgruppe von Sicherheitsexperten in der Kirya, dem Verteidigungsministerium, getagt. Mittags wird der israelische Botschafter für Zypern, Meir Gavish, der sich anläßlich des hohen Feiertags zu Hause befindet, zusammen mit mehreren Mitarbeitern nach Larnaka geschickt. Da ist es bereits zu spät. Die drei Geiseln, offiziell Touristen, sind tot.

Nun tagen die geheimen Komitees. Die Verantwortung von »Force 17« an dem Blutbad im Hafen von Larnaka wird rasch erkannt. Dazu hätte es nicht zweier Bekenneranrufe beim Jerusalemer Büro der Nachrichtenagentur *Agence France Press* bedurft. Wenn Abu Tayeb hinter den Morden steckt, so werfen die Experten ein, dann muß auch Arafat informiert gewesen sein. Der Friedenskurs der PLO kann also, wie gehabt, nicht ernst gemeint sein. Die aktuellsten Informationen über Abu Tayebs »Prätorianergarde« und sein Hauptquartier in Hammam el-Shat, 35 Kilometer südöstlich von Tunis, treffen in den Büros des neuen Mossad-Direktors Nahum Admoni und seines Kollegen beim Militärgeheimdienst Aman, Shlomo Gazit, ein.

Besonders beeindrucken präzise Luftaufnahmen, die von amerikanischen Spionagesatelliten aufgenommen wurden. Israels Topagent in Washington, Jonathan Pollard, hat sie – »aus Liebe zum Judentum« – gestohlen und an den Technologiegeheimdienst Lakam weitergegeben. Der Fall Pollard sollte einige Wochen später zur größten Belastung des amerikanisch-israelischen Verhältnisses werden.

Das belastet jedoch den Mossad nicht, da er mit der peinlichen Aktion gegen den engsten Verbündeten nichts zu tun hat. Nahum Admoni kann aufatmen und den heftigen Streit als Zuschauer verfolgen. Wer ist Admoni? 1982 durfte er die Nachfolge von General Jitzhak Hofi als Memune antreten. Der Sproß einer polnischen Emigrantenfamilie, 1929 in Jerusalem geboren, könnte von seiner Erscheinung her eher ein Diplomat als ein Militär sein. Admoni war der erste Karriereoffizier des Mossad, der es bis zur Spitze schaffte. Er durchlief die üblichen Haganah-Jahre. Während des Unabhängigkeitskrieges gehörte er dem militärischen Geheimdienst SHAI an. 1949 schied er als Leutnant aus, schrieb sich an der University of California in Berkeley ein und studierte fünf Jahre lang die Feinheiten internationaler Beziehungen.

Dasselbe Fach unterrichtete Nahum Admoni nach seiner Rückkehr in der von den drei Geheimdiensten betriebenen Jerusalemer Schule. Ab 1956 arbeitete er voll für den Mossad. Drei Jahrzehnte lang gehörte er der politischen Abteilung an und war an vielen Außenposten – von Addis Abeba bis Washington – stationiert. Admoni fungierte lange als Verbindungsmann zwischen dem Mossad und der CIA. Er liebte das geheime Spiel mit politischen Kräften und hielt sich von den brutalen Killerkommandos des Kollegen Mike Harari fern. Das war nicht seine Welt. 1976 wurde er zum Stellvertreter von Jitzhak Hofi ernannt. Dieser schlug ihn später auch für seine Nachfolge vor.

Nahum Admonis Amtszeit, die bis 1989 dauerte, war frei von Skandalen – eine erstaunliche Tatsache. Er wurde nicht einmal in den Iran-Contra-Strudel hineingezogen. Der Mossad-Chef war gegen die geplanten Geschäfte mit iranischen Dunkelmännern. Im Frühjahr 1989 übernahm dann sein Stellvertreter das »Institut«. Der Name des »Neuen« – in Wirklichkeit ein alter Profi – wird amtlich geheimgehalten.

Schon nach der ersten Vertreibung der PLO aus Beirut hatte man bei den israelischen Diensten den Vorsatz gefaßt, bei passender Gelegenheit gegen Arafats neues Hauptquartier in Tunis loszuschlagen, um die PLO permanent in der Defensive zu halten. Über die Jahre hinweg wurden also unzählige kleine Einzelheiten über das 2460 Kilometer entfernte Strandhotel »Salwa«, den eigentlichen Verwaltungs- und Wohnkomplex vom Hammam al-Shat und diverse andere PLO-Gebäude in der Hauptstadt Tunis gesammelt. Oft kreiste eine umgebaute Boeing 707 vor der tunesischen Küste. Sie war mit den modernsten elektronischen Abhöranlagen ausgestattet und registrierte jedes Gespräch zwischen dem PLO-Hauptquartier und der Außenwelt. Außerdem warb der Mossad zahlreiche tunesische Späher an, manche von ihnen in hohen Regierungsämtern.

David Halevy schreibt in seinem Buch *Inside the PLO*: »Mitte 1985 funktionierte das israelische Geheimdienstnetz in Tunesien höchst zuverlässig. Israelische Geheimagenten kamen und gingen, wann immer sie wollten. Sie benutzten gestohlene Pässe und tarnten sich häufig als arabische Geschäftsleute oder europäische Touristen. Mitglieder der israelischen Elite-Marine-Einheit Flotilla 13 infiltrierten regelmäßig tunesisches Territorium, legten Karten von Stränden an, inspizierten mögliche Landeplätze und lernten das Land überhaupt kennen. Ein lokales Netz von Helfern wurde eingerichtet, sichere Wohnungen gemietet, Waffen deponiert und ein geheimes Kommunikationssystem installiert. Dabei gab es nie einen Zwischenfall.« Auf dem Höhepunkt der israelischen Unterwanderung erkundeten Leute der streng geheimen Eliteeinheit *Sayeret Matkal* sogar die Häuser der PLO-Führer.

Hammam al-Shat bedeutet Seebad. Das etwas heruntergekommene Dorf an der Küste hat bereits bessere Zeiten gesehen. In der Vergangenheit war es ein Treffpunkt des tunesischen Mittelstandes und der gehobenen Bürokratie. Im September 1982 wurde ein Großteil des Ortes – etwa fünfzig Hektar – der PLO zur Verfügung gestellt und gegenüber unliebsamen Besuchern von allen Seiten abgeriegelt. Der Komplex aus etwa zwanzig sandfarbenen, von Palmen eingerahmten zwei- und dreistöckigen Häusern wird von tunesischen Soldaten und Mitgliedern der »Force 17« bewacht. Was am 1. Oktober 1985 auf sie zukommt, das hat niemand erwartet und kann auch von der völlig überforderten tunesischen Luftverteidigung nicht mehr abgewehrt werden.

Die Entscheidung, Hammam al-Shat als Vergeltung für die Morde von Larnaka zu bombardieren, fiel angeblich schon am Abend des 25. September. Das innere Kabinett des Premierministers Shimon Peres und der Generalstab beschließen darüber.

Am frühen Morgen des 1. Oktober starten zunächst vollbeladene Tankflugzeuge. Die von Israel eingesetzten acht Jagdbomber des Typs F-16 verfügen nämlich nur über eine Reichweite von 1900 Kilometern. Also müssen die Kampfflugzeuge sowohl auf dem Hin- als auch auf dem Rückweg in der Luft betankt werden. Morgens zwischen acht und neun Uhr heben die F-16 zu Israels längster offensiver Operation seit Entebbe ab. Alle sechzig Minuten werden die Kerosintanks der mit Raketen und 500-Kilogramm-Bomben schwerbeladenen glänzenden Vögel nachgefüllt. Gegen elf Uhr erreichen sie die tunesische Küste.

Nun taucht das zweite Problem auf. In der Nähe der PLO-Einrichtungen befinden sich auch Häuser, in denen tunesische Zivilisten leben, und eine Internatsschule. Die acht »Fighting Falcons«, so der Name, den der Rüstungsproduzent General Dynamics seinen zehn Millionen Dollar teuren Verkaufsschlager gegeben hat, klinken ihre »intelligente Munition« innerhalb von fünfzehn Minuten aus. Die Raketen und Bomben steuern nur Gebäude an, die mit Lasern markiert wurden. Präzise treffen sie das Hauptquartier von Abu Tayebs »Force 17«-Truppe. Nur das Wachhäuschen bleibt noch stehen. Jassir Arafat entgeht an dieser Stelle um Haaresbreite dem Tod. Exakt sieben Minuten vorher hat er das Gebäude verlassen.

Die Israelis zerbomben auch ein Haus, in dem eine Gruppe von früheren Kommandeuren der syrientreuen PLO-Unterorganisation *As-Saiqa* lebt – sie haben sich 1983 mit Arafat verbündet. Das einstöckige Gebäude mit den Kommunikationsanlagen wird – entgegen späteren Presseberichten – nicht zerstört. Das F-16-Geschwader spart ein weiteres, einstöckiges Haus aus – in ihm sind Arafats persönliches Büro und sein kleines Appartement untergebracht. Die militärische Zentrale der *Fatah* und die Unterkünfte der Kommandoeinheiten versinken dagegen in Schutt und Asche.

Von den anvisierten Gebäuden bleiben nur noch rauchende Trümmer und tiefe Bombentrichter übrig. Darin finden sich später 47 Tote und 56 Verletzte. Unter den Opfern des Luftangriffs sind auch ehemalige Angehörige des »Schwarzen September«, die den Israelis immer wieder entkommen waren. Nach genau einer Viertelstunde drehen die Maschinen – um viele Tonnen leichter – wieder ab und formieren sich zum Rückflug über das Mittelmeer. Auf dem Heimweg beobachtet die israelische Luftwaffe besonders mißtrauisch den libyschen Luftraum. Von dort droht jedoch keine Gefahr, weil die Libyer den Angriff auf Hammam al-Shat anscheinend nicht mitbekommen haben oder noch nicht einordnen können. Die Flugzeuge mit dem Davidstern werden ein drittes Mal aufgetankt und landen am frühen Nachmittag auf ihrer Heimatbasis in Israel.

In den abendlichen Fernsehnachrichten sieht man einen fassungslosen Arafat, der durch die Trümmer seines Hauptquartiers steigt und wütende Erklärungen abgibt: »Israel hat den Friedensprozeß bombardiert!«

Außenminister Jitzhak Schamir wehrt sich gegen die weltweite Verurteilung der israelischen Aktion. »Dafür«, so sagt er in einem Rundfunkinterview, »gibt es keinen politischen Preis zu zahlen.«

Sein Staat habe das Recht, terroristische Organisationen anzugreifen, die Bürger in Israel und im Ausland attackierten. Weitere Stellungnahmen aus Jerusalem bezeichnen die Aktion als Vergeltung »nach einer Serie krimineller Attentate von PLO-Terroristen gegen unschuldige Zivilisten«. Die Segler von Larnaka haben post mortem einen Platz in der Geschichte des Nahen Ostens bekommen.

Kapitel 15
Alte Agenten sterben nie

Als Mike Harari, der Härteste in der alten Garde des Mossad, Ende Januar 1979 seinen Schreibtisch leerte und diesen Platz einem Jüngeren überließ, als er Erinnerungen an die Staatsgeheimnisse dreier Jahrzehnte verstaute, da überkam ihn für einen Moment ein Anfall rarer Sentimentalität. Er hatte alles geschafft und schließlich auch noch den Roten Prinzen ins Grab gebracht. Seine Abteilung hatte weltweit die meisten Schlagzeilen produziert und war doch die geheimste von allen geblieben. Und sie hatten Erfolge gehabt wie kein anderes Referat des Hauses. Naja, Lillehammer, und für einen Moment blickte er angewidert, das hätte nicht passieren dürfen. Doch, wo gehobelt wird . . . Es fiel ihm ungeheuer schwer, nach alldem so einfach zu gehen und dann höchstens mal als Besucher bei den zahlreichen alten Kameraden vorbeizuschauen.

Da israelische Staatsbedienstete ihre Behörde gewöhnlich mit einer Rente verlassen, die zuwenig ist, um das gewohnte Leben weiterzuführen, und zuviel, um rascher zu sterben, mußte auch Mike Harari – trotz überdurchschnittlicher Bezüge während der Agentenjahre — einen neuen Job finden. Außerdem konnte er sich einfach nicht in seinen Sessel setzen und Däumchen drehen.

Mike Harari brauchte Action, und ein Renommee sollte die neue Tätigkeit auch bringen. Im übrigen kam er sich, gerade Anfang Fünfzig, noch viel zu jung vor, um Rosen zu züchten. Seine Frau arbeitete in ihrem gewohnten Beruf, der viel mit Büchern zu tun hat. Ihre Welt war geordnet, während seine vorübergehend in Unordnung geriet. Mike Harari, der Dennis Hopper des Mossad, beschloß schließlich, ein gut dotiertes Angebot anzunehmen. Er wurde Generaldirektor einer Versicherung namens »Menorah«. Das Wort kann für Kerzenleuchter stehen, aber auch für Leuchtturm.

Genau ein Jahr später dämmerte es dem Brigadegeneral a.D.: Zwischen seinen Lebens- und Hausratversicherungen würde er keine wirkliche Perspektive haben. Er könnte wohl jedem Kunden eine sichere Zukunft bescheren, würde selbst aber im bürokratischen Trott umkommen. Diese spießige, langweilige Welt war nicht die seine. Er mußte wieder raus, der Gefahr ins Auge sehen, in einem Bereich arbeiten, wo er auch wirklich gut war. Mossads legendärer Mann für die heißesten Eisen fuhr zum King Saul Boulevard und besuchte seinen alten Freund Nahum Admoni, damals noch Vize des Memunen Jitzhak Hofi.

Er redete nicht lange um den heißen Brei herum, sondern kam – wie immer – zielstrebig zur Sache: »Ich brauche einen anderen Job. Ich muß wieder etwas tun, was mir auch Spaß macht. Ich komme mit diesem betulichen Leben auf dem Abstellgleis nicht zurecht.« Der verhinderte Diplomat Admoni verstand. Auch er kannte die Welt hinter dem kleinen, engen Israel. Und er kannte die Topqualitäten eines Mike Harari. Das »Institut« holte ihn sich zurück ...

Mike Hararis neues Arbeitsfeld hieß Mittelamerika. Diese gleichfalls erbittert umkämpfte Weltgegend war für Israel aus zwei Gründen interessant. Zum einen hatten sich in den späten siebziger Jahren die Beziehungen zwischen der PLO, Kuba und den nicaraguanischen Sandinisten auffallend rasch entwickelt. 1979 brach dann das Somoza-Regime in Managua zusammen. Daniel Ortega und seine Mitstreiter, die Gewinner des Guerillakrieges, setzten Israel vor die Tür und holten die Palästinenser herein. Jassir Arafat war einer der ersten offiziellen Besucher. Gemeinsam feierte man den Sieg und würdigte die vorherige jahrelange Zusammenarbeit. Bekanntlich waren mehr als 200 sandinistische Kämpfer in den Lagern des Libanon und Jordaniens an der Waffe ausgebildet worden. Ein Teil der Kooperation lief auch über Kuba. Fidel Castro versteckte sich zeitweilig hinter der PLO, und keiner merkte so richtig, wie stark er überall mitmischte.

David Halevy in seinem Buch *Inside the PLO*: »Die PLO bescherte der sandinistischen Regierung in Nicaragua viel Unterstützung, Waffenlieferungen, Ausbildung, Berater und Gelder eingeschlossen. PLO-Experten halfen Nicaragua in seinem Krieg gegen die Contras und zogen mit den Antiguerillabataillonen EPS (*Ejercito*

Popular Sandinista) in den Kampf. Die PLO bildete nicaraguanische Geheimdienstoffiziere aus und half entscheidend bei der Lieferung von libyschen Waffen an das sandinistische Militär. Es gibt Grund zur Annahme, daß der Transport von hundert Tonnen Waffen in vier libyschen Flugzeugen, die bei einem Tankaufenthalt in Brasilien 1983 beschlagnahmt wurden, von der PLO arrangiert worden sein kann. PLO-Piloten – ausgebildet in Syrien, Südjemen, Libyen, Nordkorea und anderen Ländern – flogen mit der nicaraguanischen Luftwaffe, häufig um die notwendige Praxis zu bekommen. Sie füllten auch die verwaisten Stellen von Aeronica, der nationalen Fluglinie, wieder auf.«

Ähnlich war es in El Salvador. Dort wurde die PLO von den Sandinisten eingeführt. Etwa fünfzig Guerilleros der linksgerichteten FMLN (*Frente Farabundo Marti de Liberacion Nacional*) bekamen ihre Schulung im Libanon. Umfangreiche Kontakte liefen über Shafik Handal aus der FMLN-Führung, ein Lateinamerikaner palästinensischer Herkunft. Selbstverständlich gab es auch PLO-Verbindungen zu Untergrundbewegungen südlich des Panama-Kanals.

Israels weiteres Interesse galt den zahlreichen Kunden seiner leistungsfähigen Rüstungsindustrie. Um beim Beispiel Nicaragua zu bleiben: Diktator Anastasio Somoza hatte 98 Prozent seines Militärbedarfs aus Israel bezogen. Er und die meisten anderen reaktionären Generäle und Obristen des Halbkontinents bewunderten das militärische Geschick der Israelis. Kontakte dieser Art haben eine lange Tradition. Schon 1948, als die Mittelsmänner der Haganah in Prag einkauften, stellte Somoza falsche Endverbraucherzertifikate aus. Er lieferte auch zwei nicaraguanische Pässe. Teddy Kollek, heute Bürgermeister von Jerusalem, und Laszlo Pataky beschafften mit diesen Papieren Waffen im Wert von 1,2 Millionen Dollar. Somoza erhielt von den Israelis angeblich 200 000 Dollar Schmiergeld, eingezahlt auf eine Bank in London, und außenpolitische Hilfe in Washington. 1957 folgte eine weitere Gegenleistung. Shimon Peres, damals Generaldirektor des Verteidigungsministeriums, genehmigte eine Waffenlieferung an Nicaragua im Wert von 1,7 Millionen Dollar.

Bald darauf kam David Marcus Katz in die Region, eine legendäre Figur im internationalen Waffengeschäft. Nach einem Artikel in der israelischen Zeitung *Davar* vertritt Katz an seinem zentralen Domizil in Mexico City siebzehn einschlägige israelische Firmen. Politisch steht er dem konservativen Likud-Block und der Nationalreligiösen Partei nahe, fühlt sich aber auch den militanten Siedlern verbunden. Ihnen spendet er ansehnliche Beiträge und sichert sich so die Gunst der Mächtigen.

Darüber hinaus existieren in Lateinamerika starke jüdische Gemeinden, die als natürliche Lobby fungieren. Viele ihrer Mitglieder tun alles, um den Staat Israel blühen und gedeihen zu lassen. Dazu gehört auch Unterstützung für die Auslandsoperationen des Mossad. Sein Netz an freiwilligen Helfern, genannt Sayanim, soll gerade in den Latinoländern sehr dicht sein. So sah das fruchtbare Umfeld aus, in das Mike Harari 1981 Einzug hielt. Er bekam ein Büro in der israelischen Botschaft von Mexico City zugeteilt.

Der »Neue« aus Tel Aviv fand sich rasch zurecht. Er erkannte, wo seine Brüder im Geiste saßen. Besonders angenehm fiel ihm eine sinistre Persönlichkeit aus Panama auf: Geheimdienstchef Oberst Manuel Antonio Noriega. Von Panama aus, das merkte Harari schnell, ließ sich viel Wissen über die militärische Zusammenarbeit der PLO und Fidel Castros Kuba zusammentragen. Damals wurden Palästinenser in kubanischen Flugzeugen ausgebildet, tauchten kubanische Krieger im Nahen Osten und in Afrika auf – so vor allem in Angola –, um sogenannte Revolutionen mit der Waffe zu unterstützen. Der Dienst des Manuel Noriega und Kubas DGI verstanden sich gut, und deshalb fielen wertvolle Informationen für Mike Harari ab, der sich im tropischheißen Panama City außerordentlich wohl fühlte. Panama, das war seinerzeit ein lateinamerikanisches Beirut oder Wien, ein Zentrum der geheimen Dienste. Der Mossad-Veteran blühte auf. Er war wieder im alten Geschäft, und die Erfolge häuften sich.

Die Panamesen behandelten ihn freundlich und respektvoll. Harari wurde häufig an die Tafel des Chefs der Militärjunta, General Omar Torrijos Herrera, gebeten. Beide kannten sich schon seit 1968. Harari war ihm damals bei einem kurzen Besuch in Panama vorgestellt worden. Gemeinsam traf man sich nun auch mit illustren Gästen.

Das amerikanische Autorengespann Koster/Sanchez verzeichnet

in seinem Noriega-Buch ein erinnerungswürdiges Mittagessen, an dem neben Torrijos und Harari auch das aus dem Iran geflüchtete Herrscherpaar während seines Aufenthalts auf der zu Panama gehörenden Insel Contadora teilnahm. Torrijos lud den stattlichen, stets dunkle Ray-Ban-Brillen tragenden Harari sogar ein, wenn die Dienstreise nach Washington führte. Die beiden waren ein Paar, das sich ergänzte – und über das geredet wurde. Das führte vorübergehend zu Komplikationen. Als der israelische Botschafter in Panama einem Verleger namens Roberto Eisenmann versicherte, Harari sei der Regierung in Jerusalem nicht mehr verbunden, ließ der mächtige Mossad-General den Diplomaten einfach abberufen. Der Repräsentant Israels war wohl etwas zu glaubwürdig gewesen.

Als das geschah, war Hararis Gönner Torrijos bereits tot. Er hatte einen bis heute unaufgeklärten Flugzeugabsturz nicht überlebt. Die meisten Panamesen sind der Überzeugung, daß Torrijos späterer Nachfolger Noriega dafür verantwortlich war. Harari kam schnell darüber hinweg. Ihm erwuchsen aus dem Todesfall keine Nachteile. Im übrigen waren auch für ihn Menschenleben nur Komponenten eines großen Spiels um Macht und Einfluß. Ihren Wert setzte er eher als gering an.

Nach außen hin betrieb Stationschef Harari ein Export-Import-Unternehmen. Damit ließ sich im Prinzip alles tarnen und vertuschen. Harari und Noriega wurden Partner. Der Israeli besorgte Waffen in Europa, und der raffsüchtige Noriega verkaufte sie mit gutem Gewinn an El Salvador. Partner Noriega stellte falsche Endverbraucherzertifikate aus, und die Israelis benutzten sie beim Geschäft des Jahrzehnts, dem Rüstungskarussell mit den Iranern. Heute mit dem Schah, morgen mit den blutrünstigen Ayatollahs – für Harari kein Problem.

Im August 1983 übernahm der skrupellose Noriega das Kommando über die Streitkräfte Panamas, genannt PDF. Er trug auf beiden Schultern, und so arbeitete er eng mit der US-amerikanischen Defence Intelligence Agency (DIA), dem Geheimdienst des Pentagon, zusammen. Der in Panama lange Zeit relativ unbekannte Noriega war auch ein begehrter Handelspartner der CIA, eine Tatsache, die man im heutigen Washington gerne verdrängt. Ob es um den langen Schatten des bärtigen Kubaners ging oder um die

Schleichwege des Drogenkartells von Medellin: das »Ananasgesicht« – Noriegas Beinamen wegen seiner zahlreichen Pockennarben – kannte sich bestens aus. Der Mann schien selbst dazuzugehören. Dafür bekam er vom amerikanischen Steuerzahler ein jährliches Geheimsalär von 200 000 Dollar.

Zu jener Zeit arbeitete anscheinend jeder mit und gegen jeden. Zwei amerikanische Autoren, John Cummings und Ernest Volkman, beschrieben in einer ihrer Reportagen über die mittelamerikanische Drogen- und Gewaltszene, wie Mike Harari auch noch bei der CIA aushalf. Der mit Hilfe Ronald Reagans an den Chefsessel von Langley gelangte William Casey bereitete militärische Aktionen gegen die Sandinisten vor. Er wollte damit den neuen karibischen Brückenkopf der Sowjets zerschlagen. Mit Hararis Hilfe wurden die Contras gegründet und unter dem Codenamen »Black Eagle« ausgerüstet. Die Partner des israelischen Topagenten sollen dabei Dewey Clarridge, der Mann der CIA für Lateinamerika, und der damalige Nationale Sicherheitsberater des Präsidenten, Donald Gregg, gewesen sein. Harari berichtete seinen Freunden in Langley auch über die Situation in Panama, verfälschte jedoch die Fakten zum eigenen – und Manuel Noriegas – Nutzen.

Da verdiente Mossad-Mitarbeiter vom Kaliber Hararis beinahe totale Handlungsfreiheit haben und der frühere Chef der Killerkommandos bereits auf seinem absolut letzten Dienstposten saß, kümmerte sich Tel Aviv nur wenig um ihn. Er durfte mit Waffen handeln, ohne daß es jemanden störte. Außerdem kamen diese dunklen Geschäfte Israel immer wieder zugute. Es war Harari, der nach dem Libanon-Feldzug des Jahres 1982 einen Großteil der Beutewaffen wieder auf den Markt brachte. Allein 1989 und 1990 gingen israelische Rüstungsgüter im Wert von 80 Millionen Dollar über Harari an die Panamesen. Auf den Lieferlisten standen Galil-Sturmgewehre, Munition aller Art, kugelsichere Westen, Militärelektronik.

Als er die Handelsspannen im Immobiliengewerbe erkannte, stieg Mike Harari auch auf diesem Sektor ein. Und nachdem die sensiblen japanischen Banken wegen der unsicheren Lage aus Panama abgezogen waren, kümmerte er sich um das Geldgeschäft. Außerdem vermittelte Harari lukrative Kontakte. Er beaufsichtigte die Beschaffung von acht gebrauchten Verkehrsflugzeugen aus den

Beständen der jordanischen Fluglinie Alia. Darüber hinaus gründete er zusammen mit Noriega eine Musterfarm, die Israels fortgeschrittene Landwirtschaftsmethoden in die Praxis umsetzte.

Als Noriega am 29. September 1983 seine Bananenrepublik vollends übernahm, beförderte er sich gleich zum Viersternegeneral. Rechts hinter ihm stand Freund Harari. Das sollte auf Jahre hinaus seine symbolische Position werden. Da die Gelegenheit günstig war, heftete der neue Diktator seinem »Mentor« (Originalton Noriega) gleich den höchsten Orden Panamas an die Jacke. Dafür kümmerte sich Harari um Noriegas Truppen. Besonders lag ihm an der Antiterroreinheit UESAT (*Unidad Especial Anti Terrorista*), ein besonders brutales Instrument zur Lösung innenpolitischer Probleme. Als Noriegas Einheiten 1987 Straßendemonstrationen gewaltsam stoppten, erinnerte ihre Taktik verblüffend an Israels Aktionen gegen die aufständischen Palästinenser in den besetzten Gebieten.

Mike Harari besorgte der PDF auch hochmoderne israelische Abhör- und Radaranlagen im Wert von 20 Millionen Dollar. Damit wurden, so Experten in Washington, Waffen- und Kokainflüge geschützt. Harari, der Mann für heiße Eisen, schien überall zu sein: Er reorganisierte den Geheimdienst der Republik, genannt G-2; er koordinierte die Arbeit kubanischer und ostdeutscher Experten, die Noriega zur Verfügung standen, und beschaffte mit Mossad-Amtshilfe wichtige Geheiminformationen über die feindseligen Amerikaner; er schirmte mit modernster Elektronik Panama seinerseits gegen die langen Ohren der amerikanischen National Security Agency (NSA) ab.

Dem brutalen Noriega standen stets fünf bis sieben israelische Ex-Agenten des Shin Beth als Leibwächter zur Verfügung. Sie waren beileibe keine Ausnahmeerscheinung in den Unrechtsstaaten Lateinamerikas. Harari selbst soll irgendwann chilenische Mord- und Foltertrupps ausgebildet haben. Das behauptet der ehemalige Mossad-Eleve Victor Ostrovsky in seinen Memoiren: »Harari unterrichtete sie sicher in verschiedenen Foltertechniken, wie zum Beispiel Elektroschockbehandlung, Ausnutzen von Schmerz- und Druckpunkten und ›Zeitfolter‹. Das zentrale Ziel des Verhör ist es, Informationen zu bekommen. Aber die Chilenen kamen auf einen besonderen Dreh. Sie schienen die Verhöre um der Sache selbst willen zu lieben. Häufig waren sie gar nicht einmal hinter Informationen her. Ihnen machte es einfach Spaß, Schmerz zuzufügen.« Dieses Modell ließ sich gut auf Panama übertragen.

Wie sehr General Noriega die Landsleute seines Freundes Harari liebte, zeigte die Spange der israelischen Fallschirmjäger, die er stets an seinem Kampfanzug zur Schau stellte. 1984 wurde er selbst zu einem Staatsbesuch nach Israel eingeladen. Man empfing ihn mit vollen militärischen Ehren. Generalstabschef Moshe Levy begleitete den Gast auf seiner Tour durch israelische Militäreinrichtungen. Noriega verließ Israel mit einer hohen militärischen Auszeichnung – angeblich als Dank für die panamesischen Endverbraucherzertifikate, die Israels Waffengeschäfte erleichterten.

Zwei Jahre nach seiner Ankunft in Panama war Mike Harari bereits ein wichtiger, aber unsichtbarer Faktor im täglichen Leben. Flüsternd bezeichnete ihn die Opposition als »Macht hinter dem Thron«. Er war aus dem Labyrinth von Wirtschafts- und Politstrukturen nicht mehr wegzudenken. Diese vielen Verpflichtungen ließen ihm bald keine Zeit mehr, seine Mossad-Station ordnungsgemäß zu führen. Also quittierte er 1985 endgültig den Dienst. Eine kleine, aber wichtige Feinheit wurde vereinbart: Harari gab Mittelamerika auf, blieb jedoch der Mossad-Vertreter in Panama. Damit wollte er einen Fuß in der Tür behalten. Erst auf starken Druck aus Washington, wo er mittlerweile in Ungnade gefallen war, wurde Harari ein Jahr später gezwungen, auch diese Funktion abzugeben.

Privatmann Harari ließ sich daraufhin von seiner Regierung in Israel als Panamas Honorarkonsul akkreditieren. Diese Position füllte er mehr als aus – sein Einfluß war größer als der des regulären Botschafters, Oberst Herrera Hassan. Der Diplomat im Rückblick: »Ich war der Botschafter, aber Harari hatte das Sagen. Ich habe mich dumm gestellt.«

Die Geschäfte des Mossad-Mannes multiplizierten sich in atemberaubender Geschwindigkeit. Es gab keinen israelisch-panamesischen Deal, an dem er nicht beteiligt war oder wenigstens Provisionen kassierte. Meistens sollen es 60 Prozent gewesen sein. Das wollten nach einer Weile nicht einmal seine israelischen Landsleute akzeptieren. Sie beschimpften ihn als Gangster und Mafioso. Harari mußte soviel abkassieren, weil sein Freund Noriega gleichfalls die Hand aufhielt. Panama trat als die Mutter der Korruption auf.

Mitte der 80er Jahre pendelte Harari häufig zwischen Panama und Israel. Nicht selten tauchte er auf den Partys der israelischen Polit- und Wirtschaftshaie auf. Er genoß es, seine Verbindungen in die höchsten Schaltstellen zu zeigen. Mossad-Kadett Victor Ostrovsky bekam während seiner Ausbildung den Auftrag, mit dem ihm unbekannten Harari ein Geschäft anzubahnen. Er zitiert ihn so: »Panama ist ein merkwürdiges Land. Es ist eigentlich gar kein Land. Es ist eher ein Geschäftsunternehmen. Ich kenne die richtigen Leute dort oder – um es anders zu sagen – den Geschäftsinhaber. In Panama wäscht eine Hand die andere. Heute wollen Sie vielleicht über ihr Perlengeschäft verhandeln. Morgen brauchen wir vielleicht etwas von Ihnen. Das sind so die geschäftlichen Gepflogenheiten, und wir arbeiten gerne auf lange Sicht.«

Mit seiner Familie – ein für Harari zu intellektueller Sohn und eine Tochter im Militärgeheimdienst, heute mit einem Major aus derselben Organisation verheiratet – wohnte er weiterhin in Afeqa, unweit der Universität von Tel Aviv. In Panama gehörte ihm ein Haus in Noriegas Hochsicherheitssiedlung Altos del Golf. 1989 fanden die Amerikaner nach ihrem Einmarsch in Panama heraus, daß die Villen von Harari und Noriega durch einen unterirdischen Gang verbunden waren. In Noriegas Wohnung stand übrigens eine Art Hausaltar mit NS-Devotionalien und Hitler-Bildern. Des Juden Harari bester Freund war ein heimlicher Verehrer des Führers. Die Wirklichkeit ist oft grotesker als jede noch so ausufernde Phantasie.

Meistens hielt sich Harari hinter den gut bewachten Mauern seines Wohnsitzes auf. Die wenigen Panamesen, die ihn bewußt kennenlernten, erinnern sich an einen Mann, der ein Spanisch mit italienischem Akzent sprach. In seinen frühen Geheimdienstjahren, als er in Europa Waffen beschaffte und Emigranten betreute, hatte er in Venedig zuerst Italienisch gelernt. So war es für ihn auch beispielsweise kein Problem gewesen, während der Flugzeugentführung von Entebbe in Uganda als italienischer Geschäftsmann aufzutreten.

Als die Amerikaner im Dezember 1989 einrückten, um Noriega festzunehmen und vor Gericht zu stellen, entkam Harari um Haaresbreite. Er hatte am Tag zuvor eine Geschäftsreise nach Europa angetreten. 24 Stunden später tauchte er in Israel auf. In diesem Zusammenhang wollen Gerüchte nicht verstummen, daß Harari den amerikanischen GIs in die Arme lief, in Absprache mit Israel aber verschont blieb und das besetzte Panama ungeschoren verlassen durfte.

Die US-Regierung forderte trotzdem seine Auslieferung und untermauerte dieses Begehren mit Dokumenten der Drug Enforcement Administration (DEA). Danach soll der 62jährige Ex-Mossad-General eigenhändig Drogengelder gewaschen haben und an schweren Verbrechen der Noriega-Clique beteiligt gewesen sein.

Das bestritt er entschieden in seinem ersten und einzigen Fernsehauftritt. Ein kühler, gefaßter Harari ließ sich in einem Jerusalemer Studio befragen. Er sei, erklärte er mit erstaunlich hoher, dünner Stimme, im Zusammenhang mit Panama immer nur ein gewöhnlicher Geschäftsmann gewesen. »Ich bin kein Berater Noriegas, und ich war es in der Vergangenheit nicht. Noriega ist nicht mein Partner. Ich habe mich nicht um seine Angelegenheiten gekümmert. Ich habe seine Truppen weder beaufsichtigt noch ausgebildet. Ich habe seinen Personenschutz nicht organisiert. Ich bin ganz einfach ein Privatmann.« War der ganze Vorgang zwischen Hararis Abreise aus Panama und dem Fernsehauftritt nur eine einzige große Show?

Jerusalem lehnte seine Auslieferung an die amerikanischen Freunde selbstverständlich ab. Es wäre auch töricht, einen der höchsten Geheimnisträger des Landes einer fremden Justiz zu übergeben. Daß er zu Hause in Sicherheit ist – und bereits wieder neuen, einschlägigen Geschäften nachgeht –, versteht sich von selbst. Alte Agenten sterben nie. Sie verblassen nur nach und nach.

*

Israels Todesschwadronen leben bis heute. Der Abgang von Mike Harari hat lediglich dafür gesorgt, daß ihre Aktivitäten zurückgedreht wurden. Seine Nachfolger haben in den letzten zwölf Jahren immer wieder – und meistens überraschend – zugeschlagen. Es gab jedoch nie mehr eine ganze Serie von Operationen gegen PLO-Aktivisten, da sich die Zeiten änderten.

Auch der palästinensische Terrorismus änderte sich. In den letzten Jahren ging es vorwiegend um politische Modelle, um Autonomie, um die Zweistaatentheorie, um eine Konföderation Palästina–Jordanien. Gleichzeitig konzentrierte sich die PLO auf militanten Ungehorsam in den besetzten Gebieten: Die Intifada entstand. Eine neue Generation junger, gebildeter Palästinenser, die unter der israelischen Besatzung aufgewachsen waren, hatte die Intitiative ergriffen und dabei auch den Kurs der PLO-Führung in Tunis stark beeinflußt.

Die wichtigen Entscheidungsträger erkannten, daß spektakuläre Bombenanschläge, Flugzeugentführungen und der Tod vieler Unbeteiligter keinerlei Sympathien brachte. In stillen Stunden wird auch Jassir Arafat anerkennen, daß der »Schwarze September« wesentlich mehr geschadet als genutzt hat. Zwischen 1968 und 1980 griffen arabische Terroristen rund 300mal an. Ihre Operationen fanden neben Israel in 26 Ländern statt. Dabei wurden 813 Menschen getötet und 1013 verletzt. Von den 2755 Geiseln waren mehr als 90 Prozent keine Israelis. In einer von John Laffin zusammengetragenen Terrorstatistik werden für diesen Zeitraum außerdem Angriffe auf vierzig Zivilflugzeuge, fünf Passagierschiffe, vierzig Betriebe und dreißig Botschaften oder Konsulate aufgelistet. Ein beträchtlicher Anteil an diesen Taten ging auf das Konto des »Schwarzen September«. Ali Hassan Salameh und seine Killer haben ihrer Sache auf diese Weise den schlechtesten Dienst erwiesen. Ob das der Grund ist, daß die PLO heute nicht mehr über sie sprechen mag?

*

Zwei Aktionen der alten Harari-Abteilung für Spezialeinsätze verdienen es, noch einmal genauer betrachtet zu werden. Beiden ist dasselbe Handlungsmuster gemeinsam. In beiden Fällen wurden Zeichen gesetzt. Die Gegenseite kapierte schnell.

Am 25. Juli 1979, also Monate nach dem Ausscheiden von Mike Harari und Erika Chambers, war Zuheir Mohsen an der Reihe. Der

43jährige Chef der auf Syrien eingeschworenen Organisation *As-Saiqa* – sie war bei ihrer Gründung im Jahre 1968 als Gegenpol zur *Fatah* des Jassir Arafat gedacht – und Kopf der PLO-Militärabteilung kehrte gerade von einem feuchtfröhlichen Abend in einem Casino namens Palm Beach zurück. Es war ein Uhr morgens, als er sein Luxusappartement im vierten Stock des Hotels »Gray d'Albion« von Cannes betreten wollte.

Mohsens Frau öffnete die Tür und ging voraus. Bevor er ihr folgen konnte, schlüpfte ein unbekannter Mann aus dem nahen Service-Aufzug und feuerte aus zwei Meter Entfernung einen einzigen Schuß in den Kopf von Zuheir Mohsen ab. Der radikale Palästinenserführer wurde in das Saint Roch Hospital von Nizza eingeliefert und sofort operiert. Am nächsten Tag starb er. Die Nachrufe beschrieben in dramatischen Worten, daß er im unermüdlichen Fronteinsatz gegen die Zionisten gefallen war – ein wahrer Märtyrer der palästinensischen Sache. Von seiner Liebe zu Roulette und Alkohol sprach keiner.

In der allgemeinen Aufregung ging auch unter, daß Mohsen der »Schlächter von Damour« war, der Verantwortliche für eines der schlimmsten Kapitel des libanesischen Bürgerkrieges. Unter seinem Kommando war am 23. Januar 1976 der kleine christliche Küstenort Damour gestürmt und ein Großteil der Bevölkerung bestialisch massakriert worden. Die genaue Zahl der Toten betrug 582 und konnte nur ermittelt werden, da man die Köpfe zählte. Wer Damour erlebt hatte, konnte den Tod von Zuheir Mohsen nur als ausgleichende Gerechtigkeit empfinden.

Noch einmal sollte Mohammed Daud Odeh, genannt Abu Daud, Schlagzeilen machen. Er war einer der letzten Überlebenden aus der Führung des »Schwarzen September« und sicherlich einer der Drahtzieher des Münchner Olympiamassakers. Deshalb befand er sich noch auf der zusammengeschrumpften Liste der israelischen »Hit Teams«. In der ersten Augustwoche des Jahres 1981 sollte sich eine Gelegenheit ergeben, ihn zu bestrafen. Es war ein Samstag, und Abu Daud befand sich unter der falschen irakischen Identität Madhi Tarik in Warschau. Er wohnte im besten Hotel der Stadt, dem »Intercontinental Victoria«.

Abu Daud nahm gerade sein Abendessen im hauseigenen Coffee-

Shop ein. Da baute sich vor ihm ein großer, schlanker, dunkelhäutiger Mann von Mitte Zwanzig auf. Er zückte eine Pistole und feuerte fünfmal. Die Kugeln trafen den prominenten PLO-Mann im Nakken, im Mund, in den Eingeweiden und im Brustbereich. Der Attentäter verließ das Hotel mit raschen Schritten. Vor dem Gebäude wartete ein Fluchtwagen, der sofort mit quietschenden Reifen verschwand. Die Pistole wurde später in einem Park gefunden. Von den Tätern fehlte jede Spur.

Abu Daud war lebensgefährlich verletzt und wurde sofort operiert. Wie durch ein Wunder überstand er den Warschauer Anschlag. In den folgenden Jahren hielt er sich noch häufig im Ostblock auf. Besonders gerne traf er seine Freunde von der Ostberliner Staatssicherheit. Im feinen Palasthotel stand für ihn stets die Suite mit der Nummer 8078 zur Verfügung. Er nutzte sie jedes Jahr bis zu fünfmal. So steht es in den Akten der Stasi-Abteilung XXII/8. Recht aufschlußreich ist die Einschätzung der DDR-Geheimen: »Abu Daud ist bekannt als Führungsmitglied der *Fatah* und ihres Nachrichtendienstes *Rasd*, der in der Vergangenheit für die Organisierung schwerwiegender Terroranschläge der Organisation ›Schwarzer September‹ verantwortlich gemacht wurde. Er nimmt offensichtlich eine Schlüsselstellung bei der Koordinierung von weltweiten Aktionen der palästinensischen Befreiungsbewegung ein. Sein Auftauchen signalisiert erfahrungsgemäß bevorstehende Aktivitäten größeren Ausmaßes.«

Heute gibt es nicht mehr viele Orte, an denen sich Abu Daud ungefährdet aufhalten kann, da die Israelis ihre Rechnung mit ihm noch nicht beglichen haben. Er soll jedoch überwiegend in Tunis leben und sich um Verwaltungsaufgaben kümmern.

Ein Mann von der anderen Seite, der Ali Hassan Salameh zeitweise sehr nahestand, kam 1983 ums Leben: Robert Ames. Der ehemalige CIA-Stationschef in Beirut hatte in Langley Karriere gemacht und war zum Chef der Nahost-Abteilung aufgerückt. Seine klaren Analysen beeindruckten die Adressaten. Er galt als einer der klügsten Experten, was den nahöstlichen Terrorismus betraf. Mit großer Sorge verfolgte er nach dem Ende des israelischen Libanon-Feldzugs den Aufstieg der schiitischen Radikalen. Es schien ihm, als hätten die Krieger des Ariel Sharon weitaus Schlimmeres angerichtet, als sie durch die Vertreibung der PLO jemals gewinnen konnten. Hisbollah und andere Mörderbanden waren entstanden und hatten begonnen, das Machtvakuum auszufüllen. 1982 wurde der erste Amerikaner entführt, im Dezember 1991 der letzte freigelassen. Doch das war nicht der Schlußpunkt. An Weihnachten 1991 wurde nach einem anonymen Anruf die Leiche des Amerikaners William Buckley in der Nähe des Beiruter Flughafens gefunden. Buckley, einer der Nachfolger Ames' als CIA-Stationschef in Beirut, war 1984 von der schiitischen Untergrundorganisation »Islamischer Heiliger Krieg« entführt und im Herbst 1985 ermordet worden. Die Terroristen hatten seinerzeit mitgeteilt, sie hätten den amerikanischen Offiziellen aus Rache für den israelischen Luftangriff auf das PLO-Hauptquartier in Tunis getötet. Nach dem Fest des Friedens traten die sterblichen Überreste – ein Skelett des ehemaligen CIA-Mannes – die letzte Reise in die USA an. Das libanesische Geiseldrama sollte jedenfalls die achtziger Jahre außerordentlich stark beeinflussen.

Mitten in der Anarchie und Gesetzlosigkeit von Beirut wurde am 18. April 1983 eine Arbeitsbesprechung der CIA anberaumt. Bob Ames flog extra aus Washington ein, um die Konferenz zu leiten. Aus diesem speziellen Anlaß bekam die Küche der US-Botschaft den Auftrag, ein besonderes Menü vorzubereiten. Ein libanesischer Küchenhelfer erzählte das dem Terroristen Imad Muguiyeh, damals Sicherheitschef der Hisbollah. Dieser erteilte den Befehl zum Einsatz. Mittags um ein Uhr bahnte sich ein schwer beladener Kleinlaster seinen Weg durch den dichten Verkehr an der amerikanischen Botschaft. Er brach durch die Absperrung. Der Fahrer stoppte den Wagen am Haupteingang, sprang heraus und lief davon. Sekunden später detonierte eine Tonne TNT.

Die gesamte Front des siebenstöckigen Hauses sackte in sich zusammen. Das entstandene Gewirr an Stahlbeton, Glas und Einrichtungsgegenständen begrub die meisten Insassen des Hauses. 64 Menschen, der Täter eingeschlossen, starben in den Trümmern der Botschaft, unter ihnen 17 Amerikaner, 32 libanesische Mitarbeiter und 14 Besucher, die lediglich ein Visum beantragen wollten. Beinahe die gesamte CIA-Station, mit ihr der Gast aus Washington, war mit einem Schlag ausgelöscht. Die Gruppe »Islamischer Heiliger Krieg«, Irans langer Arm im Libanon, bekannte sich zur blutigen

Tat. So makaber es klingt: Bob Ames starb durch den Befehl eines Mannes, der ab 1976 für Ali Hassan Salamehs »Force 17« gearbeitet hatte. Der ungeheure Haß, den im Nahen Osten so viele empfinden, tötet jeden Ansatz von Menschlichkeit und Dialog.

So mag es auch bei Abu Ijad gewesen sein, der in den letzten Jahren seines Lebens immer einsamer wurde. Der Meisterspion der PLO, Chef aller Sicherheitseinrichtungen, der Kontaktmann in die Grauzone des internationalen Terrorismus und Gründer des »Schwarzen September« starb gleichfalls durch das Schwert. Er war stets ein gut informierter, schweigsamer Pate der nahöstlichen Unterwelt, der – wenn es ihm opportun erschien – auch politisch ausgewogene Modelle vortragen konnte. Das machte ihn zu Arafats größter Herausforderung innerhalb der eigenen Organisation. Da die Karten des Vorsitzenden in den letzten beiden Jahrzehnten nicht immer gut waren, Abu Ijad dagegen stets den Eindruck eines unangreifbaren Felsens in der Brandung verbreitete, hielten ihn viele Kenner der Szene häufig für mächtiger als die Symbolfigur mit dem charakteristischen Kopftuch. Dies könnte erklären, warum er sterben mußte.

Abu Ijad legte sich in der zweiten Hälfte des Jahres 1990 mit dem unberechenbaren Auftragskiller Abu Nidal und seiner Schattenorganisation *Fatah*-Revolutionsrat (FRC) an. In Feuergefechten zwischen den beiden Organisationen, die zumeist im Südlibanon ausgetragen wurden, kamen viele Anhänger von Abu Nidal, den kaum jemand von Angesicht kennt, ums Leben. Nach dem Überfall des Irak auf das kleine Ölscheichtum Kuwait stellte sich die PLO offiziell auf die Seite Saddam Husseins. Abu Ijad weigerte sich, diesem politischen Kurs zu folgen. Der Arafat-Vize, seit jeher als Freund Kuwaits bekannt, machte aus seiner Opposition keinen Hehl. Er verkündete intern, daß er mit dem Dieb von Bagdad nichts mehr zu tun haben wolle, solange dessen Truppen in Kuwait stünden. Abu Ijad hielt sein Wort.

Der gut bewachte Fatalist – drei Schichten mit je vier Leibwächtern –, der nie mehr als zwei Nächte im selben Bett schlief, traf einen Tag vor dem Ablauf des Ultimatums, das die UN-Truppen gestellt hatten und somit Iraks Rückzug aus Kuwait forderten, mit *Fatah*-Sicherheitschef Hayil Abd al-Hamid (Abu el-Hol) und seinem engen

Vertrauten Fakhri al-Umari – dem Transporteur der Waffen für den Olympia-Anschlag – zusammen

Sie tagten in Karthago bei Tunis, in Abu el-Hols Haus. Das beherrschende Thema des Abends war natürlich die Golfkrise. Die Uhr zeigte bereits 23.40 Uhr, als sich unvermittelt die Tür öffnete. Einer von Abu el-Hols Leibwächtern, ein gewisser Hamsa Abu Zeid, stand vor den Männern, hob seine entsicherte Kalaschnikow und leerte ihr ganzes Magazin mit Dauerfeuer. Im Kugelhagel starben die drei PLO-Führer und ein weiterer Leibwächter.

Der Mörder war ein ehemaliger Anhänger des Saddam-Hussein-Freundes Abu Nidal. Er war erst ein Jahr zuvor aus Libyen zurückgekommen. Der Attentäter nahm die Witwe und ein Kind von Abu el-Hol als Geiseln. Dann forderte er freien Abzug und ein Flugzeug, das ihn außer Landes bringen sollte. Das wollten weder die Palästinenser noch die Tunesier zulassen. Sie riegelten die Villa ab und belagerten sie sechs Stunden lang. Dann gelang es ihnen, den Einzeltäter zu überwältigen. Anschließend wurden elf weitere Palästinenser festgenommen. Der treulose Leibwächter Hamsa Abu Zeid kam vor ein Gericht der PLO. Er wurde zum Tode verurteilt und im Jemen hingerichtet.

Halbherzig versuchte die PLO, dem Mossad die Schuld zu geben. Daß sich Abu Ijad relativ wenig um Israel kümmerte und ein »Hit Team« ganz anders vorgegangen wäre, wird dabei übersehen. Man ignoriert auch, daß die einzigen unmittelbaren Nutznießer am Tode Abu Ijads in den eigenen Reihen und im Präsidentenpalast von Bagdad zu finden waren. Arafat zwei Tage nach den Morden: »Mit diesem verabscheuungswürdigen Verbrechen haben die feindlichen Faschisten versucht, unserem Volk und unserer Revolution in diesem entscheidenden Augenblick einen tödlichen Stoß zu versetzen. Aber sie haben sich geirrt . . .« Die Standardrede eines Mannes, der mehr weiß als er sagt.

*

Immer dann, wenn es um Mord und Rache und wieder um Rache geht, wird die Witwe Georgina Rizk an ihr eigenes Schicksal erinnert. Die einst schönste Frau der arabischen Welt hat viel erlebt seit jenem schockierenden Januar 1979. Für sie ist die Zeit nie stehengeblieben. Am Morgen des 15. Mai 1979, als Israel sein 31jähriges Bestehen feierte, wurde Ali geboren, der dritte Sohn von Salameh. Er war ein Art Vermächtnis. Noch im Krankenhaus soll Georgina erklärt haben: »Heute bin ich eine Königin. Ali ist zurückgekehrt! Ali Hassan war der geistige Sohn Arafats. Beide sind sie Söhne der Revolution. Alis Söhne Hassan, Ossama und mein eigenes Kind sind gleichfalls Söhne der Revolution. Das macht mich glücklich.« Das Kind, und vor allem seine Mutter, wurden von der Fatah-Führung intensivst umsorgt.

Vier Jahre blieben sie noch im Libanon. Dann hielt Georgina, die den israelischen Feldzug miterlebt hatte, den permanenten Kriegszustand nicht mehr aus. Zwei Wochen vor den Abzug der PLO verließ sie Beirut und zog dort hin, wo alle bessergestellten Libanesen leben möchten – nach Paris. Georgina in einem ihrer seltenen Interviews: »Arafat selbst ordnete es an. Die PLO kaufte eine Wohnung und schickt mir monatlich Geld für die Ausbildung von Ali.« Die ehemalige Schönheitskönigin, deren Ausstrahlung Arabiens Männer immer noch in Trance versetzen kann, lebte in Paris nicht gerade nach den Gesetzen der Revolution. Sie pflegte aufsehenerregende Kontakte und wurde ihrem Ruf als vielseitige Gallionsfigur der libanesischen High-Society gerecht.

Der ehemalige deutsche Verfassungsschützer Manfred Morstein, ein Pseudonym, attestiert ihr in seinem Buch *Der Pate des Terrors* nicht nur eine »wallende Mähne bis zu den Schultern und reizvolle Proportionen«, sondern auch »reichlich mysteriöse Männerbekanntschaften«, genauer »Männer mit dem gewissen Etwas«. Für Morstein bedeutet das »die Nähe ihrer Liebhaber zum Terrorismus«. Nacheinander soll die Schöne aus der Levante dem »Achille-Lauro«-Entführer Abu el-Abbas, dem syrischen Waffen- und Drogenmogul Monzer al-Kassar und seinem zeitweiligen Komplizen Mohammed Ghadban »heiße Nächte« bereitet haben. Der phantasievolle Morstein vergißt einen besonders wichtigen Mann, der sich öffentlich zur tiefgründigen Georgina bekennt: General Mustafa Tlass, Syriens langjähriger Verteidigungsminister und Vizepräsident.

Der professionelle Charmeur und Gentleman alter Schule hat

erstaunliche Interessen. Er kümmert sich nicht nur um Panzer und Kampfbomber, sondern züchtet Rosen, verlegt Musik und Literatur. Er sucht alte Kameras und die Bekanntschaft junger, hübscher Frauen. Als er Georgina zum ersten Mal traf, war es um ihn geschehen. Der weißhaarige General griff zur Feder und formulierte ein ganzes Buch voller Gedichte, die alle die unvergleichliche Georgina preisen. Textprobe:

»Kaiserin der Schönheit, Du Schönste
unserer Zeit und aller Zeiten.
Deine Schönheit schlägt ein wie ein Blitz.
Ich frage Dich, wie kannst Du sie in Dir tragen
– doch antworte nicht.
Jede Schönheit hat Maß und Grenzen.
Nur Deine Schönheit scheint mir unglaublich.
...
Außer Georgina konnte sich niemand so rühmen,
ohne unter der Last des Ruhmes zu fallen.«

Dieses Werk liegt übrigens in keinem Buchladen der syrischen Hauptstadt aus. Man kann das kleine, mit vielen gemalten Georgina-Bildnissen luxuriös aufgemachte Bändchen von immerhin 118 Seiten nur aus der Hand des romantischen Verteidigungsministers oder aus seinem eigenen Verlagshaus erhalten.

Für die zahlreichen Verehrer der Salameh-Witwe muß es ein herber Schlag gewesen sein, als sie sich fünfeinhalb Jahre nach dem Tod des Roten Prinzen einem anderen zuwandte – und auf der Stelle heiratete. Der Glückliche hieß Eddy Salim und war ein reicher libanesischer Geschäftsmann, der sich bereits vor Ali Hassan Salameh in der Warteschlange befunden hatte. Die gute Nachricht für ihn war, daß Georgina ihn spät, aber mit allen Konsequenzen erhörte, die schlechte, daß die Ehe nach genau 48 Stunden wieder in die Brüche ging. Der Freundeskreis Georgina Rizk atmete auf.

1987 zog die begehrte Witwe wieder in den Nahen Osten, diesmal nach Kairo. Ali, so sagt sie heute, sollte schließlich Arabisch lernen und artgerecht aufwachsen. Die Rizk-Familie ließ sich im eleganten Villenviertel Maadi nieder, wo vorher bereits viele enge Freunde aus dem alten Beirut hingezogen waren. Die libanesische Luxuskolonie vom Nil entwickelt genügend Eigendynamik, um sich über das traurige Schicksal in der Heimat hinwegzuhelfen. Nur gelegentlich, sagt Georgina, habe sie furchtbare Alpträume. »Ich bade in Blut. Bevor ich dann aufwache, habe ich jedesmal den Eindruck, daß ich im Blut ersticken müßte.«

In dem erstaunlichen Interview, das Georgina der israelischen Massenzeitung *Jediot Ahronoth* gab, spricht sie viel über Salamehs Sohn: »Ich tue mein Bestes, um ihn zu einem normalen Leben zu erziehen. Ich dränge darauf, daß er ein guter Mensch wird. Er soll nur die positivsten Werte annehmen.« Ali weiß bereits, wo er diese nicht bekommen kann – von seinen israelischen Mitschülern in der Amerikanischen Schule. Georgina: »Er weiß, es ist besser für ihn, zu den Kindern der Israelis Abstand zu halten.« Im übrigen wächst der heute Dreizehnjährige nicht mehr vaterlos auf. Seine Mutter hat vor über einem Jahr den populären libanesischen Sänger Walid Tawfik geehelicht. Ein jugendlicher Macho-Typ, dessen weibliche Gefolgschaft bei seinen Konzerten der Ohnmacht nahekommt.

Alis Bruder Hassan ist mittlerweile 25 Jahre alt und wird sein Studium in den USA bald beenden. Dann kehrt er in den Schoß des Salameh-Clans zurück, der vorwiegend in Amman lebt. Die weitere Entwicklung der drei Söhne des Roten Prinzen hängt am Ende wohl auch vom Ausgang der nahöstlichen Friedenspolitik ab. Der Name Salameh hat einen ganz bestimmten Klang in der Welt der Palästinenser. Er verpflichtet.

*

Erika Maria Chambers, für Salamehs Zweit-Witwe »eine fremdartige Frau«, ist keine öffentliche Figur im Leben Israels. Wie so viele, die dem Mossad gedient haben, lebt sie hochgeehrt und zurückgezogen. Sie kann den Ruhm ihrer Aktion nur im kleinen Freundes- und Familienkreis genießen. Männer wie Mike Harari werden immer da sein, wenn sie Hilfe braucht. Ansonsten muß sie sich verstecken, um dem Schicksal zu entgehen, das man ihr im September 1985 bereits einmal im Yachthafen von Larnaka vorgeführt hat. Was Erika Chambers betrifft, ist die PLO unversöhnlich. Die Forderung nach

Sicherheitsgarantien zugunsten der Mossad-Agentin würde jede Friedenskonferenz sprengen.

Nach dem Tod des Roten Prinz entwickelte die Engländerin wieder eine stärkere Bindung an ihre Mutter. Lona Margit Chambers, geborene Groß, hatte im August 1978 erneut geheiratet. Erikas Stiefvater hieß Ruppert Preston und war ein ehemaliger, enger Freund ihres Vaters Marcus. Erika und die Restfamilie trafen sich einmal im Jahr zum gemeinsamen Urlaub. Alles, was den Mossad und die Operation gegen Terrorchef Salameh betraf, wurde bei solchen Gelegenheiten ausgespart. Erika versicherte ihrer Mutter immer wieder, sie sei das Opfer einer Verwechslung geworden. Nicht sie, sondern eine andere habe diese Tat begangen. Aus Sicherheitsgründen müsse sie jedoch in Israel wohnen bleiben. Außerdem sei das nun ihre Heimat. Hier fühle sie sich wohler als im grauen England. Lona Preston glaubte es.

Ruppert Preston, der bei seiner Hochzeit mit Lona bereits über siebzig Jahre alt war, starb bei einer dieser Urlaubsreisen in Israel. Kurze Zeit später, genau am 22. April 1987, erlag die inzwischen 74jährige Mutter von Erika Chambers einer Lungenentzündung. Der Tod ereilte sie bei der Tochter, und deshalb wurde sie auch im Gelobten Land beerdigt. Es war ein schwerer Schlag für Erika. Sogar die Wahl des Friedhofes sollte dann ihre grenzenlose Liebe über den Tod hinaus zeigen. Die sterblichen Überreste von Lona Preston befinden sich auf dem Ölberg, wo der Traum aller frommen Juden zuerst in Erfüllung gehen soll. Nach traditionellem Glauben werden die dort Begrabenen am Tag der Ankunft des Messias sofort auferweckt.

Auf dem grob behauenen Jerusalemer Stein stehen die Worte: »Hier liegt meine geliebte Mutter Lona Preston, Tochter aus dem Hause Groß . . .«

Ein halbes Jahr nach der Beerdigung, zu der nur Sohn Nicolas aus England anreiste, meldete sich Erika Chambers ein sentimentales letztes Mal bei ihrem Vater. Es war Weihnachten 1987. Die Dinge seien sehr unweihnachtlich, schrieb sie, und sehr orientalisch, viel zu sonnig und warm für diese Jahreszeit.

Anhang

Literaturverzeichnis

Bar-Zohar, Michael, und Haber, Eitan: *The Quest for the Red Prince*, New York: William Morrow & Company, 1983.

Black, Ian, und Morris, Benny: *Israel's Secret Wars. The Untold History of Israeli Intelligence*, London: Hamish Hamilton, 1991.

Becker, Jillian: *The PLO. The Rise and Fall of the Palestine Liberation Organization*, London: George Weidenfeld & Nicolson, 1984.

Cobban, Helena: *The Palestinian Liberation Organisation. People, Power and Politics*, Cambridge: Cambridge University Press, 1984.

Deacon, Richard: *The Israeli Secret Service*, New York: Taplinger Publishing Co., 1977.

Dobson, Christopher: *Black September. Its Short, Violent History*, London: Robert Hale & Company, 1974.

Facts on File (Hrsg.): *Palestinian Impasse: Arab Guerillas & International Terror*, New York, 1977.

Fisk, Robert: *Pity the Nation. Libanon at War*, London: Andre Deutsch, 1990.

Follath, Erich: *Das Auge Davids. Die geheimen Kommandounternehmen der Israelis*, Hamburg: Gruner & Jahr, 1982.

Frangi, Abdallah: *PLO und Palästina. Vergangenheit und Gegenwart*, Frankfurt a. M.: R. G. Fischer, 1982.

Gowers, Andrew, und Walker, Tony: *Behind the Myth. Yasser Arafat and the Palestinian Revolution*, London: W. H. Allen, 1990.

Groussard, Serge: *The Blood of Israel*, New York: William Morrow & Co., 1973.

Hart, Alan: *Arafat. Terrorist or Peacemaker*, London: Sidgwick & Jackson, 1984.

Harttung, Arnold (Hrsg.): *Zeittafel zum Nahost-Konflikt 1920–1979*, Berlin: Berlin Verlag, 1979.

Ignatius, David: *Die Wurzeln der Hölle*, München: Paul List Verlag, o. J.

Jonas, George: *Die Rache ist unser. Ein israelisches Geheimkommando im Einsatz*, München: Droemersche Verlagsanstalt, 1984.

Katz, Samuel M.: *Guards Without Frontiers. Israel's War Against Terrorism*, London: Arms and Armour Press, 1990.

Kempe, Frederick: *Aufstieg und Fall Noriegas. Panama-Poker – gefährliches Spiel mit den USA*, Wien: Hannibal-Verlag, 1990.

Khalaf, Salah (Abu Ijad): *Heimat oder Tod. Der Freiheitskampf der Palästinenser.* Mit einem Vorwort und unter Mitarbeit von Eric Rouleau, Düsseldorf, Wien: ECON Verlag, 1979.

Koster, Richard M., und Sanchez, Guillermo: *In the Time of the Tyrants. Panama: 1968–1990*, New York/London: W. W. Norton & Co., 1990.

Laffin, John: *Die PLO zwischen Terror und Diplomatie*, Altstätten: Panorama Verlag AG, 1983.

Livingstone, Neil C.: *The Cult of Counterterrorism. The »Weird World« of Spooks, Counterterrorists, Adventurers, and the Not Quite Professionals*, Lexington: D. C. Heath and Company, 1990.

Livingstone, Neil C., und Halevy, David: *Inside the PLO*, New York: William Morrow and Company, 1990.

Lotz, Wolfgang: *Der Champagnerspion*, München: R. Piper, 1988.

Melman, Yossi, und Raviv, Dan: *The Imperfect Spies: The History of Israeli Intelligence*, London: Sidgwick & Jackson, 1989.

Merari, Ariel, und Elad, Schlomo: *The International Dimension of Palestinian Terrorism*, Tel Aviv: Jaffee Center for Strategie Studies, 1988.

O'Ballance, Edgar: *Arab Guerilla Power 1967–1972*, London: Faber and Faber, 1974.

Ostrovsky, Victor, und Hoy, Claire: *Der Mossad. Ein Ex-Agent enthüllt Methoden des israelischen Geheimdienstes*, Hamburg: Hoffmann & Campe, 1991.

Payne, Ronald: *Mossad. Israels geheimster Dienst*, Erlangen/Bonn/Wien: Straube Verlag, 1991.

Schreiber, Friedrich, und Wolffsohn, Michael: *Nahost. Geschichte und Struktur des Konflikts,* 2. Auflage, Opladen: Leske + Budrich, 1989.

Stewart, Steven: *The Spymasters of Israel,* New York: Ballantine Books, 1980.

Tinnin, David B., unter Mitarbeit von Dag Christensen: *Vergeltungskommando. Israels Geheimdienst jagt die Attentäter von München,* Frankfurt a. M.: Goverts im S. Fischer Verlag, 1976.

Tophoven, Rolf: *Der israelisch-arabische Konflikt,* Bonn: Bundeszentrale für politische Bildung, 1990.

Tophoven, Rolf: *Sterben für Allah. Die Schiiten und der Terrorismus,* Herford: Busse + Seewald Verlag, 1991.

Register